insel taschenbuch 4813
Kia Vahland
Leonardo da Vinci und die Frauen

Mit seinen Geistesblitzen, Visionen, Maschinenträumen, anatomischen Studien gilt Leonardo da Vinci als Vordenker der Moderne. Das Wichtigste aber war dem Universalgenie und Schöpfer der legendären »Mona Lisa« die Malerei, die er zum Leitmedium seiner Epoche machte. Kia Vahland zeigt in einer umfassenden Künstlerbiographie, wie ihm das gelang: Er verbündete sich mit den Frauen. Von der stolzen jungen Maria bis zur weisen Mona Lisa, von der dynamischen »Dame mit dem Hermelin« bis zur gütigen heiligen Anna sind sie die Hauptfiguren seiner Gemälde. Um das Weibliche kreisen seine wegweisenden Ideen zur Naturgeschichte, zur Schöpfung und zur Kunst.

Anhand von Leonardos Bildern, Texten und anderen historischen Quellen schildert Kia Vahland den Lebensweg und das gesamte malerische Œuvre des Jahrtausendkünstlers. Sie erzählt die Geschichten der bedeutenden Persönlichkeiten in seiner Nähe wie Isabella d'Este und Lorenzo de' Medici und berichtet vom Alltagsleben und den politischen Verflechtungen der Renaissance. Die Biographie erklärt, wie der Maler Konventionen brach und so eine neue Sicht auf Natur und Kunst, Frauen und Männer, Wissenschaft, Religion und Politik entwickelte – und damit seinen Ruhm und seine Bedeutung bis heute begründete.

Die Kunsthistorikerin und Kunstkritikerin Dr. Kia Vahland ist Renaissance-Spezialistin und Redakteurin für Kultur und Geisteswissenschaften im Ressort Meinung der *Süddeutschen Zeitung*. Sie ist Autorin von Büchern über Sebastiano del Piombo, Michelangelo und Raffael sowie vieler kunsthistorischer Essays, unter anderem in *Geo Epoche*. Kia Vahland unterrichtet am Kunsthistorischen Institut der Ludwig-Maximilians-Universität München und an der Deutschen Journalistenschule. Ihre Arbeit wurde mehrfach ausgezeichnet, darunter mit dem Michael-Althen-Preis für Kritik 2016 der *Frankfurter Allgemeinen Zeitung*. Im Insel Verlag erschien 2018 ihr Kolumnenband *Ansichtssachen. Alte Bilder, neue Zeiten*.

KIA VAHLAND

LEONARDO DA VINCI UND DIE FRAUEN

EINE KÜNSTLERBIOGRAPHIE

Mit zahlreichen Abbildungen

Insel Verlag

Erste Auflage 2020
insel taschenbuch 4813

Vertrieb durch den Suhrkamp Taschenbuch Verlag
Umschlaggestaltung: Brian Barth
Umschlagabbildungen: Leonardo da Vinci, Bildnis einer unbekannten Dame; Madonna mit der Nelke; Cecilia Gallerani, Fotos: bpk-images, Berlin
Satz: Greiner & Reichel, Köln
Druck: CPI – Ebner & Spiegel, Ulm
Printed in Germany
ISBN 978-3-458-68113-7

INHALT

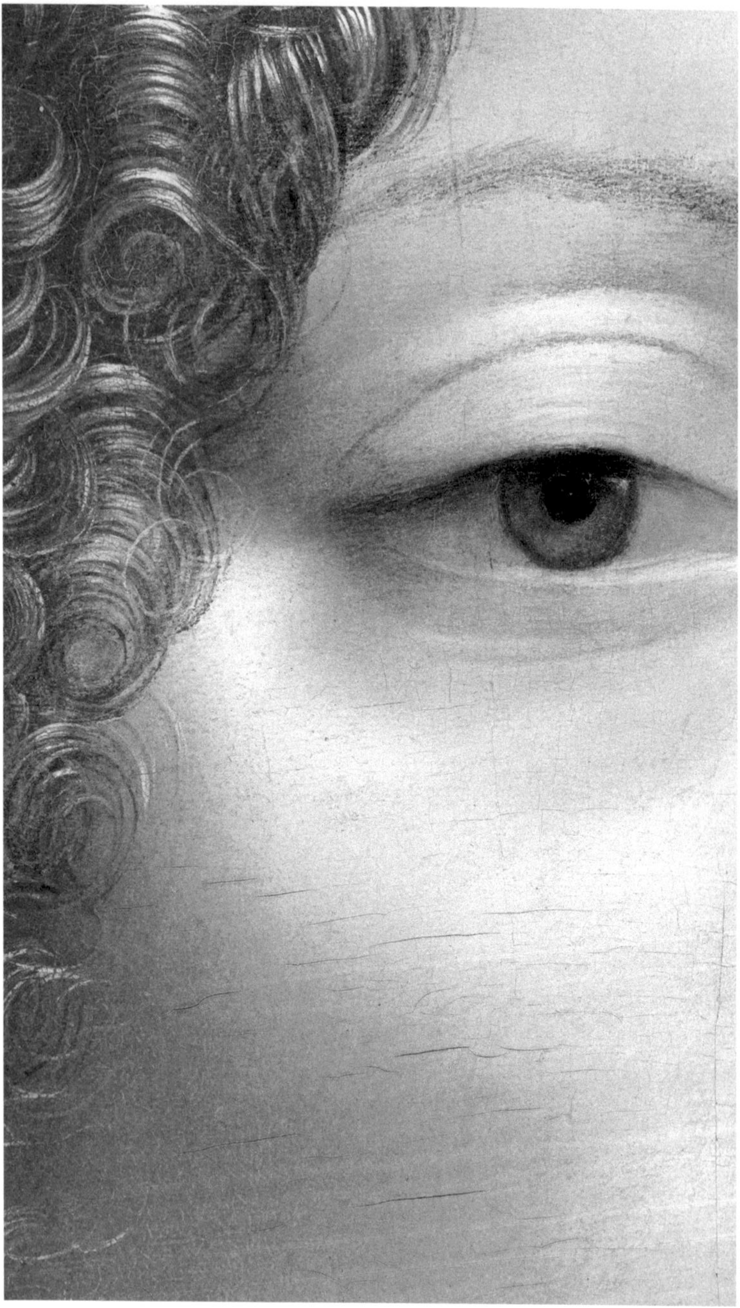

VORWORT: LEONARDOS FRAUENBILD

Die Malerei ist weiblich, jedenfalls die Leonardo da Vincis. Von seinen frühen Madonnen (Tafel 1 und 2) bis zur späten »Anna selbdritt« (Tafel 23), von dem ersten Porträt, das er malte, der »Ginevra de' Benci« (Tafel 9), bis zur »Mona Lisa« (Tafel 28) sind die Hauptfiguren auf Leonardos Gemälden Frauen. Auf seinen überlieferten, sicher eigenhändigen Tafelgemälden wirken lediglich zwei Männer als Protagonisten. Der eine ist der »heilige Hieronymus« (Tafel 14), das unvollendete Bild eines sich selbst befragenden alten Mannes, der in der Wüste mit der Entsagung ringt. Der andere ist ein jugendlicher, so selbstbewusster wie sinnlicher »Johannes der Täufer« (Tafel 29), den Leonardo an seinem Lebensende malt. Man muss schon alle Jünger auf dem Fresko des »Abendmahls« (Tafel 19) oder alle Jesusbabys auf den Madonnenbildern hinzuzählen, um doch noch auf ein halbwegs ausgewogenes Geschlechterverhältnis zu kommen. Nicht einmal Josef hat es auf Leonardos Bilder der Heiligen Familie geschafft, seinen Platz überlässt der Künstler zumeist Marias Mutter Anna (Tafel 22 und 23). Und gemalte Porträts von Königen, Päpsten und Fürsten fehlen völlig. Nur eine Porträtskizze für ein Herrschergemälde entwirft Leonardo. Auch sie zeigt eine Frau: Isabella d'Este, die Markgräfin von Mantua (Tafel 20).

Leonardo da Vinci hat so viel für die Sichtbarkeit von Frauen getan wie kein anderer Maler. Wahrgenommen wird er im 20. und 21. Jahrhundert aber anders: als technischer Pionier, der mit seinen gezeichneten Flugapparaturen, Waffensystemen, Hebevorrichtungen die Erfindungen der Moderne vorweggenommen hat. Das ist zu einseitig. Leonardo hatte Freude daran, auf dem Papier Maschinen aller Art zu entwerfen. Gebaut allerdings wurden sie fast nie. Wären ihm diese Ingenieursleistungen das Wichtigste im Leben gewesen, er wäre ein gescheiterter Mann.

Seine Maschinen bilden nur einen kleinen Teil seines umfassenden zeichnerischen Œuvre. Ausgiebig befasst er sich mit der menschlichen Anatomie, der Erdgeschichte, dem Wachstum von Pflanzen und immer wieder, mit größter Leidenschaft, mit den Bewegungen des Windes und des Wassers. Er zeichnet, um die Welt zu verstehen, und er versteht die Welt, um sie zu malen. Die Malerei ist ihm die höchste aller Wissenschaften, das Leitmedium seiner Zeit. An der Staffelei wird der Mensch zum Schöpfer, hier darf er sich Mutter Natur, der großen Kreativen, verwandt fühlen. Wenn Leonardo sich manchmal im Atelier quält und nur langsam Strich um Strich setzt, dann deshalb, weil er so viel nachdenkt über das, was und wie er es zeigen will. Er ist ein Maler-Philosoph, wie schon Zeitgenossen verwundert bemerken[1], einer, der aus Erkenntnisinteresse arbeitet und weil er den Menschen etwas mitzuteilen hat.

Das Wissen, um das Leonardo in seiner Malerei kreist, ist das Wissen der Frauen. Schon in der Antike galt das Gemälde einer schönen Frau als Beweis für die Kunstfertigkeit eines Malers. Ihre Verführungskraft ist auch die seine. Frohlockend schreibt Leonardo einmal, wie Betrachter seine gemalten Frauen hingebungsvoll küssen.[2] Bis zu seiner Zeit wurden Mädchen auf italienischen Porträts nur im keuschen Profil gezeigt. Erst Leonardo wendet seine Frauenfiguren dem Betrachter zu und erlaubt beiden einen innigen Dialog. Leonardos Frauen haben eine Seele und einen starken Willen, sie bewegen sich in Raum und Zeit, sind Wesen eigenen Rechts in einer Epoche weiblicher Rechtlosigkeit. Leonardos *belle donne* besitzen, was der Dichter Francesco Petrarca einst an Frauenbildnissen vermisste: »voce ed intellecto«, Stimme und Verstand.[3] Gemeinsam mit seinen femininen Modellen erfindet der Künstler die unabhängige, selbstgewisse Frau, sie wird in seinen Werken zum ebenbürtigen Gegenüber des Mannes. Leonardo da Vinci war kein Feminist, diesen Begriff gab es um 1500 nicht. Er kämpfte nicht für die rechtliche und soziale Gleichberechtigung der Frau, denn auch diese Kämpfe gab es in der Renaissance nicht. Doch es gab eine lebhafte Debatte darüber, ob Frauen wie Männer denken und lieben können oder nicht. Wie etwa in Baldassare Castigliones Buch »Der Hofmann« nachzulesen, wurde diese Debatte zwischen Frauenfeinden und Frauenfreunden geführt.[4] Manche humanistisch gebildete Männer verdinglichten die Frauen, andere respektierten sie. Leonardo stellte sich in seinen Schriften, Zeichnungen und Gemälden auf die Seite der Frauen. Die weibliche Fähigkeit zu empfinden, zu denken und zu entscheiden stand für ihn außer Frage.

Indem er sich mit den Frauen verbündet, emanzipiert Leonardo auch die Kunst. Sie ist nun keine Wunschmaschine für Auftraggeber mehr, sondern hat ein unverfügbares Eigenleben. Seine in sich ruhende Maria unterwirft sich keinem Verkündigungsengel und seine Malerei keinem Bildbesteller. Die Gemälde, die ihm wirklich etwas bedeuten, behält Leonardo bis zu seinem Lebensende bei sich. Darunter sind die »Mona Lisa« und die »Anna selbdritt«: Beide Werke verbinden das Weibliche mit der Natur- und Erdgeschichte, die der Maler in den Landschaftshintergründen entfaltet. In Leonardos Sicht kann eine individuelle Frau für das große Ganze stehen, weil sie mit der Natur die Gabe teilt, Leben zu geben. Diese Fähigkeit zum steten Neuanfang ermöglicht der Menschheit, das Dasein immer wieder neu zu gestalten. Der unbeherrschbaren Natur, ihren Meeren und Felsen, Tieren und Pflanzen begegnet der Vogelliebhaber, Bergwanderer und Vegetarier dabei mit Hochachtung, und diese verlangt er auch den Betrachtern seiner Kunst ab.

So ist die Vorstellung abwegig, Leonardo wolle sich mit seinen gezeichneten Panzern und seinen Flussumleitungsplänen die Welt untertan machen. Ja, er stellt sich dem Krieg und begleitet den Schlächter Cesare Borgia auf einem Eroberungszügen. Doch offenkundig hadert der Künstler mit dem, was er sieht. *Pazzia bestialissima*, »höchst bestialische Verrücktheit«, nennt er den Krieg und verarbeitet ihn in seinem Entwurf der »Anghiarischlacht« (Abb. 32), die von der Ausweglosigkeit gewalttätiger Konflikte handelt.[5]

Das Zerrbild von Leonardo als Techniknarr und virilem Mustermann geht zurück auf eine Leonardo-Schau, die im Herbst 1939, als der Zweite Weltkrieg begann, in Mailand zu sehen war. Der italienische Diktator Benito Mussolini, nach Selbstaussage der »größte lebende Italiener«, wollte hier den »größten Italiener der Vergangenheit« feiern.[6] Ausgestellt waren erstmals Modelle von Leonardos Maschinen, die zu seinen Lebzeiten nie gebaut worden waren. Und seine zutiefst humanistische Aktzeichnung vom »Vitruvmann« (Abb. 21) in Kreis und Quadrat sollte nun den technikaffinen, beinahe selbst zur Maschine gewordenen Menschen der Zukunft repräsentieren.

Nach dem Faschismus wirkte das Image vom unerbittlichen Rationalisten Leonardo nach. Es beeinflusste im späten 20. Jahrhundert die Vordenker der Computerindustrie, die auf der Suche nach einem Ahnherrn Leonardos Entwurfszeichnungen entdeckten und seither zwar nicht mehr den Krieger, aber den Technikvisionär Leonardo für sich beanspruchen (vermutlich auch deshalb erwarb Bill Gates im Jahr 1994 Leonardos naturwissenschaftliche Handschrift, den Codex Leicester).[7] Wieder bleibt eine Leerstelle: Übergangen und übersehen werden Leonardos Frauen, für deren Präsenz auf der Bühne der Kunst- und Naturgeschichte der Künstler so viel tat.

Im Jahr 2019 lag Leonardo da Vincis Tod fünfhundert Jahre zurück. Es ist Zeit, vorurteilsfrei zurückzublicken, seine Gemälde und Zeichnungen zu betrachten und seine Texte zu lesen. Ihm zuzuhören und den Zeitzeugen, die ihn persönlich kannten.

Das unternimmt diese Künstlerbiographie in ausführlichem Quellenstudium. Ausgewertet werden neben Leonardos künstlerischen Werken seine zu Lebzeiten unveröffentlichten Schriften zur

Kunst und zur Natur sowie seine tagebuchähnlichen Notizen. Hinzu kommen Briefe und Aussagen von Zeitgenossen, notarielle Urkunden, Steuer- und Gerichtsunterlagen und andere Dokumente. Dieses breite Panorama an Belegen ermöglicht es, spätere Wertungen wie die des Kunstschriftstellers Giorgio Vasari kritisch einzuordnen (Quellenangaben mit den italienischen und lateinischen Originalzitaten sowie Hinweise zum kunsthistorischen und historischen Forschungsstand finden sich im Anhang).

Außer von Leonardos gesamtem Leben und Werk und der Kunst seiner Zeit erzählt das Buch von den sozialhistorischen und politischen Umständen, unter denen dieser Ausnahmekünstler wirkte. So handelt das erste Kapitel von Leonardos frühen Madonnen und von der Rolle der Mütter und ihrer Säuglinge in der Renaissance. Und das vierte Kapitel schildert, wie in Florenz einerseits die Liebe in symbolreichen Spektakeln gefeiert wurde, andererseits Männer verfolgt wurden, die Männer liebten.

Leonardo da Vinci war der uneheliche Sohn eines Notars und einer einfachen Frau vom Land; eine höhere Schulbildung blieb ihm verweigert. Als junger Mann wurde er einmal der Sodomie, homosexueller Handlungen, angeklagt. Seine Herkunft und sein Begehren brachten ihn in eine gesellschaftliche Außenseiterrolle. Das aber war, so scheint es, ein Glück. Anstatt in patriarchalen Familienstrukturen lebte der Maler mit seinen Schülern und Liebhabern in einer Haus- und Arbeitsgemeinschaft. Vorgegebene Lehrmeinungen stellte er auf den Prüfstand. Er ging seinen eigenen Weg, nahm nichts für gegeben, zeichnete und malte, forschte und schrieb, was ihm in den Sinn kam. So konnte er sich in seine Gestalten, die weiblichen wie die männlichen, hineinversetzen und auch dem Werden und Vergehen der Natur nachspüren. Diese Geschichte erzählt nicht vom virilen Genie und weiblichen Opfer, sie handelt von einem beschwingten, schöpferischen Miteinander. Leonardos enorme innere Freiheit, seine ungebundene Phantasie und sein Einfühlungsvermögen machen die Universalität seines Schaffens aus.

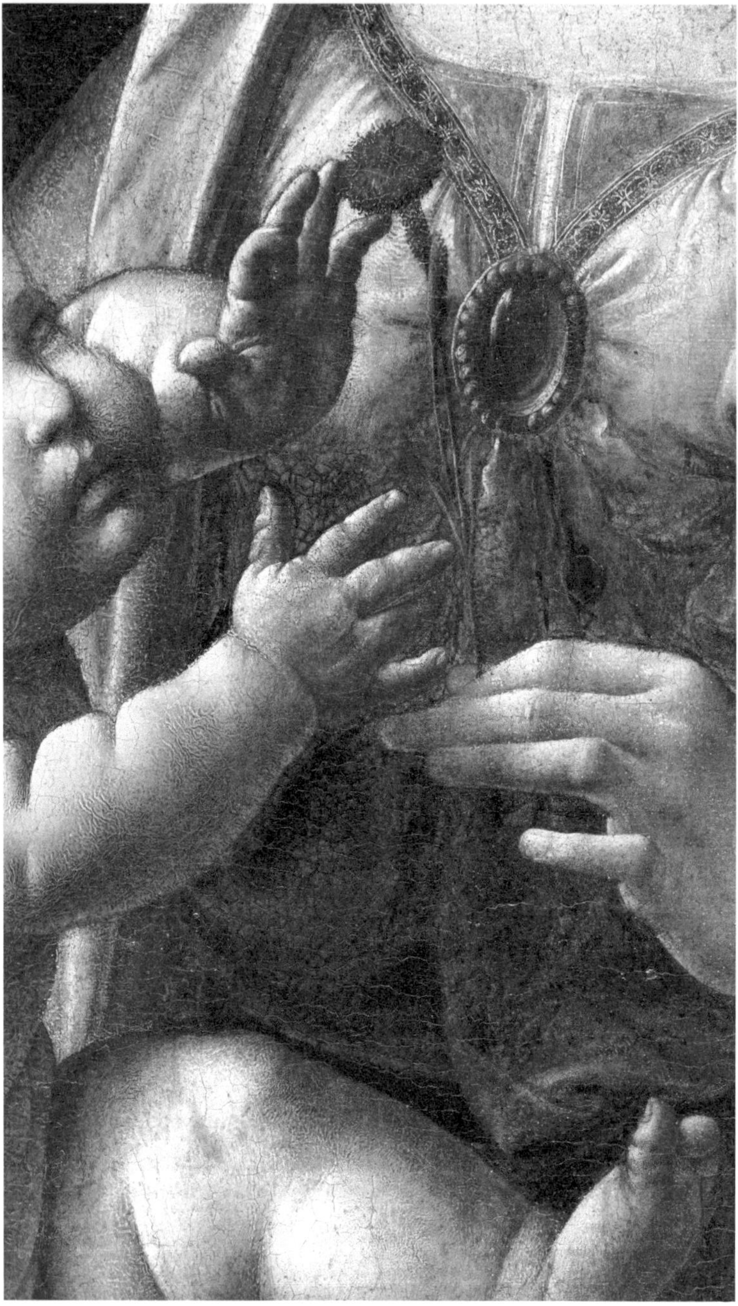

I

KINDSEIN

Es geht ihm gut. Er ist wohlgenährt, ausgeschlafen und wird geliebt. Nackt sitzt das groß geratene Kleinkind auf einem bequemen Samtkissen, seine Mutter umfasst seinen Rücken, so sicher und fest, dass ihre Fingerspitzen eine Delle in seinem Babyspeck hinterlassen.[1] (Tafel 1) Ihm kann nichts passieren. Eigentlich. Sein linkes Bein tritt in die Luft, als wolle er seine Kraft an einem imaginären Gegner testen. Aber da ist niemand, nur sie und er, in ihrem etwas höhlenartig dunklen Palazzo mit den Rundbogenfenstern, die den Blick auf eine flirrend blaue Berglandschaft freigeben. Warmes Licht fällt auf seinen rundlichen Kinderkörper, betont seinen muskulösen Rumpf, den kaum behaarten Kopf. Vor allem aber modelliert es das helle Gesicht und Dekolleté seiner jungen Mutter. Schön ist sie mit ihren zurückhaltenden, noch mädchenhaften Zügen, dem kleinen Mund, den gesenkten Lidern unter hohen, hellen Brauen. Und sie hat sich schön gemacht. Es muss Stunden gedauert haben, das Haar so zu flechten, dass keine Strähne auf die Stirn fällt, aber links und rechts der Wangen unter einem schmalen Schleier gezähmte blonde Locken herauskullern und das engelhafte Gesicht rahmen. Ein transparent schimmernder Bergkristall hält ihr tiefblaues Gewand zusammen. Unter goldbestickter Borte kräuselt es sich über den kleinen Brüsten, die wohl immer noch das Kind nähren.

Jetzt aber ist die Mutter, im Gegensatz zu ihm, vollständig bekleidet. Unter dem Umhang trägt sie ein hochgeschlossenes rotes, am Ärmel gerafftes Kleid, zudem fällt ihr ein buntes Seidentuch von der Schulter über den Rücken auf den Schoß. Ein bisschen altertümlich wirken die vielen Stoffbahnen, so als sehnte sich ihre Trägerin aus dem späten 15. Jahrhundert in die Antike zurück. Das aber interessiert den Jungen nicht. Sie ist seine Mutter, und sie ist für ihn da. Er lässt sich gerne auf das Spiel ein, das sie ihm anbietet. Mit der Linken fasst sie den Stängel einer Nelke, hält sie in sein Gesichtsfeld. Er streckt beide Hände aus, konzentriert sich und greift nach der roten Blume, ohne sie sofort zu berühren.

Es wirkt, als wisse er, was er tut. Als sei er entschlossen, die Nelke, sein Schicksal, anzuschauen und in Besitz zu nehmen. Viel zu ernsthaft ist er für sein Alter. Wie sollte es auch anders sein: Er heißt Jesus Christus, und er wird seine Mutter nicht überleben, sondern in nicht einmal dreiunddreißig Jahren vor ihren Augen für die Menschheit sterben, gekreuzigt von Nägeln, die ungefähr so groß und lang sind wie der Stiel dieser Nelke. Die Blume, rot wie Blut, erzählt von der Liebe Gottes, seines Vaters, die letztlich dazu führen wird: zur Passion des Sohnes, der Marias einziges Kind ist. Und sie, die junge Mutter, zeigt auf dem Bild trotz alldem keine Furcht. Sie genießt die Nähe zu dem vitalen Knaben, ihre eigene Schönheit, die Ruhe im Palast. Dieser Moment gehört ihr und ihrem Baby.

Nicht ganz. Sosehr sich Leonardo da Vinci in dem kleinen Werk aus Florenz beim Malen in seine Protagonisten hineinversetzt, so sehr denkt er an die Menschen, die in seiner Zeit und irgendwann später das Bild betrachten werden. Einer der ersten ist Giuliano de' Medici, der jüngere, etwas ungestüme Bruder des Herrschers über Florenz, Lorenzo de' Medici. Die Wappensymbole der Familie sind Kugeln, an sie können die unscheinbaren Glasbälle erinnern, die vom Kissen des Knaben herabbaumeln. Zudem ähneln die modernen Fensterbögen im Bild denen von Giulianos Palazzo Medici. Als Symbol der Reinheit Mariens ist rechts unten im Gemälde eine hingehauchte Blumenvase zu sehen, für die Leonardos Biograph, der Renaissancemaler und -schriftsteller Giorgio Vasari, im 16. Jahrhundert besonders schwärmt. Er berichtet, das Bild sei in den Besitz von Papst Clemens VII. gelangt, einem unehelichen Sohn Giuliano de' Medicis. Der Vater hat es wohl direkt beim Künstler bestellt. Das Gold, die feinen Farbschichten, die Sorgfalt: Ein Auftrag der Medici mag Leonardos Aufwand erklären.[2]

Das Madonnenbild ist eines der ersten bekannten eigenhändigen Gemälde von Leonardo da Vinci. Als es um das Jahr 1475 entsteht, ist der Maler ein langgelockter Jüngling in seinen frühen Zwanzigern und bereits vollgültiges Mitglied der Florentiner Malergilde. Doch er lebt und arbeitet noch bei seinem Lehrherrn, sei es aus Anhänglichkeit oder weil er auf eigene Rechnung nicht genügend Aufträge bekäme in der vor Kunst und Künstlern strotzenden Stadt.

Leonardos Meister Andrea del Verrocchio führt eine gutgehende Werkstatt in der Via Ghibellina, nur einen kurzen Spaziergang vom Rathaus, dem Palazzo della Signoria, entfernt. Das Viertel ist belebt, Handwerker und kleine Händler bieten ihre Dienste in den schmalen Gassen an. Künstler werkeln meistens in einem großen, fensterlosen Raum zur Straße hin, die Tür steht offen und lädt Passanten ein, vorbeizuschauen. Zum Kochen und Schlafen ziehen sich die Künstlerfamilien und die Lehrjungen in die hinteren Räume oder ins Obergeschoss zurück.

Andrea kommt aus einer Ziegelbrennerfamilie, die Kunst bedeutet für ihn einen sozialen Aufstieg. Bevor er sich erst der Bildhauerei, dann der Malerei widmete, hatte er das Handwerk des Goldschmieds gelernt. Einem älteren Meister dieses Faches war er so dankbar, dass er dessen Nachnamen Verrocchio annahm. Jetzt gehen in seinem Atelier die Reichen und Mächtigen ein und aus. Andrea, Leonardo und die anderen Mitarbeiter können alles: Sie schnitzen, meißeln, gießen Bronzen, schmieden Rüstungen, malen, liefern den Schmuck für Feste, Theaterkulissen und ganze Inneneinrichtungen von Adelspalästen. Bei wichtigen Aufträgen kooperiert Andrea mit Meistern, die ihm verbunden sind, darunter der junge, bald berühmte Sandro Botticelli.

Die Medici und andere hohe Herren sind in der Werkstatt Stammkunden. Von den traditionellen Schmucktellern mit Geburtsmotiven über Hochzeitstruhen bis zum Grabmal bekommt man in der Via Ghibellina mit einem gut gefüllten Goldsack alles, was das Leben und den Tod stilvoll aussehen lässt. Nur von der Freskenmalerei lässt Verrocchio die Finger – das ist eine Spezialität von Andreas Rivalen, den beiden Brüdern Pollaiuolo; sie sind in diesem Fach dann doch gewiefter als der Bildhauer.

Madonnenbilder auf Pappelholz gehören zu Andrea del Verrocchios Standardrepertoire. Doch keines aus seiner Werkstatt ist so raffiniert wie die »Madonna mit der Nelke« des jungen Leonardo. Ihm sitzt wohl dasselbe Mädchen Modell wie Verrocchio, zumindest übernimmt er dessen weibliches Schönheitsideal einer femininen jungen Frau mit vollem Gesicht, das Haar kunstvoll geflochten. Leonardo hat, wie alle Schüler Andreas, über Jahre hinweg die gezeichneten Frauenköpfe seines Meisters immer wieder kopiert, mit Bleistift und Feder auf Papier oder mit Metallstiften auf billigem Holz. (Siehe auch Abb. 35)[3]

Doch bei aller ebenmäßigen Mädchenhaftigkeit, bei allem Harmoniewillen: Leonardos Madonna ist anders. Sie hält ihre Emotionen zurück, ist auffallend nachdenklich und weiß doch genau, was sie will, wenn sie dem Jungen die Nelke reicht. Das Gemälde ist keine bloße Momentaufnahme; es veranschaulicht einen ganzen Handlungsablauf, eine Interaktion zwischen zwei innig verbundenen, doch autonom fühlenden Wesen.

Der Maler versucht sich in Teilen des Gemäldes an Ölfarben, die im Gegensatz zu den klassischen, mit Ei gebundenen Temperafarben nur sehr langsam trocknen. Dies erlaubt es, auf die nasse Farbe eine weitere aufzutragen, so dass die Töne ineinander verschwimmen. Das kleine Bild ist hochexperimentell, denn obwohl die Florentiner Ölfarbe bereits kennen und gelegentlich auch nutzen, ist die Technik hier noch lange nicht so weit entwickelt wie in Flandern.

Leonardo ist begeistert, wie natürlich die Farben mit Öl als Bindemittel wirken. Er entwickelt unter anderem an diesem Madonnenbild die Kunst der sanften Übergänge zwischen Hell und Dunkel. Allerdings ist ihm noch nicht klar, wie viel Öl er beim Anmischen der Farben verwenden muss. Sein Meister Verrocchio kann es ihm nicht beibringen, er hat selbst gerade erst mit dem Malen begonnen und bleibt lieber bei der in Florenz bewährten Temperamalerei. Leonardo wählt also die falsche Mischung – und die Madonna wird bald tiefe Runzeln bilden, welche die Bildoberfläche bis heute rau wirken lassen.[4]

Mit dem weichen Schattenspiel verortet Leonardo Mutter und Sohn im Hier und Jetzt des Palazzo und nimmt ihnen die Weltferne, die ältere Madonnenbilder oft umgibt. Die beiden befinden sich in einem schützenden, dunklen Raum; dieser aber ist kein Gefängnis, sondern er öffnet den Blick auf die helle Weite gottgegebener Berggipfel, wie sie in der Toskana kaum zu finden sind, wohl aber in der Vorstellungskraft des Künstlers. Fern und Nah bedingen sich wie Licht und Schatten, Leben und Tod, Natur und Kunst. Leonardo ist ein junger, noch nicht lebenskluger Mann. Aber er hat eine Ahnung vom großen Ganzen, das sich im kleinen Menschen spiegelt.

»Ein guter Maler hat zwei Hauptsachen zu malen«, notiert Leonardo später, »nämlich den Menschen und die Absicht seiner Seele«.[5] Der so erkannte Mensch ist bei ihm keineswegs immer männlich. Im Gegenteil. Es sind Mütter, an denen er in den Siebziger- und Achtzigerjahren des 15. Jahrhunderts erstmals seine Grundüberzeugung testet: Die Regungen der Psyche und des Geistes drücken sich in den Bewegungen des Körpers aus. In wenigen Federstrichen wirft der Zeichner eine schreitende jugendliche Mutter aufs Blatt, ihr Zopf weht beim Gehen. Sie muss mit dem Oberkörper das Gewicht des schon stämmigen Kleinkindes auf ihrem Arm austarieren. Auf dem Weg vor ihnen hat es irgendetwas Interessantes entdeckt und strebt nun mit Blicken und Gesten nach unten. Die Mutter

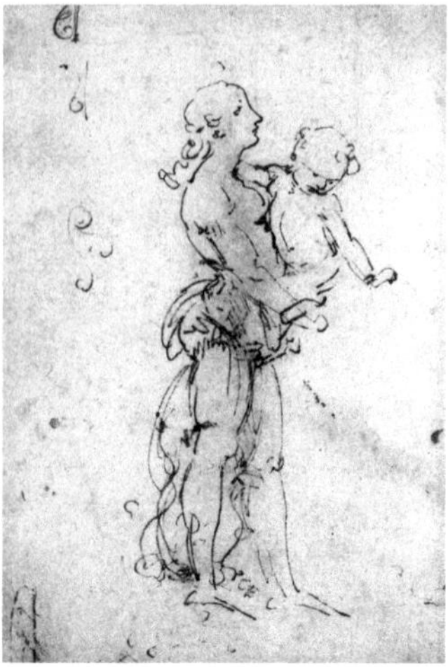

Abb. 1: Leonardo da Vinci, Studie einer jungen Frau mit Kind, British Museum, London

will die Neugier des Kleinen nicht bremsen, aber sie hat ihre eigenen Ziele und arbeitet der Schwerkraft so freundlich wie bestimmt entgegen.[6] Ein Kind will und muss sich bewegen, es mag klein sein, aber es hat seinen eigenen Kopf. (Abb. 1)

In der Renaissance und noch lange danach wurden Babys mit Bandagen so fest eingewickelt, dass sie Arme und Beine nicht mehr rühren konnten. Leonardos Geschmack ist das offenbar nicht. Er rät Malern zu einem liebevollen Blick auf die Ungeschicklichkeiten von Kleinkindern: »Die kleinen Kinder seien im Sitzen unbefangen und unbeholfen, im Stehen schüchtern und ängstlich«.[7] Ihn faszinieren freie Knaben, die aus den sicheren Armen der Mutter heraus die Welt entdecken.

Die Welt, das ist auf einer anderen Zeichnung eine Hauskatze, nicht gefährlich, doch auch nicht einfach zu bezwingen.[8] (Abb. 2) Ein Junge greift nach ihr, das Tier aber will kein Spielzeug sein und entwindet sich halb seiner zudringlichen Neugier. Die Mutter, lächelnd, hält beide auf dem durch kräftige Schraffuren verschatteten Schoß. Sie greift nicht ein. Soll er seine eigenen Erfahrungen ma-

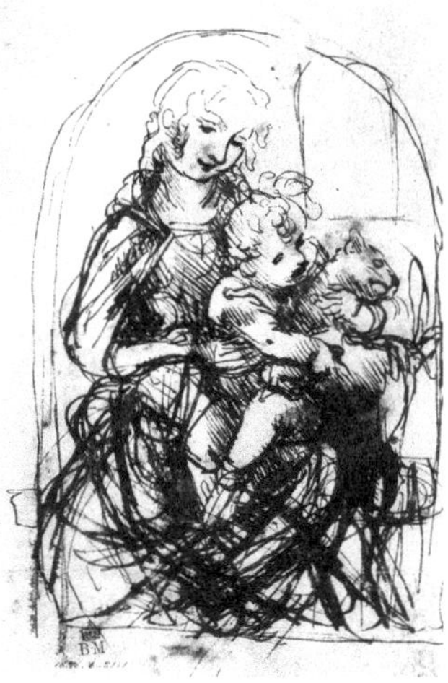

Abb. 2: Leonardo da Vinci, Studie zur Madonna mit Katze, British Museum, London

chen und merken, dass die Welt nicht immer tut, was man von ihr will. Milden Blickes scheint nun der Junge zu erkennen, dass auch er geduldig sein muss mit der eigenwilligen Katze, so wie die Mutter es mit ihm ist.

Nur wer Liebe erfährt, kann Liebe geben. Das ist keine Selbstverständlichkeit in der Renaissance. Ob Frauen überhaupt lieben können, darüber wird noch im 16. Jahrhundert eine lebhafte Debatte toben. Die Tendenz ist: eher nein. Sie können sich nur kühl verweigern oder demütig empfangen, die volle Spanne des Empfindens ist dem Mann vorbehalten. Es gibt aber außer den wenigen wortgewaltigen Literatinnen, die in der Hochrenaissance ihre Stimme erheben, immer auch männliche Humanisten, die dem widersprechen und Frauen für liebesfähig halten.[9]

In der Malerei steht zumindest ein weibliches Sentiment außer Frage: die Mutterliebe, die in beinahe jedem Haushalt auf einem Madonnenbild an der Wand gepriesen wird. Das beliebteste aller Motive hat neben dem religiösen auch einen pädagogischen Sinn. Jungen sollen sich die Jesus- und Johannesknaben zum Vorbild nehmen, sollen sich an ihnen erfreuen und ihnen nacheifern. Mädchen sollen von der Keuschheit Mariens lernen und ihre spätere Mutterrolle vor Augen haben, die in der Gedankenwelt der Renaissance die eigentliche Bestimmung einer Frau ist. Bräute bekommen zur Hochzeit Jesuspuppen geschenkt, um das Muttersein zu üben.[10]

Auf manchen Bildtafeln (auch aus Leonardos Umfeld) reicht Maria ihrem Sohn die bloße Brust.[11] Beim Stillen festige sich die Mutterbindung, beteuern Prediger und Humanisten. Es heißt, der Vater präge Gestalt und Geist des Nachwuchses mit seinem Samen, der Beitrag der Mutter sei es dagegen, das Kind erst in ihrem Bauch, nach der Geburt dann mit ihrer Milch zu nähren. Die entsteht im Glauben der Zeit aus dem in der Schwangerschaft im Körper angesammelten Menstruationsblut; auch Leonardo hing dieser mittelalterlichen Fehlinformation eine Weile an.

Doch die gemeinsame Verantwortung der Eltern für das Kind bleibt zumeist Theorie. In der Praxis zählt die Mutterrolle kaum etwas, der Beitrag des Vaters dagegen alles in einer Gesellschaft, welche die männliche Erbfolge absolut stellt und Frauen keine Rechte über ihre Kinder zugesteht. Es verhallen die schönen Worte von den »zarten Empfindungen« der Muttergottes beim Stillen, ihrem »Entzücken«, den Sohn zu nähren (so ein Prediger schon im 13. Jahrhundert).[12]

Ein Großteil der bessergestellten Florentinerinnen stillt gar nicht erst. Stattdessen schließen ihre Männer Verträge mit den Gatten der Ammen, die diese Aufgabe übernehmen. Die Väter leitet die Sorge, Sexualität, vor allem aber eine neue Schwangerschaft könne die Milch ihrer Ehefrauen verunreinigen. Es ist aber ihr Anliegen, bald wieder Vater zu werden, denn mehrere Nachkommen erhöhen die Chancen, einmal Erben zu bekommen. Viele eheliche Kinder zu haben ist für den sozialen Status der Männer von Bedeutung; eine innige Mutter-Kind-Bindung in den ersten Lebensjahren erscheint manchen demgegenüber zweitrangig. Von den ärmeren Milcheltern erwarten die Väter, auf Geschlechtsverkehr zu verzichten und eine

Schwangerschaft der Amme sofort zu melden, damit der Vertrag beendet werden kann.[13]

Die Sitte, allen guten Ratschlägen zum Trotz Säuglinge bald nach der Geburt zu Ammen zu geben, pflegen im 15. Jahrhundert nicht nur sehr Wohlhabende, sondern ihren Rechnungsbüchern zufolge auch Notare, Künstler, Kaufleute und Ärzte. Die Frage ist nur, welche Amme man sich leisten kann: ob sie ins Haus kommt, wie in den reichen Familien, oder auswärts wohnt, ob sie gerade erst entbunden hat (was als Vorteil gilt) oder ob dies schon länger her ist. Der ökonomische Druck auf Stilleltern ist so groß, dass viele von ihnen ihre eigenen Neugeborenen einer noch ärmeren Amme anvertrauen oder sie im 1445 eingeweihten Florentiner Findelhaus abgeben. Eine Kaufmannsfrau aus Prato, die Ammen vermittelte, prahlte mit der Grausamkeit, einer Frau das Versprechen abgerungen zu haben, noch in der Todesnacht ihres eigenen Säuglings ein fremdes Stillkind aufzunehmen.[14]

Manche Stillkinder sterben in der Obhut der Ersatzmütter. Um das zu verhindern, statten die leiblichen Eltern sie mit Kreuzen, Heiligenmedaillen oder in Silber gefassten Wolfszähnen als Glücksbringer aus. Doch insbesondere wenn die Amme weit weg wohnt, verlieren Vater und Mutter schnell den Kontakt und die Kontrolle. Leichter ist es für Adelige, die zuhause stillen lassen. Viele von ihnen leisten sich Sklavinnen als Hausdienerinnen. Dies sind Tatarinnen, Bulgarinnen, Russinnen, Mongolinnen oder Griechinnen, die entführt und in den Seefahrerstädten verkauft werden. Etliche Hausherren beuten diese Frauen sexuell aus, geben die gemeinsamen Kinder ins Waisenhaus und verlangen schließlich von den Sklavinnen, den ehelichen Nachwuchs im Haus zu stillen. So wenig zählt letztlich die gelehrte Vorstellung, dass eine Frau ein Kind mit ihrer Milch charakterlich prägt: In der Praxis müssen die Stillmütter weder freie Frauen noch christlich sozialisiert sein, es genügt, dass sie helle Haut haben wie die Sklavinnen aus dem Osten.[15]

Dass es anders sein könnte, dass Stillen eine mütterliche Herzenssache und für die Kindesentwicklung wichtig sei, beteuern in der Renaissance Denker wie Leon Battista Alberti, später auch Erasmus von Rotterdam und Michel de Montaigne mit Rückgriff auf Plutarch und andere antike Autoren. Vor allem aber sind es die Künstler, die den Florentinern auf Madonnenbildern vor Augen führen, wie innig Mutterliebe sein kann. Ihre schönen Bilder verkörpern nicht die Realität, sondern die uneingestandene Sehnsucht der Florentiner nach mütterlicher Fürsorge jenseits väterlicher Allmacht. Im Gewand der Religion tragen sie ein verdrängtes Wissen in die Wohn- und Schlafzimmer; sie erzählen vom emotionalen Wert sozialer Bindungen, die sich nicht in Geld aufwiegen lassen.

Bald werden die Künstler selbst zu Botschaftern der Muttermilch. Als Giorgio Vasari im 16. Jahrhundert die Lebenswege der großen Renaissancekünstler aufschreibt, sucht er auch in deren früher Kindheit nach Erklärungen für ihr Talent. Raffaels Vater war als Maler »nicht besonders vortrefflich«, urteilt der Biograph. Förderlich für den Charakter des Jungen sei nicht das Können des Vaters gewesen, sondern die besondere elterliche Fürsorge. Klugerweise habe Raffaels Vater entschieden, die Mutter den Knaben stillen zu lassen, »damit er in seinen zarten Jahren eher die väterliche Erziehung zu Hause genießen möge, als in Häusern von Bauern und des gemeinen Volkes weniger gepflegte oder gar rohe Umgangsformen zu erlernen«.[16] Seine Herzensbildung saugt ein Baby demnach mit der Muttermilch auf.

Auch Michelangelo Buonarroti, dem eine Amme die Brust gab, verherrlicht das Stillen. Der Bildhauer pflegt eine Hassliebe zu seinem leiblichen Vater, der ihm als Jungen seinen Berufswunsch aus dem Leib zu prügeln versuchte. Dass er trotzdem Künstler geworden ist, führt Michelangelo auf den guten Einfluss seiner Amme zurück, die mit einem Steinmetzen vom Land verheiratet war. Den Stilleltern verdanke er sein Talent im Umgang mit Marmor, zitiert Vasari Michelangelo: »Da habe ich mit der Milch meiner Amme auch Meißel und Hammer eingesogen, die mir bei der Ausführung meiner Figuren dienen.«[17]

Und Leonardo da Vinci? Der ist fasziniert von frühkindlicher Entwicklung. Besonders in jungen Jahren, aber auch später malt und zeichnet er intensiv Madonnen.[18] (Tafel 2) Es fällt auf, wie harmonisch Mutter und Kind verbunden sind und wie eigenwillig der Jesusknabe bei Leonardo trotzdem agiert. Er ist kein Werkzeug höherer Gewalten, er ist ein kleiner Mensch, und sie ein großer. Auch seine eigene Kindheit beschäftigt den Künstler. Zeitlebens erinnert er sich an Details: an die hügelige Landschaft, an einen besonderen Vogel, an die Kleider der Frauen. Es scheint bisweilen, als blicke der Maler in seiner Kunst mit Wehmut zurück, als wecke das Sujet der Madonna mit Kind Erinnerungen an ein verlorenes frühkindliches Paradies.

Als Leonardo am späten Abend des 15. April 1452 in dem toskanischen 400-Seelen-Ort Vinci geboren wurde, war das für seine Familie ein Tag großer Freude. Und großer Schande. Denn seine Eltern waren nicht verheiratet. Die Mutter Caterina war eine Vollwaise aus Vinci, die mit ihrem noch sehr kleinen Bruder sich selbst überlassen war und über keine Mitgift verfügte, um wie andere weibliche Teenager heiraten zu können. Sie kam aus kleinbäuerlichen Verhältnissen, die Familie besaß ein schmales Anwesen, das nach dem Tod der Eltern dem zweijährigen Bruder gehörte und heruntergekommen war. Außer einem entfernten Cousin und seiner Frau waren Caterina keine weiteren Verwandten geblieben, als sie sich mit fünfzehn Jahren auf Leonardos Vater Piero da Vinci einließ.[19] Der Mittzwanziger war der älteste Sohn einer angesehenen Notarsfamilie mit einem geflügelten Löwen als Wappentier. In Vinci, dem Ort, nach dem sie sich benannt hat, gehörte die Familie zu den wohlhabenden oberen vier Prozent, die größere Ländereien besaßen. Piero arbeitete bereits als Notar in Florenz, was ihm den Ehrentitel Ser Piero einbrachte. Für den Zusammenhalt der Familie sorgte Leonardos Großvater Antonio, ein vermögender Landedelmann, der die Ruhe auf dem Land in Vinci genoss und in Mußestunden gerne Halma spielte.

Als Patriarch traf er die wichtigen Entscheidungen. Und er entschied sich für seinen neugeborenen Enkel, den er am Tag nach der Geburt in Vinci taufen ließ. Zehn angesehene Damen und Herren aus dem Ort waren als Taufpaten bestellt. Der Erstgeborene seines Sohnes Piero sollte nicht bei seiner ledigen, mittellosen Mutter seinem Schicksal überlassen bleiben oder im Findelhaus aufwachsen. Antonio und seine Frau Lucia persönlich würden sich um ihn kümmern. So kam der Bub seinem Vater Piero nicht in die Quere, der noch im selben Jahr die sechzehnjährige Notarstochter Albiera heiraten sollte.

Auch Caterina wurde versorgt. Offenbar stattete Antonio sie mit einer Mitgift aus und arrangierte eine Ehe mit einem jungen Kalkbrenner, dessen Familie etwas Land nahe Vinci besaß, in Campo Zeppi, einer schlichten Häuseransammlung. Die beiden Familien bleiben über Jahrzehnte in losem Kontakt. Leonardos Stiefvater, der Kalkbrenner, wird sich später Ser Piero als Zeuge für dessen Vertragsabschlüsse zur Verfügung stellen, im Gegenzug regelt der Notar den Ehevertrag einer Tochter des Paars.

Vielleicht ersparte dieses Arrangement Leonardo die übliche Trennung von der Mutter gleich nach der Geburt. Vielleicht stillte Caterina den Jungen selbst, als Mutter und Amme in Personalunion. Piero hatte keinen Grund, seine Liebschaft vom Stillen zu entlasten, wie er es bei einer standesgemäßen Ehefrau getan hätte. Möglich ist, dass Leonardo zumindest bis zu Caterinas Hochzeit im kommenden Jahr mit ihr zusammenbleiben durfte, dass etwa Caterina im großväterlichen Haus ein und aus ging oder den Säugling gar zeitweise zu sich holte. Erst zwei Jahre nach Leonardos Geburt war sie wieder schwanger und bekam eine Tochter.

Als Fünfjähriger jedenfalls lebte der Junge im gut ausgestatteten Haushalt seiner Großeltern väterlicherseits. Dies geht aus deren

Steuererklärung hervor. Die Steuerunterlagen von Caterinas Mann besagen derweil, dass das Paar zwar etwas Weizen und Wein erwirtschaftete, aber insgesamt mit den bald fünf ehelichen Kindern in bescheidenen Verhältnissen lebte.

Sicher hat Leonardo seine Mutter in dem kleinen Ort Vinci nicht aus den Augen verloren. Doch der Kontakt blieb nicht so eng, wie er womöglich anfangs war. Der Junge wuchs ohne seine leibliche Mutter auf.[20]

Viel später, als Leonardo schon über vierzig Jahre alt ist und eine eigene Werkstatt führt, vermerkt er in seinen Unterlagen plötzlich die Ankunft einer Caterina in seinem Haushalt. Zu jener Zeit ist seine Mutter gerade verwitwet. Zwei Jahre später notiert Leonardo nüchtern die Kosten für das bescheidene Begräbnis dieser Caterina: Drei Pfund Kerzenwachs kauft er sowie eine Bahre mit Baldachin und eine Glocke, das Kreuz muss aufgerichtet, Totengräber, Priester und Chorknaben müssen bezahlt werden. Wie so oft in seinen Notizen verzichtet Leonardo auch dieses Mal auf persönliche Anmerkungen. So ist nicht erwiesen, was wahrscheinlich ist: dass es seine Mutter Caterina war, die ihre letzten Jahre bei ihrem Erstgeborenen verbrachte.[21] Vielleicht handelt der Maler aus Mitgefühl und Familiensinn. Vielleicht will er aber auch nachholen, was er einst vermisst hatte: einen gemeinsamen Alltag von Mutter und Sohn.

Eine uneheliche Geburt ist im Italien der Renaissance ein Stigma.[22] Familien sind die kleinsten und wichtigsten Einheiten der Gesellschaft, sie – und in ihnen die Väter – entscheiden über Ausbildung, Berufs- und Partnerwahl. Wer nicht ehelich geboren ist, gehört nie wirklich dazu. Alles, was einem solchen Kind zuteilwird, ist ein Akt der Gnade. Es gibt Väter, die ihre unehelichen Kinder wie Diener behandeln, besonders dann, wenn die Mütter Sklavinnen oder Mägde sind. Andere wie Ser Piero kümmern sich um ihre »natürlichen« Söhne (um Mädchen eher nicht), weil sie in ihnen eine Reserve sehen, für den Fall, dass sie keinen ehelichen Sohn bekommen, der überlebt. Diese Absicherung ist ihnen die Kosten einer Ausbildung wert, zumal die in der Regel geringer ausfallen als bei den ehelichen Söhnen.

Sind die »natürlichen« Kinder erwachsen, haben sie keine Ansprüche ihren Familien gegenüber. Während ein Vater seine ehelichen Nachkommen nicht einfach enterben kann, muss er seine nichtehelichen explizit in sein Testament aufnehmen, und selbst dann sind nach seinem Tod juristische Auseinandersetzungen mit anderen Verwandten wahrscheinlich. So geschieht es auch in der Familie da Vinci: In dritter und vierter Ehe zeugt der Vater schließlich noch fünfzehn Kinder, Leonardo ist da schon längst erwachsen. Nun hat Ser Piero neun Söhne als rechtmäßige Erben, sein Erstgeborener geht leer aus – und wird sich an seinem Lebensende vor Gericht mit den Halbbrüdern sogar über das Erbe seines kinderlos gestorbenen Lieblingsonkels Francesco streiten, der doch ihm, dem ältesten Neffen, allen Besitz vermacht hat.[23]

Wer in und um Florenz unehelich geboren wird, muss aus eigener Kraft durchs Leben kommen, muss sich die gesellschaftliche Anerkennung, die von seinem schlechten Status ablenken kann, selbst erarbeiten. Ungewöhnlich aber ist dieses Schicksal nicht. In Florenz ist es üblich, dass bürgerliche und adelige Mädchen schon als Jugendliche heiraten, Männer dagegen erst zehn bis zwanzig Jahre später. Das ist viel Zeit, in der sich mit Frauen niederer Stände viele uneheliche Nachkommen zeugen lassen.

Leonardo hat es verhältnismäßig gut getroffen, neben den Großeltern ist dem Knaben auch seine erste Stiefmutter, Albiera, zugetan.[24] Als zunächst einziger Nachkomme wächst er behütet auf in dem großzügigen Landhaus der Familie mit Gemüsegarten und Blick auf das Schloss von Vinci. Sein Vater Ser Piero hält sich viel in Florenz auf, sein Geschäft blüht, er zieht in immer besser gelegene Stadtwohnungen und trägt nun rotviolette Mäntel wie ein Adeliger. Wahrscheinlich sieht er seinen Sohn nur selten. Doch im Nachbarhaus des Großvaters wohnt Ser Pieros Bruder Francesco, der nur fünfzehn Jahre älter ist als Leonardo und sich gerne mit dem Kleinen beschäftigt.

Sei es, weil Leonardo auf dem Land lebt, sei es, weil er eben doch kein eheliches, überbehütetes Kind ist: In Vinci genießt der Junge seine Freiheit. Er zeichnet viel, immer mit der linken Hand, woran sich niemand stört. Und er kann in aller Ruhe durch die Landschaft stromern, mit Hunden und Katzen herumtollen, lernt wahrscheinlich reiten. Der Knabe hat alle Zeit der Welt, um Wolken zu betrachten, Vögeln nachzustellen, Eidechsen und anderes Getier zu fangen. Und ihn interessiert alles. Staunenden Blickes nimmt er das bäuerliche Leben in sich auf, betrachtet eine Ölmühle, studiert den Lauf des Wassers und schaut den Frauen zu, die aus Weiden Körbe flechten und so dem Namen des Ortes gerecht werden: Vinci kommt nicht vom lateinischen Wort für siegen, *vincere*, sondern vom altitalienischen *vinco*, das Weide bedeutet.

Wahrscheinlich unternimmt Leonardo, das Einzelkind, viel auf eigene Faust. Später wird er in seinen Schriften mahnen, man müsse sich alleine der Natur aussetzen, um sie wirklich zu erfassen. Darum geht es ihm: Zu verstehen, warum die Dinge sind, wie sie sind. Als Erwachsener wird er immer ein Notizbuch am Gürtel tragen, um seine Beobachtungen im Alltag festzuhalten. Über den Vogelflug wird er räsonieren und über die Fähigkeit von Maschinen, die Muskelkraft zu ersetzen. Er widmet sich der Frage, warum Hunde einander am Hintern beschnuppern (weil sie dort riechen, wie wohlgenährt das andere Tier ist, meint Leonardo).[25] Oder er versucht, die Wolken zu lesen und die Gesetze des Wassers zu verstehen. Die Natur ist seine Lehrmeisterin, sagt er gerne, und auf seine außerordentliche Beobachtungsgabe bildet er sich so viel ein wie andere auf ein langes Studium.

Was bleibt ihm auch anderes übrig. Als Junge geht er zur Schule, schreibt und rechnet, liest einige moderne Texte. Klassisches Latein aber lernt er nicht. Denn nach der Mittelschule, die auf kaufmännische Berufe vorbereitet, nimmt ihn der Vater aus dem Unterricht. Die humanistische Oberstufe, die Bedingung ist für ein Studium und eine juristische Laufbahn, erscheint ihm offenbar als zu viel des Guten, zumal die legitime Abstammung eine Voraussetzung ist, um Notar zu werden.[26] Der Sohn soll einen Lehrberuf ergreifen und sich schnell eine Existenz aufbauen. Ser Piero wendet sich an den vielseitigen Werkstattchef Andrea del Verrocchio, der ein guter Kunde von ihm ist. Der Künstler hält den etwa Vierzehnjährigen für talentiert und nimmt ihn auf. So beginnt Leonardo um 1466 sein Berufsleben im besten Atelier der Stadt.[27]

Obwohl dies offenbar auch seine eigene Wahl ist, er zeichnet viel und gern: Der Mangel an akademischer Bildung nagt lange an Leonardo. Viel später wird der Künstler und Forscher sich selbst Latein beibringen, wird eine beachtliche Bibliothek ansammeln und lesen. Doch ihm bleibt das Gefühl, ein Manko zu haben, er, der Notarssohn zweiter Klasse.

Jahre danach, als er längst etwas erreicht hat im Leben, vermutet er, die »arroganten« Studierten würden ihn verachten, da er auf der Schule keine alten Sprachen gelernt habe. Also geht er in die Offensive. Stolz sei er darauf, ein »Erfinder« zu sein, schreibt er, einer, der nur seinen Augen traue, der »einfachen Erfahrung«, der »wahren Lehrmeisterin«. Die Belesenen dagegen erscheinen ihm »aufgeblasen und schwülstig«, »meine eigene Arbeit gönnen sie mir nicht«. Sie seien »zu tadeln, da sie gar nichts erfinden, sondern die Werke anderer herumtrompeten und nachbeten«. Ebenso zu verachten seien »Menschen, die nur materielle Reichtümer und Freuden begehren und den Wunsch nach Wissen, der Speise und dem wahren Reichtum der Seele, gar nicht kennen«. Sein Geheimnis sei es, sich zu verhalten wie ein armer Mann, der als Letzter auf den Markt gehe und nehme, was die anderen übrig gelassen haben. Nämlich das, was zu sehen und mit den Händen zu greifen ist.[28]

Stur und siegesgewiss, manchmal geradezu überheblich geht er seinen einzigartigen Weg. Das wäre ihm als ehelichem Sohn, als Erstgeborenem nicht möglich gewesen. Ohne die »Schande« seiner nicht standesgemäßen Herkunft hätte Leonardo sein Leben wohl nicht seinen Naturstudien, seinen Erfindungen und seiner Kunst gewidmet, hätte nicht derart um eigenen Ruhm gerungen, sondern vor allem um den seiner Familie. Sein unkonventioneller Individualismus mag eine Notlösung sein. Aber es ist eine Lösung.

Leonardos Sonderweg allerdings bringt auch eine gewisse Einsamkeit mit sich. Er wird als junger Mann die Regeln der Konversation lernen, wird geschmeidig in Gesellschaft auftreten, einnehmend, amüsant und zuvorkommend sein, wo es nötig ist. Aber er wird sein Herz hüten. Mehr als 5300 Seiten umfassen die überlieferten Notizbücher seines Lebens, doch seine Gefühle, seine privaten Gedanken äußert er höchstens verschlüsselt in allgemeinen Weisheiten. Das klingt dann oft unglücklich. »Durch die Erfahrung ist bewiesen: Wer niemandem traut, wird nie betrogen.« Und: »Die Leidenschaft des Geistes verscheucht die Wollust.« Oder: »Sobald Du allein bist, bist Du ganz Dein eigen, und wenn Du einen Gefährten hast, gehörst Du zur Hälfte Dir, und weniger noch im Verhältnis zur Taktlosigkeit seines Betragens.«[29]

Als Autor bleibt Leonardo da Vinci kühl und unpersönlich, hart gegen sich selbst und andere. Als Mensch wird er nur wenigen, meist engen Schülern, sein Vertrauen schenken. Als Zeichner und Maler aber ist er voller Empathie, ein Künstler, der dem Seelischen bis in feinste Verästelungen nachspürt. Seine Einfühlung kreist dabei um zweierlei: um die Natur und um die Frauen. Aus heutiger Sicht mag diese Verbindung nicht zwangsläufiger erscheinen als die von Mensch und Natur allgemein. Doch in Leonardos Augen ist *natura* eine weibliche Kraft und die Frauen verfügen über eine wundersame Potenz, die ihn zeitlebens interessiert. Es ist die Gabe, Leben zu schenken.

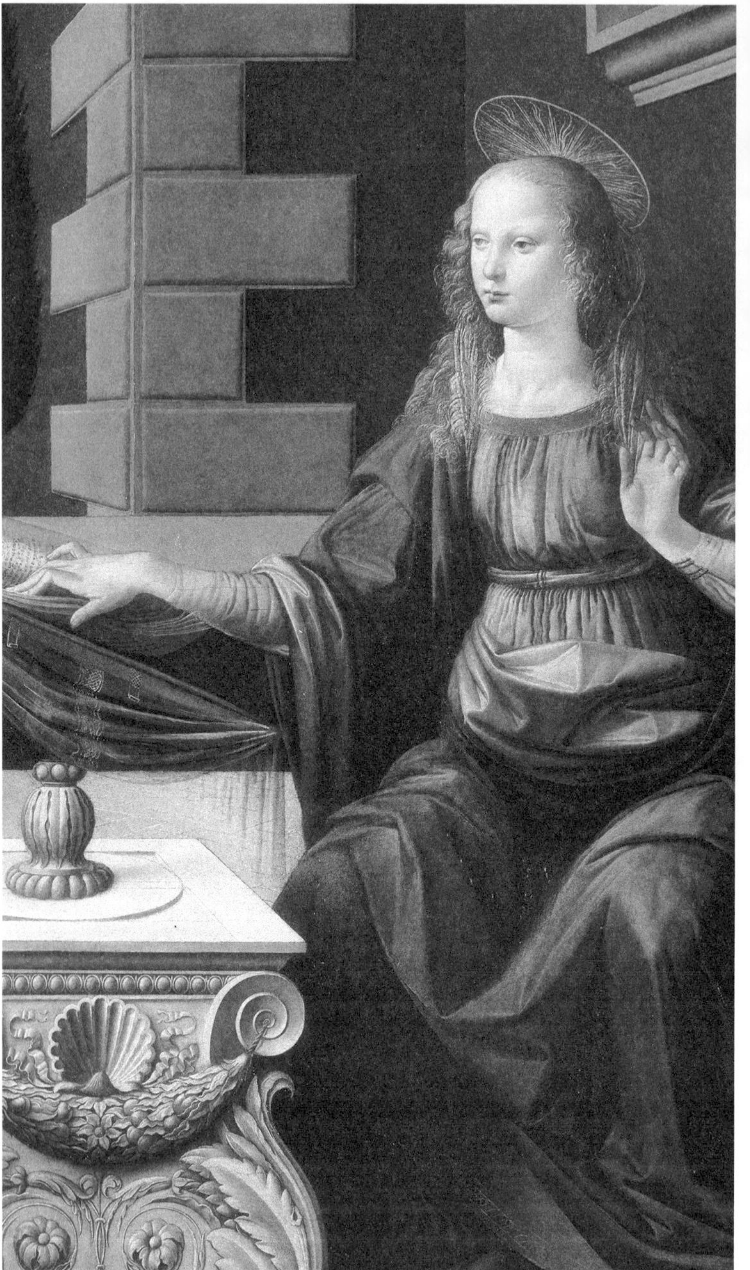

II

LANDJUGEND

Florenz ist nicht grün und luftig, Florenz ist eng und laut. Ochsenkarren, Maultiere und Passanten schieben sich durch faulig riechende Gassen. Sie sind dunkel wie Tunnel, weil viele Hausbesitzer in den höheren Etagen Erker errichtet haben. Überall wird gebaut. Arbeiter reißen schmale alte Behausungen ab und karren für Paläste Baumaterialien herbei, bis die Mangelware sind. Manche dieser neuen Häuser sind so groß wie Schlösser, in ihren bunt ausgemalten Raumfluchten kann man sich stundenlang verlaufen. Im Laufe des 15. Jahrhunderts wurden die reichen Florentiner immer reicher, die armen ärmer.[1] Und die wohlhabenden Familien schotten sich zur Stadt hin ab. Während ihre Palazzi sich früher mit einer Loggia zur Stadt öffneten, umfangen sie nun oft repräsentative Innenhöfe, in denen sich das gesellschaftliche Leben abspielt.

Zwar sind nur etwa 2000 der rund 50 000 Stadtbewohner vermögend, wenige steinreich – sie aber überbieten einander in Prachtentfaltung. Ihre Kleider sind so elegant und farbenfroh wie ihre frisch dekorierten Familienkapellen. Porträts, Statuen, Silber- und Goldschmuck, Wandteppiche, feine Möbel, kostbare Bücher und Handschriften füllen ihre Anwesen. Geld genug ist da, und im Gegensatz zu den Jahrhunderten zuvor gilt es nicht mehr als Schande, es für alle sichtbar auszugeben, anstatt sich in frommer Bescheidenheit zu üben.

Der Florin, die Florentiner Währung, misst sich am Goldwert, er ist in ganz Italien eine feste Größe. Dutzende Banken residieren in der Stadt, sie beeinflussen das europäische Wirtschaftssystem. Man kann hier Schecks einlösen, Kredite bekommen, Währungen tauschen. Toskanische Investoren beteiligen sich finanziell an Schiffsladungen oder erwerben Aktien europaweit tätiger Handelsgesellschaften. Geld muss nicht mehr unbedingt in der Landwirtschaft und Produktion erwirtschaftet werden, es lässt sich nun auch durch Spekulation mehren. Mit den richtigen Voraussetzungen können Bürger mit gutem Erbe oder Adelige Reichtum anhäufen, wie es früher nur hohen Kirchenherren und Landesfürsten möglich war.

Außer Finanz- ist Florenz auch Textilmetropole. Am Ufer des Arno blüht die Produktion von Stoffen. Mehr als achtzig Florentiner Werkstätten stellen Seiden und Brokat her; Hunderte Betriebe in Flussnähe laufen auf Hochtouren. Färber, Gerber, Wollkämmer, Weber, Näher und Kürschner liefern Waren für den Export. Fürstenhöfe in Italien, den Niederlanden und England bestellen in der Stadt Tuch und Pelze. Und auf den großen Märkten im Zentrum bekommen Einheimische und Reisende alles, von Handschuhen aus Ziegenkitzleder bis zu Seidentüchern aus Bagdad.[2]

Die Künstler in Florenz haben alle Hände voll zu tun. Sie arbeiten längst nicht mehr nur auf Bestellung, sondern produzieren auch für den freien Handel. Vorbei sind die Zeiten, in denen Maler und Bildhauer gering geschätzte Handwerker waren, deren Namen sich niemand merkte. Über den Preis eines Gemäldes entscheidet neben Größe, Thema und Material inzwischen auch, wie berühmt der Meister ist und ob er eigenhändig malt oder die Ausführung den Gesellen überlässt. Die erfolgreichen Malerwerkstätten bestehen aus großen Teams. Nirgends ist die rund sechsjährige Ausbildung so umfassend wie in Florenz, und nirgends ist es so schwer, sich als gelernter Künstler durchzusetzen – rund vierzig Malerateliers und fünfzig Bildhauergemeinschaften konkurrieren miteinander.

Lehrlinge beginnen mit Hilfsarbeiten, die ihnen die Grundlagen der Malerei vermitteln: Tagelang zermahlen sie Pigmente auf polierten Steinen, mischen Bindemittel, rühren die helle Grundierungsmasse aus Leim und Gips oder Kalk an. Und sie zeichnen immer wieder die Skizzenbücher ihrer Lehrer ab, bevor sie selbst zum Pinsel greifen dürfen und nach den Vorzeichnungen ihres Meisters Farben auf Putz oder Holztafeln auftragen.

Der jugendliche Leonardo übt das Tuschen von Gewandstudien auch nach Figuren, die er selbst aus Ton formt und mit gipsgetränkten Lappen ummantelt. Wahrscheinlich lernt er zudem das Bronzegießen und Meißeln. Und er zeichnet, so viel er kann. Die Arbeit begeistert ihn, er will alles lernen, verstehen, ausprobieren.

Sein Vater Ser Piero ist froh, dass der Bub in der Werkstatt von Verrocchio so gut zurechtkommt. Er macht sich dessen neu erworbene Fertigkeiten gerne zu Nutze. Leonardos Biograph Giorgio Vasari meint zu wissen, wie einer der Bauern aus Vinci Piero um einen Gefallen bittet: Er habe aus einem alten Feigenbaum einen Schild geschnitzt, der müsse nun bemalt werden.[3] Der Notar, der dem Landwirt immer gerne Fische und gefangene Vögel abnimmt, bringt das grob behauene Holzstück nach Florenz und überreicht es Leonardo, ohne den Bauern zu erwähnen. Bitte, der angehende Künstler möge sich etwas einfallen lassen, seiner Familie zuliebe.

Dem Vater ist der Sohn immer gerne zu Diensten. Was täte er nicht alles für seine Anerkennung. Er gibt sich mit dem Schild besondere Mühe, glättet ihn mit Hilfe eines befreundeten Drechslers, bestreicht ihn vorsichtig mit einer Gipsschicht. Und denkt nach: Was wäre der höchste Ausdruck der Kunst, was ließe Ser Piero staunen? Er könnte nun etwas Schönes, Freundliches malen, ein harmonisches Sujet. Aber ganz so entspannt ist sein Verhältnis zum ständig abwesenden Vater dann doch nicht. Lieber will er ihn dauerhaft beeindrucken, indem er ihm einen ordentlichen Schrecken einjagt.

Also sammelt er laut Vasari Scheußlichkeiten beziehungsweise das, was andere dafür halten, er aber zu würdigen weiß. Zwei Arten von Eidechsen sperrt der Jüngling in einen verschließbaren Raum, dazu Grillen, Schlangen, Falter, Heuschrecken, Fledermäuse. Dann soll er, was ansonsten nicht zu ihm zu passen scheint, die Tiere getötet, zerteilt und neu zusammenmontiert haben. Das Ergebnis ist ein Monstrum der Hässlichkeit, ein scheinbar Gift spuckendes und Rauch schnaubendes Vieh, das er nun auf den Schild malt. Beliebt sind in der Zeit Schilde mit dem abgeschlagenen Haupt der mythischen Medusa, deren Blicke die Kraft haben sollen, Gegner in Stein zu verwandeln. Sie erzählen von der Macht der Bilder, und das ist auch Vasaris Thema.

Doch der Vater meldet sich nicht mehr, so wichtig ist ihm der Schild dann doch nicht. Leonardo wird ungeduldig und fordert seinerseits Ser Piero auf, das Stück abzuholen. Der klopft schließlich in der Werkstatt an die Tür. Der Sohn bittet ihn, kurz zu warten, dunkelt einen kleinen Raum ab und stellt den Schild in den einzigen Lichtstrahl. Der Vater tritt ein – und ist entsetzt. Einen Moment lang wähnt er sich wirklich einem Ungeheuer gegenüber. Genau das ist der Effekt, mit dem Künstler seit der Antike immer wieder prahlen: Das Publikum glaubt an ihre Kunst, es verwechselt sie mit der Realität – also ist das Werk doch genauso wirklich wie die Wirklichkeit, oder? Pflichtschuldig beteuert der Sohn – laut Vasari –, er habe den Vater nur schockiert, um ihm die Qualität der Arbeit vor Augen zu führen: »Dieses Werk erfüllt seinen Zweck. Nehmt es also mit Euch, denn es hat das Ziel erreicht, das man von allen Kunstwerken erwartet.«[4]

Nun ist Ser Piero stolz auf Leonardo, lobt ihn, trägt den veredelten Schild davon – und verkauft ihn heimlich für 100 Dukaten an einen Florentiner Kaufmann, der das Stück angeblich bald für das Dreifache dem Mailänder Herrscher überlässt. Dem Bauern gibt Ser Piero einen neuen, mit einem schlichten durchbohrten Herzen bemalten Schild, billige Allerweltsware vom Markt.

Es ist gut möglich, ja sogar wahrscheinlich, dass der Schriftsteller Vasari sich diese Geschichte nur ausgedacht hat, zu sehr erinnert sie an bekannte Künstleranekdoten.[5] Zudem ist Leonardo seit Jahrzehnten tot, als der Autor sich in den Jahren 1550 und 1568 ans Pult stellt und seine Vita verfasst. Doch wie ein Märchen verdichtet die

Episode gleich zwei Lebensmotive Leonardos. Da ist die enttäuschte Liebe zu dem mit Geld und Gefühlen geizenden Vater, der nur an seinen eigenen Vorteil denkt. Sie paart sich mit einer noch jugendlichen Mischung aus Neugier, Phantasie und Tatkraft, die keine Tabus kennt. Leonardo will etwas Neues schaffen, und zwar mit aller Kraft.

Zum Glück nimmt Andrea Verrocchio mehr Anteil an seiner Person als Ser Piero. Der unverheiratete Lehrherr begeistert sich für den wachen Jungen. So sehr, dass er ihn wohl bittet, Modell zu stehen. Kurz nach Leonardos Ankunft in Florenz gestaltet Verrocchio einen David, die Figur, mit der sich die Mittelmacht Florenz am liebsten identifiziert. (Tafel 3) Die Stadtgesellschaft möchte sein wie der biblische Jüngling, der den Riesen Goliath besiegt: nicht erstarrt, sondern aufstrebend, neugierig, tatkräftig und unschuldig. Schon seit dem 14. Jahrhundert wird David hier nicht mehr als bärtiger König, sondern als jugendlicher Herausforderer Goliaths dargestellt. Verrocchio fertigt seine Skulptur für die mächtige Medicifamilie, die das Werk einige Jahre darauf an die Stadtregierung von Florenz für den Palazzo della Signoria, das Rathaus, verkaufen wird.

Verrocchios glänzender Bronzedavid mit dem schmalen, von Locken gerahmten Gesicht hat sehr individuelle Züge. Man kann sich gut vorstellen, dass der etwa vierzehnjährige Leonardo Mitte der Sechzigerjahre des 15. Jahrhunderts ein solch selbstgewisser, hoffnungsvoller Jugendlicher war. Auf die Bühne tritt ein schlanker, etwas übermütiger Knabe, der in seinem eng anliegenden Wams stolz die Hand in die Hüfte stützt und verschmitzten Blickes weit über das abgeschlagene, zerfurchte Haupt des alten Gegners hinausschaut. Das Schwert trägt er locker in der Rechten. Goliaths geschundener Kopf zu Davids Füßen hat für die Bronze keine stützende Funktion, er ist nur noch ein lässig abgelegtes Attribut.[6]

Andrea verarbeitet außer Bronze vor allem Silber, Gold, Marmor, Terrakotta und Holz, und er tut dies sehr erfolgreich. Kurz bevor Leonardo zu ihm kommt, beginnt er auch mit dem Malen. Das begeistert ihn weniger als die Skulptur, doch Gemälde sind ein Wachstumsmarkt. Und sie sind bald Leonardos Chance, dem Meister so geschickt zur Hand zu gehen, dass dieser ihm ganze Bildpartien überlässt. Als Leonardo Anfang zwanzig ist, überträgt Andrea ihm in einer Taufe Christi die Figur des knienden Engels.[7] (Tafel 5)

Und wohl noch während Leonardos Lehrzeit misst sich Andrea einmal an seinen Konkurrenten, den Brüdern Pollaiuolo. Sie hatten den jungen Tobias gemalt, der einer Legende zufolge für seinen blinden Vater etwas besorgen soll und dabei von dem Erzengel Raffael begleitet wird. Der rät, die Augen des Vaters mit den Innereien eines Fisches zu behandeln. Auch Andrea malt nun diese Geschichte, und er zeigt, was ein gelernter Bildhauer als Maler leisten kann: Seine beiden Figuren wirken dynamischer und dreidimensionaler als die der Pollaiuolobrüder; beschwingt scheinen Tobias und Raffael während des Spaziergangs miteinander zu kommunizieren. (Tafel 4) Die Landschaft wirkt allerdings viel schematischer als die des Konkurrenten, ein Naturmaler ist Andrea nicht.

Vielleicht verliert er, als das kleine Gemälde beinahe fertig ist, die Lust. Oder er will seinen Lieblingsschüler einmal so richtig herausfordern. Jedenfalls sieht alles danach aus, als habe er Leonardo am Ende erlaubt, den Fisch des Tobias zu malen sowie sein Hündchen.[8]

Denn die zwei haben nichts gemein mit anderen gemalten Tieren der Zeit. Der hochbegabte Maler weiß genau, wie ein verletzter Fisch aussieht, offenkundig hat er nicht nach Bildvorlagen gearbeitet, sondern sich auf dem Fischmarkt herumgetrieben. Blut strömt dem Tier unter den hell glänzenden Schuppen hervor, sein offenes Maul scheint zu japsen, die Augen schimmern verzweifelt. Es ist nur ein Fisch, nichts als ein Nutztier nach Ansicht der Zeitgenossen – der Künstler aber entwickelt Mitgefühl mit dem sterbenden Wesen.

Sosehr der Fisch leidet, so sehr freut sich der kleine Terrier. Aufgeweckt tapst er neben dem Engel her, seine plüschigen Ohren flattern im Wind, die seidigen Löckchen seines weißen Fells sehen aus wie frisch gewaschen. Fast durchsichtig wirkt der Hund und ist doch ein Blickfang auf dem ansonsten so ernsten Gemälde.

Hier ist ein jugendlicher Tierfreund am Werk, einer, der in seiner Kindheit offenen Auges durch die weite Landschaft bei Vinci gestreift ist. Die Stadt muss Leonardo im Vergleich dazu wie ein Käfig erscheinen. Manchmal besucht er einen Markt in Florenz und begeistert sich so sehr für die feilgebotenen Vögel, dass er welche kauft und sie freilässt. Das erzählt Vasari, und tatsächlich sympathisiert Leonardo mit Vögeln.[9] Er studiert ihren Flug und träumt davon, seine Ingenieurskunst so weit zu entwickeln, dass auch Menschen fliegen können. Und als seine früheste Kindheitserinnerung, die wohl eher die Fantasie des erwachsenen Mannes ist, nennt er Jahrzehnte später einmal die Begegnung mit einem Rotmilan, der mit der Schwanzfeder den Mund des Knaben in der Wiege geöffnet habe.[10] Vögel sind für Leonardo mehr als nur Tiere, sie sind sein Alter Ego.

Irgendwann entscheidet er sich, kein Fleisch mehr zu essen. Sein Vegetarismus wirkt in den Augen der Zeitgenossen etwas kauzig, passt aber in das Welt- und Selbstbild eines Künstlers, der so naturverbunden ist wie kaum ein anderer der Renaissance. Leonardos gesamtes Kunstverständnis gründet auf seinem tiefen Respekt vor der göttlichen *natura.* Sie ist der Maßstab, das Vorbild seiner Malerei, und zugleich will er sie in jedem seiner Werke von Neuem übertrumpfen: »Der Maler streitet und wetteifert mit der Natur«, schreibt er später und warnt: »Wenn du die Malerei verachtest, die als einzige alle sichtbaren Werke der Natur nachahmt, dann verachtest du zweifellos auch […] Luft und Lage, Pflanzen, Tiere, Kräuter und Blumen, die von Schatten und Licht umgürtet sind.« Die Malerei, jedenfalls die gelungene, sei »die rechtmäßige Tochter der Natur; aber, um genauer zu sein, nennen wir sie lieber die Enkelin der Natur, denn diese hat alle sichtbaren Dinge geboren, aus denen

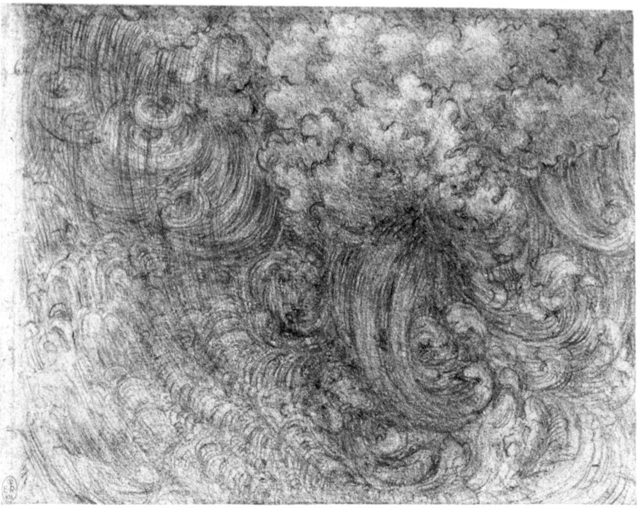

Abb. 3: Leonardo da Vinci, Studie Sintflut, Royal Library, Windsor

dann die Malerei geboren wurde. Wir nennen sie daher mit Recht die Enkelin der Natur und eine Verwandte Gottes«.[11]

Er, der Maler der Maler, lässt keinen Zweifel daran, wem er sich verpflichtet fühlt: der Natur, gedacht als weibliche Kraft, und Gott persönlich. Allein den Frauen kommt in seiner Sicht eine ähnliche Nähe zur Schöpfung zu wie den Malern, denn so wie jene Leben auf die Tafel und Leinwand bringen, können diese es qua Schwangerschaft und Geburt schenken. Leonardos Affinität zum Weiblichen mag hochemotional sein und in seiner Kindheit begründet liegen. Sie hat aber auch ein theoretisches Fundament.[12] Er ist in seiner Malerei auf Seiten der Frauen, weil er und sie in seinen Augen beide enge Verwandte Gottes sind, mit ähnlichen Gaben und Möglichkeiten.

Die Natur und die Frauen finden in Leonardos Malerei früh zusammen. Kurz nachdem er 1472 in die Lukasgilde der Florentiner Maler aufgenommen wird, setzt er eine Frau in einen paradiesischen Garten.[13] (Tafel 6) Im Gemäldehintergrund erhebt sich eine flirrende Berglandschaft, so hell, dass Himmel und Bergspitzen kaum zu unterscheiden sind. Es ist, als habe Leonardo sich und allen anderen beweisen wollen: Luft und Licht lassen sich malen. Das Übersinnliche ist mit dem Pinsel erfahrbar. Die Frau bekommt Besuch von einem geflügelten Wesen, einer jungenhaften Figur mit echten Vogelfedern, seine Locken kräuseln sich so dynamisch, wie dies später in Leonardos Zeichnungen Wellen und Wind tun.[14] (Abb. 3)

Der Erzengel verkündet Maria ihre Empfängnis des Gottessohns. Gabriel nähert sich ihr in respektvollem Abstand und kniet auf dem blumenübersäten Gras nieder, das sich durch den Luftzug seines Anflugs zu krümmen scheint. Dann streckt er seine Hand zum Gruß aus. In der Linken hält er eine Lilie, das Symbol jungfräulicher Reinheit und nebenbei auch Symbol der Stadt Florenz.

Maria ist eine zarte junge Frau mit glatter Haut. Doch sie reagiert wie eine erfahrene Dame. Mit der Rechten hält sie die Seiten des Buchs fest, in dem sie eben gelesen hat. Der kleine Finger spreizt sich leicht, wie dies auf Bildern der Verrocchio-Werkstatt oft vorkommt. Sie wendet ihren in lange Stoffbahnen gehüllten Körper ab, das strahlend hell erleuchtete Gesicht jedoch dreht sie geraden Hauptes Richtung Engel. Ruhig hebt sie die linke Hand, und diese Geste könnte meinen: Moment mal, lass mich nachdenken über das, was du da sagst! Sie könnte aber auch den Gruß des Engels erwidern und gelassen Einverständnis signalisieren mit dem Geschehen. Gerade in der Uneindeutigkeit wirkt Marias Pose spontan und souverän. Diese Muttergottes ist Herrin der Lage.

Nicht alles an der Figur ist perspektivisch und anatomisch korrekt ausgeführt. Der eine Arm erscheint zu lang und man weiß nicht, von welchem Blickpunkt aus das Pult der Frau eigentlich anzusehen ist. Auch die Proportionen der tiefdunklen Bäume hinter der

Gartenmauer sind nicht ganz korrekt. Vielleicht sollte das Bild ursprünglich von unten rechts betrachtet werden, was es stimmiger wirken ließe. Doch solche Anfängerprobleme stehen der Idee Leonardos nicht im Wege: Göttliches Licht erhellt die Landschaft und Maria, es ersetzt die Taube des Heiligen Geistes oder den plump aufgetragenen Schriftzug älterer Verkündigungsbilder. Die Natur spricht für sich. Und diese Maria ist klug genug, zu wissen, was sie tut. Sie ist kein passives Werkzeug eines abstrakten Heilsplans, sie ist belesen und unterstützt Gottes Vorhaben aus eigenem Antrieb. Ihre Fähigkeit zu empfangen ist untrennbar verbunden mit dem Wort, das Fleisch wird, und so mit der menschlichen Fähigkeit, zu verstehen und zu handeln.

Leonardo nimmt die Frauen ernst, erst recht in einem Moment, in dem sie sich für das Leben entscheiden. Für seine ungewöhnliche Sicht auf Maria bricht der junge Maler mit der Konvention. Eigentlich folgen Verkündigungsbilder einem klaren Ablauf. Theologen zufolge durchläuft Maria bei der Begegnung mit dem Engel fünf Stadien. Erst erschrickt sie, dann überlegt sie, bevor sie nachfragt, ob sie sich für die Empfängnis denn auf einen Mann einlassen müsse. Schließlich, als geklärt ist, dass sie Jungfrau bleiben wird, willigt sie demütig ein und erscheint zuletzt in einem glücklichen, gesegneten Zustand.[15] Manche Künstler zeigen eine verunsicherte Frau in der ersten Phase, *conturbatio*; andere bevorzugen *humiliatio*, die Zustimmung, und malen Maria gesenkten Hauptes. Nur Leonardo lässt seine Protagonistin improvisieren. An ihrem klaren Willen, ihrer Entscheidungshoheit besteht kein Zweifel. Der sich demütig nähernde Engel ist der Bittsteller, nicht sie.

Offensichtlich widerspricht Leonardo in seinem Gemälde Kollegen, die ihre Engel Befehle erteilen lassen und Maria einschüchtern. Diese strengen Verkündigungsbilder spielen eine wichtige Rolle in der Disziplinierung der weiblichen Bevölkerung. So preist der toskanische Prediger San Bernardino im 15. Jahrhundert die 1333 entstandene Verkündigungsszene von Simone Martini und Lippo

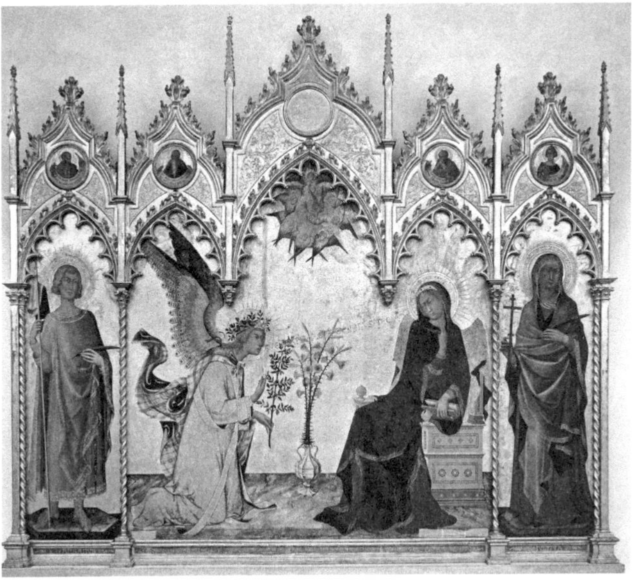

Abb. 4: Simone Martini und Lippo Memmi, Verkündigung, Uffizien, Florenz

Memmi, die sich zu der Zeit in der Kathedrale von Siena befindet.[16] (Abb. 4) So bescheiden sei diese Maria, wie sie demütig, fast verängstigt den Engel anhöre. Sie wage es ja nicht einmal, den Überbringer der göttlichen Nachricht direkt anzuschauen – und das, obwohl er kein Mann, sondern nur ein Engel sei. »Nehmt euch daran ein Vorbild, ihr jungen Frauen!«[17]

Leonardo da Vinci hat der Prediger nicht auf seiner Seite. In da Vincis Schriften macht sich der Künstler einmal lustig über die dominanten Gottesboten: »So sah ich neulich einen Engel, der bei einer Verkündigung so aussah, als wollte er Unsere Liebe Frau aus dem Zimmer verjagen, mit Bewegungen, die eine solche Schmähung ausdrückten, wie man sie etwa einem niederträchtigen Feind zu Teil werden ließe, und Unsere Liebe Frau sah aus, als wollte sie sich vor Verzweiflung aus einem Fenster stürzen. Paßt auf, daß Ihr nicht in solche Fehler verfallt.«[18]

Nein, er treibt die Frauen nicht zur Verzweiflung, und ihre Unterwerfung interessiert ihn nicht. Leonardo braucht Maria und die anderen Frauen und sie brauchen ihn. Denn dieser Künstler bietet ihnen ungeahnte Vorbilder.

Leonardos »Verkündigung« (Tafel 6) ist wohl noch vor der Madonna aus der Münchner Pinakothek (Tafel 1) entstanden. Beide Werke verbindet, dass eine besonders gelassene Muttergottes vor einer fantastischen, himmlisch leuchtenden, flimmernden Berglandschaft sitzt. Das Weltganze spielt sich wie selbstverständlich schon an Leonardos frühen Horizonten ab und umfängt die Frauen, die sich doch, den Konventionen der Zeit zufolge, lieber in Innenräumen aufhalten sollten, mit bitte schön geschlossenen Fenstern. Der später heiliggesprochene Erzbischof Antoninus von Florenz mahnt die Frauen in einem Benimmbuch einmal: »Es gefällt mir nicht, wenn Ihr am Fenster steht, um zu sehen, wer vorbeikommt.«[19] Eine Ehefrau solle nicht auf der Piazza herumstehen und in Hauseingängen tuscheln, sie dürfe ihre Wohnung nur verlassen, um in die Kirche zu gehen, und selbst dies nur in Begleitung. Auch der Autor und Architekt Leon Battista Alberti, ein Humanist, warnt Männer davor, ihre Frauen nach draußen zu lassen; der Außenraum sei Männern vorbehalten. Tatsächlich kommt es immer wieder zu Unfällen, wenn gelangweilte Frauen beim Versuch, das Straßenleben zu erspähen, aus dem Fenster fallen. Dies geht aus den Steuererklärungen der Zeit hervor, in denen die männlichen Familienoberhäupter alle Mitglieder des Haushalts aufführen und sich erklären müssen, wenn Personen fehlen oder verletzt wurden.[20]

Solchen Restriktionen zum Trotz öffnet Leonardo seinen Madonnen die Fenster und Türen weit, auf dass sich ihnen und den Betrachtern neue Horizonte auftun. So ist die Terrassenmauer auf dem frühen Verkündigungsbild durchbrochen. Die künftige Mutter könnte hinausspazieren in die Welt, Park, Hafen und Berge erkunden. Maria und die anderen Frauen sind Verbündete Gottes. Vor allem aber sind sie Komplizinnen eines Künstlers, der an ihnen demonstriert, wie gut der kleine Mensch und der große Kosmos zusammenpassen.

Später wird Leonardo ganz unbescheiden in Worte fassen, warum er die weite Welt in seine Gemälde hereinbittet. »Das göttliche Wesen der Wissenschaft des Malers bewirkt, dass sich sein Geist in ein Abbild göttlichen Geistes verwandelt«, meint er in seinen zu Lebzeiten unveröffentlichten Schriften und fährt fort: »Frei schaltend und waltend, schreitet er zur Erschaffung mannigfacher Arten verschiedener Tiere, Pflanzen, Früchte, von Dörfern, Land, herabstürzenden Bergen, angst- und schreckenerregenden Orten, die dem Betrachter Grauen einjagen, und auch von angenehmen, lieblichen und reizenden Wiesen mit bunten Blumen, die von sanften Lüften leicht gewellt dem von ihnen scheidenden Wind nachblicken.«[21] Ein Künstler muss alles sehen, alles malen, schöpferisch tätig sein. Und *natura* feiern.

Sosehr der junge Leonardo beim Zeichnen und Malen in seinem Element ist, so gerne er mit Andrea Verrocchio zusammenarbeitet: Es gibt offenbar immer wieder Tage, an denen ihm das Stadtleben nicht behagt. Er denkt oft an Vinci zurück, an die weiten Hügel, den Wald und die Flüsse, den Himmel und die Einsamkeit. Später wird er in einer Fabel davor warnen, das »einsame und beschauliche Leben« voreilig mit dem »Aufenthalt in den Städten« zu tauschen.[22] Abgeschiedenheit, so glaubt er, sei nötig, um überhaupt etwas zu verstehen, um zur Ruhe zu kommen, zu beobachten und zu denken. Maler, die sich nicht auf die Natur einlassen, verachtet er. Und fährt nach Hause, wenn es gerade passt.

Ob der Einundzwanzigjährige wirklich am 5. August 1473, dem Festtag Maria Schnee, durch die Umgebung von Vinci streift, ist ungewiss. Jedenfalls behauptet er das in der Inschrift auf einer Zeichnung, die so ungewöhnlich ist wie vieles an diesem Frühwerk des jungen Meisters.[23] (Tafel 7) Sie zeigt eine offene Landschaft, wie sie bis dahin nicht einmal den Brüdern Pollaiuolo gelungen ist, die für die Panoramen im Hintergrund ihrer Bilder berühmt sind. Mit gezielten Federstrichen entwirft Leonardo einen Blick in ein sonnendurchflutetes Tal. Links im Hintergrund erhebt sich auf einem Hügel ein kleines Kastell, doch angesichts der *grandezza* der Bergsicht sticht es kaum ins Auge. Das Ganze ist ein großes Wachsen und Werden. Büsche kugeln am Hang, ein Wasserfall stürzt von oben herab, Baumkronen schieben sich in den heiteren Himmel. Alles ist in Bewegung. Nah- und Fernsicht wechseln einander ab, wie es realiter von einem einzigen Standpunkt aus kaum möglich wäre.

Es gibt in der Nähe von Vinci keinen Aussichtspunkt, von dem aus sich diese Landschaft so betrachten ließe. Doch Details des Bildes finden sich dort tatsächlich wieder. So ist von einigen Anhöhen aus der Monsummano zu sehen, ein merkwürdig allein für sich stehender, kegelartiger Berg, wie er im Hintergrund der Landschaftsskizze erscheint und ähnlich auch unter dem Engelsflügel in der Landschaft des Verkündigungsgemäldes. (Tafel 6) Dieser Berg liegt nur wenige Stunden zu Fuß von Vinci entfernt. Und sollte Leonardo als junger Mann tatsächlich noch manchmal vom Haus seiner väterlichen Familie zu seiner Mutter Caterina spazieren, die im benachbarten Campo Zeppi wohnt, dann kann er vom Weg aus in der Ferne den Monsummano erkennen.

Möglicherweise setzt Leonardo im August 1473 seine Wunschlandschaft im Atelier zusammen aus Erinnerungen, Zeichnungen, diversen Beobachtungen. Er kann zu diesem Zeitpunkt nicht wissen, dass er mit dieser Skizze das Genre des autonomen Landschaftsbildes vorbereitet, ist doch in seiner Zeit die Landschaft in der Kunst immer Mittel zum Zweck. Sie soll die Geschichten im Vordergrund zur Geltung bringen, nicht sich selbst. Dieses Konzept stellt auch Leonardo in seiner Malerei nicht grundsätzlich infrage. Doch ihn unterscheidet von den Zeitgenossen, dass er die Natur nicht auf ihren Nutzwert reduziert und sie nicht als Dekor einsetzt. Sie hat ein vom Menschen nicht beherrschbares Eigenleben, und dieses gilt es zu bestaunen und respektvoll zu erkunden. Landschaftsdarstellungen, schreibt Leonardo in seinem Malereitraktat, sollen Erinnerungen wecken an reale Gegenden, an denen die Menschen einst Gefallen gefunden haben. Was das Anschauen eines solchen Bildes alles auslösen könne! Plötzlich fände der Betrachter sich auf blühenden Wiesen wieder, sähe sich selbst im Schatten eines Baumes mit der Liebsten lustwandeln. Vorausgesetzt natürlich, er sei schon des Öfteren seiner engen Stadtwohnung entkommen und bewundere regelmäßig die Naturschönheiten auf Wanderungen durch Berg und Tal, um im Schauen »die natürliche Schönheit der Welt« zu genießen.[24]

Das legt Leonardo den Städtern dringend ans Herz. Fast wirkt es, als würden ihm die geschäftigen, blassen Florentiner in ihren dunklen, stinkenden Gassen ein bisschen leidtun. So wie die Singvögel auf dem Markt, die er aus ihren Käfigen befreit. Seine Aufgabe ist es, ihnen das Fliegen beizubringen.

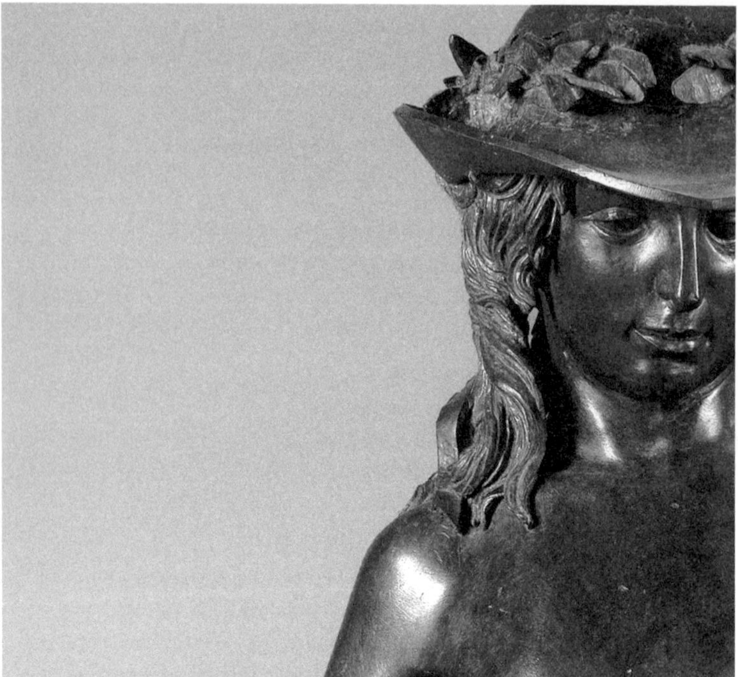

III

BILDERSTADT

Florenz ist bereits ein Ort moderner Legenden, als der junge Leonardo Mitte der 1460er Jahre dort ankommt. Es ist die Stadt des Bildhauers Donatello, des Malers Masaccio, des Theoretikers Leon Battista Alberti, des Architekten Filippo Brunelleschi. Ohne diese Männer des europäischen Aufbruchs könnte Verrocchio nicht mit solcher Selbstverständlichkeit seine wachen, lebensnahen Figuren schaffen, und ohne sie käme Leonardo da Vinci nicht auf die Idee, derart intensiv die Natur und die Frauen zu beobachten, darzustellen und zu feiern.

Die künstlerische Renaissance beginnt mit einem Zaubertrick, vierzig Jahre vor Leonardos Geburt. Wohl im Jahr 1412 steht der Goldschmied und Bauberater Filippo Brunelleschi vor dem Eingang des Florentiner Doms und fixiert das gegenüberliegende Baptisterium, einen kleinen vieleckigen Prachtbau aus grünem und weißem Marmor. In der Hand hält er eine etwa armlange Schiene, auf der zwei Platten quer montiert sind. Die vordere hat ein Guckloch. Mit diesem Instrument stellt sich der Mann vor Passanten und lädt sie zu einem wissenschaftlichen Experiment ein.

Er bittet seine Versuchspersonen, ein Auge zu schließen und mit dem anderen durch das Guckloch zu schauen. Und, was sehen sie? »Das Baptisterium«, sagen die Spaziergänger. Stimmt aber nicht. Sie sehen nur ein Bild des Baptisteriums. Brunelleschi hat sie getäuscht mit seiner Erfindung: der in dieser Form noch unbekannten Zentralperspektive. Er hat die Fluchtlinien seines bloß gemalten Taufhauses nach hinten verkürzt und damit den natürlichen Seheindruck nachempfunden. Nun suggeriert das Tafelbild räumliche Tiefe.

Offenbar hatte Brunelleschi das perspektivisch korrekte Abbild des Taufhauses seitenverkehrt auf die Rückseite der hölzernen Platte gemalt, durch welche die Passanten schauten. Die gegenüberliegende Platte war verspiegelt und zeigte neben dem gemalten Baptisterium auch den Widerschein der wandernden Wolken, so dass ein bewegtes Bild entstand.[1]

Die Augentäuschung war perfekt. Denn niemand rechnete mit ihr. Zwar kannten schon Maler der Antike verschiedene Techniken der perspektivischen Verkürzung, doch war das Wissen um das Suggerieren der dritten Dimension während des Mittelalters weitgehend verloren gegangen.[2] Weil Brunelleschi von seiner eigenen Wahrnehmung, seinem eigenen Empfinden ausgeht und dies wissenschaftlich durchdringt, kann der Mann aus Florenz Netzhaut und Gemälde, innere und äußere Bilder in Einklang bringen.

So wie er denken viele Zeitgenossen, Gelehrte, Künstler, gebildete Adelige. Sie stellen den Menschen in den Mittelpunkt, wollen, dass seine Bedürfnisse, Gefühle und Ideen Ausdruck finden in Kunst und Gesellschaft. Sie suchen nach einer Wissenschaft, die den Körper und die Natur unvoreingenommen erforscht und dabei praktischer Beobachtung folgt. Wissenschaft und Kunst sollen zum Leben passen.

Zentralperspektivisch gemalte Bilder folgen geometrischen Regeln. Der Maler legt einen Fluchtpunkt fest (und an dieser Stelle hat Brunelleschi das Guckloch in sein Tafelbild gebohrt). In Vorzeichnungen zieht er von diesem Punkt aus feine Orientierungsstriche, zwischen denen er die Gegenstände platziert, die er darstellen will. Entlang den Fluchtlinien kann er nun jedes Haus, jede Hochzeitstruhe nach hinten verjüngen, so dass ein Raumeindruck entsteht. Erst diese Technik ermöglicht es, das Bild als ein Fenster zu begreifen, das in die Welt hinausgeht und das damit auch – wie es für Leonardo wichtig sein wird – die ganze Welt in die Malerei einlädt.

Die Zentralperspektive macht im frühen 15. Jahrhundert schnell die Runde. Viele Künstler wünschen einen radikalen Neuanfang. Ihre Arbeit soll nun höheren Gesetzen gehorchen; es wird gemessen, gerechnet, experimentiert. Die Gemälde sollen den realen Eindruck des Betrachters wiedergeben, das Sehen soll zum Verstehen führen. Philosophie und Naturwissenschaften ziehen in die Ateliers ein, und die Künstler fühlen sich, wie später am radikalsten Leonardo, verantwortlich, die Natur zu erkennen, nachzubilden und zu überbieten.

Für diese Haltung finden sie ihre Vorbilder in der Antike: Philosophen wie Aristoteles und Platon liebten Kunsttheorie und Naturwissenschaft gleichermaßen; griechische und römische Bildhauer richteten ihre Skulpturen am menschlichen Körper aus. Also erkunden gebildete Italiener schon seit dem 14. Jahrhundert die Überreste des Altertums: Marmorstatuen, griechische und lateinische Manuskripte, bemalte Vasen sowie die Ruinen der Architektur. Sie wenden sich alten Texten zu, von denen viele in Vergessenheit geraten sind, aber von arabischen Gelehrten im Orient verwahrt wurden und nun über Handelswege zurück nach Mittel- und Südeuropa gelangen. Einen besonderen Schub erhält die Forschung 1453, ein Jahr nach Leonardos Geburt, als Konstantinopel von den Türken erobert wird und dortige Wissenschaftler mitsamt ihren kostbaren Schriftrollen nach Italien fliehen.

Das Land ist besonders offen für neue Impulse, weil das Geistesleben in seinen agilen Händlergesellschaften anders als nördlich der Alpen nicht allein um die Theologie kreist. Bereits im 13. Jahrhundert erhalten Studenten an den Universitäten in Padua und Bologna Unterricht in Rechts- und Geisteswissenschaften sowie in Medizin. Um 1416 wird in einer Bibliothek ein Traktat des Architekturtheoretikers Vitruv aus dem 1. Jahrhundert v. Chr. gefunden. Es versetzt die *studiosi* in Aufregung – denn der Ästhet leitete die Architektur aus den menschlichen Proportionen ab. Eine Säule etwa, so hatte Vitruv gut 1450 Jahre zuvor postuliert, sei nur dann gelungen, wenn sie das Ebenmaß des Körpers nachempfinde.[3]

Der Mensch als Maß aller Dinge: Auf diese später für Leonardos Schaffen so zentrale Formel können sich die Intellektuellen bald einigen. Die Männer und Frauen der Renaissance übersetzen Impulse der Antike in die Gegenwart. Sie bergen Statuen, studieren die verfallenden Ruinen, kratzen das Moos von zerstörten Triumphbögen und Reliefs, um diese für ihre eigenen Bauten zu verwenden. Sie tauchen ein in die Mythen der Griechen und Römer und malen deren Götter in zeitgenössischer Tracht.

Das Wissen der Alten dient den Humanisten als Ausgangspunkt, um eigene Wege zu gehen. Auch vor der Religion macht diese Revolution des Denkens und Sehens nicht Halt. Die Pioniere der neuen Zeit sind vermutlich nicht weniger gläubig als ihre Vorgänger im Mittelalter. Doch sie fühlen sich Gott nicht ausgeliefert, denn der habe dem Menschen ja selbst gottähnliche Gaben verliehen. So schreibt der Philosoph Giannozzo Manetti um 1452 in seiner Abhandlung »Über die Würde und Erhabenheit des Menschen«, Gottvater habe den Menschen wie ein perfektes Kunstwerk erschaffen, es gebe nichts nachzufordern. Und feiert sodann die Fähigkeiten der göttlichen Geschöpfe: »Unser sind die Bilder, unser die Skulpturen, unser sind die Künste, unser die Wissenschaften, unser ist die Weisheit.«[4]

Vergessen scheint die Demut des Mittelalters, in dem etwa das Diktum des Kirchenlehrers Augustinus galt, wonach ein Geschöpf nicht selbst schöpfen könne. Im 15. Jahrhundert notiert der Kunsttheoretiker Leon Battista Alberti vielmehr, die Meister der modernen Malerei würden sich »fast wie ein zweiter Gott« fühlen.[5] Da klingt der Übermut Leonardos schon an, der sich dem unkonventionellen Denker Alberti, auch einem unehelichen Sohn, verpflichtet sehen wird. Und sich gleich als malender »Herr und Gott« begreifen wird.[6]

Kunst, Literatur und Philosophie mögen von einer neuen Harmonie träumen – die Realität südlich der Alpen ist wenig harmonisch. Das Land ist zerstritten, von Kriegen und Fehden gezeichnet. Zwar gehören Teile Nord- und Mittelitaliens noch lange zum römisch-deutschen Reich. Doch ist der Kaiser in diesen Regionen kein Garant für Frieden und Gerechtigkeit. Auch die Kirche büßt ihre Autorität ein. Kleriker leben in Luxus und Laster, und das Papsttum ist nur eine Macht unter vielen.

Die Herrschaftsverhältnisse in Italien sind in der Renaissance fragil und verworren. In manchen Städten befehden sich Familienclans, die sich in ihren festungsartigen Geschlechtertürmen verschanzen. Für Stadtherren und Fürsten sind Hinterlist, Morde und Kriege zu selbstverständlichen Mitteln geworden, ihre Macht zu erhalten und ihre Territorien zu vergrößern. Nach und nach bestimmen vor allem fünf Großmächte die Geschicke Italiens: Da ist zum einen der allmählich wiedererstarkende Kirchenstaat um Rom; dann die wohlhabende Handelsmacht Venedig sowie Florenz, das sich als Republik versteht; schließlich das Herzogtum Mailand und das Königreich Neapel im Süden. Es ist eine Epoche der Selbstzerfleischung und ständigen Kriegsgefahr, und auch deshalb klingen die Sehnsüchte der Künstler und Intellektuellen ganz anders: Sie wünschen sich den Menschen als Ebenbild Gottes, gerecht, tugendhaft und wohlgeformt.

Als Brunelleschi, ein Notarssohn mit guter Schulbildung, die Gewohnheiten des Auges erforscht, kennt er bereits die Werke der spätmittelalterlichen Ausnahmekünstler. Schon um 1300 hat der Maler Giotto dem individuellen Menschen die Bühne bereitet. Wie in einem Theater will Giotto dem Betrachter seiner Bilder das Leben vor Augen führen – anders als viele seiner Kollegen, die sich lieber darauf konzentrieren, das Christentum zu glorifizieren. Gern wählen sie goldene Hintergrundfarbe, um Heilige und Madonnen gleichsam in eine überirdische, von menschlichen Sünden freie Sphäre zu erheben.

Giottos Revolution des Zeigens ist eine des Denkens vorausgegangen. Die meisten mittelalterlichen Gelehrten glaubten, das Auge strahle ein Feuer aus und erfasse so die Welt. Schon um die Jahrtausendwende hatte dies ein muslimischer Mathematiker aus dem heutigen Irak widerlegt. Mit Hilfe antiker Schriften belegte Abu Ali al-Hasan ibn al-Haitham, genannt Alhacen, dass dagegen die Gegenstände und Lebewesen selbst Strahlen aussenden, die sich in der Linse im Auge bündeln. Erst im 13. Jahrhundert wurde sein Traktat ins Lateinische übersetzt und in Klöstern und Universitäten studiert, besonders begierig in Mittel- und Norditalien.[7]

Die neue Wissenschaft von der Optik weiß: Die Dinge in der Außenwelt existieren und strahlen, auch wenn niemand sie anblickt. Das regt Giotto dazu an, die weihevolle mentale Innenschau der alten religiösen Malerei abzulösen durch genaue Beobachtung von Menschen und Gegenständen im Raum. Giottos neuer Mensch ist fest im Diesseits verwurzelt. Seine Maria Magdalena etwa trägt ihr Kleid zwar noch im strengen Faltenwurf der Gotik, und ihr goldener Heiligenschein erfüllt die Konvention traditioneller Heiligenmalerei – doch so, wie sie sich dem Gekreuzigten zuwendet und dessen genagelte Füße streichelt, ist das ein physischer Akt.[8] (Abb. 5)

Giotto gesteht seinen Frauen und Männern Gefühlsregungen zu, und er lässt sie in Räume treten, die sich an realen Häusern messen. Der Maler kennt zwar noch nicht die Gesetze der Zentralperspektive, aber bereits er verkürzt seine Linien nach hinten und ringt so um eine erste Dreidimensionalität. Damit man einer Figur Atmen zutraut, Sprechen, Denken, Lieben, muss sie sichtbar Raum einnehmen, Tiefe haben. Schon bei Giotto sind körperliche Präsenz und emotionaler Ausdruck untrennbar verbunden. Damit schafft er die Voraussetzung für das Werk von Leonardo da Vinci, der später einmal so tun wird, als seien seine gemalten Gestalten, besonders die weiblichen, fühlende menschliche Gegenüber in Raum und Zeit.

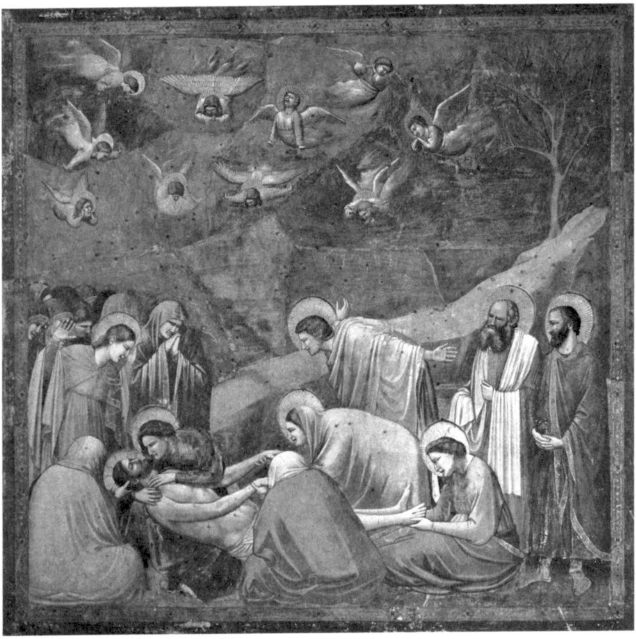

Abb. 5: Giotto, Kreuzabnahme, Cappella degli Scrovegni, Padua

Wie man ein Kunstwesen zum Leben erweckt, wissen im ausgehenden Mittelalter zunächst die Dichter und inspirieren damit die Maler bis in die Renaissance. Der Florentiner Dante Alighieri, den Giotto möglicherweise persönlich kannte, preist in seinen frühen Gedichten die schöne Beatrice – und gelobt, eines Tages werde er von ihr sagen, was noch von keiner irdischen Frau gesagt wurde. Kurz vor dem eigenen Tod löst der Dichter sein Versprechen ein: In der 1321 fertiggestellten »Göttlichen Komödie« führt die Angebetete den Ich-Erzähler durch das Paradies.

Francesco Petrarca wird emotionaler in seinen Gedichten über die unerreichbare junge Frau Laura, die ihm einige Jahre nach Dantes Tod am Karfreitag 1327 mit einem einzigen Blick das Herz zerrissen haben soll. Wohl nie zuvor im christlichen Abendland hat ein Schriftsteller derart persönlich von seinen Empfindungen, von Schmerz, Einsamkeit, Leidenschaft und enttäuschter Liebe berichtet. Und er versieht seinen *Canzoniere* mit zahlreichen Anspielungen auf die antike Mythologie und Geschichte. Schon Lauras Name erinnert ihn an *l'oro*, Gold, *l'aura*, die Aura, vor allem aber an *lauro*, Lorbeer, womit sich einst die Cäsaren schmückten. Im Jahr 1341 lässt sich der Dichter auf dem römischen Kapitol mit Lorbeer krönen. So als wolle er sagen: Die Herrscher einer kommenden Zeit werden jene Geistesmenschen sein, die es wagen, von sich selbst und von der Antike in einem Atemzug zu sprechen.[9]

Gerade weil Laura das Begehren des Dichters nicht erwidert (und es als Frau jenseits der Ehe auch gar nicht erwidern darf), kann Petrarca seine Verletzlichkeit in Literatur übersetzen und ein Epochenwerk schaffen, das in Leonardos Zeit immer wieder nachgedichtet und auf launigen Hoffesten vorgetragen wird. Petrarcas *Canzoniere* auf Laura ist in der Renaissance das vielleicht beliebteste literarische Werk; in hohen Auflagen wird es auch im handlichen Taschenformat verbreitet, gelesen von Männern und Frauen gleichermaßen. Höflinge führen es auf Reisen mit sich, junge adelige Damen bekommen es geschenkt, arrivierte Herren stellen besonders schöne Ausgaben in ihre Bibliothek, und anspruchsvollere Kurtisanen lernen die Verse für den Kundenfang auswendig.[10]

Das schmale Büchlein ist auch deshalb so erfolgreich, weil die Liebe es im 15. Jahrhundert so schwer hat. Arrangierte Ehen und Prostitution gelten als akzeptabel, die gelebte romantische Liebe aber ist sozial geächtet. Wer ihr unbekümmert nachgeht, riskiert Schande und Ehrenmord. Zu sehr widerspricht die freie Lust dem Ideal weiblicher Keuschheit und Familienstrukturen, die um Statuserhalt und Reproduktion kreisen. Doch in den Jahrhunderten nach Dante, Giotto und Petrarca haben die Menschen bereits gelernt, »Ich« zu sagen und ihre Seelenlage in Wort und Bild zu erkunden. Die unterdrückte Sehnsucht nach romantischer Zuneigung wandert in die Malerei und Literatur ab und ist Thema im lockeren Salongespräch. Petrarca wird zu einem der wichtigsten Impulsgeber der Kunst von Leonardo und seinen Zeitgenossen, ohne ihn wäre die italienische Hochrenaissance nicht denkbar.[11]

Brunelleschi hat einen Vorteil gegenüber Giotto und den beiden Dichtern: Er ist nicht auf sich allein gestellt. In Florenz finden innovative Kräfte zusammen. Im frühen 15. Jahrhundert ist die Metropole ein Ort, an dem weder kirchliche noch weltliche Autoritäten den Geist gängeln. Künstler unterstehen zwar dem Zunftzwang und müssen sich an dessen Regeln halten, beispielsweise dürfen sie keine importierten Leder bemalen, sondern nur einheimische Büffel- und Kuhhaut. Doch sie bleiben Unternehmer mit freier Auftragswahl, so dass niemand sie in ihrer Lust an ästhetischen Experimenten bremsen kann. Im Gegenteil, die international agierenden Kaufleute gieren nach neuen Trends. Unerwartetes findet hier schneller Abnehmer als anderswo.[12]

Der Goldschmied hat Künstlerfreunde, die seine Neugier teilen – Männer wie Donatello.[13] Der experimentiert wahrscheinlich ab 1416 in einem steinernen Drachentöterrelief mit Fluchtlinien. Der heilige Georg sticht auf das Untier ein, die Prinzessin schaut vor eleganten, nach hinten verkürzten Arkaden zu. Schon kurz nach der Jahrhundertwende hat Donatello Brunelleschi auf dessen Reise nach Rom begleitet und dort offensichtlich antike Skulpturen studiert. Bald darauf stellt er in Großplastiken Figuren frei in den Raum, wie es im Mittelalter nicht üblich war. Die Skulptur tritt aus der Nische, findet Halt nicht mehr in den Institutionen von Kirche und Regierungspalast, sondern in sich selbst.

Um 1445 preist Donatello das neue Körperbewusstsein in einer Davidstatue aus Bronze, auf die sich Verrocchio während Leonardos Lehre in seiner Davidfigur beziehen wird. (Tafel 8) Es ist die erste lebensgroße Aktstatue seit der Antike.[14] Schon Donatello versteht das Thema als politisches Sujet: So wie der biblische Held mit mehr Verstand als Kraft den Riesen Goliath besiegte, so will auch die Republik Florenz mächtigen Feinden trotzen. Donatello aber zeigt David nicht als Triumphator, sondern als verspielten, eitlen Jüngling. Sein abgewinkeltes Handgelenk stützt der Knabe kokett in die schmale Taille. Aus dem alttestamentarischen Helden ist ein Künder maskuliner Schönheit geworden. Ein junger Mann, so elegant und selbstbewusst wie die Stadt, aus der er kommt.

Masaccio, ebenfalls ein Freund Brunelleschis, aber rund zwanzig Jahre jünger als dieser, malt Bilder, die in strahlenden Farben von der neuen Lebenskraft der Kunst künden, von ihrem Anspruch, der Wirklichkeit zu ähneln und doch über sie hinauszugehen. Das Reale und das Idealschöne gehören für ihn zusammen, so, wie es später auch für Leonardo selbstverständlich sein wird. Die Wirklichkeit zu zeigen, wie sie ist, genügt beiden nicht; es gilt, sie auch zu verbessern. In Masaccios Fresko an einer Seitenwand der Florentiner Kirche Santa Maria Novella begleiten Maria, Johannes und zwei Stifterfiguren in ernstem Schweigen den sterbenden Christus; im Hintergrund der Szene öffnet sich statt der üblichen Landschaft eine Scheinarchitektur. Hinter dem Kreuz malt Masaccio ein genau berechnetes Tonnengewölbe, das sich nach hinten verkleinert.

Nur eine Figur nimmt der Maler von dem perspektivischen Sog

aus: In übermenschlicher Größe breitet Gottvater seine Arme über dem Kreuz aus. Sein Sohn wirkt vor der monumentalen Architektur dagegen besonders klein und verletzlich. Ausgemergelt ist sein Leib, der Blick gesenkt, er ist ein gepeinigter Mensch. Und in einem Masaccio-Zyklus mit Bibelszenen für die Florentiner Brancacci-Kapelle friert ein Täufling, schluchzt eine aus dem Paradies vertriebene Eva, krallt sich ein Kleinkind mit nacktem Po an den Hals der Mutter. Wo frühere Künstler Figuren noch auf biblische Rollen festgelegt hatten, gönnen ihnen Maler nun auch in der sakralen Kunst starke Gefühle und eine klare Persönlichkeit.

Angeregt von diesem Streben nach Charakter und Schönheit, formuliert der Architekt Leon Battista Alberti ab 1434 die ersten umfassenden Theorien zur Kunst der Renaissance. Er hat Brunelleschis perspektivische Experimente, Donatellos neue Körperbilder und Masaccios menschenfreundliche Malerei genau verfolgt. Ihm muss klar geworden sein, wie sehr die Freunde einander inspiriert haben, und er erkennt das Gemeinsame in den unterschiedlichen Disziplinen. So gelingt es ihm, die Gesetze des Sehens wissenschaftlich zu erklären. Er spricht von »Strahlen«, die pyramidenförmig von den Objekten zum Auge des Malers führen. Das perspektivisch exakte Bild entstehe, so Alberti, auf einem ebenen Schnitt durch die gedachte »Sehpyramide«. Auch für die Architektur stellt der Universalgelehrte Regeln auf. Wie Malerei und Skulptur, so solle sich die Baukunst, im Sinne Vitruvs, an den menschlichen Proportionen orientieren. Alle drei Künste müssten sich zudem an der Antike, deren Menschenbildern und Säulenordnungen schulen.[15]

Brunelleschi gerät derweil in einen Höhenrausch. Alles erscheint ihm jetzt möglich. Seit mehr als hundert Jahren bauen die Florentiner an ihrem Dom, auch Giotto war einmal Bauleiter; inzwischen ist der Rohbau so gut wie fertig. Doch die schwierigste Aufgabe steht noch aus. Jemand muss eine Kuppel ziehen über das Loch von fast 45 Metern Durchmesser. Der Mann mit der Holzschiene fühlt sich berufen, auch dafür eine Lösung zu finden. Brunelleschi schaut nicht in die Lehrbücher, sondern in die Notizen von seinem Besuch in Rom. Die riesige Kuppel des im Jahr 125 nach Christus vollendeten Pantheon hat alle Jahrhunderte überdauert. Eines ihrer Geheimnisse liegt in ihrer Leichtigkeit, meint Brunelleschi. Kalktuff und Bimsstein wiegen nicht viel. Mit ebenso leichten roten Ziegeln müsste es auch in Florenz gehen. Die Steine würden sich gegenseitig stützen, wenn man sie nur geschickt genug ineinander verkeilte. So wäre auch keine teure Hilfskonstruktion nötig, denn die Ziegel könnten einander in der Schwebe halten. Mit diesem scheinbar aberwitzigen Vorschlag gewinnt Filippo Brunelleschi 1420 den Wettbewerb um die Kuppel. Die Florentiner überlassen ihre wichtigste Bauaufgabe einem Theoretiker, der für antike Ruinen schwärmt.[16]

Ihr Mut wird belohnt. Brunelleschi bildet nicht einfach das Pantheon nach, sondern konstruiert aufgrund genauer Berechnungen eine erstaunlich stabile doppelschalige Kuppel von mehr als 35 Metern Höhe. (Abb. 6) 1436 wird sie vollendet und schwebt von da an dunkelrot über den Dächern. Die Reisenden zu Leonardos Zeit erkennen schon von Weitem, wofür diese Stadt stehen will: Wissenschaft und Formbewusstsein. Oder, wie es Vasari ausdrückt: Brunelleschi hat den Himmel herausgefordert.[17]

Etwas aber fehlt: eine Erdkugel ganz oben auf der Kuppel, versehen mit einem Kreuz. Als Leonardo zwanzig Jahre nach Brunelleschis Tod in die Stadt kommt, hat die Kuppel noch keinen Schmuck. Inzwischen wirken nicht mehr ganz so viele Weltstars in der Stadt. Donatello stirbt in dieser Zeit, im Jahr 1466. Masaccio ist da schon seit achtundzwanzig Jahren tot. Der alte, von Leonardo bewunderte Alberti lebt noch, ist aber viel auf Reisen. Leonardos Meister Andrea Verrocchio ist jetzt der Mann der Stunde.

Im Jahr 1468 beauftragt die Dombauhütte den Bildhauer, Kupferkugel und Kreuz zu formen und anzubringen. Mit einem Durchmesser von 2,5 Metern verlangt die Kugel der Werkstatt einiges an

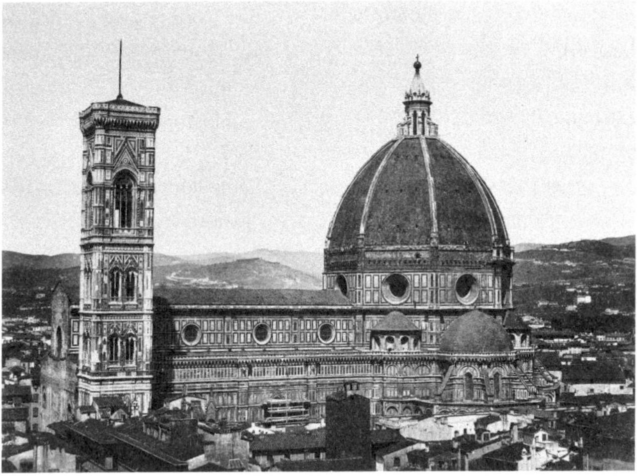

Abb. 6: Domkuppel von Florenz

Logistik ab. Drei Jahre später, im Frühsommer, Leonardo ist nun neunzehn Jahre alt, ist es so weit: In weit über 100 Metern Höhe montieren die Arbeiter Verrocchios den Ball oben auf die Laterne, begleitet vom Trompetengeschmetter der Musiker, die mit nach oben geklettert sind. Schließlich wird das Kreuz angebracht. Die Kräne, Seile und Zugvorrichtungen, die den Koloss noch oben ziehen, beeindrucken Leonardo nachhaltig; er wird sich noch Jahrzehnte später an diese Ingenieursleistung erinnern.

Nun ist die Silhouette des Doms nicht mehr nur imposant, sie strahlt auch im Abendlicht über die Stadt hinaus, blendet Ankömmlinge. Das Goldene Zeitalter scheint manchen Florentinern zum Greifen nah. Das liegt vor allem an einem Generationsgenossen Leonardos: Lorenzo de' Medici. Nur drei Jahre älter als der Künstler, gibt er im Staat Florenz den Ton an, als Leonardo dort lebt. Er hat schwache Augen, eine dünne Stimme, zu eckige Gesichtszüge, doch das trübt sein Selbstbewusstsein nicht. Der gut ausgebildete, zupackende

Jüngling an der Macht geriert sich als hedonistischer Liebhaber aller Schönheit. Ein Hauch von Luxus umgibt ihn, sobald er auf die Straße tritt, gerne gefolgt von einer Gruppe gelehrter Freunde, die einander in schlagfertigen Scherzen und zweideutigen Anspielungen überbieten.[18] Lorenzo versteht sich aufs Gefallen. Und auf Gefälligkeiten. Halb Florenz genießt seine Gunstbezeugungen, seien sie finanzieller oder sozialer Art.

Die Republik wird im Palazzo della Signoria, dem Rathaus, von einer neunköpfigen *signoria* geführt, die alle zwei Monate wechselt. Eines der Regierungsmitglieder ist das Staatsoberhaupt, der *gonfaloniere*. Wer der *signoria* angehört, entscheidet das Los. Die Namen aller wahlfähigen Männer werden dafür auf Zettel geschrieben und in Beutel gelegt, durchgeschüttelt und per Zufallsziehung ausgewählt. Theoretisch sorgt das für Gerechtigkeit. Doch in der Praxis ist es nicht ganz so zufällig, wer von den besseren Familien in der Stadt das Sagen hat.[19]

Die Familie Medici mit den Kugeln im Wappen ist schon seit dem 12. Jahrhundert höchst erfolgreich im Finanzgeschäft tätig. Besonders gewieft handelte Cosimo de' Medici, Lorenzos Großvater, mit dem Geld anderer Leute. Kredite in seiner Bank kosteten Unsummen, während Anlagen bei ihm vergleichsweise bescheidene acht Prozent Zinsen brachten. Die Bank riskierte viel im internationalen Geldtransport auf Maultierkarawanen und mit Galeeren, an denen sie beteiligt war. Und ihre Gewinne waren so hoch, dass Cosimo schließlich der Republik Florenz das nötige Geld für ihre Feldzüge in der Umgebung leihen konnte. Auch der Papst verschuldete sich bei den Medici. Um 1430 war Cosimo der mit Abstand reichste Mann der Toskana.

Langsam, aber sicher hat er die Florentiner von sich abhängig gemacht. Scheinbar großzügig förderte er Klöster, rettete mittelständische Betriebe vor dem Konkurs, zahlte Freunden die Mitgift ihrer Töchter oder die Ausbildung der Söhne. Das eng geknüpfte Netz führte bald dazu, dass die *signoria* trotz wechselnder Besetzung den Medici oft genug wohlgesinnt war. So sehr, dass sie schließlich ebenfalls medicifreundliche Wahlausschüsse einsetzte. Diese manipulierten zwar nicht die Losziehung, sie sorgten aber schon im Jahr 1434 dafür, dass die Namen von Cosimos Kritikern gar nicht mehr in den Beutel kamen. Das empörte manch anderen reichen Kaufmann. Doch wer gegen die neue Politik aufbegehrte, wurde extrem hoch besteuert. Rund hundert Gegner ließen die Medici gleich ganz aus der Republik verbannen. Auch die Geheimpolizei führte jetzt die strengen Order Cosimos aus. Gegen seinen Willen ging nichts mehr. Damit war er der heimliche Herrscher der Republik.

Als ein solcher versteht sich auch sein Enkel Lorenzo, der nach einem Intermezzo seines Vaters Piero nun der Familienchef der Medici ist. Er kann sich auf das bewährte Netz von Unterstützern verlassen sowie auf seine Freundschaft mit dem Mailänder Herzog, der von Krediten der Medici lebt und ihm im Fall eines Bürgerkrieges mit Truppen beistehen würde. Doch dieses Machtgefüge ist fragil, Lorenzo und sein jüngerer Bruder Giuliano sind keine Herzöge, nicht einmal adeliger Abstammung. Das wissen alle, aber es soll keiner merken.

Da hilft nur die Kunst. Lorenzo weiß das und investiert in Repräsentation. Nachdem sein Vater Piero im Jahr 1469 gestorben ist, engagiert er Andrea Verrocchio für das aufwändige Grabmal des Vaters und eines Onkels in der Kirche San Lorenzo. Der Bildhauer hat für die Medici bereits den bronzenen David geschaffen, für den womöglich Leonardo Modell stand. (Tafel 3) Nun wird er zum Ausstatter und Hauskünstler der Bankiers; von Theaterkulissen über Rüstungen bis zum Innendekor liefert die Werkstatt alles, was zum Repräsentieren nötig ist. Auch Leonardos so selbstgewisse kleine »Madonna mit der Nelke« (Tafel 1) entsteht für die Familie. Nicht ausgeschlossen ist, dass der Maler, wie eine frühe Quelle berichtet[20], irgendwann Lorenzos Skulpturengarten bei San Marco besucht, in dem später auch der junge Michelangelo sein Auge an den antiken Plastiken der Medici schulen wird.

Tatsächlich gibt Lorenzo gar nicht so viel Geld für Kultur aus wie sein Vater und sein Großvater, doch er fördert Künstler und Schriftsteller persönlich. Vor allem verlangt er seiner Umgebung ab, dies auch zu tun. Um in der Metropole des guten Geschmacks mithalten zu können, sollte, wer etwas auf sich hält, in Malerei, Architektur, Bildhauerei, Literatur, Ausstattung, Musik und Mode investieren.

Der junge Leonardo lebt zu einem guten Zeitpunkt in der Stadt. Mit Ideenreichtum, Neugier und Eleganz kann es hier auch der zu etwas bringen, dem nicht alles in die Wiege gelegt wurde. Naturwissenschaftlich-mathematisches Denken hat sich bereits durchgesetzt. Experimente sind nicht verpönt, sondern erwünscht. Brunelleschis Errungenschaft der Zentralperspektive darf der junge Maler schon als selbstverständlich nehmen; sie öffnet ihm den Bildraum als Fenster zur Welt.

Wie in der frühen »Madonna mit der Nelke« (Tafel 1) und der »Verkündigung« (Tafel 6), so nutzt er das, um immer höher, bis auf die Berggipfel, hinaufzustreben, den Blick immer weiter durch die Schöpfung schweifen zu lassen. Dass er dabei nie den Menschen aus dem Auge verliert, dafür sorgt das künstlerische Erbe von Giotto, Donatello und Masaccio. Und die viel gelesenen Werke Dantes und Petrarcas mögen verhindern, dass die Florentiner um ihn herum nur noch in Zahlen und materiellen Werten denken und darüber die Herzensangelegenheiten versäumen.

Die Impulse der älteren Dichter, Architekten und Künstler haben die Zeitgenossen verinnerlicht, gleichzeitig gieren unter Lorenzos Herrschaft alle nach Neuem. Die Zeit scheint reif für eine zweite Welle der Renaissance.

Auch was sein Auftreten betrifft, kann Leonardo mithalten.[21] In der Stadt wirft sich der Naturbursche den frühen Biographen zufolge gerne in teure Stoffe, so wie er das von seinem Vater kennt, nur extravaganter. Irgendwann besitzt der Maler Leinenhemden, karminrot und purpur gefärbte Satinmäntel, pelzbesetzte Kleider, modische Lederstiefel, einen rosa Umhang, der kokett seine Beine zeigt. Sorgsam pflegt er seine langen Locken, die ihm bis zur Brust fallen, und die Hände reibt er sich mit wohlriechendem Rosenwasser ein. Er kleidet sich nicht entsprechend der Stellung, die er hat. Sondern nach der, die er haben will. Im Florenz Lorenzos des Prächtigen schadet es nicht, ein Schönling zu sein.

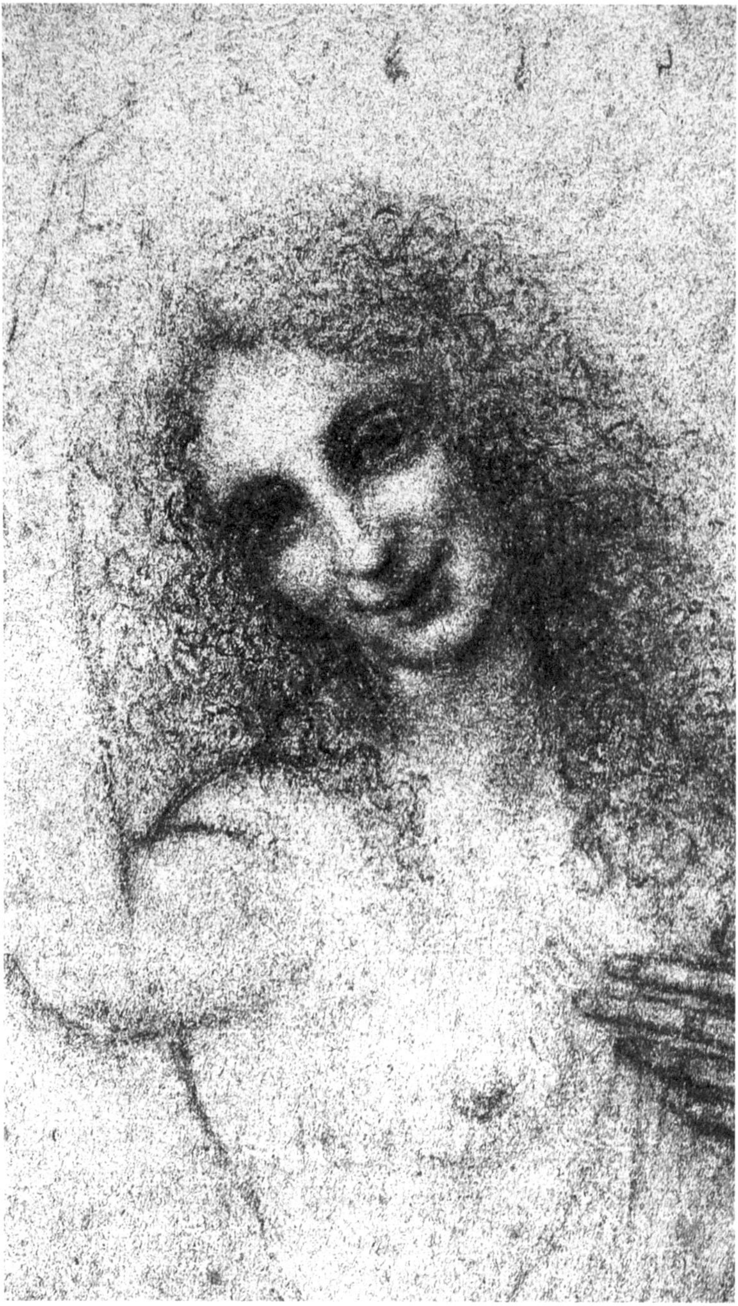

IV

LIEBESSPIELE

Am 7. Februar 1469 schlängelt sich Leonardo vermutlich durch die engen Gassen zum offenen Platz vor der Kirche Santa Croce nahe dem Arno. Der Sechzehnjährige wird seine Garderobe an diesem Tag mit besonderem Bedacht gewählt haben. Denn Lorenzo de' Medici lädt zu einem funkelnden Fest und Reitturnier, wie es Leonardo noch nicht erlebt hat. Gefeiert wird kein Sieg, kein religiöses Ereignis, nicht einmal eine Hochzeit, sondern die Liebe an sich.

Lorenzo de' Medici ahnt: Er wird seinem schwerkranken Vater bald nachfolgen als *maestro di bottega*, als, wie man es nimmt, Firmen- oder Staatschef. Es wird Zeit, sich dem Volk vorzustellen. Und er sollte trotz seiner erst zwanzig Jahre schnellstmöglich heiraten, um den Fortbestand der Familie zu sichern. Strategisch ist es klug, eine Römerin zu ehelichen, die Medici sind auf gute Verbindungen in die Ewige Stadt angewiesen. Also ist seine Mutter an den Tiber gereist und hat akribisch den römischen Adel gesichtet, junge Damen gemustert, auf Herkunft, Vermögen, Benehmen und Aussehen geprüft und sich schließlich durchgerungen, die neunzehnjährige Clarice Orsini zu empfehlen – wobei die Mutter in ihren Briefen nach Hause mäkelt, die Kandidatin sei recht dürr, habe trotz des hübschen runden Gesichts leicht hängende Wangen und außerdem trage sie den Kopf nicht so hoch erhoben wie die Medicifrauen.[1]

Lorenzo ist mit der Wahl einverstanden, hat aber keine Lust, für den Vertragsabschluss im Februar nach Rom zu reisen. Er hat Wichtigeres zu tun. An ebendiesem Tag will er sein Fest auf der Piazza von Santa Croce feiern. Nicht für die Ehe, nicht für Clarice, sondern für seine große Liebe. Sie heißt Lucrezia Donati, ist, wie er findet, wunderschön, und sie hat ihm vor drei Jahren einmal einen Strauß Veilchen gegeben. Und das ist ja schon mehr, als ein Mann erwarten kann. Lorenzo versprach Lucrezia das Turnier auf Santa Croce.[2]

Als Vorgeschmack hat er ihr im Festsaal der Kirche Santa Maria Novella bereits einen Karnevalsball ausgerichtet, was ihm die Gelegenheit gab, ein perlenübersätes dunkles Gewand zu tragen und seine Freundestruppe komplett in passende Farben zu kleiden.[3] Noch öffentlicher könnte Lorenzo seine Verehrung für Lucrezia nicht bekunden. Alle sollen sehen und hören, was für ein Kerl dieser Lorenzo ist. Leidenschaftlich. Gebildet. Entschlossen. Verführerisch. Gutaussehend. Und empfindsam noch dazu.

In der Stadt kursieren Gedichte, die er im Stil Petrarcas auf Lucrezia geschrieben hat. Es kommt ihm dabei entgegen, dass sein Name Lorenzo auf Latein Laurentius heißt, was an *laurus*, Lorbeer, erinnert. Wie Petrarca sieht er sich als Gott Apoll, der von Daphne will, was sie nicht geben kann – worauf sie sich in einen Lorbeerbaum verwandelt. Die Frau, die sein »Herz in Händen hält«, ist ihm *luce*, Licht, eine bewundernswerte, unerreichbare Göttin Diana, der er am liebsten in die Wälder folgen würde.[4] Er tut so, als hätten Ovid, Petrarca und die anderen Klassiker die immergrünen Blätter ausgestreut, damit sie nun Lorenzo de' Medicis Haupt krönen.

Lorenzos Dichterfreunde geben ihm die Stichworte für dieses literarische Spiel. Der Ich-Erzähler kann vor aller Augen seine Tatkraft und sein humanistisches Feingefühl unter Beweis stellen, ohne das Risiko einer realen Verbindung eingehen zu müssen. Dass es zu einer Affäre sowieso nicht kommen wird, dessen scheint sich sogar Lucrezias frisch angetrauter Ehemann sicher zu sein, ein Kaufmann, dessen Vorfahren und damit auch er selbst von Lorenzos Großvater aus Florenz verbannt wurden. Er wohnt deshalb außerhalb der Stadt und ist die meiste Zeit auf Geschäftsreise. Lucrezia hat ihn wohl nur geheiratet, weil ihrem Vater zu einer Hochzeit mit einem angesehenen Florentiner die nötige hohe Mitgift fehlte.[5]

Die Liebesschwüre Lorenzos kommen in Florenz allen Beteiligten zupass. Der junge Medici kann sich profilieren als ein Mann, der etwas will, und das, ohne dass er sich in der Stadt mit einem Rivalen herumplagen muss. Und Lucrezia ist Stadtgespräch, wird zu Festen und in Salons der besseren Gesellschaft eingeladen, die ihr ansonsten verschlossen blieben. Ihr Gatte hofft, durch die Verbindung seiner Frau möge seine Familie doch wieder in der Gunst der Medici steigen. Und alle anderen haben etwas zu reden. Minnesang, Feste und Liebesbekundungen bestätigen das hedonistische, kultivierte Selbstbild der Florentiner. Nur Lorenzos Braut, der Römerin Clarice, verlangt der Trubel einiges ab. Tapfer betet sie, ihr Bräutigam möge das Turnier unverletzt gewinnen, und erwägt sogar, dafür zu fasten.

Am 7. Februar 1469 steckt Lorenzo sich die längst vertrockneten Veilchen Lucrezias an den Helm, und das ist das einzig Bescheidene an seinem Auftritt. An der Spitze seines Zuges reiten zwei Profis auf der Piazza Santa Croce ein. Der Herrscher über Mailand und der König von Neapel haben die beiden Turnierkämpfer gesandt, um dem angehenden Herrn über Florenz symbolisch ihres Beistandes zu versichern. Der französische König hat ein in dickes Leder gewandetes Schlachtross geschickt, das weiter hinten in Lorenzos Zug vor sich hin schnaubt. Augenzeugen zufolge treten zudem zwölf junge Männer aus Florentiner Familien auf, die seit Jahren die Medici unterstützen. Sie tragen dunkelrote Hüte, dekoriert mit Perlen, Edelsteinen und goldenen Federn. Ihre Pferde sind dunkelrot und weiß geschmückt.[6]

Trommelschläge hallen über den Platz, das Publikum halt inne: Ein besonders kostbar geschmücktes Pferd trabt nun herbei. Doch auf ihm sitzt nur ein Diener Lorenzos, er präsentiert dessen silbernen Helm. Darauf ist eine Frau zu sehen, die einen Lorbeerkranz und eine Lanze in Händen trägt. So martialisch hat Petrarca seine Verse wohl nicht gemeint, aber an diesem Tag finden Venus und Mars, Liebes- und Kriegskunst scheinbar unbekümmert zusammen.

Andrea Verrocchio und seine Gesellen haben die Helmzier angefertigt und auch die Standarte erfunden, die ein Page Lorenzos Zug vorausträgt.[7] Unter dem französischen Motto »Le temps revient«, »Die Zeit kehrt wieder«, greift auf dem weißen Taft des Banners eine Frau im blau-goldenen Blumenkleid einen halbgeflochtenen Lorbeerkranz. Sie umfasst zugleich den einzig grünen Ast eines Lorbeerbaums, gemeint ist der Medici-Spross Lorenzo. Offensichtlich haben Verrocchio und seine Mitarbeiter sich für das Turnier in die Petrarcawelt hineingedacht – nicht ahnend, dass der künftige erste Mann im Staat gar nicht daran denkt, die Rechnungen für den Aufwand jemals zu begleichen.[8]

Langsam werden die Schaulustigen am Rand der Piazza Santa Croce ungeduldig. Schmuck- und Schlachtrösser, gut und schön, aber wo ist er denn nun, der liebestolle Jüngling, der die Stadt in Ruhm und Wohlstand führen will?

Da kommt er. Hoch auf seinem Schimmel, einem Geschenk des Königs von Neapel, schwebt er herbei. Die mit Perlen überzogene Satteldekoration harmoniert mit dem Gewand des Hoffnungsträgers: Auf beiden sind Lorbeerzweige und Rosen eingestickt, zudem prangt ein roter Edelstein auf seinem Brustschild. Wie seine Begleiter, so trägt auch er einen dunkelroten Hut mit Goldfedern. In Anspielung auf die Kugeln im Mediciwappen jubeln seine Anhänger »Palle, palle«; man weiß nicht, wie viele von ihnen in der Schuld der Bankiers stehen.[9]

Der Sieger des Tages steht fest in dem Moment, in dem der funkelnde Bankierssohn auf dem Platz erscheint. Die Jury bewertet weder seine Kampf- noch seine Liebeskunst, sie bewertet die eigene Zukunft: So wie dieser junge Gott soll, so will Florenz sein. Lorenzo ist kein guter Kämpfer. Während des Gefechts muss er dreimal sein Pferd wechseln, einmal rasselt er in hohem Bogen mitsamt seinem Geschmeide auf den Boden. Rückblickend wird er selbst einräumen, dass sein Beitrag im Wettkampf nicht gerade ein starker Auftritt war.[10] Macht nichts, er bekommt natürlich den ersten Preis. Und Lucrezia: Um die geht es nur am Rande. Lorenzo wird sie neben seiner Ehe noch eine Weile in Gedichten verehren, und beide führen ihr Leben weiter wie bisher.

Leonardo, der Pferdekenner, steht wahrscheinlich am Rande des Turniers und staunt. Gefeiert wird die Liebe. Aber mehr noch als die Geliebte ist es der Liebhaber selbst, der sich hier preist. Eine ganze Stadt erliegt seinem jugendlichen Eros. Und auch dem des Goldes, der Mode, der Kunst und Eleganz. Florenz, das ist die Stadt, die sich von David besser repräsentiert fühlt als von Herkules. Die schwärmt für den Mut, die Unbefangenheit, die Lust am schönen Leben, vielleicht auch für die Überheblichkeit, die ein sehr junger Mann verkörpern kann. Dieser junge Mann heißt jetzt Lorenzo. Die Medici sind nicht nur Meister des Geldes und der Schönheit, sie spielen auch mit dem kollektiven Begehren. Und das richtet sich keineswegs nur auf junge Frauen.

In dieser Zeit steht Donatellos bronzener David auf einer Marmorsäule mitten im Innenhof des mächtigen Palazzo Medici, der hochmodernen, aber auch etwas burgartigen Residenz der Familie nahe dem Dom.[11] (Tafel 8) Betritt man den Hof von der Besucherseite, so begegnet einem der unerhört nackte Jüngling von vorne. Lässig und für einen Kämpfer recht posenhaft drückt er Goliaths liegendem abgeschlagenen Kopf den Stiefel ins Gesicht. Sein makelloser Körper glänzt anmutig, und doch macht das überlange Schwert in seiner Hand klar, dass mit diesem Heranwachsenden nicht zu spaßen ist. Wer hier eintritt, sei er ein Fürst, Botschafter, Geschäftspartner oder nur der Gärtner, weiß: Das Regiment der Medici gebärdet sich so frisch und attraktiv wie schlagfertig und durchsetzungsstark.[12] So will der Clan die Anliegen der Republik zur Not auch mit Gewalt verteidigen.[13]

Donatellos Statue, entstanden zu Lebzeiten des Großvaters Cosimo de' Medici, passt zur Lorenzo-Verehrung des Hauses. Sie setzt sich oben im ersten Stock in der repräsentativen Privatkapelle fort. Sieben Jahren vor Lorenzos Turniersieg von Santa Croce vollendete der Florentiner Maler Benozzo Gozzoli hier seine Wandfresken. (Abb. 7) Zu erleben ist eine heitere, toskanische Landschaft, durch welche die Heiligen Drei Könige mit ihrem Gefolge ziehen. Besonders einnehmend ist der junge König, der fast noch ein Kind zu sein scheint. In einem goldbestickten Wams thront er auf seinem Schimmel, auf dessen Riemen die Symbole der Medici prangen. Sein ernster, aber zuversichtlicher Blick streift die Betrachter. Der junge König trägt die in dieser Zeit noch weichen Züge von Lorenzo de' Medici. Sein Vater und sein Großvater, die zur Entstehungszeit des Freskos noch lebten, ließen dem Knaben den Vortritt. Der Jugendkult des Hauses Medici ist von langer Hand geplant.

Doch Florenz wäre nicht Florenz, könnte so viel Schönheit, so viel platonischer Eros nicht doch noch gefährlich werden. Der Palazzo Medici hat auch eine private Seite, einen kleinen, blühenden Garten auf der Rückseite des Palastes. Wer von hier aus das Gebäude betritt, sieht den Hof mit Donatellos Davidstatue von der Rückseite. (Tafel 8) Androgyn wirkt sein bloßer Rücken nun. Sein runder Hüftschwung sticht ins Auge, auch das wellige Haar, das ihm zwischen die Schulterblätter fällt. Und dann ist da noch Goliaths Helmzier, eine sehr lange, breite Feder. Sie berührt Davids rechtes Bein, klettert unmissverständlich an der Innenseite empor, schmiegt sich immer höher an den nackten Schenkel, so, als habe dieser Goliath noch anderes vergeblich gewollt, als bloß im Kampf zu siegen.[14]

Niemand, weder die Hausherren noch der Künstler, muss aussprechen, um was es hier auch geht. Es ist nicht zu übersehen. Schon deshalb nicht, weil Donatellos David ja nicht ganz nackt ist. Er besitzt schicke, eng anliegende Stiefel und vor allem einen sehr mo-

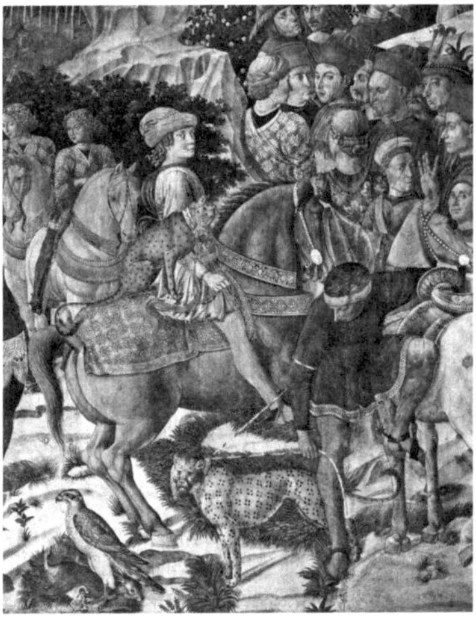

Abb. 7: Benozzo Gozzoli, Lorenzo de' Medici zu Pferde, Palazzo Medici Riccardi, Florenz (Ausschnitt)

dischen, laubgeschmückten Hut. Solche Hüte gab es zu biblischen Zeiten nicht, solche Kopfbedeckungen tragen die männlichen Jugendlichen in Florenz. Manche der nicht mehr ganz jungen Florentiner, arrivierte Herren in ihren Zwanzigern, Dreißigern, lieben es, den Knaben auf der Straße ihre Hüte zu stehlen. Das ist scheinbar ihre Art, ein Kompliment zu machen. Und zu sagen, nein, zu fordern: Ich möchte mit dir schlafen. Nicht immer enden diese derben Scherze einvernehmlich. 1469, im Jahr von Lorenzos Turnier, beschuldigt ein Fünfzehnjähriger ein Mitglied der vornehmen Rucellaifamilie, der Patrizier habe ihm eines Abends den Hut gestohlen und gerufen: »Ich werde ihn dir erst zurückgeben, wenn du mir dienst.« Daraufhin habe er den Jungen in eine Gasse gezogen, ihn vergewaltigt, die Kopfbedeckung auf den Boden geworfen und sei weggegangen.[15]

Der junge bronzene Tyrannenfeind im Hof der Medici behält seinen Hut auf dem Kopf. Sein Spiel endet gut für ihn, nicht aber für den alten Mann zu seinen Füßen. Auf die visuelle Versuchung folgt die Strafe, und der strahlende Gewinner ist dieses Mal der schöne, androgyne und vor allem selbstbestimmte Jüngling.

Die homosozialen Zwischentöne der mediceischen Symbol- und Machtpolitik können dem selbst noch jungen Leonardo da Vinci kaum entgehen. Schließlich besitzen die Medici zu diesem Zeitpunkt bereits einen zweiten bronzenen David, auch er eine Symbolfigur gegen die Tyrannei. Nicht nackt ist jener Knabe, aber genauso keck und hoffnungsfroh wie sein Vorbild im Hof des Palastes und zudem eindeutig nach dem Leben geschaffen. Nach seinem Leben, wenn nicht alles täuscht. Es ist die Bronze, für die Leonardo vermutlich bald nach seiner Ankunft in Verrocchios Werkstatt Modell stand. (Tafel 3)

Im Florenz der Medici ist Sexualität zwischen Männern strafbar. Sie wird systematisch verfolgt. Jeder ist aufgefordert, Verdächtige anonym anzuzeigen, dafür hängen überall in der Stadt eigene Briefkästen. Die Fälle werden von den *ufficiali di notte* geprüft, den Beamten der Nacht. Sie sollen *l'amore masculino* bekämpfen, machen die Männerliebe aber in ihren Verfahren und Akten oft erst öffentlich sichtbar und zum Gesprächsstoff.[16]

Im frühen 15. Jahrhundert hetzte der Theologe San Bernardino von Siena in Florentiner Kirchen gegen Sodomie, die seiner Meinung nach zum Aussterben der Toskaner führe. Man solle diese Sünder endlich alle verbrennen. Sodomie meint im Sprachgebrauch der Zeit diverse Formen der Sexualität, die nicht der Fortpflanzung dienen. Sie ist in den Augen der Renaissancemenschen ein moralisches Vergehen gegen die göttliche Ordnung, nicht aber eine angeborene Neigung oder etwas Krankhaftes. Bernardino hatte vor allem Männer im Visier, die mit Heranwachsenden anbändeln. Müttern warf er vor, ihre Söhne zu verweichlichen, sie zu gefällig zu kleiden, etwa mit engen Beinkleidern, die am Oberschenkel bloße Haut zeigen. Väter mahnte er, die Jugendlichen nicht alleine auf die Straßen zu lassen und regelmäßig deren Geldbörsen zu kontrollieren, um zu sehen, ob sie Geschenke von Sodomiten angenommen hätten. Insbesondere tadelte er Eltern, die sich von der Intimität ihrer Söhne mit angesehenen Männern Vorteile erhofften. Die größte Gefahr aber waren in Bernardinos Augen Männer, die auch im heiratsüblichen Alter, also ab Ende zwanzig, Anfang dreißig, noch mit Männern schliefen.[17]

Schwules Begehren ist in Florenz weiterhin so verfemt wie verbreitet, als Leonardo zwischen den Sechziger- und Achtzigerjahren des 15. Jahrhunderts in der Stadt lebt. Männer aus allen Schichten haben Sex mit Jüngeren, Manufakturbesitzer genauso wie Schuhmacher und Friseure, Kaufleute wie Humanisten. Diese Kontakte gehören zu den wenigen zwar nicht legalen, aber doch weithin akzeptierten Formen des erotischen Zusammenseins in einer Epoche, in der Männer spät und aus ökonomischem Kalkül heiraten und junge Frauen der Keuschheit wegen weggesperrt werden. Zwar gehen manche Männer, wie auch Leonardo, nie eine Ehe ein. Für die meisten aber bleiben homosexuelle Erfahrungen eine Episode ihrer Jugend und frühen Erwachsenenjahre.

Sodomie gehört für sehr viele Florentiner zum Mannwerden und -sein dazu. So sehr, dass nördlich der Alpen das Wort »florenzen« ein Synonym für Männerliebe ist. Die Menschen der Zeit unterscheiden nicht zwischen gleich- und gegengeschlechtlicher Orientierung, sondern zwischen aktiver und passiver Rolle im Liebesspiel. Als lächerlich, gar als Verrat am Mannsein gilt es in Florenz, jenseits des Teenageralters noch die passive Position einzunehmen, so dass nur wenige erwachsene Männer mit gleichaltrigen Partnern zusammen sein mögen.[18] So bleibt die patriarchale und hierarchische Geschlechterordnung auch dort noch symbolisch gewahrt, wo gar keine Frauen zugegen sind. Es sind die noch nicht wehrhaften Jugendlichen zwischen Pubertät und Erwachsensein, die temporär deren angeblich passiven Status einnehmen und oft auch ähnlich wie Frauen beschrieben werden: als graziös, weich, anmutig.[19] Ein Bewusstsein für die erst heranreifende, schützenswerte Sexualität von Jugendlichen, männlich wie weiblich, haben die Zeitgenossen nicht.

Die Beamten der Nacht verfolgen Sodomiten zwischen 1432 und 1502 systematisch. In diesen siebzig Jahren stehen 17 000 Männer unter Verdacht, aber nur 3000 von ihnen werden verurteilt. Die Strafen reichen von Geldbußen über Peitschenschläge am Pranger bis zur Gefängnishaft und Verbannung, vereinzelt werden Männer hingerichtet.[20]

Zeitweise gerät ein Großteil der männlichen Florentiner ins Visier der Kontrolleure. Dabei ist vieles, was bei den Beamten der Nacht eingeht, wohl erfunden. Eine anonyme Beschuldigung kann dazu dienen, einen Konkurrenten oder verhassten Nachbarn in Bedrängnis zu bringen. Auch wenn die meisten Verfahren eingestellt werden, so bedeutet eine Anzeige doch eine Vorladung, verbunden vielleicht mit Arrest und der Angst, verurteilt zu werden.

Als Lorenzo de' Medici im Jahr 1469 an die Macht kommt, hoffen viele auf Milde. Schließlich sind etliche Freunde seiner *brigata*, seiner Clique, stadtbekannte Sodomiten. Seine Hofdichter überbieten einander in derben Scherzen, und sein Lieblingshumanist Agnolo Poliziano, Homer-Kenner und späterer Hauslehrer von Lorenzos Kindern, verklärt bald in seinen Texten die Männerliebe im neuplatonischen Sinne – ohne sich in der Praxis allzu platonisch enthaltsam zu verhalten.[21]

Doch Lorenzo denkt gar nicht daran, Gerüchte über den sorgenfreien Hedonismus der Medici zu bestätigen. Vielleicht will er zeigen, dass er trotz seiner Jugend durchzugreifen bereit ist, jedenfalls steigt die Zahl der Urteile nach seiner Machtübernahme Ende 1469 rasant an. In den ersten fünf Jahren von Lorenzos inoffizieller Herrschaft werden 535 Männer bestraft. Erst in den 1480er Jahren, als sein Regime gefestigt ist, gehen die Zahlen zurück.

Im Jahr 1476 aber werden beinahe achtzig Sodomiten in Florenz verurteilt.[22] Eine Anzeige in dieser Zeit kann ernsthaften Ärger mit sich bringen. Das wird der nun vierundzwanzigjährige Leonardo wissen. Er ist in steter Gefahr. Denn irgendwann in seinen Lehr-

und Gesellenjahren bei Andrea Verrocchio muss er entdeckt haben, wie sehr er Männer begehrt.

Ob ihm diese Erkenntnis als junger Mann Sorgen bereitet, ist nicht bekannt. Später jedenfalls genießt er seine Art zu lieben offenbar ohne große Schuldgefühle. Dann beschäftigt er immer neue, gutaussehende Jünglinge in seinem Atelier, sie karikieren Penisse und reißen derbe und eindeutige Bildwitze. Und zum zeichnerischen Œuvre des älteren Meisters und seines Kreises gehört auch ein mädchenhafter, langgelockter Jüngling, vielleicht ein Engel, mit Erektion.[23] (Abb. 40) Höllenangst scheint nicht das dominierende Sentiment in Leonardos Werkstatt gewesen zu sein.

1563, Jahrzehnte nach Leonardos Tod, erfindet der Maler und Kunstschriftsteller Giovanni Paolo Lomazzo in seinem »Buch der Träume« ein Interview, das der antike Bildhauer Phidias mit dem Renaissancemann da Vinci führt. Als Lomazzos Leonardo sagt, einen seiner Mitarbeiter habe er besonders geliebt, fragt Phidias: »Hast du mit ihm vielleicht das Spiel von hinten gespielt, das die Florentiner so mögen?« Lomazzo lässt Leonardo antworten: »Viele Male! Bedenke, dass er ein sehr schöner Jüngling war, vor allem im Alter von fünfzehn Jahren.« Auf die Nachfrage, ob er sich nicht schäme, dies zu sagen, erwidert Leonardo: »Nein. Warum sollte ich mich dafür schämen? Unter verdienstvollen Männern gibt es nichts Lobenswerteres.« *L'amore masculino* sei ein Akt der Freundschaft, der Philosophie ebenbürtig, gerade weil diese Form der Liebe nicht der Fortpflanzung diene, sondern für sich selbst stehe.[24]

In einem zweiten Dialog im selben Buch lässt Lomazzo den Maler auf den rund drei Jahrzehnte jüngeren Historiker, Arzt und Bischof Paolo Giovio treffen. Ihm erzählt der fiktive Leonardo von einer Fantasie. Er habe ein Mädchen namens Drusilla verehrt, das ihn nicht erhörte. Daraufhin habe Leonardo in einem Wald von einer Frucht gegessen, der Bart sei ihm abgefallen und sein Körper habe sich in den einer Frau verwandelt. Als Frau habe er sich vorgestellt, nun doch noch mit Drusilla zu verkehren, die nach einem

Geschlechtswandel ja ihrerseits zum Mann werden könne. Dem staunenden Gesprächspartner entgegnet Lomazzos Leonardo: »Die Liebe führt zu all solchen Launen.«[25]

Seinen Ruf hatte Leonardo also schon in der frühen Neuzeit weg. Doch Lomazzo sieht ihn keineswegs als gewöhnlichen Sodomiten, der als Erwachsener mit Jünglingen verkehrt. Er spielt an auf etwas, das in der Zeit als viel unerhörter gilt, weil es an dem heroisch virilen Männerbild rüttelt: Leonardos Hang zur Androgynität, die Fähigkeit, sich in beide Geschlechter hineinzudenken, weibliche Züge genauso wie männliche als Teil des eigenen Selbst zu imaginieren.[26] Tatsächlich scheint es Leonardo wenig zu stören, wie die Leute über seine Neigungen denken. Vieles spricht dafür, dass er seine Homosexualität genussvoller und unbekümmerter auslebt als später etwa Michelangelo, ein Platoniker, der es aus Angst um seine Arbeitsfähigkeit weitgehend vermeidet, sich körperlich hinzugeben.

Am 9. April 1476 finden die Beamten der Nacht in einem ihrer Briefkästen im Viertel Santa Croce ein anonymes Schreiben, eine Abschrift hat sich im Florentiner Archiv erhalten. Der Verfasser denunziert Jacopo Saltarelli, einen siebzehnjährigen Goldschmiedelehrling aus der Nachbarschaft. Der Junge kleide sich gerne schwarz und erfülle bereitwillig unsittliche Wünsche: »Er hat solche Dienste vielen Dutzenden Personen erwiesen.« Vier davon nennt der Verfasser namentlich: den Goldschmied Bartolomeo di Pasquino, den Schneider Bacchino, den Medicifreund Lionardo Tornabuoni und »Lionardi di Ser Piero da Vinci, wohnhaft bei Verrocchio«.[27] Alle Sodomiten!

Leonardo steht nun unter Anklage. Es ist nicht das erste Mal, dass Saltarelli den Beamten der Nacht in die Fänge geht, zuvor hat sich bereits ein Mann in einer Selbstanzeige des Verkehrs mit dem jungen Goldschmied bezichtigt.[28] Der Künstler muss fürchten, dass Saltarelli im Verhör gesteht oder weitere Männer aus der Nachbarschaft die Vorwürfe bestätigen. Dann wäre er bald einer der vielen Verurteilten dieses Jahres. Vielleicht würde er seinen geizigen Vater anbetteln müssen, die Geldbuße zu begleichen, oder er würde ins Gefängnis geworfen oder der Stadt verwiesen. Seine Karriere könnte vorbei sein, bevor sie richtig begonnen hat.

Zwei Monate lang muss Leonardo bangen. Vielleicht verbringt er bei der Anhörung eine Nacht in der Arrestzelle. Doch offenbar nützt es ihm, dass unter den Beschuldigten ein enger Freund der Medici ist. Lorenzos Mutter Lucrezia Tornabuoni stammt aus demselben Clan wie dieser Mann. Seine einflussreiche Familie drängt die Nachtbeamten womöglich zur Nachsicht. Jedenfalls vermerken die Sittenwächter am 7. Juni, die Beschuldigten blieben bis auf Weiteres auf freiem Fuß, müssten sich aber bereithalten, vor Gericht zu erscheinen.

Dazu kommt es nicht. Die Angelegenheit verläuft im Sande. Der Alltag in Verrocchios Werkstatt geht weiter wie gehabt, offensichtlich nimmt niemand in seinem Umfeld dem Maler die Anklage übel. Leonardo ist mit dem Schrecken davongekommen.

Beirren lässt er sich nicht. Wenig später nennt er einen anderen Mann in einer kaum noch leserlichen Notiz »amantissimo«, Allerliebster. Und noch etwas später wird ein Jüngling namens Paolo de Leonardo de Vinci der Stadt verwiesen. Der Name deutet darauf hin, dass es sich um einen Gehilfen Leonardos handelt, denn inzwischen kann der Maler als Gildenmitglied selbst Schüler ausbilden, die dann wie üblich nach ihrem Meister gerufen werden. Der Junge landet in Bologna, wird wegen seines »lasterhaften« Vorlebens dort sechs Monate in Haft genommen, arbeitet danach als Intarsienleger und erlangt, wie auch immer, im Februar 1479 ein Empfehlungsschreiben des Bürgermeisters von Bologna an Lorenzo de' Medici: Ob dieser die Verbannung des Handwerkers nicht aufheben könne, er führe inzwischen ein anständiges Leben und wolle in seine Heimatstadt zurück.[29]

All das sieht ganz danach aus, als umgebe Leonardo sich auch nach der glimpflich überstandenen Anklage mit jungen bis sehr jungen Männern, die in Florenz als unsittlich auffallen. Er lebt, wie und mit wem es ihm gefällt. Und könnte sich damit nicht weiter vom Männlichkeitsideal seines Vaters Ser Piero entfernen, der nach seiner Affäre mit Leonardos Mutter eine Ehe nach der anderen schließt, immer bedacht auf möglichst viele Nachkommen als ultimativen Ausweis arrivierter Männlichkeit.

Einmal aber, fast zwanzig Jahre nach der Erfahrung mit den Beamten der Nacht, kommt die Angst doch noch in dem Künstler hoch. Leonardo schreibt vermutlich über seine Christus-Darstellungen: »Als ich den Christus-Knaben machte, habt ihr mich ins Gefängnis gesteckt, und wenn ich ihn jetzt als Erwachsenen zeige, werdet ihr mir noch Schlimmeres antun.«[30] Dann streicht er den Satz wieder durch. Auf welche Bilder und welche Ereignisse genau Leonardo mit seiner Klage anspielt, ist ungewiss. Möglicherweise bedrückt es ihn, wie negativ Erotik unter erwachsenen Männern bewertet wird; er befürchtet vielleicht, wenn er aufgrund seiner Kunst als männerliebend gelten würde, geschehe ihm »noch Schlimmeres«, als wenn ihm nur, wie damals in Florenz, eine Neigung zu Jungen nachgesagt wird. Der Satz ist heute schwer lesbar, er könnte auch bedeuten: »Als ich es als Jüngling gut machte, habt ihr mich ins Gefängnis gesteckt. Jetzt, wo ich erwachsen bin, werdet ihr mir noch Schlimmeres antun.« So oder so: Die Gefahr, gesellschaftlich vernichtet zu werden, ist in seinem Empfinden offenbar auch Jahrzehnte nach der Sodomie-Anklage nicht gebannt. Und kaum etwas ist Leonardo so unangenehm wie der Gedanke, er könne seine Freiheit verlieren, man könne ihn, den Landjungen, einsperren wie einen Vogel auf dem Markt.[31]

Wie schon mit seiner unehelichen Herkunft, seinem Vegetarismus, der für die Zeit ungewöhnlichen Tier- und Naturliebe, so fällt der Maler auch mit seinem Privatleben aus dem Rahmen. Und wird das Beste machen aus der Position einer Randfigur im Spiel um Status und Einfluss. So kann er die Dinge aus der Distanz betrachten, muss nicht glauben, was andere sagen, sondern kann nach den eigenen Maßstäben fühlen, denken, lernen und gerade deswegen Neues schaffen. In der Frauenmalerei wird ihm das gelingen wie keinem Künstler zuvor und danach. Er begegnet den Frauen, die er malt, vielleicht mit Staunen und Neugier, sicher aber mit einem für seine Zeit ungewöhnlichen Respekt.

Der Hetzprediger Bernardino von Siena hatte im Jahr 1427 den Sodomiten noch unterstellt, Frauenfeinde zu sein und die Gleichheit von Frau und Mann anzuzweifeln – was kurios anmutet in einer Epoche, die Frauen zwar nicht als Gegenentwurf zum Männlichen, wohl aber als dessen minderwertigere Ausgabe versteht.[32] Misogyne Sprüche sind auch im Florenz Lorenzo de' Medicis gang und gäbe. Die öffentlich zur Schau getragene Frauenverehrung der Medici kann jederzeit in ihr Gegenteil, die Frauenverachtung, kippen. So rät Lorenzos Hausphilosoph, der Neuplatoniker Marsilio Ficino, man solle Frauen wie Nachttöpfe behandeln und nach Gebrauch wegsperren.[33]

Eine solche Verdinglichung von Frauen, ihre Herabwürdigung ist ganz und gar nicht in Leonardos Sinn. Der heterosexuelle Geschlechtsverkehr interessiert ihn aus Neugierde, und zwar aus beiden Perspektiven. Er zeichnet ihn im anatomischen Querschnitt (Abb. 8), die weiblichen Genitalien auch in Nahsicht.[34] Vielleicht hat er selbst versuchsweise sexuelle Beziehungen zu Frauen. Im Jahr 1509 hält sich möglicherweise vorübergehend eine frühere Kurtisane bei ihm auf, die ihm als Modell dient; ob sie zeitweise auch seine Geliebte ist, bleibt ungewiss.[35] Vor allem aber räsoniert Leonardo gerne über den Akt zwischen Frau und Mann. Verwundert beschreibt er auf einem Blatt die »Glieder, die dabei gebraucht werden«, als »abstoßend hässlich«; dass Männer und Frauen nichtsdestotrotz zusammenfinden und die Menschheit nicht ausstirbt, kann er sich nur damit erklären, dass »Gesichter und Affekte der Zeugenden« etwas Schönes an sich haben.[36]

Leonardo geht fest davon aus, dass Geschlechtsverkehr beidseitig gewollt sein muss, dass Begehren und Zuneigung sich im Liebes-

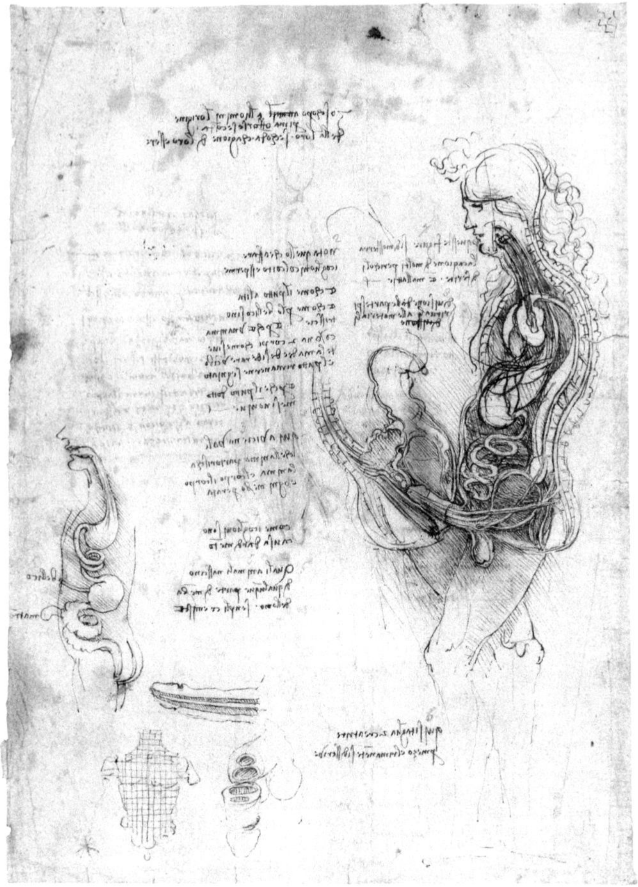

Abb. 8: Leonardo da Vinci, Der Geschlechtsakt im Vertikalschnitt, Royal Collection, Windsor

akt von Mann und Frau bedingen. So schreibt er: »Der Mann, der den Geschlechtsakt ungestüm und ungelenk vollzieht, wird reizbare und unzuverlässige Kinder zeugen. Wird der Geschlechtsakt dagegen auf beiden Seiten mit großer Liebe und großem Verlangen vollzogen, wird das Kind sehr verständig, klug, lebhaft und liebenswert sein.«[37] In dieser Sicht muss sich die Frau geliebt und verstanden fühlen, muss selbst begehren, um später ihre Kinder so lieben zu können, wie Leonardos frühe Madonnen dies tun. Die Liebe ist, wie auch die Kunst, universell. Einfühlung ist bei Leonardo keine Frage der Geschlechtszugehörigkeit.

Das ist keine Selbstverständlichkeit. Zwar sind die italienischen Gesellschaften der Renaissance geradezu besessen vom Reden und Denken über die Liebe. In diesem Diskurs findet und feiert sich das frühneuzeitliche Individuum selbst – doch es stößt in der Realität immer wieder an soziale und ökonomische Grenzen. Prostitution und Zwangsehen sind weit verbreitet. Die gelebte romantische Liebe hat es schwer. Status und Geld zählen mehr als große Gefühle.[38]

Dass in der Öffentlichkeit aber, in Kunst, Theater, Literatur, in Aufführungen und Bildern, die Liebe sich als großes, alle Sorgen überstrahlendes Fest entfaltet, wissen die Medici am besten. Sie instrumentalisieren die romantischen Sehnsüchte ihrer Zeit für ihre machtpolitischen Interessen.

Lorenzo, dem heimlichen Herrscher, ist es in den frühen Siebzigerjahren des 15. Jahrhunderts gelungen, ein Gleichgewicht mit allen relevanten Mächten des Landes auszuhandeln. Die Stadt prosperiert. Doch es bleibt das stete Risiko, entmachtet zu werden von anderen wohlhabenden Familien, die den Medici ihre Führungsrolle nicht gönnen. Sie warten nur auf eine Gelegenheit. Um die Vormachtstellung des Bankierclans allen vor Augen zu führen, plant die Familie 1475 wieder ein Turnier auf der Piazza Santa Croce. Anlass ist das Bündnis, das Lorenzo de' Medici mit Venedig und Mailand geschlossen hat, um die Stadt vor den süditalienischen Mächten zu schützen. Diesmal richtet Lorenzos kleiner Bruder Giuliano das Turnier aus, und er setzt alles daran, damit das Fest genauso bombastisch wird wie Lorenzos Feier sechs Jahre zuvor.[39]

Zu diesem Zeitpunkt ist Leonardo da Vinci der beste Maler in Andrea Verrocchios Werkstatt. Gemeinsam mit dem Meister entwirft er eine dreieckige Fahne für das Turnier. Erhalten hat sich eine Entwurfsskizze in den Uffizien.[40] (Abb. 9) Eine *bella donna*, vermutlich eine Nymphe, schlummert halb sitzend im Freien, ihre langen bloßen Beine streckt sie aus. Lockig fällt ihr das offene Haar auf die Schulter, kitzelt den Nacken. Ihre sanften Züge ähneln denen anderer Frauenköpfe aus Verrocchios Werkstatt. Sie könnte eine entspannte Schwester von Leonardos früher Madonna in der Münchner Pinakothek sein. (Tafel 1)[41]

Allerdings sind dieser Frau weltliche Genüsse nicht fremd. Sie trägt nichts als ein Untergewand, das sich in lockerem Faltenwurf an ihren glatten Körper schmiegt. So dünn ist das Hemd, dass sich die zierlichen Brüste der Nymphe im Stoff abzeichnen. Amor erblickt die Schlummernde. Der geflügelte Junge, kein kleines Kind mehr, wird neugierig und frech. Er stürmt auf sie zu, zieht einen Pfeil aus seinem Köcher und greift der Nymphe mit der anderen Hand zwischen die Brüste, um ihr Kleid noch weiter aufzunesteln. Sie aber stützt den Ellenbogen auf den Köcher und lässt sich nicht beirren.

Wer die ungewöhnliche liegende Frauenfigur konzipiert hat, Verrocchio oder Leonardo, ist nicht sicher überliefert. Der dreiste Amor ähnelt deutlich anderen Gestalten Leonardos, bis hin zu den anatomischen Verrenkungen, die an da Vincis noch etwas unbeholfene Verkündigungs-Maria aus den Uffizien erinnern. (Tafel 6) Und dann ist da noch die Vegetation. Die Wurzeln, Blätter, das Schilf recken sich nicht geordnet gen Himmel, wie es die Zeitgenossen etwa aus den Bildern von Verrocchios Rivalen Antonio Pollaiuolo gewohnt sind.[42] Auf der Skizze für das Banner strebt das Grünzeug in alle Richtungen, bildet Wirbel, explodiert in einem organischen Rausch, noch wilder, als dies schon im Garten der Verkündigung aus

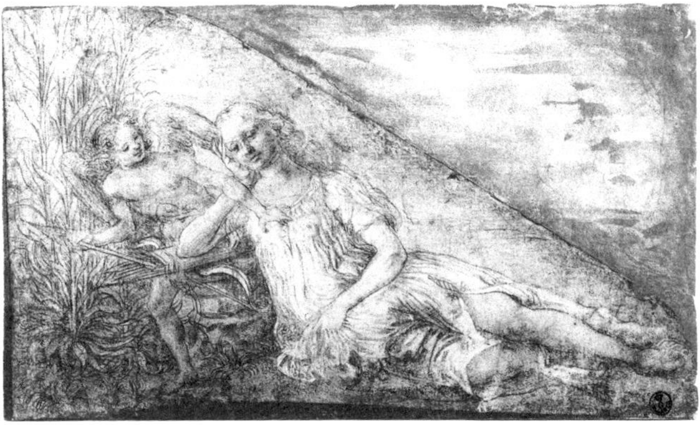

Abb. 9: Andrea del Verrocchio und Leonardo da Vinci,
Entwurf für eine Turnierfahne, Uffizien, Florenz

den Uffizien der Fall war. Das kann nur von Leonardo sein. Wieder einmal traut der Jüngling aus Vinci den Kräften der Natur, wieder einmal ist er souverän genug, sie nicht bändigen zu wollen. Bewegungsenergie wird eines seiner Leitmotive. Ob es Haare, Wellen, Winde oder eben Blätter sind, die sich sprießend und sich kringelnd ausbreiten: Zeitlebens wird er sich als Zeichner und Maler am Wachstum der Natur erfreuen.[43] (Abb. 10)

Und wo die Natur ist, da sind in da Vincis Denken die Frauen nicht fern.[44] Erstaunlich ungezwungen erscheint die Nymphe, deren Bild beim Turnier auf der Piazza Santa Croce als Fahne im Wind weht. So kann sie also auch sein, die Liebe: keinen vermeintlich unhintergehbaren Reinheitsgeboten unterworfen, sondern nur den eigenen Wünschen. Sie schläft gerade, die Sinnlichkeit, und lässt sich von einem kleinen Gott nicht ärgern. Doch wenn sie erst aufwacht, ja dann. Das Bild der Nymphe ist ein Versprechen, das sich nur in der Fantasie erfüllt.

Damit wagen sich Leonardo und sein Meister weit vor, denn die offizielle Saga zu dem Turnier ist eine andere. Schließlich geht es hier, wieder einmal, nicht ums private Glück, sondern um das Anse-

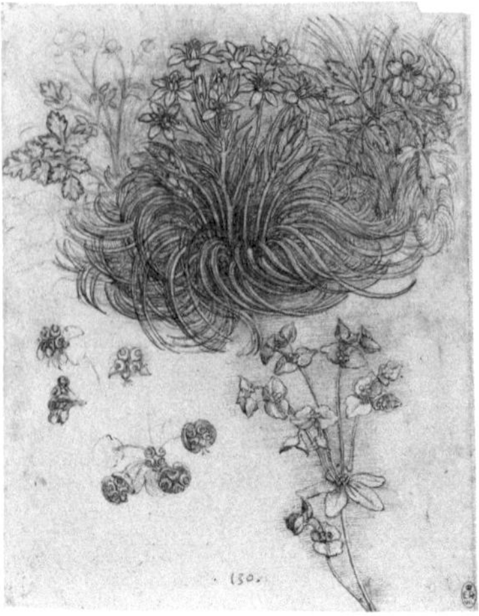

Abb. 10: Leonardo da Vinci, Doldiger Milchstern, Royal Collection, Windsor

hen der Republik im Allgemeinen und den Ruhm der Medici-Brüder im Besonderen.[45] Giuliano de' Medici, ein kantiger Mann mit Topfhaarschnitt, wird, je nach politischer Großwetterlage, als Ehemann für diese oder jene hohe Dame aus den anderen italienischen Staaten gehandelt. Mal soll er nach Venedig verheiratet werden, um das neue Bündnis mit dem Lagunenstaat zu stützen. Dann wieder überlegt sein Bruder Lorenzo, ob er den Jüngeren nicht lieber in der Kirche Karriere machen lässt, auf dass es die Medici in Rom leichter haben. Dass der eher sportliche Giuliano zu ungebildet ist, um Priester zu werden, interessiert Lorenzo so wenig wie der Widerwille seines Bruders gegen den Zölibat.

Nun aber, am 29. Januar 1475, hat Giuliano seinen großen Auftritt. Dieser Tag und diese Parade gehören ihm. Zwar hat der Herzog von Mailand ihm seine Turnierkämpfer als Begleitung versagt, aber der einundzwanzigjährige Bankiersspross weiß sich auch so in Szene zu setzen. Siebzig Fußsoldaten lässt er in seinem Gefolge auf der Piazza Santa Croce antreten, zudem Blasmusiker, Trommler. Schließlich reitet Giuliano ein, er und sein Pferd glitzern im

Sonnenlicht, beide sind übersät mit Juwelen, Edelsteinen und Perlen. Ein Augenzeuge schätzt Giulianos Schmuck auf den fantastischen Wert von mehr als hunderttausend Dukaten.[46]

Die offizielle »Königin des Turniers« ist, wie schon sechs Jahre zuvor, die von Lorenzo verehrte Lucrezia Donati. So viel Kontinuität muss sein. Giuliano aber will selbst auch den großen Liebhaber spielen. Zur »Königin der Schönheit« kürt er seine Herzensdame Simonetta Vespucci, eine dreiundzwanzigjährige Genueserin, die in Florenz mit einem Gefolgsmann der Medici verheiratet ist. Leonardos Konkurrent Sandro Botticelli malt sie als antikisch anmutendes, entrücktes Idol, die dicken blonden Zöpfe und künstlichen Haarteile mit Perlen gezähmt.[47]

Leonardo mag den rund acht Jahre älteren Maler nicht, der ab und an auch mit Verrocchio kooperiert. Botticellis Malweise erscheint ihm zu künstlich und weltfremd. In seinen Schriften wird er den Gegenspieler namentlich rügen.[48] Wie sehr müssen Leonardo, dem Bewunderer natürlicher Schönheit, die idealisierten, ätherischen Frauengestalten Botticellis missfallen.

Keusch stellt sich Botticelli die Simonetta vor. Auf einem Bildnis steckt er ihren wohlgerundeten Körper sogar in einen Brustpanzer, der unter dem weißen Hemd hervorlugt.[49] (Abb. 11) Das passt zur offiziellen Lesart des Turniers von 1475. Angelo Poliziano, Lorenzos Hofdichter, erfindet zu dem Ereignis eine neuplatonisch grundierte Vorgeschichte.[50] Die Liebe steht hier nicht für sich selbst, sie ist Dienerin der Ehre. Giuliano, der sich vom Eros unverwundbar glaubt, wird in Polizianos Versen vom Pfeil Amors getroffen und entbrennt in Liebe zu der schönen Simonetta. Die aber bleibt keusch. Giuliano träumt, sie trage die Rüstung Minervas, Göttin der Weisheit wie der Kriegsführung. So fesselt sie Amor an einen Olivenbaum, rupft ihm die Federn aus und zerbricht seine Pfeile. Ihren Verehrer Giuliano lehrt Simonetta-Minerva bei Poliziano, sein Begehren zu sublimieren, nach Ruhm anstatt nach Erfüllung in der Liebe zu streben. Sie ermutigt ihn, vor ihren Augen hochgerüs-

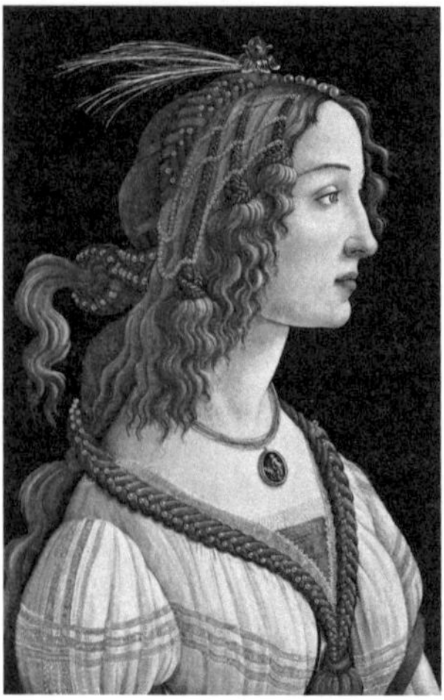

Abb. 11: Sandro Botticelli, Simonetta Vespucci, Städelmuseum Frankfurt

tet in das Turnier zu ziehen. Deswegen zeigen die meisten Banner am Festtag Simonetta als so wehrhafte wie anständige Schöne. Auch Botticelli entwirft eine Turnierfahne für Giuliano, auf der eine hochgerüstete Minerva prangt.[51]

Giuliano darf also nur aus der Ferne lieben, um in der Nähe zu siegen – die Zeiten sind streng geworden, der flirrende Eros der Vorjahre ist der neuplatonischen Sittenlehre gewichen. In diesem ruhmsüchtigen, entsagungsreichen Umfeld muss die lebenslustige Nymphe auf Leonardos und Verrocchios Fahne auffallen. Kündet sie doch im Gegenteil von einer spielerischen Liebe, vom Reich der Möglichkeiten, das eine entspannt im Schilf ruhende *bella donna* verspricht. Wieder einmal setzt Leonardo seine eigenen Maßstäbe, und Verrocchio lässt ihn gewähren.

Wie vorhersehbar, so gewinnt Giuliano das Reiterturnier auf der Piazza Santa Croce. Es wird der Höhepunkt seines öffentlichen Lebens. Zwei Jahre später, am Ostersonntag des Jahres 1478, wagen die Gegner der Medici einen Umsturzversuch. Während der Messe im Dom von Florenz gelingt es Handlangern der Bankiersfamilie Pazzi,

Giuliano hinterrücks niederzustechen. Er stirbt, Lorenzo dagegen kann sich mit Hilfe seines Hofdichters Poliziano verwundet in die Sakristei retten. Die Verschwörer werden nach und nach gefasst und öffentlich hingerichtet. Leonardo geht hin und zeichnet einen der Verurteilten am Strick baumelnd. Und Sandro Botticelli, inzwischen ein Lieblingskünstler Lorenzos, malt die offiziellen Schandbilder der Gehenkten.[52]

Dem Namen nach ist Florenz immer noch eine Republik. Die Stimmung in der Stadt ist trübe, die Herrschaft Lorenzos wird aus Angst vor weiteren Anschlägen immer repressiver. Vergangen scheint nun die Zeit der großen Feste und prächtigen Liebeszeremonien. Doch es bleibt die Sehnsucht nach einer romantischen Zweisamkeit, nach Poesie nicht nur in den Schriften der Alten, sondern im Leben hier und jetzt.

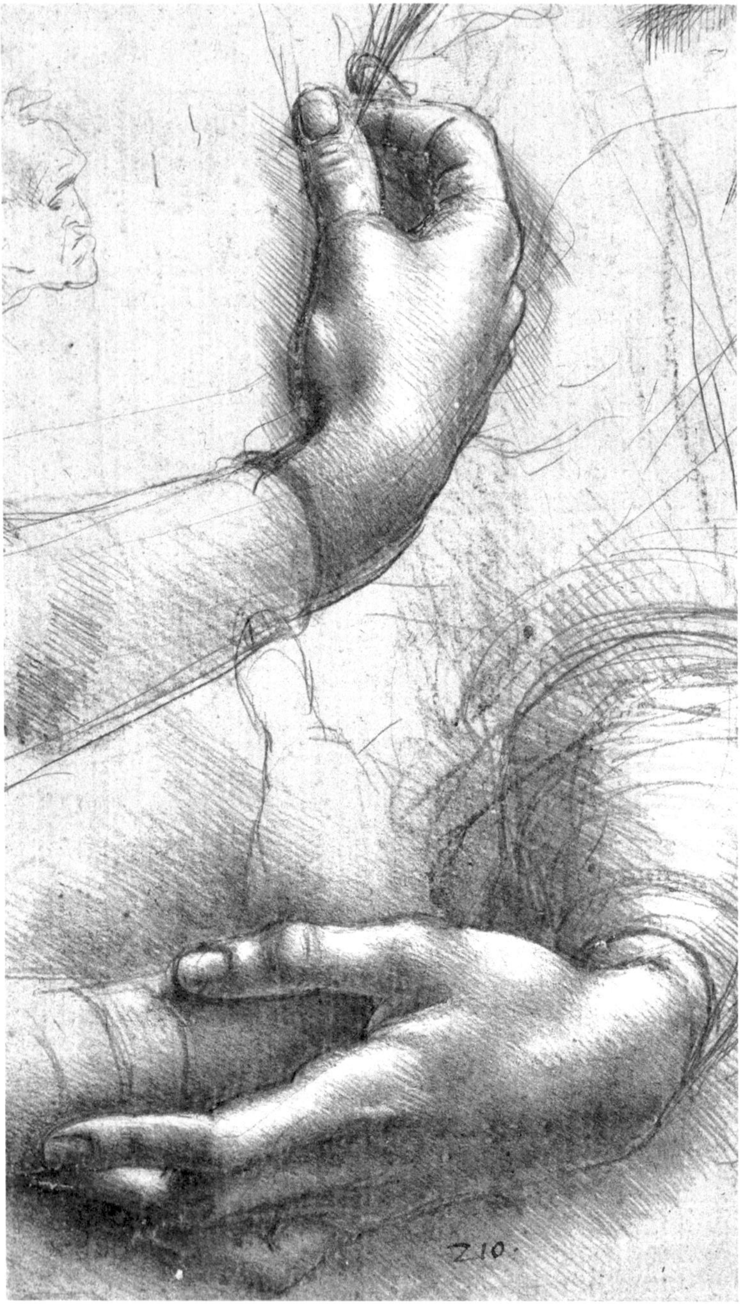
210.

V

DAS ERSTE SCHLÜSSELWERK: DIE BERGTIGERIN

Ich bitte um Entschuldigung, und ich bin *alpestro tygre*, ein Bergtiger.«[1] So drückt sie sich in einer Gedichtzeile aus, die Frau, der Leonardo da Vinci so tief in die Augen schaut wie keiner zuvor. In der Florentinerin Ginevra de' Benci findet der junge Leonardo sein Modell und seine Meisterin.[2] (Tafel 9) Sie ist die erste Frau, die ihn berühmt macht, und er sie, aber das ist nur ein Nebeneffekt. Ihnen beiden geht es um mehr: um den Wunsch, dass nicht die Pose zählen möge, sondern das Wesen einer Person, die schön ist, weil sie ist, wie sie ist. Nach der Begegnung des Künstlers mit der Bergtigerin ist die Malerei des Abendlandes eine andere. Die Zweisamkeit zieht ein in die Kunst, das Bedürfnis, einem anderen Menschen nah zu sein, seine – womöglich widersprüchlichen – Gefühle und Gedanken zu spüren, so als wären sie der Hauch seines Atems. Das Bildnis, das Leonardo von der jungen Ginevra de' Benci schafft, ist das erste psychologische Porträt Italiens, der Beginn einer neuen, so lebendigen wie berührenden Kunst.

Über den Beginn ihrer Bekanntschaft ist wenig bekannt. Ginevras Bruder Giovanni de' Benci gehört zu den wenigen Freunden, die Leonardo in Florenz hat. Bei ihm deponiert der Maler eine Weltkarte, Bücher, wertvolle Steine und sein Arbeitsgerät, als er später die Stadt verlässt.[3] Vermutlich lernte er die Benci-Geschwister über seinen Vater Ser Piero kennen, denn Ginevras und Giovannis Vater Amerigo war lange ein Klient des Notars aus Vinci. Die Benci sind eine der einflussreichsten Familien der Stadt. Schon Ginevras Großvater hatte die Bankgeschäfte für Cosimo de' Medici geführt, den Ahnherrn des regierenden Clans. Auch Amerigo de' Benci arbeitete für die Medicibank, und er sammelte lateinische und griechische Schriften.[4]

Seine Kinder Ginevra und Giovanni wachsen unweit des Arno in einem großzügigen Palazzo in der heutigen Via de' Benci auf. Seit Generationen unterstützt ihre Familie das Frauenkloster Le Murate im Florentiner Zentrum, wo es eine eigene Zelle als Rückzugsort für die Bencifrauen gibt. Ginevra wird von den Benediktinerinnen ausgebildet. In Le Murate lernt die wissbegierige Schülerin auch Latein und nimmt Unterricht in Mathematik und Musik.[5]

Im Jahr 1474, Ginevra ist sechzehn Jahre alt, hält der Unternehmer Luigi Niccolini um ihre Hand an. Seine Geschäfte mit Wollweberei laufen mehr schlecht als recht, aber der Medici-Anhänger hat politischen Einfluss in der Stadt; einige Jahre später wird er sogar einmal das höchste Amt der Republik einnehmen als Gonfaloniere di Giustizia.[6] Ginevras Vater ist schon tot, als Luigi um Ginevra wirbt. Wahrscheinlich verheiratet ihr Bruder Giovanni sie. Die mit 1400 Florin üppige Mitgift vermag den ökonomischen Niedergang des Bräutigams für eine Weile zu bremsen. Doch schon sechs Jahre später beklagt er in seiner Steuererklärung seine miserable finanzielle Lage. Er gibt an, seine Frau Ginevra, die kinderlos geblieben ist, sei krank und in teurer medizinischer Behandlung.

Ginevra aber gesundet und führt ein langes Leben. Als Luigi Niccolini im Jahr 1505 stirbt, können seine Brüder der siebenundvierzigjährigen Witwe ihre Mitgift nicht zurückzahlen, wie es sein Testament vorsieht. Ginevra zieht sich wieder in das Kloster Le Murate zurück, als weltliche Bewohnerin hat sie kein Ausgehverbot.[7] Offenbar mag sie die kontemplative Atmosphäre. Als sie 1520 oder 1521 mit über sechzig Jahren stirbt, wird sie im Kloster beerdigt. Wie üblich, wenn Florentinerinnen in Le Murate zu Grabe getragen werden, trägt sie im Tod das Habit der Nonnen.[8]

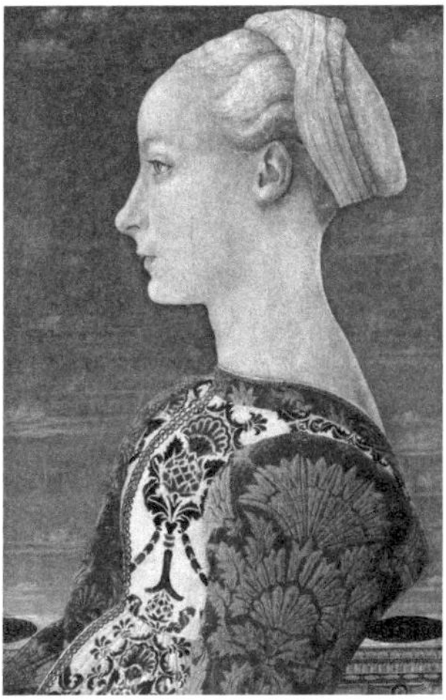

Abb. 12: Piero del Pollaiuolo, Profilporträt einer unbekannten Frau, Gemäldegalerie Berlin

Vom Kloster in die Ehe und zurück ins Kloster: Dies könnte die gewöhnliche Geschichte einer wohlhabenden Frau aus der italienischen Renaissance sein. Ein weibliches Leben hinter Mauern ist die Regel, nicht die Ausnahme. Eine junge Dame soll, wie es die Benimmfibeln der Zeit lehren, die Lider senken, wenn sie zum Kirchgang auf die Straße tritt. Nur ihr Gatte und enge männliche Verwandte dürfen ihren Blick auffangen. Schließlich sind die Augen das Fenster der Seele, und ihr Glanz kann Liebe entfachen.[9]

Eine solche durchschnittliche Frau aus guter Familie wird einmal in ihrem Leben gemalt: anlässlich ihrer Hochzeit.[10] (Abb. 12) Für das Porträtbild zieht sie ihr bestes Kleid an, eines mit aufwändigen Stickereien, genäht aus Seide und feiner Wolle. Züchtig werden die Ärmel an den Schultern festgebunden und bedecken das Untergewand. Denn bei einer anständigen Frau, seht her, sind weder die Schleifen noch die Sitten lose. Sie legt den Schmuck an, den ihr Mann ihr am Morgen nach der Hochzeitsnacht gegeben hat: vielleicht eine Halskette, eine Brosche für die Schulter und eine für die Haare.[11]

Kunstvoll flechten Dienerinnen kleine Zöpfe, stecken Perlenketten hinein, auf dass keine Locke sich befreie, keine Strähne im Luftzug flattere. Geschminkt ist eine solche Frau nur dezent, wobei das egal ist, ihr Gesicht wird der Maler sowieso glätten. Vielleicht nimmt er gleich ein hübsches Mädchen von niederem Stand als Modell für den Kopf oder verwendet eine mehrfach benutzbare Schablone, dann muss die Braut nicht einmal lange vor der Staffelei oder dem Zeichenblock ausharren. Zu sehen ist am Ende ein Kunstwesen, eine Frau, deren Kleid individueller erscheint als ihr Gesicht.

Ohne zu lächeln, schauen die frisch verheirateten Florentinerinnen im strengen Profil seitlich aus dem Rahmen heraus, so will es die Konvention. Schließlich werden die Holztafeln herumgezeigt, künden sie doch vom Vermögen der Gatten und Familien und von der Keuschheit der Hausherrin. Niemand Unbefugtes möge der Dame in die Augen und ins Herz blicken, das soll die nüchterne Seitenansicht auf das Gesicht verhindern.

Wäre Ginevras Schicksal so wie das ihrer Zeitgenossinnen, wäre irgendwann der Name der Porträtierten vergessen. Dann würde sie als eine von zahllosen unbekannten Schönen der Florentiner Renaissance enden, die einander auf ihren Brautbildnissen so verdächtig ähneln. Womöglich gibt es auch von Ginevra de' Benci ein Hochzeitsporträt, das ihr Mann einst bei irgendeinem Künstler der Stadt bestellte. Doch man weiß nicht, welche der vielen idealisierten *belle donne,* deren Profilansichten heute in den Museen hängen, Ginevra meinen könnte.

Diese Geschichte jedoch handelt nicht von weiblicher Unsichtbarkeit und männlichem Besitzanspruch. Sie handelt von einer Frau, die sich ausdrücken will und kann, und von einem Künstler, der auf eine solche Herausforderung gewartet zu haben scheint. Keine herausgeputzte Braut, kein arrivierter Herr in Amt und Würden taugt ihm für das, was ihm offenkundig vorschwebt: ein Werk zu schaffen, welches das Innere und Äußere eines Menschen ausbalanciert. Erst

Ginevra, die wortgewandte, einnehmende Dichterin und selbst ernannte Bergtigerin ist auf Leonardos Augenhöhe.

Die so starke wie paradoxe Zeile »Chieggio merzede e sono alpestro tygre«, »Ich bitte um Entschuldigung, und ich bin ein Bergtiger«, ist die einzige aus Ginevras literarischem Werk, die mit Sicherheit als von ihr stammend überliefert ist. Sie wirkt, als müsse die Autorin sich für ihre – für eine Frau scheinbar ungehörige – Kraft entschuldigen. Der Satz steht in einem Brief, den ein Lautenspieler am 12. August 1490 aus Rom an Ginevra nach Florenz schickt.[12] Da ist Ginevra dreiunddreißig Jahre alt und noch nicht verwitwet. Sie hat sich als Dichterin bereits einen Namen gemacht; man kann mit ihrer Bekanntschaft angeben, wie es jener Musiker tut.

Am Abend zuvor, erzählt er in dem Brief, saß er beim Essen in einer schattigen Loggia. Mehrere angesehene Römerinnen leisteten ihm Gesellschaft, darunter eine Tochter des Papstes. Das Gespräch kam auf die Frage, was Frauen liebenswert mache. Er setzte zu einer Lobeshymne auf Ginevra de' Benci und ihre Dichtkunst an. Neben Schönheit und Keuschheit zeichnen seiner Ansicht nach intellektuelle Fähigkeiten eine Frau aus. Die Römerinnen wurden neugierig und fragten nach: Wo es denn etwas zu lesen gebe von dieser großartigen Toskanerin? Leider konnte der Lautenspieler aus dem Gedächtnis nur die erste Zeile des Tiger-Gedichts aufsagen, die er in dem Brief wiederholt. Da auf Reisen, hatte er seine Abschrift des gesamten Textes nicht zur Hand. Also bittet er brieflich die Autorin, ihm die vollständige Sestina – eine besonders anspruchsvolle Versform – an den Tiber zu schicken, damit er die römischen Damen zufriedenstellen könne. Ihre Antwort ist nicht überliefert, und so ist der Rest des Gedichtes nicht mehr bekannt.

Zu ihrer Zeit ist Ginevras Begabung auch in Florenz Stadtgespräch; vergessen wird sie erst von der Nachwelt. Den Schriftsteller Cristoforo Landino, steter Gast im Medicipalast, begeistert Ginevras »männliche Tugend in einer weiblichen Brust / und die zu erinnernde Kraft ihres Talents«. Das habe ihn noch mehr bewegt als ihr »goldenes Haar« und ihre »dunklen Augen«.[13] In den 1470er Jahren gibt es kaum Dichterinnen in Italien. Erst mehr als sechzig Jahre später wird die römische Schriftstellerin Vittoria Colonna, Michelangelos Mentorin, mit ihrem poetischen Werk als erste Frau den Durchbruch erzielen; auch über sie heißt es voller Verwunderung, an dieser Virtuosin sei ein Mann verloren gegangen.[14]

Als Ginevra von sich als Bergtigerin spricht, ist Colonna noch nicht einmal geboren. Die dichtende Florentinerin ist eine neuartige Figur auf der gesellschaftlichen Bühne Italiens; außer der antiken Sappho hat sie kaum Vorbilder.[15] Kein Modell könnte besser zu Leonardo da Vinci passen, dem die Überraschung allemal lieber ist als die Wiederholung.

Nur: Wie malt man eine Bergtigerin? Gefährlich oder gefährdet oder beides zugleich? Lässt sich ihre Erscheinung überhaupt auf eine Holztafel bannen, oder entfleucht sie gleich wieder, in die Felslandschaft ihrer Seele, die nur sie zu erklimmen scheint? Wie wäre es, sie zu betrachten, länger, als sich das geziemt, und ein Stück von dem zu erheischen, was anderen verborgen bleibt?

Leonardo da Vinci muss die detailreichen Gemälde flämischer Künstler kennen. Auf ihren Dienstreisen nördlich der Alpen haben Florentiner Kaufleute bemalte Holztafeln erstanden, die nun in den Palazzi der Stadt hängen. Auch die Medicibrüder besitzen nordalpine Kunst. In Lorenzo de' Medicis Studio findet sich ein kleines Frauenbildnis von Petrus Christus, der als alter Mann in Brügge lebt.[16] (Abb. 13) Der Jan-van-Eyck-Nachfolger fürchtete den ernsten Blick der wohlhabenden jungen Ehefrau nicht, die er abbildete. Ohne zu lächeln, wendet sie ihr Gesicht in Dreiviertelansicht dem Betrachter zu, blickt ihn aus den Augenwinkeln an. Das Haar des Mädchens verschwindet unter einer strengen Haube, deren dunkles Schleiertuch Kinn und Wangenknochen rahmt. Die nur bis zur Brust sichtbare Frau scheint keinen Meter vom Betrachter entfernt

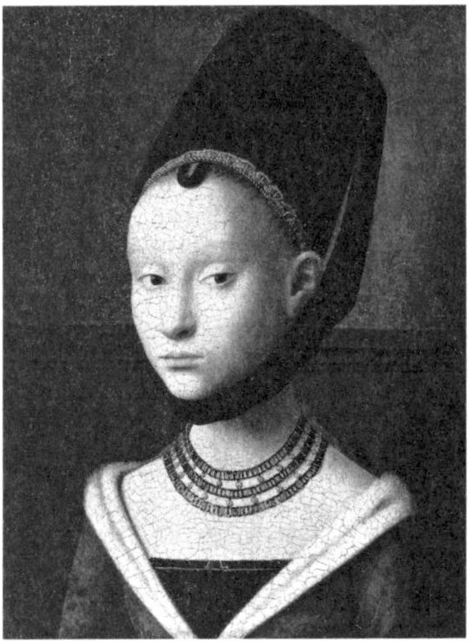

Abb. 13: Petrus Christus, Frauenbildnis, Gemäldegalerie, Berlin

in dem vertäfelten Raum zu stehen. Ihr Gesicht aber strahlt eine abwartende Distanz aus. Petrus Christus erzählt auf der nicht einmal lebensgroßen Tafel auch etwas über Malerei an sich. Ja, sie kann dem Betrachter nahe kommen, ihm ein körperlich präsentes Gegenüber bieten. Nein, berühren darf er die Frau dann doch nicht, denn die Figur lebt in ihrer Welt hinter dem Rahmen, und diese ist nicht unsere.

Offenbar betört diese junge Frau aus dem Norden Leonardo da Vinci Mitte der 1470er Jahre. Es ist also möglich, mag sich Leonardo denken, die in Florenz übliche Profilansicht für Frauen aufzugeben – ohne deswegen gleich sittliche Zweifel aufkommen zu lassen. Die Seitenansicht sagt zu wenig über einen Menschen aus, sie macht ihn unfrei, denn sie verhindert einen Dialog. Um aber dem Betrachter ebenbürtig zu sein, wenn nicht gar ihm überlegen, muss eine gemalte Gestalt zurückblicken können. Gott hat dem Menschen Augen gegeben, um die Welt zu erfassen, also gehören sie gewürdigt, nicht versteckt. »Oh Auge, du stehst hoch erhaben über allem, was Gott geschaffen hat!«, ruft Leonardo aus. »Es ist ja das

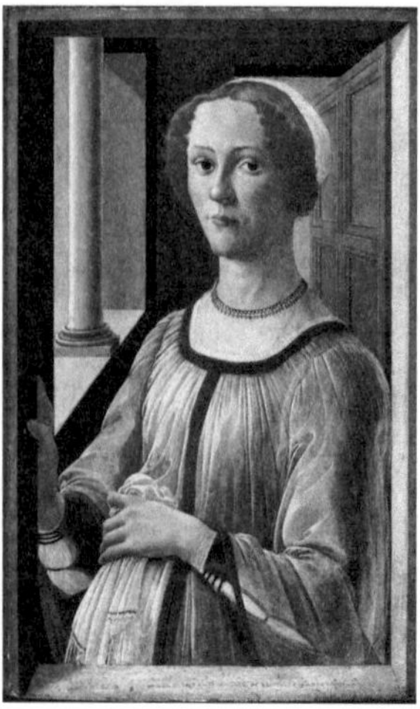

Abb. 14: Sandro Botticelli, Frau am Fenster (Smeralda Brandini?), Victoria and Albert Museum, London

Fenster des menschlichen Körpers, durch das er seinen Weg erspäht und die Schönheit der Welt genießt; dem Auge ist's zu danken, daß sich die Seele mit dem menschlichen Kerker zufrieden gibt.«[17]

Zeitgleich oder etwas später versucht auch Leonardos Lieblingsgegner Sandro Botticelli, eine Frau in den Blick zu rücken, sie aus der Profilansicht zu befreien. Er findet eine Lösung, die zwar das Gesicht einer Florentinerin von vorne zeigt, aber niemanden erschreckt.[18] (Abb. 14) Die Dame schaut aus dem Fenster ihres Palazzo heraus, das sie mit der Rechten gerade geöffnet hat. Mit der Linken hält sie sich den runden Bauch. Sie ist guter Hoffnung. Was die Schwangerschaft für sie bedeutet, verrät ihr Mienenspiel nicht. Botticelli zeigt die werdende Mutter genauso idealisiert wie seine anderen stilisierten *belle donne*. Wie auch Leonardo kannte Botticelli wohl in den 1470er Jahren Andrea Verrocchios neuestes Geschöpf: die Marmorbüste einer jungen gelockten Dame, die ihre Hände schützend vor den Körper hält und sich einen Strauß Primeln an ihr Herz drückt. Schön ist die Frau aus Stein, ihr pupillenloser Blick aber bleibt unpersönlich.[19] (Tafel 11)

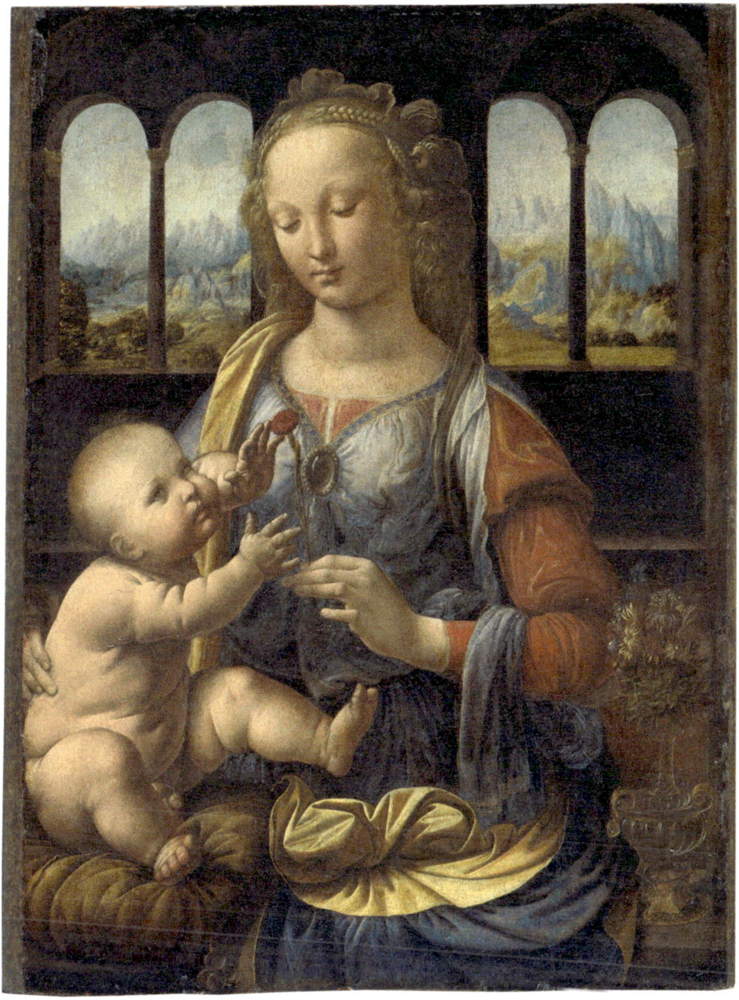

Tafel 1: Leonardo da Vinci, Madonna mit der Nelke,
Alte Pinakothek, München (62 × 47,5 cm)

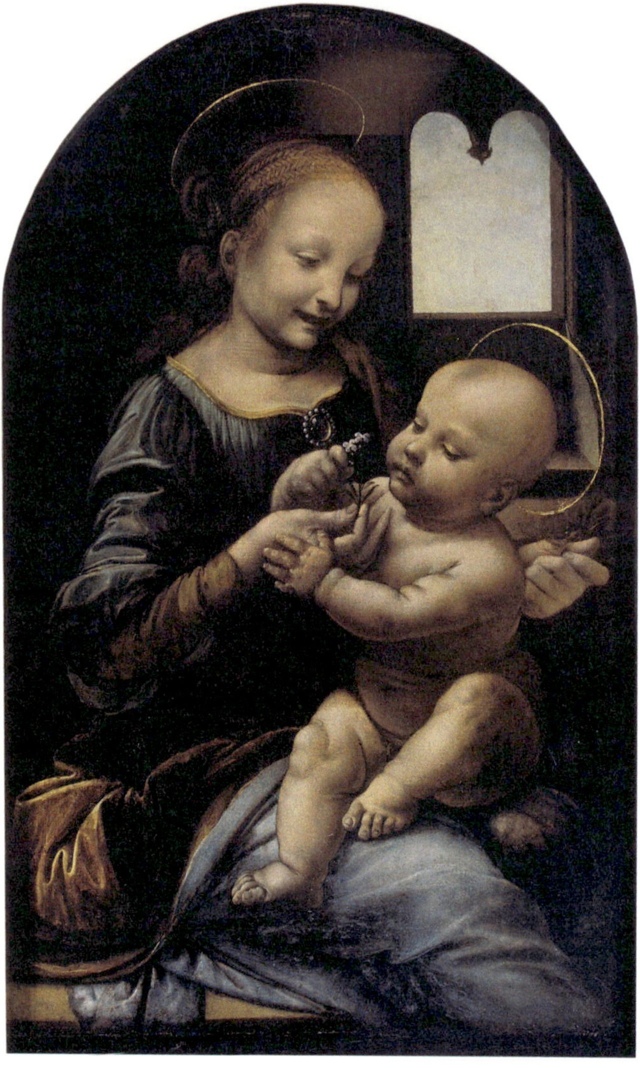

Tafel 2: Leonardo da Vinci, Madonna Benois,
Eremitage, St. Petersburg (49,5 × 31 cm)

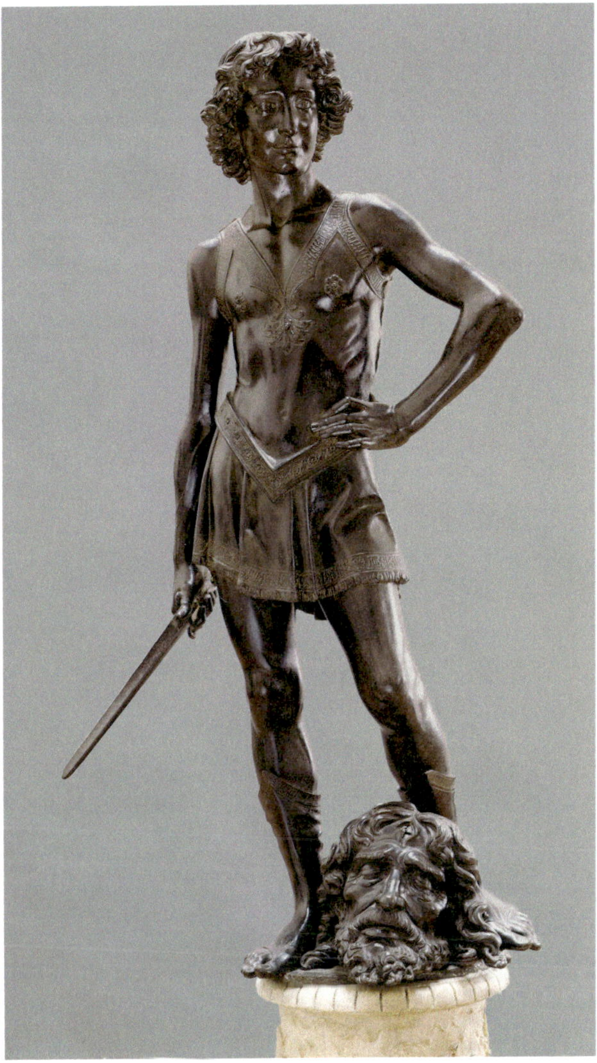

Tafel 3: Andrea del Verrocchio, David, Bargello, Florenz (125 cm)

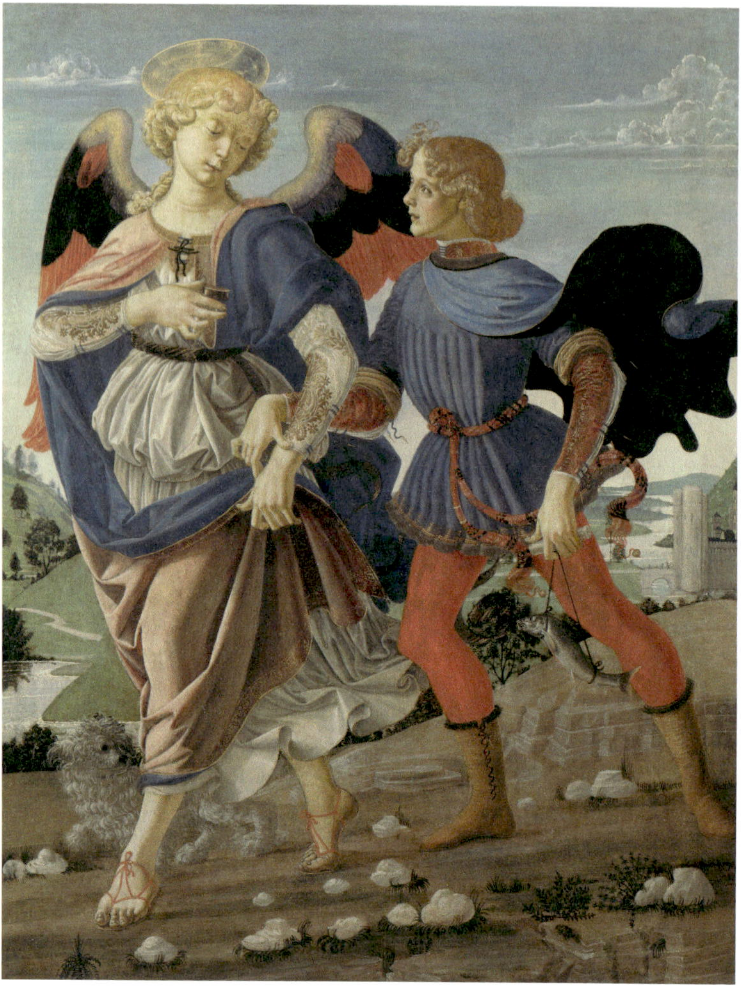

Tafel 4: Andrea del Verrocchio und Leonardo da Vinci,
Tobias und Raffael, National Gallery, London (84,4 × 66,2 cm)

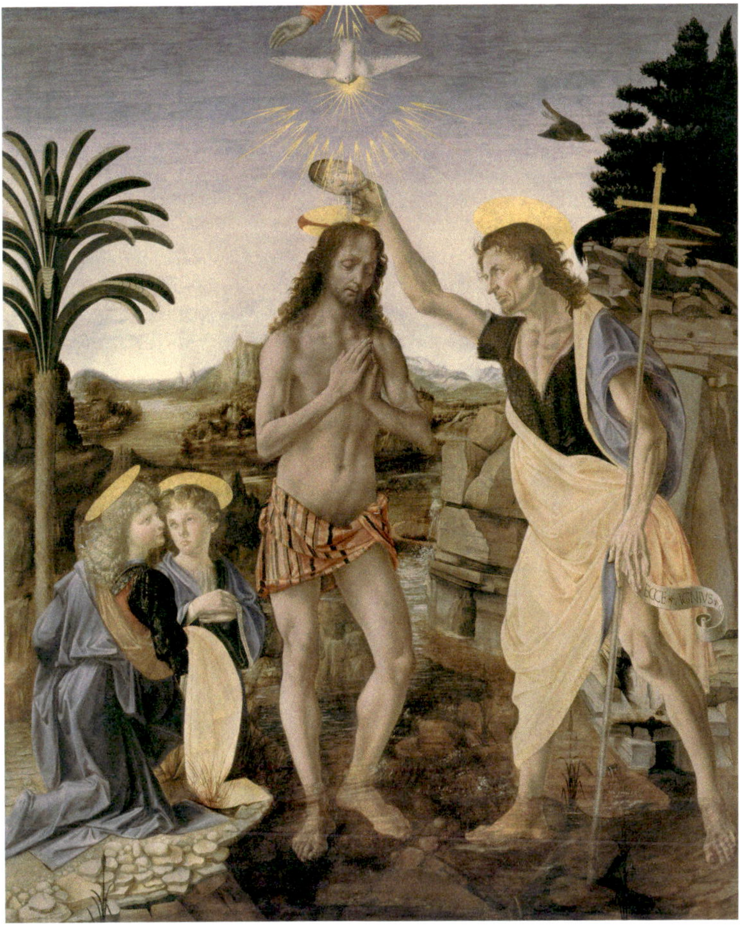

Tafel 5: Andrea del Verrocchio und Leonardo da Vinci, Taufe Christi, Uffizien, Florenz (180 × 151,3 cm)

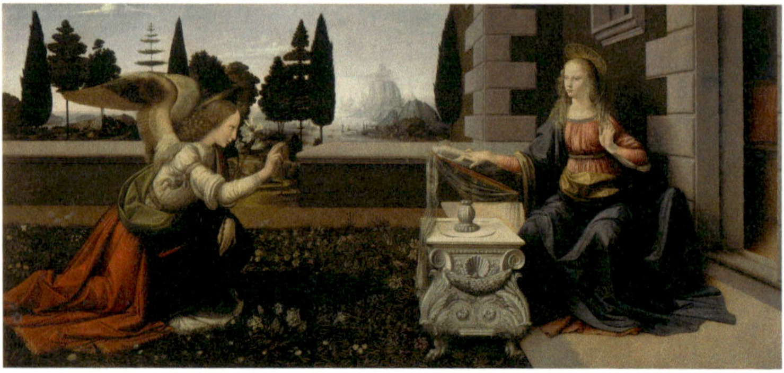

Tafel 6: Leonardo da Vinci, Verkündigung,
Uffizien, Florenz (100 × 221,5 cm)

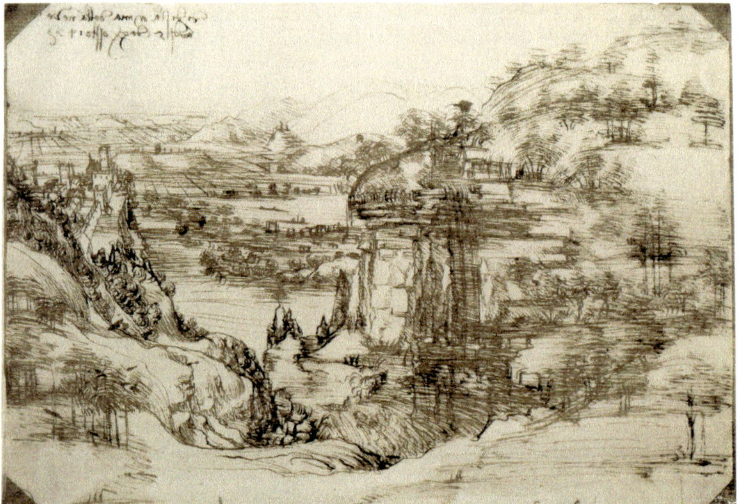

Tafel 7: Leonardo da Vinci, Landschaftsstudie,
Uffizien, Florenz (19 × 28,5 cm)

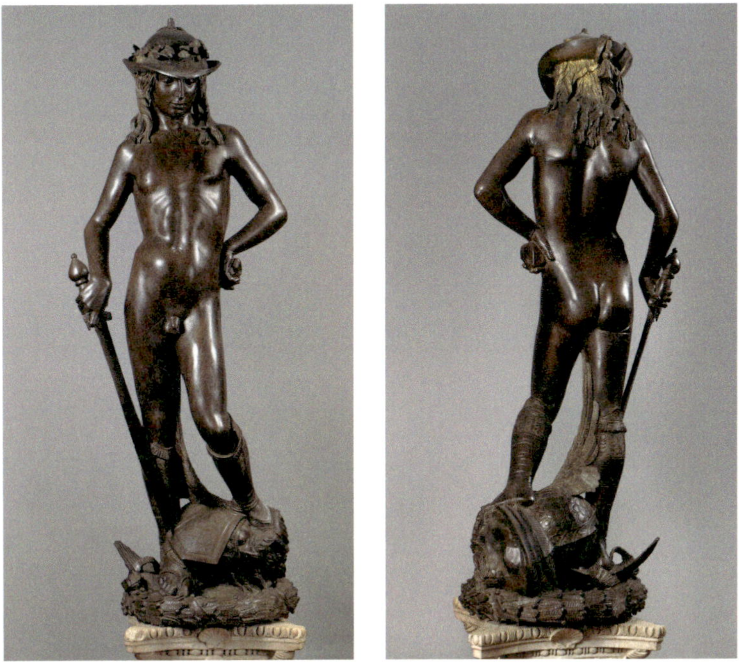

Tafel 8: Donatello, David, Bargello, Florenz (158 cm)

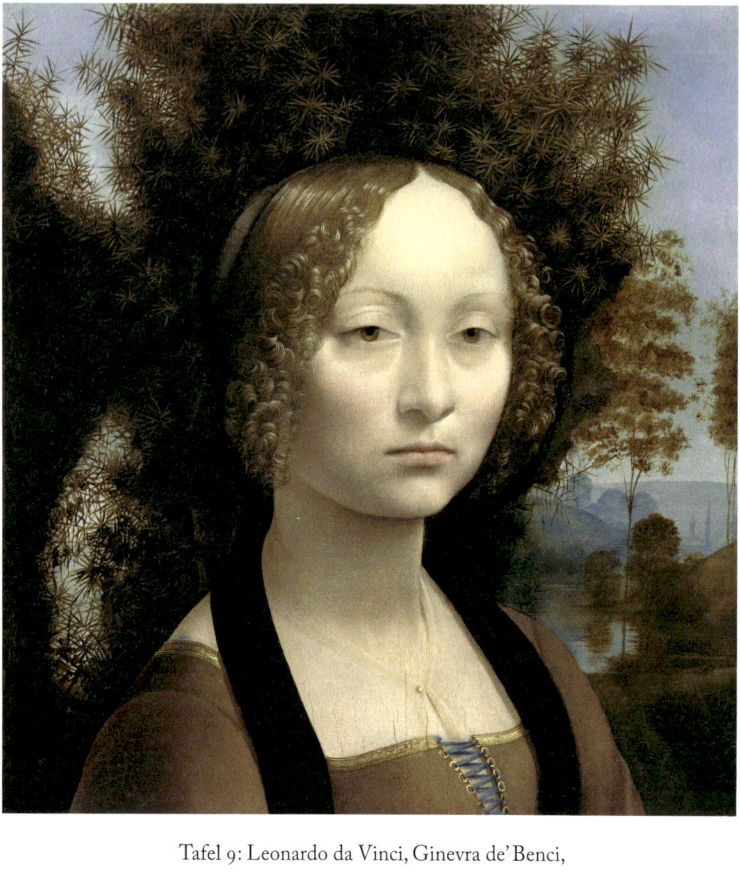

Tafel 9: Leonardo da Vinci, Ginevra de' Benci,
National Gallery of Art, Washington (38,8 × 36,7 cm)

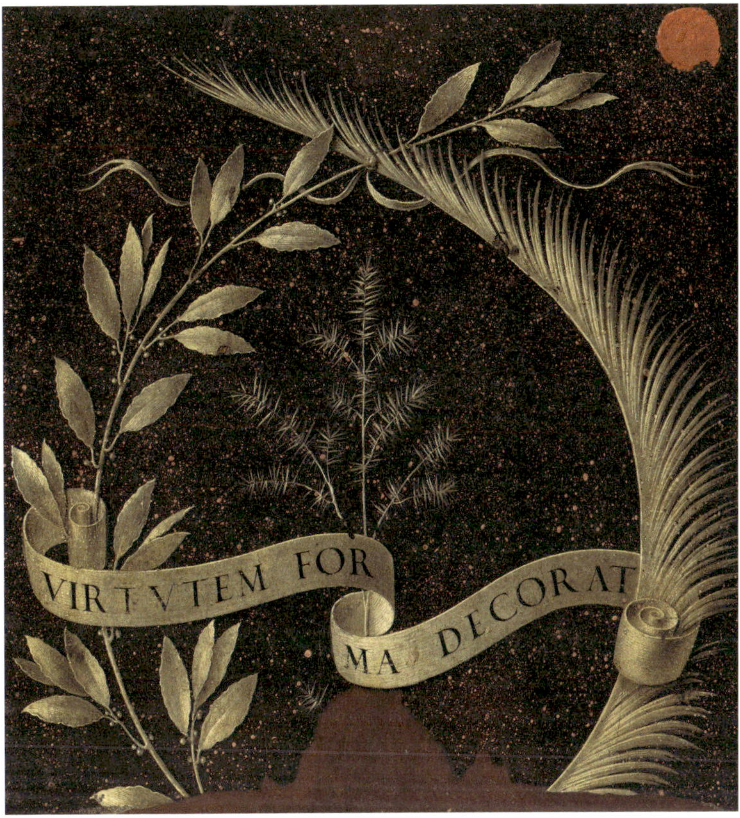

Tafel 10: Leonardo da Vinci, Ginevra de' Benci (Rückseite), National Gallery of Art, Washington (38,8 × 36,7 cm)

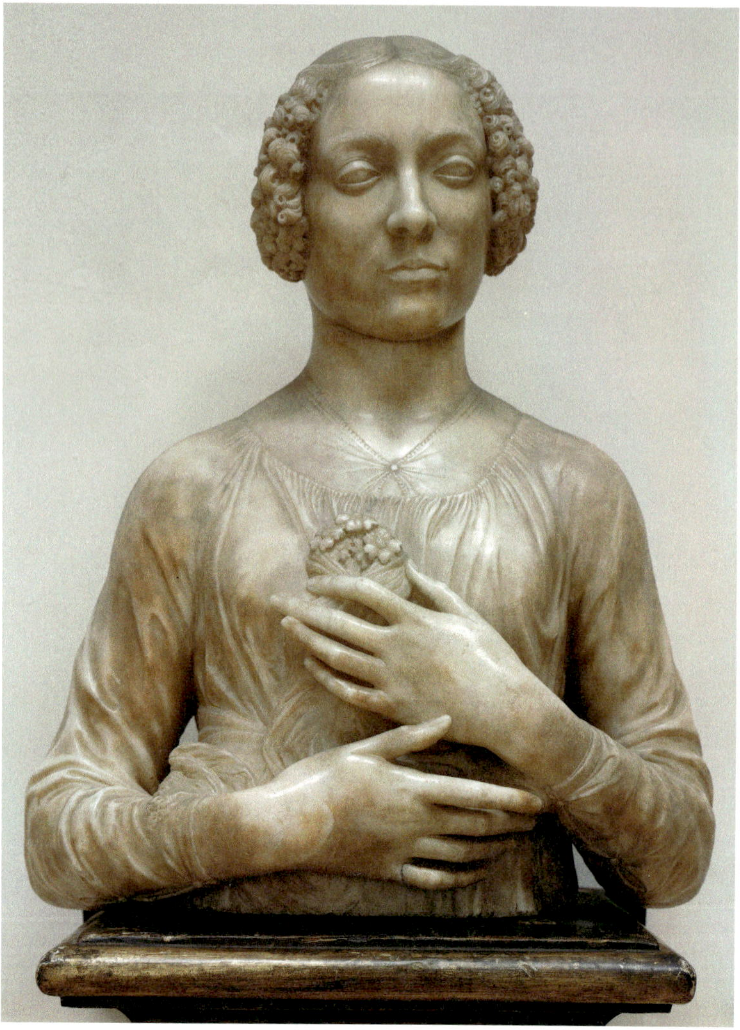

Tafel 11: Andrea del Verrocchio, Dame mit Blumenstrauß, Bargello, Florenz (60 × 48 × 25 cm)

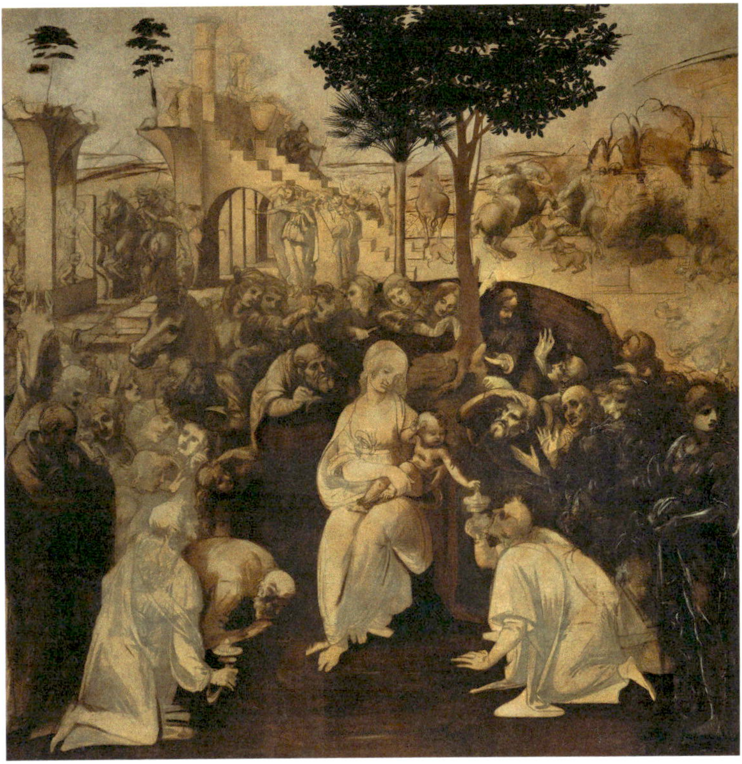

Tafel 12: Leonardo da Vinci, Anbetung der Könige,
Uffizien, Florenz (243 × 246 cm)

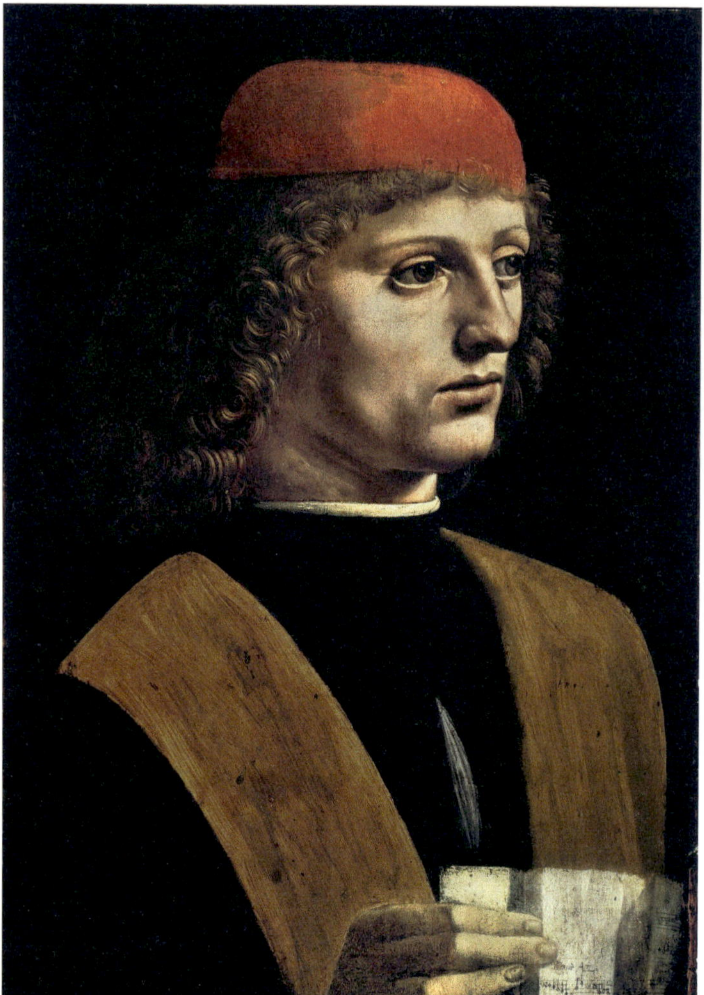

Tafel 13: Leonardo da Vinci und/oder Schüler, Porträt eines Musikers, Pinacoteca Ambrosiana, Mailand (44,7 × 32 cm)

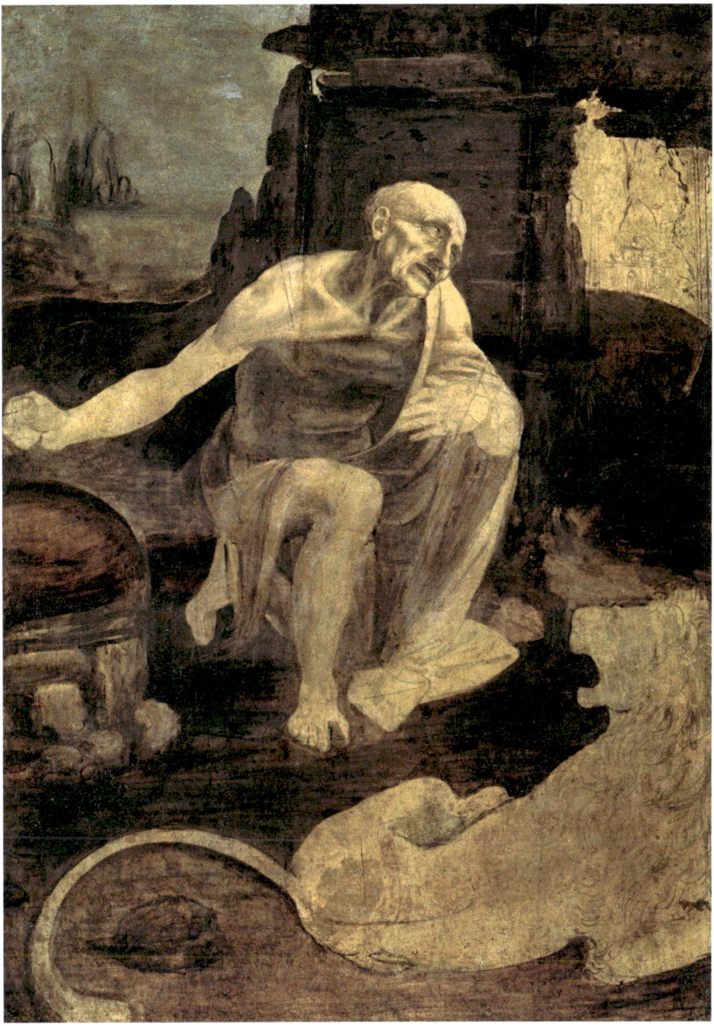

Tafel 14: Leonardo da Vinci, Der heilige Hieronymus,
Pinacoteca Vaticana (102 × 73,5 cm)

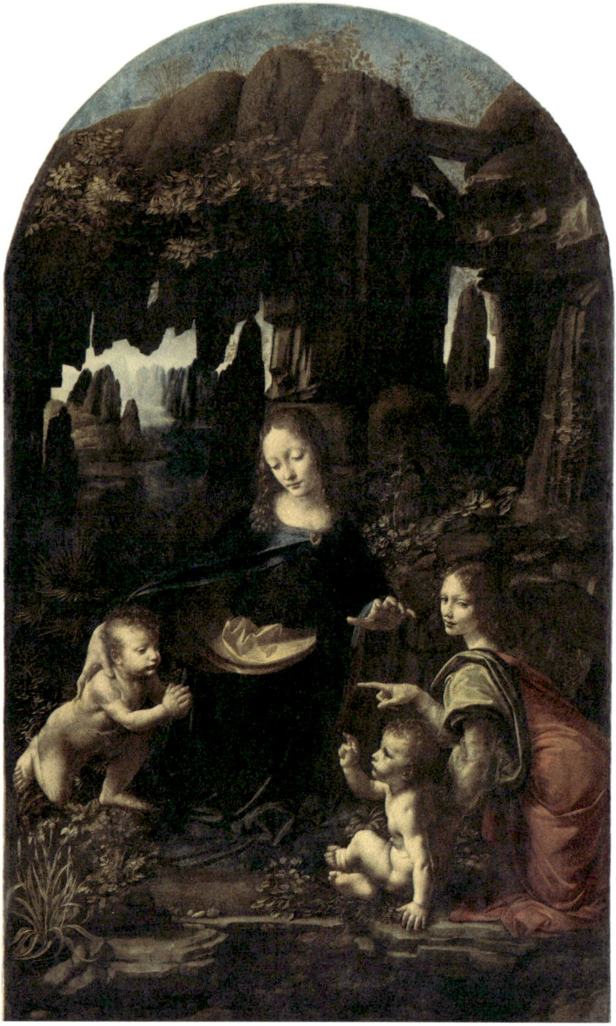

Tafel 15: Leonardo da Vinci, Felsgrottenmadonna,
Louvre, Paris (197,3 × 120 cm)

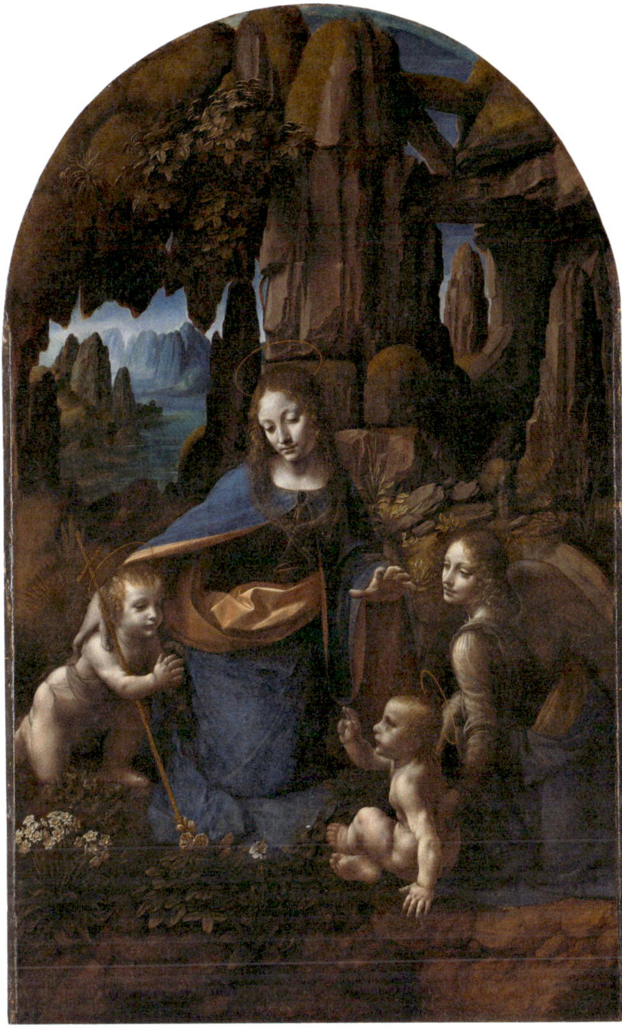

Tafel 16: Leonardo da Vinci und Werkstatt de Predis, Felsgrottenmadonna, National Gallery, London (189,5 × 120 cm)

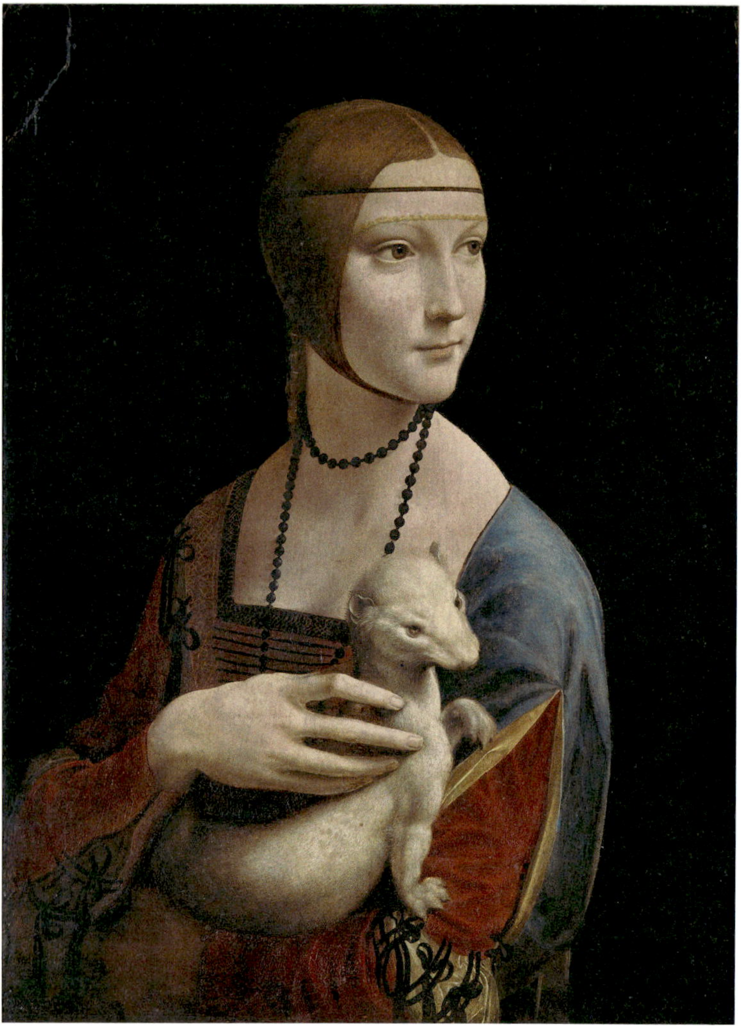

Tafel 17: Leonardo da Vinci, Cecilia Gallerani,
Muzeum Czartoryskich, Krakau (55 × 40,5 cm)

Leonardo schwebt Größeres vor. Kleine formale Abweichungen von der Norm genügen ihm nicht, er will nach seinen eigenen Regeln spielen. Nur so kann er gemeinsam mit seinem Modell etwas gänzlich Neues kreieren.

Vielleicht trifft sich Leonardo mit Ginevra in den frühen Siebzigerjahren des 15. Jahrhunderts in einem der teuer ausstaffierten Räume des Palazzo Benci und zeichnet sie zunächst. Sie wendet ihm ihr ebenmäßiges, rundliches Gesicht mit der hohen Stirn zu, aber da ist noch etwas anderes, das Leonardo wahrnimmt, wie sich im fertigen Gemälde zeigen wird. Kein Lächeln, keine Lust, sich dem Künstler gänzlich zu offenbaren. Aus warmen, braunen Augen blickt die junge Frau ins Leben und schaut zugleich in sich hinein. Es wirkt, als müsse sie ihre Außen- und ihre Innenwelt permanent miteinander abgleichen, um sich nicht in der einen oder der anderen zu verlieren. Das zarte, rotwangige Mädchengesicht umweht ein Hauch von Melancholie. Es ist die Melancholie einer Denkerin.

Leonardo ist nur fünf Jahre älter als Ginevra, und je länger er sie anschaut, desto stärker mag er wohl eine Seelenverwandtschaft mit der sensiblen, in sich versunkenen jungen Frau erkennen. Offenbar macht er sich Gedanken, wie er ihre Aura einfangen kann, ihre Mischung aus Entschiedenheit und Zerbrechlichkeit, wie er das Unwiderstehliche ihrer Schönheit zeigen kann, ohne ihre zurückhaltende Eigenart zu verraten. Physische und psychische Energien müssen einander im Bildnis entsprechen, davon ist er überzeugt. Eine gemalte Figur solle »die Leidenschaft ihrer Seele« ausdrücken, schreibt Leonardo, nur dann sei sie gelungen.[20] Das Bildnis der Ginevra de' Benci ist das erste, an dem er diese Idee verwirklicht.

Er arbeitet hart. Obwohl es nur ein kleines Porträt ist, zeichnet er einen Karton, eine maßstabgerechte Vorlage.[21] Mit einer Nadel löchert er die Linien der Vorzeichnung. So kann er mit Kohle oder anderem dunklen Pulver das Gesicht auf die grundierte Tafel aus Pappelholz übertragen und dann dort die Punkte miteinander verbinden.

Besonders sorgfältig bereitet er die Augen vor, sie werden das Zentrum seiner Komposition. (Abb. 15) Feine Striche deuten die Lider an und auch die Tränenkanäle. Nun beginnt er mit den Untermalungen und ist nicht sofort zufrieden. Es ist nicht leicht, Ginevras zurückhaltenden Blick einzufangen. Er muss die Iris des linken Auges noch einmal neu anlegen, mittiger, damit die Figur auch wirklich Richtung Betrachter schaut, auch wenn sie ihn nicht fixiert.[22]

Im Gemälde beleuchtet Leonardo den blassen Teint Ginevras und auch ihre sorgfältig gelegten und geölten dunkelblonden Locken, die dem Gesicht Halt geben. Sie lassen schon die energiereichen Wellen- und Windstudien des späteren Meisters erahnen. (Abb. 29) Am Hinterkopf hält ein schmuckloses Tuch das Haar lose zusammen. Unverschämt schlicht mutet das an, angesichts des Kopfputzes, den Florentinerinnen normalerweise in ihren Porträts zur Schau stellen. Auch das Kleid hält Leonardo so simpel, als wäre hier eine Handwerkertochter zu sehen und nicht ein Spross aus einer der reichsten Familien der Stadt. Ginevra trägt eine *gamurra*, ein auf der Brust geschnürtes bräunliches Wollkleid, wie es Frauen im Haus anziehen, wenn kein Fremder sie sieht.[23]

Nur eine schmale goldversetzte Borte ziert den Ausschnitt über dem beinahe transparenten Unterhemd. Über ihre Schultern fällt ein dunkler Schal. Es fehlen die aufwändigen, angebundenen Oberärmel, wie sie in weiblichen Profilbildnissen bisher oft in den Vordergrund rückten. Leonardo und seinem Modell geht es nicht um Statussymbole, sondern um innere Werte, die für einen Moment weit nach außen treten.

Und wie weit. In noch einer Hinsicht revolutioniert Leonardo das Bild der Frau: Er entführt die Dichterin aus den geschlossenen Räumen weiblicher Beschränkung und platziert sie mitten in eine Landschaft. Ob er auch diese Idee von flämischen Vorbildern abgeschaut haben kann, ist ungewiss. Vielleicht denkt der Maler an seine eigenen so schönen wie freien Marien (oder die Abfolge der Bilder

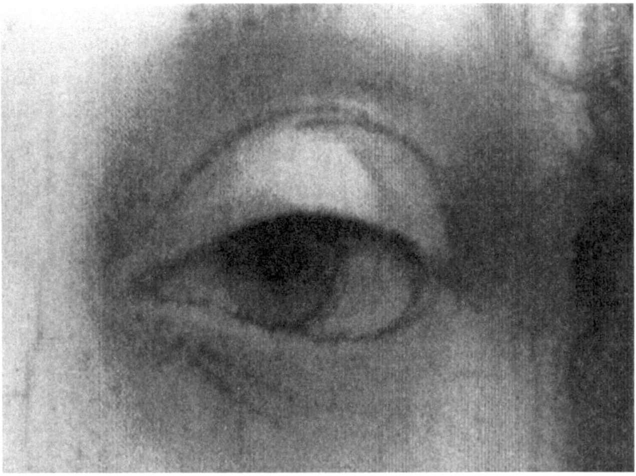

Abb. 15: Leonardo da Vinci, Infrarotreflektografie vom rechten Auge der Ginevra de' Benci, National Gallery of Art, Washington

ist andersherum, und er malt erst Ginevra, und sie inspiriert seine späteren Bilder der Muttergottes). Die »Madonna mit der Nelke« (Tafel 1) spürt die warme Bergsonne im Nacken; der jungen Maria der »Verkündigung« (Tafel 6) erzählt der Engel auf offener Terrasse von ihrer Schwangerschaft: Leonardos Frauen brauchen das Licht und die Luft, sie sind Kinder Gottes, Verwandte der Natur, und ihre ganze Weiblichkeit entfaltet sich erst im Freien. Jedenfalls aus Sicht des Künstlers, der Mikro- und Makrokosmos, den Menschen und das Weltganze nur zusammen denken kann.[24]

Leonardos »Ginevra« befindet sich in einer frühmorgendlichen Seenlandschaft. Büsche spiegeln sich im Wasser, die nahen Bäume scheinen die Kirchtürme der Zivilisation am Horizont zu überragen. An manchen Stellen des Gemäldehintergrundes wird Leonardo beim Malen übermütig. Die Ölmalerei ist noch neu für ihn, und es langweilt ihn, die Farbe nur mit dem Pinsel aufzutragen. Eigentlich legt er Wert darauf, sich und sein Atelier beim Arbeiten nicht schmutzig zu machen, schließlich möchte er in jedem Moment elegant wie ein Edelmann wirken und nicht staubig wie ein Bäcker.[25] Nun aber greift er beherzt in die klebrigen, ölig duftenden Pasten und presst sie mit bloßen Fingern und dem Handballen auf das grundierte Holz.

Leonardo ist überwiegend Linkshänder. Doch die Farbe verstreicht er hier mit seiner bloßen rechten Hand. Dies ist kein bedächtiger Akt des Entwerfens und Denkens, es ist die pure Freude an der unmittelbaren Leuchtkraft des schmierigen Breis auf dem grundierten Holz. Die Abdrücke seiner Hände sind bis heute im Bildnis der Ginevra erkennbar.[26]

So urwüchsig die Landschaft wirkt: Ginevra ist ihr nicht ausgesetzt. Ihren Oberkörper und Kopf hinterfängt ein wehrhaftes Gewächs. In den Himmel streckt sich ein dicker, stacheliger Wacholderbusch; einst schimmerte er dunkelgrün, jede Nadel war zu erkennen. Erst im Laufe späterer Jahrhunderte dunkelt er nach zu einer beinahe opaken düsteren Masse, von der sich Ginevras blasses Gesicht nun kontrastreich abhebt. Ursprünglich aber bildeten Mensch und Busch eine organische Einheit. Im unteren Teil ist die Holztafel nach Leonardos Tod beschnitten worden, Oberbauch und Hände der Figur sind deshalb verloren gegangen. Sollte Ginevra – wie es ein Vergleich mit einer Händestudie Leonardos nahelegt – sich auf dem Bild einst einen Zweig, womöglich von Wacholder, an den Leib gepresst haben, so wäre die Beziehung von Frau und Flora noch intensiver, als sie heute erscheint.[27] (Abb. 16)

Wacholder? Kein Lorbeer, das immergrüne Kraut, das Petrarca einst besang, Krone der Cäsaren wie Poeten? Nein. Lorbeer gehört den Herren Großschriftstellern, bringt ihnen und ihrer Kunst unsterblichen Ruhm.[28] Auf dem Bild aber gehen zwei andere einen Pakt ein: Ginevra de' Benci, eine Frau, die aus der Rolle fällt, weil sie selbst dichten und nicht nur wie einst Laura von Petrarca besungen sein will. Eine Persönlichkeit von eigenem Recht und eigenem

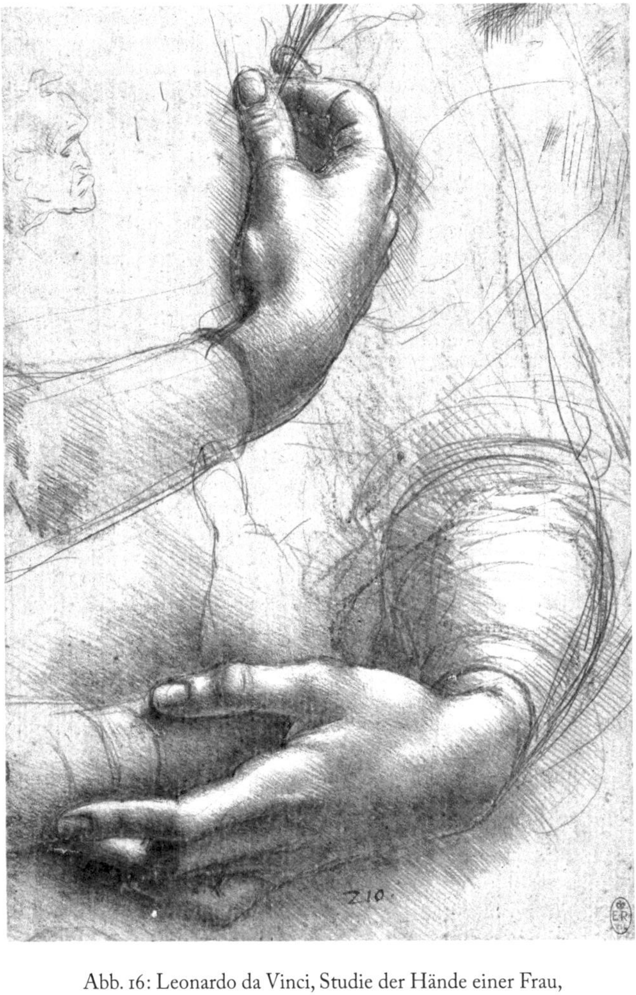

Abb. 16: Leonardo da Vinci, Studie der Hände einer Frau, Royal Collection, Windsor

Namen, kenntlich gemacht in ihrem Bildnis: Ginevra kommt von *ginepro*, dem italienischen Wort für Wacholder. Ihr Verbündeter ist Leonardo da Vinci, der die Malerei als neue Leitwissenschaft etablieren will und für die noch immer den Ton angebenden Dichterfürsten nur Hohn übrig hat. Lorbeer, spottet der Künstler einmal, schmecke manchem »gut zu Würstchen und gebratenen Drosseln«. Deshalb wohl habe Petrarca ihn so gemocht. Der Rest sei nichts als Geschwätz.[29]

Leonardo aber begnügt sich nicht mit Ironie. Der Autodidakt ohne höhere Bildung, der scharfzüngige Gelehrtenkritik liebt, will mehr: ein ernstzunehmendes Gegenbild schaffen zu Petrarcas ätherischer und immer auch ein bisschen unwirklicher Laura. Dazu verhilft ihm die junge Dichterin Ginevra, die ihr eigenes Leben lebt und schon damit den auf Deutungshoheit versessenen Männern des Wortes Paroli bietet. Beinahe rebellisch muss Ginevras stacheliger Eigensinn, ihre Präsenz auf Leonardo wirken.

Leonardos verweigerte Hommage an den schreibenden Übervater, ja, sein Widerstand gegen den Poeten sind deshalb so beachtlich, weil es ohne die Initiative eines Petrarca-Verehrers das Bildnis gar nicht gegeben hätte. Ginevra und Leonardo hätten wohl kaum zusammengefunden, hätte dies nicht ausgerechnet ein literaturkundiger Humanist in die Wege geleitet: Bernardo Bembo, Gesandter der Republik Venedig in Florenz. Offenkundig hat er das Porträt der Ginevra bei Leonardo da Vinci bestellt; sein persönliches Emblem findet sich in leicht abgewandelter Form auf der Rückseite des Gemäldes.[30] (Tafel 10) Bembo verehrt Ginevra als seine platonische Geliebte, so wie Petrarca der Laura huldigte, Lorenzo de' Medici der Lucrezia Donati und sein Bruder Giuliano der Simonetta Vespucci.[31]

Der braungelockte Venezianer mit den scharf geschnittenen Gesichtszügen und der kleinen Kuhle am Kinn hat in Padua Jura und Philosophie studiert. (Abb. 17).[32] 1433 geboren, gehört er einer Ge-

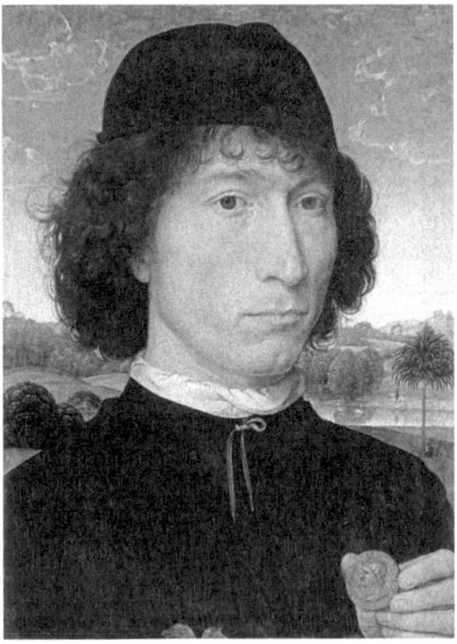

Abb. 17: Hans Memling, Porträt (Bernardo Bembo?), Koninklijk Museum voor Schone Kunsten, Antwerpen

neration von Adeligen an, für die Bildung und Diplomatie, Dicht- und Staatskunst Hand in Hand gehen. Bernardo ist einer der Strippenzieher der finanzstarken, aber auch mit ihrem Hinterland noch übersichtlichen Lagunenrepublik. Für ihr Überleben ist sie darauf angewiesen, sich mit den europäischen Großmächten zu arrangieren. Ihre Handelskraft, ihre politische Souveränität und auch ihre Eleganz neiden der Serenissima viele. So ungern sich die Venezianer in ihre Angelegenheiten hereinreden lassen, so sehr sind sie bedacht, immer wieder neue politische Partner zu finden und zu halten. Bernardo gelingt dies besonders gut; seine Heimat hat er schon in Kastilien und am burgundischen Hof vertreten, wo er einen komplizierten Bündnisvertrag ausgehandelt hat. Der Gelehrte versteht sich darauf, an gemeinsame Werte zu appellieren, an das griechische und römische Erbe, an die Schriften der Alten, an die hehre neue Zeit, die nun anbricht. Er ist immer auch als Kulturbotschafter unterwegs, und er weiß, seine Gesprächspartner mit Humor und rhetorischem Talent, gut geschnittener Kleidung und einem so liebenswürdigen wie beharrlichen Auftreten zu betören. Und er liebt es, wo er gerade ist, intellektuelle Inspirationen aufzusaugen. Einmal reiste er bis nach Avignon, um dem Geist Petrarcas in dem südfranzösischen Städtchen nachzuspüren, und meinte in einem Kirchenfresko ein Bild der von dem Poeten verehrten Laura entdeckt zu haben.[33]

Im November 1474 gelang es Lorenzo de' Medici, mit Mailand und Venedig ein Dreierbündnis zu bilden, das der mittelitalienischen Expansionspolitik des Papstes Sixtus IV. entgegentreten sollte. Zwei Monate später schließt Bernardo Bembo das Wassertor seiner venezianischen Casa, atmet noch einmal die feuchte winterliche Luft über dem Canal Grande ein und verlässt die Stadt. Mit seiner Gattin, einer Patrizierin, und ihren beiden kleinen Kindern Pietro und Carlo macht er sich auf den Weg nach Florenz. Er kommt gerade rechtzeitig an, um Giuliano de' Medicis Auftritt auf der *giostra*, dem Reitturnier, mitzuerleben. Bernardo steht in der Menge auf der Piazza Santa Croce und staunt – wie wohl auch der junge Leonardo da Vinci, den er wenig später mit dem Bildnis Ginevras beauftragen wird. Der Glanz, der Prunk, das viele Geld können Bernardo Bembo kaum beeindrucken; Venedig kennt feinere Gewänder, überwältigendere Auftritte als diese mit Juwelen überschütteten Pferdedecken und Helme.

Die Beiträge der Künstler aber verwirren den Venezianer. Worum geht es auf diesen Turnierfahnen und Bannern im Medici-Gefolge? Wieso ist der kleine Amor gefesselt und schaut betreten auf den Boden? Warum fuchtelt diese schauderhafte Göttin Minerva mit ihrer Lanze über dem Haupt des verschreckten Knaben herum? Wie sind solche komplizierten Bildfindungen zu deuten? Bembo ist ratlos.[34] All sein Wissen hilft ihm nicht angesichts der einigermaßen lustfeindlichen neuplatonischen Privatmythologie, die Sandro Botticelli und seine Kollegen hier für die Medici inszenieren. (Leonardos und Verrocchios Gegenprojekt, die Fahne mit der schönen liegenden Nymphe, kommentiert Bembo nicht, vielleicht, weil sie sich in ihrer freizügigeren Sinnlichkeit selbst erklärt, Abb. 9). Weil er nicht weiterweiß, wendet sich Bembo an die Denker aus dem

Medicikreis, die den Künstlern dieses Sieg-und-Ehre-Programm eingeredet haben. Die Antwort bekommt er schriftlich von einem der Ficino-Anhänger: Den gefesselten Amor und die kampfeslustige Minerva würden die einen eben so, die anderen anders deuten. Das sei doch gerade das Großartige an moderner Kunst, sie lasse verschiedene Interpretationen zu: »Solcherart ist das schönste aller gemalten Bilder.«[35]

Das schönste aller gemalten Bilder? Das ist zu diesem Zeitpunkt noch gar nicht geschaffen, mag sich der Ankömmling denken. Und er nimmt die Herausforderung an. Die Frauenverehrung, nach der die Florentiner so verrückt sind, reizt auch ihn, den eifrigen Leser der Schriften Dantes und Petrarcas. Ein strenger Platoniker wird er deshalb noch lange nicht.[36] Das geht alles auch ohne so viel Selbstgeißelung, ohne einen gerupften Liebesgott, ohne Lanzen und Rüstungen.

Nicht martialisch soll Bembos Aufenthalt in Florenz werden; sein Anliegen ist nicht der Krieg, sondern die Völkerverständigung. Und wie ließe sich der Flirt der beiden Republiken besser feiern, als wenn der Gesandte Venedigs und Freund Lorenzo de' Medicis in aller Öffentlichkeit einer würdigen, so schönen wie keuschen Florentinerin aus bester Familie verfiele – und es zu ihren Ehren Gedichte und ein Bildnis gäbe? Nicht protzend wie die florentinischen Staatenlenker, sondern mit norditalienischer *sprezzatura*, zur Schau getragener, scheinbarer Leichtigkeit wird Bembo herbeitänzeln.[37] Den auf ihre Literatur so stolzen Toskanern will der Venezianer vorführen, wie das geht: gelebte Poesie.

Vielleicht lernt Bernardo Ginevra eines Tages auf einem der Feste im Medicipalast kennen. Vielleicht sichtet er alte Handschriften im Bencipalast, oder seine neuen Philosophenfreunde erzählen ihm von der vierzehn Jahre jüngeren Poetin, schließlich war Ginevras Vater ein Förderer des Platonikers Marsilio Ficino. Bernardo Bembo erkennt: Ginevra de' Benci ist die perfekte Wahl. Sie übertrifft nicht nur die von den Medicibrüdern verehrten Damen Lucrezia Donati und Simonetta Vespucci, sondern sie übertrumpft Petrarcas Laura selbst. Denn diese Frau ist nicht nur bezaubernd, man kann sie nicht nur anschauen, anbeten, ansingen. Man kann sie auch anhören. Petrarca schuf Weltliteratur im Monolog. Um wie viel raffinierter wird das platonische Liebesspiel sich erst gestalten, wie viel größer wird der Ruhm eines Mannes sein, wenn er seine Laura zum Sprechen bringt? Und Antworten sind zu erwarten von einer Frau, die so belesen und begabt ist wie Ginevra de' Benci. Das, was dem großen Literaten verwehrt blieb, ein emotionaler und gedanklicher Austausch, erscheint plötzlich als reale Möglichkeit am Horizont.

Bernardo wirbt um die jung verheiratete Ginevra, erklärt sich für verliebt, und er lässt keinen Zweifel daran, dass seine Absichten anständig sind, er keine Mätresse sucht (die hat er schon) und auch ihrer beider Ehen nicht in Gefahr sind. Man lässt ihn gewähren, feiert ihn sogar für seine Passion. Durch die Schauspiele der Medicibrüder haben die Florentiner das Ritual der Lauraliebe seit Jahren eingeübt. Obwohl sie besessen sind von der Keuschheit der Frauen (und diese damit indirekt ständig infrage stellen), empört sich niemand, wenn ein ausländischer Botschafter seine Liebe zu einer jungen Politikergattin zelebriert und dies Stadtgespräch ist. Wie schon bei den Liebeleien der Medici gibt es auch dieses Mal kein Anzeichen dafür, dass der Ehemann der Umworbenen, Luigi Niccolini, Anstoß an dem literarischen Spiel nimmt.

Schließlich ist es eine Ehre, von Bernardo Bembo erwählt zu werden. Das beteuern jedenfalls lauthals die Dichter aus dem Medicikreis, die sich bald um den venezianischen Humanisten scharen. Bernardo lädt sie zum Gastmahl, diskutiert mit ihnen über die Unsterblichkeit der Seele, liest ihre Schriften. Sie revanchieren sich mit Lobliedern auf Ginevra und Bernardo. »Er hat sie gesehen, und die Flamme ist in sein Innerstes eingedrungen. Und ein schreckliches Zittern hat seine harten Knochen durchzogen.«[38] Glücklich schätzt sich Ginevra, ergänzt der Autor, der Poet Cristoforo Landino, denn, lieber Bernardo Bembo: »Du bist jung an Jahren, da ist Kraft in deinem gut aussehenden Leib / und du verbindest schicklich Scherze mit Würde«.[39] Es folgt eine Liste der Ehrungen und Verdienste, die der Staatsmann und seine Familie erworben haben, ein Lob seiner Weltläufigkeit, Eleganz, Klugheit, seines Charmes. »Bald ist Ginevra von diesen Dingen leicht bewegt / (denn sie trägt keinen harten Stein in ihrer menschlichen Brust) / bald ist sie begierig, zum Zeichen der ewigen Liebe gemacht zu werden.«[40] Ja, nicht nur das, sie wolle am liebsten ihren Namen ändern und zu einer »Bemba« werden, behauptet der Autor.

Das klingt nun nicht mehr nach Petrarca, der sich einst einem scheinbar unerweichlichen Herzen gegenübersah und sich notgedrungen damit abfand. Die Zeiten sind andere. Nun wird, mit etwas Glück, zurückgeliebt.

»Kein anderes Mädchen wird in der ganzen Stadt als schöner angesehen / und keine andere als größer in ihrer Keuschheit. / Wer könnte also verdientermaßen deine Liebe tadeln?«, rechtfertigt der Autor Alessandro Braccesi seinen Freund Bembo und überrascht ihn mit einem Blumengruß. Er habe beobachtet, wie Ginevra Veilchen pflückte und an ihren Busen drückte. Als sie Braccesi sah, habe sie absichtlich den Strauß fallen lassen und sei gegangen – auf dass er ihn aufhebe und Bembo zukommen lasse.[41]

Solche Neckereien hätte Laura, eine Frau des 14. Jahrhunderts, sich nur mit Mühe erlauben können. Damals aber war ihr Sänger Petrarca der Erste, der seinem Herzen voller Gefühlswallungen derart freien Lauf ließ. In der unerreichbaren Liebe fand der Mann sprachlich, emotional und intellektuell zu sich selbst. Jetzt aber, im späten 15. Jahrhundert, erklingen die petrarkistische Frauenverehrung und die Anklagen gegen die angeblich so hartherzigen Weiber in Endlosschleife.[42] Es ist an der Zeit, einen Schritt weiter zu gehen.

Landino sagt über Ginevra: »Warum stieß die knappe und glückliche Sprache Petrarcas nicht / auf eine solche Göttin zur rechten Zeit / Denn in ihrer Schönheit, Güte, Mäßigung / und ihren ehrwürdigen Sitten übertrifft sie Laura.«[43] Vor allem aber unterscheidet die neue Laura sich von der alten darin, dass sie sich auszudrücken versteht. Landino preist deshalb nicht nur Ginevras »Kraft ihres Talents«, er doziert auch: »Jeder Liebende / der durch Schönheit allein überwältigt wird, / strauchelt auf schlüpfrigem Grund mit unsicheren Schritten. / Aber wenn irgendeiner einen erhabenen Verstand liebt, eine scharfe / Intelligenz und ein Herz, angefüllt mit verschiedenen Vorzügen, / dann folgt er dem Schönen.«[44] Und Freund Braccesi malt sich aus, wie die Frau mit der scharfen Intelligenz und dem vorzüglichen Herzen weinen wird, wenn Bernardo endgültig nach Venedig zurückreisen muss. »Die Gesamtheit der oberen Götter« werde sie »anflehen, dass ihn ein beschwerlicher Weg hemmen möge.« Ja, sie werde »widrige Winde und schwere Stürme« herbeiwünschen, damit seine Abreise sich verzögere. Die Laura der neuen Zeit vermag zu fühlen, zu denken, zu handeln.[45]

Was hält Ginevra de' Benci von alldem? Ist etwas dran an dem Klatsch, erwidert sie in ihrem Herzen wirklich Bernardos zur Schau getragene Leidenschaft? Oder stört es sie, so verherrlicht, aber auch vereinnahmt zu werden nicht nur von einem Verehrer, sondern auch von seiner Fangemeinde? Genießt sie die für eine Frau ungewohnte Aufmerksamkeit – oder ist sie ihr unheimlich? Und Bernardo: Will er nur angeben, sich im Lichte einer neuen, noch vollkommeneren Laura sonnen – oder mag und respektiert er die junge Frau wirklich, in ihrer ganzen Persönlichkeit?

Im Florentiner Staatsarchiv liegen einige in geschwungener, altertümlicher Schrift eng bekritzelte Blätter. Erst im Jahr 2016 fand ein Forscher sie dort in einem Konvolut mit Texten aus Bernardo Bembos Umfeld.[46] Sie stammen offenbar aus der Zeit, als der Venezianer zum zweiten Mal in Florenz weilte, aus den Jahren 1479/1480. Inmitten des Stapels unsortierter Abschriften und Notizen findet sich ein von einem unbekannten Zeitgenossen abgeschriebener Gedichtwechsel, der gar nicht nach den Lobhudeleien der

Dichterfreunde Bembos klingt. Die Verse sind nicht auf Latein verfasst, sondern in *volgare*, dem jungen Italienisch, in der Sprache der Liebeslyrik also, in der zuvor auch Petrarca schrieb. Es treten auf: ein Verehrer, der sich an seine Freundin wendet. Und eine Ginevra, die ihm in zwei Gedichten antwortet. Vieles spricht dafür, dass es sich um die Abschrift von Sonetten aus den Liebesbriefen des platonischen Paars Bembo / Benci handelt. Wenn das stimmt, dann hat von dem Werk der Schriftstellerin Ginevra de' Benci doch mehr überlebt als nur die eine bisher bekannte Zeile.

Die Stimme der Bergtigerin erklingt. Und sie weiß, was sie will.

Der Mann lobt »meinen Wacholder«, gemeint ist Ginevra, die noch schöner sei, als Homer in seinen Versen die Helena malte. Das immergrüne Gewächs duftet, aber es ist von Natur aus auch wehrhaft, die Frau verbindet *durezza*, Härte, mit *gentilezza*, Freundlichkeit. Letztere wünscht er sich von »meiner Königin«. Er verlange nichts Unehrenhaftes. Ein demütiger Blick oder ein kleiner Wortwechsel genügten, um ihm Hoffnung zu spenden. Solche Gnade sei eine Süßigkeit für seine schwache Seele. Denn: »Ohne Dich wäre mir jede Freude nur ein großer Krieg.« Und, drängend: »Madonna, wenn Trost / von Euch nicht bald kommt / werdet Ihr mich tot auffinden / Dann schmerzt mich nichts mehr.«[47]

Einerseits erinnert das an Petrarca: der Schmerz des Mannes, die vermutete Härte der Frau. Andererseits scheint dieser Autor von seiner Verehrten mehr erwarten zu dürfen als einst sein Vorbild, dessen Kontakt mit Laura sich auf einen einzigen Blick in der Kirche von Avignon beschränkte.

Ginevra antwortet, und sie tut dies als Frau, also ohne eine literarische Vorlage, wie sie Bernardo als Mann in Petrarcas lyrischem Ich hat. Für ihre Haltung ihm gegenüber ist sie allein verantwortlich. Im ersten Gedicht zeigt sie sich zugänglich. »Ich weiß sehr gut, dass es wahr ist, dass Du mich ehrst«, beginnt sie. Seine Verse bereiteten ihr großes Vergnügen, »denn unsere Liebe ist keusch und würdig«.[48] Er stehe in der Gunst Jupiters und verstehe sich darauf, die Würde einer Frau zu wahren. Es gefalle ihr, wenn er so oft ihren Namen rufe, denn: »Es ist höhere Kraft und es ist Vernunft, die mich Dich lieben lässt.«[49]

Sie liebt ihn also auch, und sie glaubt ihm, dass er *sie* meint und nicht nur seinen eigenen Ruhm. Was sie besonders mag an ihm, ist sein Respekt vor ihren Grenzen, und sicherheitshalber, so als wolle sie dafür sorgen, dass er diese nicht vergisst, betont sie das gleich mehrmals. Ihre Liebe schiebt sie einerseits auf höhere Gewalt, Jupiter wird ins Spiel gebracht. Andererseits: Auch ihr Verstand entscheidet sich für diese Liebe, und dass sie einen hat, steht für sie gar nicht infrage. Unbeeindruckt scheint diese Autorin von jenen Denkern ihrer Zeit, die Frauen weder für liebes- noch für denkfähig halten.

Bernardo kann sich glücklich schätzen. Er hat eine Laura gesucht und eine Tigerin gefunden.

Das heißt aber auch: mit Widerspruch leben. Im zweiten Gedicht nimmt Ginevra sich den weinerlichen Verehrer zur Brust. »Was, mein Herr, nützt so viel Klage?«, konfrontiert die Autorin ihren Bewunderer mit ihrem Einspruch. »Dein großes Elend bereitet mir keine Freude.« Das muss einmal gesagt werden, schließlich wird den Lauradamen seit Petrarca unterstellt, das Leid der abgewiesenen Liebhaber käme ihnen gelegen. »Wenn Du Dich dem Schmerz hingibst und ich mich der Qual«, dann rät sie: »Ohne Mühe geht es nicht voran.« Und: »Die Liebe in meiner Brust wird nicht verglühen / aber die Tränen und der Schmerz sind uns wenig wert.« Den Tod hält sie nicht für erstrebenswert, also: »Denken wir an das allgemeine Wohl.« Wieder ist es an ihr, die Vernünftige zu sein.[50]

Der Gedichtwechsel mutet zarter, intimer an als die Lobhudeleien von Bernardos Dichterfreunden. Er ist vielleicht auch, aber eben nicht nur für die Halböffentlichkeit der Florentiner Salons bestimmt. Hier reden zwei Menschen mit- statt übereinander. Und sie reden dabei auch ein bisschen mit sich selbst. Sehnsucht flirrt durch die Zeilen, Glück flackert auf. Ärger darf sich Luft machen, Ängste bitten um Trost. Sprechend findet sich ein Umgang miteinander und mit der eigenen Seele.

Vielleicht wurden diese Verse des Paars von Leonardos Bildnis inspiriert, vielleicht entstanden sie auch zeitgleich oder sogar vorher. Klar aber ist: Nur ein so unkonventioneller Kopf wie Leonardo kann solcher Innigkeit gerecht werden und Bernardos geliebte Ginevra malen, so wie sie ist, im Moment ihres literarischen Spiels. Bernardo Bembo scheint dies zu ahnen, als er Leonardo auswählt. Eine Frau im Bild als bewundernswertes Individuum zu zeigen, und nicht wie üblich als vom Leben abstrahierte Traumfrau, das erfordert den Mut einer gesellschaftlichen Randfigur und die Überzeugung, dass die Realität noch interessanter ist als die Welt der Ideen und Ideale.[51]

Auch Petrarca besaß ein Bildnis seiner Laura, er lobte, Simone Martini habe es im Himmel gemalt. Zwei Sonette in seinem *Canzoniere* widmen sich diesem (nicht überlieferten) Bild. Petrarca ist bezaubert von dem Gemälde, er meint Laura persönlich vor sich zu sehen. Dann wird er tief enttäuscht. Denn er möchte, endlich, mit seiner Verehrten sprechen, möchte von dem Kunstwerk all das bekommen, was die reale Dame ihm verweigert. Es scheint, als könne die Schöne ihn anhören. Doch das Bild antwortet nicht, ihm fehlt, wonach Petrarca sich sehnt, »voce ed intellecto«, Stimme und Intellekt.[52]

Der Vorwurf hallt noch hundert Jahre nach Petrarcas Tod nach: Die Künstler tun zwar so, als könnten sie Leben schaffen, aber ihre stummen Bilder können nicht denken, zuhören und reden. Malerei ist in dieser Sicht Täuschung, die Literatur dagegen behauptet, wahrhaftig zu sein.

Das nagt an Leonardo da Vinci mehr als an anderen Malern. Der Mittzwanziger hat ein feines Gespür für Herabwürdigungen, und dies ist eine. Aber es ist auch eine Herausforderung. Er nimmt den Auftrag Bernardo Bembos, danach sieht es aus, schon deshalb sehr gerne an.[53]

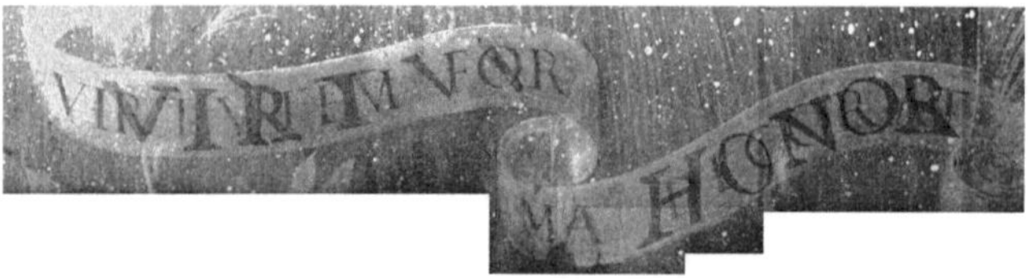

Abb. 18: Leonardo da Vinci, Infrarotreflektografie des Mottos auf der Rückseite der Ginevra de' Benci, National Gallery of Art, Washington

Wahrscheinlich ist es auch er selbst, der Bernardo Bembo zu Diensten ist, als der eine Idee für die Rückseite der Bildtafel hat. Zuerst lässt der Humanist dort sein Motto malen: *Virtu(s et) Honor*, Tugend und Ehre. (Abb. 18) Sein Emblem zeigt einen Palm- und einen Lorbeerzweig, die um die Worte einen Kreis bilden. Die Palme steht für Tugend, Lorbeer für die Ehre. So wird Bernardo künftig einige seiner Bücher und Manuskripte schmücken, und er findet später als Bürgermeister des venezianischen Ravenna nichts dabei, an Dantes Grab, das er aus symbolpolitischen Gründen restauriert, dieses persönliche Markenzeichen anbringen zu lassen. Der Kulturbotschafter ist immer auch Agent in eigener Sache.[54]

Jetzt aber geht es einmal nicht um ihn oder nur in zweiter Linie. Es geht um Ginevra. Eine Ehefrau und Dichterin, die respektiert werden will. Unangemessen erscheint ein solcher Besitzanspruch, wie es das Motto des Verehrers auf der Rückseite ihres Porträts wäre. Irgendjemand, vielleicht Leonardo oder ein Mitglied der Bencifamilie, weist Bernardo wohl darauf hin, dass er sich am Bildnis und mehr noch an der Abgebildeten vergreift, wenn er die Tafel derart vereinnahmt. Jedenfalls wird das Motto abgeändert und übermalt, nicht in Öl, sondern in der altmodischeren Temperamalerei. (Tafel 10) Immer noch bilden Palm- und Lorbeerzweig einen Kreis, doch in seiner Mitte prangt nun ein Wacholderzweig, Ginevras Zeichen. Und auf der Banderole, die ihn umschlingt, steht jetzt: *Virtutem forma decorat*. Schönheit schmückt die Tugend.[55] Das klingt nur noch ein bisschen nach Bernardo, vor allem aber nach der Devise einer gebildeten Frau.[56]

In der schönen Form eine schöne Seele zu zeigen und einen klugen Verstand dazu, das deckt sich mit Leonardos Ambitionen. Der Künstler schert sich wenig darum, Bembo und seinem Petrarcakult ein Denkmal zu setzen. Erst recht nicht auf der Vorderseite der Tafel. Sie ist ein Statement nicht nur über eine schöne und kluge Frau, sondern auch über die Schönheit und Klugheit der Malerei an sich. Seit der Antike gilt das Bild einer Frau als der Maßstab, was vollkommene Kunst ist. Leonardo spornt ein doppelter Ehrgeiz an: Er will die Malerei, die Wissenschaft vom Menschen, ins Leben treiben. Und er will die Herren Dichter vom Thron ihrer Überlegenheitsgefühle stürzen. Die Rivalität mit den Literaten motiviert ihn; zeitlebens kämpft er dafür, dass endlich die Malerei – und nicht mehr die Literatur – als das Leitmedium der Epoche anerkannt wird.

In seinen Notizbüchern entlädt Leonardo später seinen ganzen Furor gegen die Poeten. Ein Dichter könne Worte erfinden? Mag sein, aber ein Maler vermöge auszudrücken, was nicht in Worte zu fassen sei. Was der Dichter produziert, ist für Leonardo nichts als »ein Lügengebilde«, »ein Hirngespinst«.[57] Der Dichter müsse einen schönen Leib zerstückeln, um ihn zu beschreiben; Glied für Glied reihe er die Körperteile im Text hintereinander. Der Maler dagegen könne, wie auch die Natur, einen Menschen als Ganzes in einem einzigen Moment zur Anschauung bringen. Sein Kunstwerk habe »göttliche Harmonie«, meint der Künstler. Und fügt maliziös hinzu: »was den Betrachter so fesseln kann, daß er seine Freiheit verliert«.[58]

Und der Beweis? Sind Bilder schöner, liebenswerter Frauen. Leonardo erzählt, wie der ungarische König Matthias Corvin einen Maler und einen Dichter empfängt, die beide seine Geliebte gepriesen haben. Das Werk des Dichters schiebt sich der König ungelesen unter die Ellenbogen: Er wolle etwas zum Anschauen und Anfassen, nicht zum Anhören.[59] Das Bild dagegen berührt er und hält es sich glücklich vor die Augen.[60] So real, so verführerisch ist die Malerei einer schönen Frau!

Und nicht nur das. Seine Kunden, so behauptet Leonardo, liebkosen seine Frauenbilder und sprechen mit ihnen. Manch einer bringe ein Heiligenbild zurück in seine Werkstatt, damit der Maler den Heiligenschein entferne – dann lasse sich die abgebildete Dame nämlich noch ungenierter küssen und ansprechen. Und wer würde dagegen schon ein Gedicht küssen wollen? Derart mächtig sei die Malerei, sie könne den Betrachter nicht nur in das Bild einer lebendigen Frau verliebt machen, sondern auch in eine frei erfundene weibliche Figur.[61]

Es sind in Leonardos Sicht die schönen Frauen, die den Malern eine Macht über den Betrachter geben, so »daß er seine Freiheit verliert«. Wenn dieser Betrachter auch noch schreibender Humanist ist wie Bernardo Bembo, muss der Triumph des Malers besonders groß sein.[62] Und schließlich, hat Bernardo es nicht selbst so gewollt, genießt er nicht, so beteuern es seine Dichterfreunde, seine Hingabe an Ginevra, die ihm »sowohl eine Göttin als auch ein Geschenk der Götter« ist?[63] Leonardo verleiht seiner begehrenswerten Figur ein Eigenleben, wie es weder die Dichter noch sonst irgendjemand der Malerei je zugetraut hätte.

Nein, diese gemalte Frau ist niemandem zu Diensten. Sie umgibt sich mit ihrem eigenen Gewächs, dem stacheligen Wacholder. Sie zeigt sich dem Betrachter, versteckt sich nicht. Kurz bekommt er Einblick in die melancholische Versunkenheit der Denkerin, doch bis auf den tiefsten Grund ihrer Seelenlandschaft lässt sie nicht blicken.

Der Künstler liebt das Mysterium, und er gewährt es auch seiner Ginevra, der Frau, die, wie von Petrarca einst gefordert, über »voce et intellecto«, Stimme und Verstand, verfügt wie kaum eine profane Bildfigur zuvor. Mit ihrem charakteristischen runden Gesicht, den Locken, der feinadrigen Blässe scheint sie schon frühen Bewunderern wie lebendig zu sein.[64] Doch keinen Mann, keine Frau ihrer Zeit und späterer Jahrhunderte wird sie je ganz erhören. Die *bella donna* lebt in ihrer eigenen Welt hinter dem Rahmen, sie verführt, bindet den Zuschauer in verheißungsvoller Zweisamkeit, aber ergeben wird sie sich ihm nicht. Sie ist sein geliebtes Gegenüber – nicht die Fee, die all seine Wünsche erhört.

Leonardo hat von der Bergtigerin gelernt. Die Souveränität der schönen, klugen und naturverbundenen Dichterin trägt ihn zu seiner größten Erfindung: der Malerei als so selbstgewisser wie selbstbestimmter Kunst. Die innere und äußere Schönheit der Frau führt zur Schönheit einer neuen, eigenwilligen Malerei. Diese Verbindung tut beiden gut, der Kunst und den Frauen.

»Wenn Du Deinen eigenen Weg gehen willst, sei nicht als Frau geboren.«[65] Das schreibt im Jahr 1479 Lorenzo de' Medicis Schwester Nannina nach einem verlorenen Streit mit ihrem Mann an ihre Mutter. So resigniert dieser Satz klingt: Nannina de' Medici hat ihn formuliert und damit überhaupt erst einmal auf die Ungerechtigkeit der Geschlechterhierarchie aufmerksam gemacht. In dem Satz keimt ein Anspruch, die Vorstellung, dass es theoretisch auch anders sein könnte und Weiblichkeit einen »eigenen Weg« nicht ausschließen muss. Entgegen allen Konventionen ihrer Zeit treiben Leonardo da Vinci und Ginevra de' Benci in ihrem Gemälde diese Utopie voran, ermutigt durch das platonische Liebesspiel zwischen der jungen Dichterin und dem Humanisten Bembo, in dem Ginevra Stimme und Verstand erhebt. Und damit passiert das Unwahrscheinliche. Die Bergtigerin zeigt der Welt ihr Gesicht und ihren Kopf. Und Leonardo, ihr Maler, hat gleich seinem ersten profanen Bildnis so viel Herz und Geist gegeben, dass die Kunst fortan eine andere ist. Die Frauenemanzipation braucht noch ein halbes Jahrtausend. Die Emanzipation der Kunst aber vollzieht sich in diesem Moment.

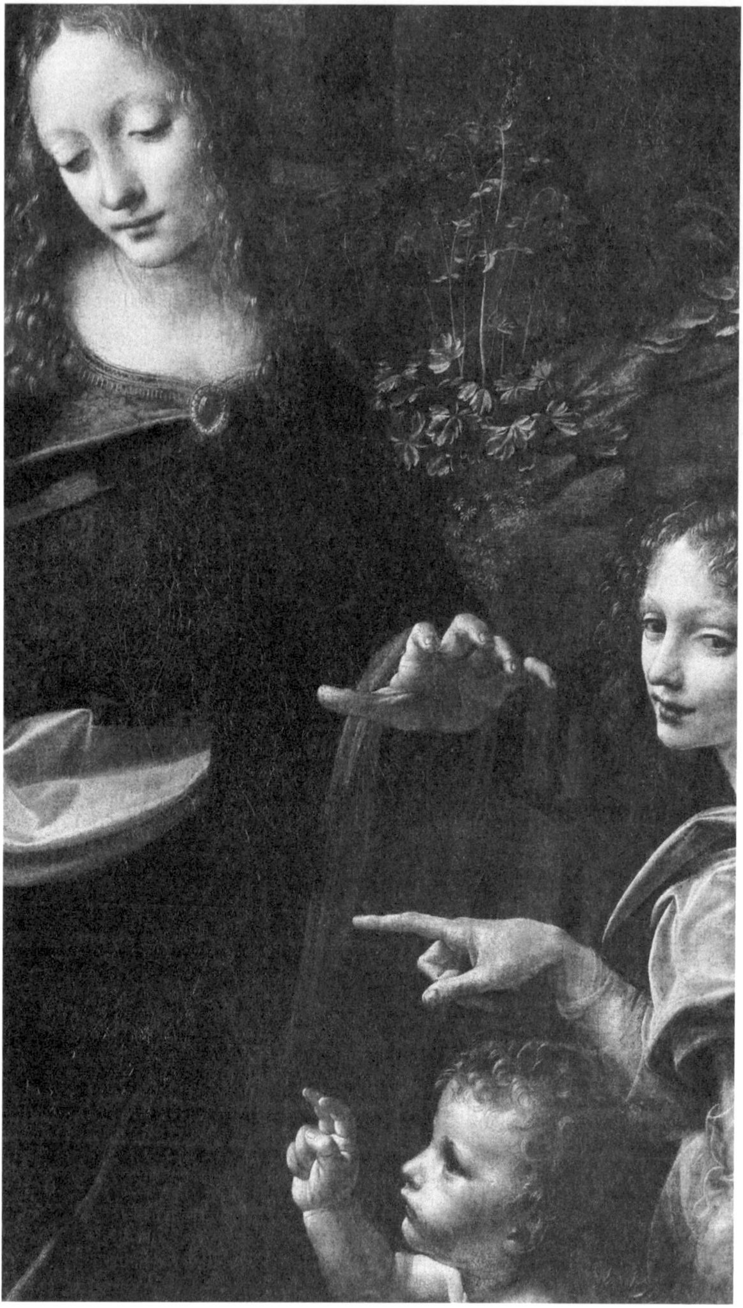

VI

MARIAS FREUND

Nein, der erste Künstler der Stadt ist Leonardo immer noch nicht. Das ist der omnipräsente Sandro Botticelli, der modern und mythologisch malt, ohne den Geschmack seiner Zeitgenossen allzu sehr zu brüskieren. Und: Leonardos Arbeiten sind öffentlich kaum sichtbar. Seine »Madonna mit der Nelke« (Tafel 1) ist bei den Medici in Privatbesitz, und das Bildnis der Ginevra (Tafel 9) bleibt nach Bernardo Bembos Abreise nach Venedig offenbar im Besitz der Bencifamilie. Leonardos bahnbrechende »Verkündigung« (Abb. 8) und dic »Taufe Christi« (Tafel 5), das frühe Gemeinschaftswerk mit Verrocchio, hängen in Klosterkirchen außerhalb der Stadt.[1]

Aber immerhin, langsam spricht sich Leonardos Talent herum. Im Atelier Verrocchios lebt und arbeitet inzwischen ein junger Maler, Lorenzo di Credi, der Leonardo verehrt und nachahmt. Dabei zeigt sich allerdings, dass er dessen Erfindungen nicht wirklich versteht. So kopiert er in einer Predella für einen Altar Leonardos »Verkündigung« (Abb. 19).[2] Doch di Credis Maria fühlt sich gar nicht wohl in ihrer Haut. Schüchtern senkt sie das Haupt und wagt es nicht, den Engel anzublicken. So ungewöhnlich sind Leonardos stolze Frauen, dass selbst ein Fan wie Lorenzo di Credi ihre aufrechte Haltung nicht übernimmt, sondern unwillkürlich wieder in das althergebrachte Schema weiblicher Demut verfällt.

Nichtsdestotrotz: In dem Jüngeren einen Quasi-Schüler gefunden zu haben, gefällt Leonardo offenbar. Bereitwillig überlässt er ihm eine Figurenskizze für ein Altargemälde im benachbarten Pistoia. Auch für Verrocchio ist Lorenzo ein Segen, denn im Gegensatz zu dem vor Einfällen sprühenden Leonardo arbeitet er zuverlässig und bringt zu Ende, was er begonnen hat.

Leonardo ahnt: Um tun zu können, was ihm beliebt, braucht er seine Freiheit. Bei aller Sympathie für seinen langjährigen Förderer Verrocchio – die Zeit ist reif für eine eigene Werkstatt.[3]

Im Januar 1478, Leonardo ist fünfundzwanzig Jahre alt, hat der Künstler sich selbständig gemacht. Der erste größere Auftrag kommt von der Florentiner Stadtregierung. Er darf für das Rathaus, den Palazzo della Signoria, ein Altarbild zu Ehren des heiligen Bernhard malen. Und einen Vorschuss bekommt er auch.[4]

Doch Leonardo ist kein so guter Geschäftsmann wie sein Vater. Effizienz, Pünktlichkeit sind nicht seine Stärken. Zwar ist die Malerei ihm die höchste aller Wissenschaften. Gerade deshalb aber sind seine Ansprüche an sich selbst unermesslich hoch. Schnell und pragmatisch geht gar nichts. Leonardos Biograph Vasari meint später, der Maler habe sich selbst im Weg gestanden, weil er stets »Perfektion mit noch größerer Perfektion zu übertreffen« versucht habe. Und ein befreundeter Dichter fragt den Künstler einmal direkt: »Leonardo, warum plagst du dich so sehr(?)«[5]

Das weiß Leonardo vielleicht selbst nicht. Er schiebt alles auf, zerstreut sich, lässt seine Gedanken ziellos treiben. Wie kurz ein Leben ist, wie viel er doch noch wissen, ausprobieren möchte. Er kann sich einfach nicht auf eine Sache allein konzentrieren und es widerstrebt ihm, die Erwartungen der anderen ernster zu nehmen als seine eigenen. Das Altarbild für das Rathaus wird nie fertig, vielleicht beginnt da Vinci es nicht einmal. Am Ende verliert er den Auftrag an die Konkurrenz.[6]

Der Künstler macht sich lieber so unbezahlte wie unbezahlbare Gedanken. Oft schnallt er sein Notizbuch am Gürtel fest, streift durch die Straßen und beobachtet Typen: Wer schaut zornig, wer gleichgültig, wie sieht ein fröhliches Gesicht aus und wie ein verstörtes? Irgendwann, vielleicht schon jetzt, entwickelt er die Metho-

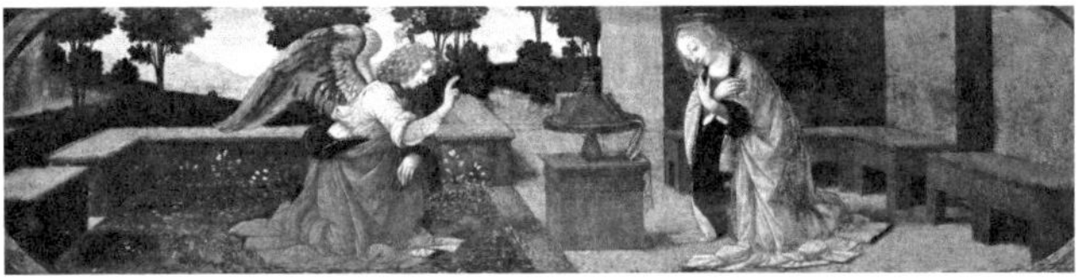

Abb. 19: Lorenzo di Credi, Verkündigung, Predella, Louvre, Paris (Ausschnitt)

de, im Notizbuch Schemen von Gesichtern vorzubereiten, so dass er auf der Straße mit seinem Zeichenstift nur noch schnell die Besonderheiten eintragen muss, um sich später an alles zu erinnern.[7]

Überhaupt das Zeichnen. So viel schneller geht es ihm von der Hand als die Malerei, das zeigt sein sicherer Strich. Auf dem Papier erfindet er Maschinen, die das Leben einfacher machten, würden sie denn gebaut. Oder die ihn bewahren könnten vor den Gefahren der Welt. Wie gerne hätte er, der schlanke Mann, übermenschliche Fähigkeiten. Was nicht kraft Muskelmasse geht, sollen Ideen leisten. So müsste es mit der richtigen Technik, mit Winden und Schrauben, doch möglich sein, das Baptisterium vor dem Florentiner Dom hochzuheben und auf Treppen zu stellen, um es vor Überschwemmungen des Arno zu bewahren. Und was ließe sich nicht alles mit Wasserkraft anstellen, gäbe es noch bessere Mühlen und Maschinen, um die Energie der Natur für den Menschen zu nutzen, anstatt sich ihrer Willkür auszuliefern. Auch der erste Entwurf für einen Flugapparat entsteht in dieser Zeit, nach dem Vorbild des Vogelflugs.

Wer die Naturgesetze versteht, dem steht nichts mehr im Weg. Keine Kerkertür kann ihn aufhalten. Sollte er jemals langer eingesperrt werden, was Leonardo seit seiner Sodomie-Anklage zu fürchten scheint, dann könnte er sich mit seiner Panzerknacker-Technik befreien: Eine Zeichnung da Vincis demonstriert, wie man eine Zange an einem Bolzen befestigt, um eine gesicherte Gefängnistür von innen zu sprengen.[8]

Leonardo kann keinem Spatz etwas antun. Er verteidigt das Lebensrecht der Bienen, leidet mit jedem Packesel mit, hasst es, wenn Zicklein getötet werden. Bei Hühnereiern denkt er an die nicht geschlüpften Küken, bei Käse an die Milch, die eigentlich den Kälbern gehört. Einfühlen kann er sich sogar in einen Nussbaum, dessen Früchte die Menschen mit Stöcken von den Ästen schlagen.[9] Und doch, zu den Widersprüchen seiner Person gehört auch dies: Je zerstörerischer eine Kriegstechnologie ist, desto mehr fasziniert sie ihn bisweilen. Später imaginiert er in seinen Zeichnungen gepanzerte Wagen, Steinbombenwerfer, Schnellfeuerwaffen, U-Boote, Kriegsmaschinen aller Art. (Abb. 20)[10]

Die Zeiten sind martialisch, und die Aussicht, das Leben (oder die Freiheit) vorzeitig zu verlieren, scheint den Künstler zu ängstigen. Gerne wäre er den anderen nicht nur intellektuell und ästhetisch überlegen, sondern auch mit physischer Gewalt, dank seiner Wunderwaffen, die einen Menschen, so scheint es, unverletzlich machen.[11] Sein Schutzbedürfnis ist immens, was mit seinen Erfahrungen zu tun haben mag, als unehelicher Sohn und unverheirateter Mann um alles kämpfen zu müssen. Leonardo geht nicht davon aus, per se das Recht des Stärkeren auf seiner Seite zu haben. Ihm fehlt das Unbekümmerte der Privilegierten. Untergangsszenarien im Kleinen und Großen drängen sich ihm immer wieder auf. Und die Idee, Kontrollverlust und Unterlegenheit durch technische Kenntnisse wettzumachen, gefällt ihm offenbar. Kriegsberater zu werden, gehört zu den Berufsperspektiven, mit denen er liebäugelt.

Solchen Fantasien gibt sich Leonardo nicht alleine im Kämmerlein hin. Bald macht er die Bekanntschaft eines Gesinnungsgenossen: Tommaso di Giovanni Masini, genannt Zoroastro. Der zehn Jahre jüngere Exzentriker ist ein bisschen Wissenschaftler, ein bisschen Phantast und ein begnadeter Schmied. Zoroastro, der wie Leonardo kein Leder trägt und Vegetarier ist, lebt fortan im Gefolge des Künstlers, ist ihm beim Mahlen der Pigmente zu Diensten und si-

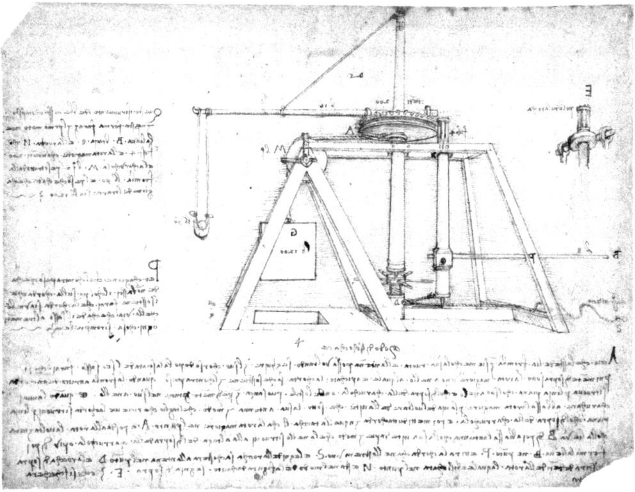

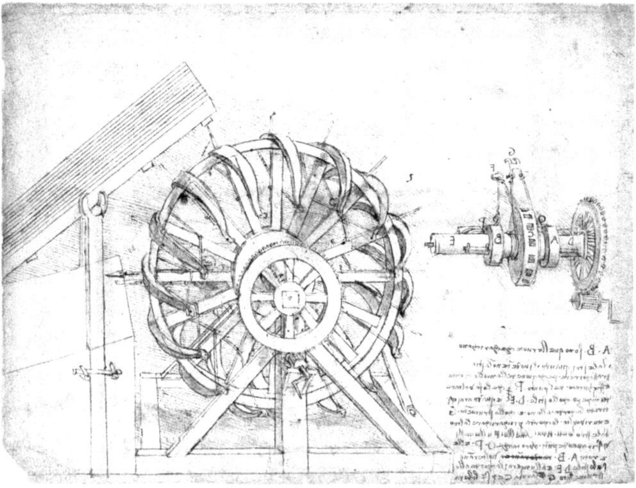

Abb. 20: Leonardo da Vinci, Entwurf eines Katapults (oben) und einer Kriegsmaschine mit sechzehn Armbrüsten (unten), Biblioteca Ambrosiana, Mailand

cher auch als Ratgeber in Fragen der Naturkunde, Metalltechnik und Chemie.

Später wird ein Augenzeuge die Versuchsküche Zoroastros beschreiben. »Mitten im Raum steht ein großer Tisch voller Töpfe und Flaschen, mit Pasten und Erden und Pech und Zinnober und den Zähnen von Gehenkten und Wurzeln. Da ist ein Sockel aus Schwefel, der auf einer Drehbank poliert wurde, und darauf steht ein Gefäß aus gelbem Bernstein, das nichts enthält außer einer Schlange auf vier Beinen, die wir für ein Wunder halten.« Die Wände seien mit Fratzen bemalt und mit seltsamen Gestalten wie einem Affen, der eine Gruppe Ratten belehrt.[12]

Der Bericht mag sensationslüstern verfremdet sein. Dass Zoroastro aber jemand ist, der, wie es später auf seinem Grabstein heißen wird, »in die Dunkelheit der Natur blickte«, muss Leonardo interessieren.[13] Zwar liebt Leonardo Wohlgerüche so sehr, dass er seine Hände mit Lavendelblüten abreibt, doch seine Neugier, seine Lust am Extremen ist noch größer als sein Dandytum. In seinen Notizen findet sich auch ein Rezept mit dem Titel »Tödlicher Rauch«, wofür man Schwefel und Arsenik nehme, so der Autor. Als Gegenmittel rät er zu Rosenwasser. Dann empfiehlt er noch, eine Landkröte zu kochen, ihren Sud mit dem Geifer eines tollwütigen Hundes und einer Tarantel zu mischen, etwas Grünspanpulver oder vergifteten Kalk beizugeben, für den Fall, dass man einmal ein Wurfgeschoss auf feindliche Schiffe werfen möchte.[14] Leonardo misstraut der Magie und Alchimie, zu sehr widerspricht etwa der Glaube, man könne Gold herstellen, seinem vernunftorientierten Denken. Das heißt aber nicht, dass er nicht offen dafür ist, mit allen möglichen Zutaten zu experimentieren, wenn das, seiner Meinung nach, der Sache dient.

Wenn er nun malt, dann mit ebenso existenziellem Eifer, wie ihn Zoroastro in seiner Küche an den Tag legt. Kaum hat Leonardo seine eigene Werkstatt und ist damit der sozialen Kontrolle entzogen, entlädt sich sein unruhiger Geist beim Komponieren der Gemälde. Immer neue Figuren kommen ihm in den Sinn, Tiere, Menschen, ein Gewimmel an Interaktionen, dazu Landschaften, Häuser, Wind und Wetter, alles ist denk- und malbar, und wenn nicht alles zusammen auf die Bildfläche passt, dann schichtet er die Figuren eben übereinander, tötet ein frisch geschaffenes Geschöpf zugunsten eines anderen, korrigiert Arme, Hände, Mimik, fängt noch einmal von vorne an.

Euphorisch notiert er später: »Wenn der Maler Schönheiten sehen will, die imstande sind, ihn verliebt zu machen, ist er fähig, solche zu schaffen, und wenn er unheimliche sehen will, die ihn erschrecken, oder komische oder lächerliche oder wahrhaft mitleiderregende, so kann er dies als Herr und Gott tun.«[15]

Herr und Gott sein aber ist mehr Bürde als Würde. Ständig muss man Entscheidungen treffen, alles könnte noch besser werden, als es ist. Die Welt zu schaffen, ist eine Sache. Sie zu optimieren, wie Leonardo das in seinem Atelier tut, eine andere. Der Herr und Gott der Malerei versinkt im Meer seiner Einfälle.

Das lässt Leonardos Auftraggeber verzweifeln. Es ist nicht so, dass diese Schlange stünden an der Werkstattpforte vom Herrn und Gott. Im Gegenteil, das Geschäft läuft bald so schlecht, dass Ser Piero sich offenbar bemüßigt fühlt, für seinen Sohn den Mittler zu spielen. Der Notar ist als Sachverwalter für das Augustinerkonvent San Donato a Scopeto vor den Toren der Stadt tätig. So kann er erfahren haben, dass der Vater eines der Brüder dem Kloster eine Liegenschaft vererbt hat, weswegen die Mönche sich nun ein neues Altarbild leisten können. Den Vertrag aber, der daraufhin mit Leonardo zustande kommt, wird Ser Piero nicht aufgesetzt haben – es ist ein Knebelvertrag. Dass der Künstler dieses Dokument trotz des väterlichen Beistands akzeptiert hat, zeigt, wie prekär seine Lage im Jahr 1481 ist.

Leonardo verpflichtet sich, innerhalb von vierundzwanzig, spätestens von dreißig Monaten das Gemälde fertigzustellen.[16] (Tafel 12) Dafür bekommt er ein Drittel der geerbten Liegenschaft, darf diese aber bis auf Weiteres nicht verkaufen oder anderweitig darüber verfügen, weil das Kloster sich einen Rückkauf vorbehält. Dennoch muss Leonardo die Kosten des Erbes übernehmen und die hohe Mitgift für eine Verwandte des Erblassers vorstrecken. Und die Farben für sein Bild, das Gold und alles andere, was er zum Malen braucht, muss er selber zahlen.[17]

Der Auftrag also kommt den Endzwanziger teuer zu stehen, und bald merken auch die Mönche, wie sehr sich der Künstler mit der Vereinbarung verhoben hat. Ein etwas später erstelltes Zusatzdokument zu dem Vertrag hält fest, dass die Augustiner dem Maler Geld für die zu zahlende Mitgift leihen und ihm erst einmal die Farben für das Altargemälde vorstrecken, die er sich nicht leisten kann.

Trotz der schlechten Bedingungen – Leonardo stürzt sich in die Arbeit. Eine »Anbetung der Könige« soll er malen, die drei Weisen aus dem Morgenland, die dem Jesuskind huldigen. Dieses Sujet mag den Augustinern gefallen. Ihm genügt es nicht. Wenn er eine Maria mit Kind erschafft, dann huldigt ihnen die ganze Welt.

Und so platziert er eine seiner schönen, in sich ruhenden Madonnen in die Mitte eines vielköpfigen Figurentheaters. Von dem Trubel um sie herum scheint sie wenig wahrzunehmen, ihre Aufmerksamkeit gehört dem jungen Sohn. Der liegt in ihrer Armbeuge, hebt die eine Hand zu einer Art Segen, mit der anderen begutachtet er, was ihm an Gaben dargebracht wird. Niemand tritt den beiden zu nah, weder die drei knienden Könige im Vordergrund noch die Menschenmasse um sie herum. Sogar Josef, dezent platziert hinter Marias Schulter, hält sich zurück – Leonardo kann sich zeitlebens nicht durchringen, diesem irdischen Ersatzvater eine tragende Rolle zuzusprechen, zu heilig ist ihm die Union von Mutter und Kind.

Die Madonna und ihren Sohn legt Leonardo in ihren Konturen und einigen wenigen Schattenwürfen an, ausführen tut er sie nicht. Denn er ist viel zu beschäftigt, immer neue Einfälle auf dem wandgroßen Quadrat unterzubringen, sie zu korrigieren und wieder neu anzusetzen. Viel mehr Figuren, als er am Ende brauchen kann, entwirft er, sogar ein Elefant ist darunter.[18]

Was ihn besonders reizt, ist der Kontrast zwischen jung und alt. Jünglinge drängen sich zwischen die Greise, eher schaulustig als nachdenklich bringen sie mit ihren ausufernden Gebärden das Bild in Bewegung. Pferde sind zugegen, im Hintergrund kommt es zu einem Reiterkampf. Und es sprießen Bäume aus einer alten Ruine. So, als wolle er das neue Leben betonen, greift Leonardo in die grünen Farbtöpfe, anstatt die Blätter nur in Erdfarben vorzupinseln, wie dies bei den meisten Figuren der Fall ist. Auch ein bisschen blaues Lapislazuli tupft er in den Himmel.[19]

Die Augustinermönche können, so steht es im Vertrag, das unvollendete Gemälde einbehalten und übermalen lassen, wenn der Künstler nicht fertig wird. Doch Leonardo bricht seinerseits die Arbeit ab, bevor auch nur alle Schatten angelegt, die Farben aufgetragen sind und bevor er überhaupt entschieden hat, welche seiner vielen Gestalten am Ende überleben darf und welche nicht.

Das begonnene Werk beanspruchen die Augustiner nicht für sich; sie beauftragen stattdessen später einen anderen Künstler, auf einer zweiten Tafel noch einmal von vorne anzufangen. Möglicherweise halten die Mönche Leonardos überbordendes Gebilde für nicht zu retten und das billige Holz, das er verwendet hat, für nicht wiederverwertbar. Oder sie einigen sich mit dem Schöpfer, der sein Werk nicht verlieren möchte. Seine Bilder sind seine Kinder, sie setzt er nicht aus. Leonardo behält die große Tafel. Und stellt sie unter bei seinem Freund Giovanni de' Benci, Ginevras Bruder.[20]

Denn der Künstler hat einen neuen Plan. Er wird die Stadt verlassen. Am 28. September 1481 bekommt er eine Lieferung Rotwein aus dem Weinkeller des Klosters. Das ist sein letztes dokumentiertes Lebenszeichen aus Florenz.

Warum auch bleiben? In der Toskana hat Leonardo nichts mehr verloren und nichts mehr zu gewinnen. Sein Freund und Meister, Andrea del Verrocchio, ist nach Venedig aufgebrochen, wo er für den Senat der Lagunenrepublik eine große Reiterstatue aus Bronze gießen soll (er wird über diesem Auftrag im Jahr 1488 fern der Heimat, in Venedig, sterben). Auch der Kulturdiplomat Bernardo Bembo, Leonardos kongenialer Auftraggeber, ist wieder nach Norditalien abgereist.

Und Lorenzo de' Medici, glanzvoller Herr der Herren? Illusorisch, noch zu glauben, er würde Leonardos Begabung je voll würdigen. Nach dem Mord an seinem Bruder Giuliano hatte der Quasi-Staatschef alle Hände voll zu tun, den Medici-Hasser Papst Sixtus IV. zu beruhigen. Zwischenzeitlich hatte der die Florentiner exkommuniziert. Die latente Kriegsgefahr mit Rom ließ sich erst abwenden, als im Sommer 1480 türkische Truppen in Apulien einfielen und die Süditaliener dringend auf Galeeren aus Florenz angewiesen waren.

Im Februar 1481 endlich konnte Lorenzo sich mit dem Papst einigen. Zum neuen Frieden zwischen Florenz und Rom soll auch die Kunst beitragen: Lorenzo schickt nun seine besten Maler in die Ewige Stadt, damit sie dort das Allerheiligste ausschmücken, die neue Sixtinische Kapelle im Vatikan. Natürlich entsendet er seinen Liebling Sandro Botticelli, aber auch Domenico Ghirlandaio und den unbedeutenden Cosimo Rosselli. Im Oktober unterschreiben sie die Verträge. Ungefragt, ungebeten: Leonardo da Vinci.

Der sitzt in Florenz, trinkt seinen Klosterwein und hat keine Lust mehr. Er will endlich auch einen Gönner haben, jemanden, der hinter ihm steht und sich von seinen Experimenten und Visionen befeuern lässt. Was er braucht, ist ein Staatschef, der auf Repräsentation aus ist und diese ohne große Bedingungen in seine Hände legt. Einer, der ihm vertraut, gerade deshalb, weil er anders ist als die anderen.

Unrealistisch ist das nicht. Leonardo muss zu Ohren gekommen sein, wie gut etwa der Kollege Andrea Mantegna am Hof von Mantua lebt. Seit einiger Zeit engagieren Fürsten Hofkünstler.[21] Im Ringen der Regionalmächte um Macht und Einfluss ist Ästhetik der Trumpf. Kunstwerke führen Gegnern sowie Untergebenen Wohlstand, Großzügigkeit, Friedfertigkeit und einen gewissen Selbstbehauptungstrieb vor Augen; sie verleiten zu der Annahme, auch ihr Besitzer sei schön, fromm und reinen Herzens. Ein Hofkünstler aber wird nicht allein für Propaganda bezahlt. Es ist seine Freiheit von Sorgen, mit der seine Herren sich schmücken: Seht her, man kann es sich leisten, jemanden für das Denken, das Erfinden, Zeichnen und Malen zu bezahlen. Der Hofkünstler ist mal Gesprächspartner, mal Unterhalter, mal Stilberater und dann wieder besserer Hofnarr, immer aber humanistische Zierde, ein Ausweis von Modernität und Weltläufigkeit.

Anstatt zu warten, welcher Herrscher ihn zu berufen gedenkt, sucht sich der dreißigjährige Leonardo selbst einen aus: Ludovico Sforza von Mailand, wegen seines Teints und des Zweitnamens Mauro genannt Il Moro, der Dunkle. Ein idealer Kandidat. Der grobschlächtig wirkende Machthaber mit dickem Nacken und kleinen Augen ist einflussreich und reich genug, um einen Künstler im großen Stil zu fördern; er regiert zudem eine Metropole, die viele Reisende besuchen. Und: Il Moro hat Reputation bitter nötig. Sein Großvater hat sich als Söldnerführer des Herzogtums bemächtigt. Ludovico ist nicht einmal dessen legitimer Nachfolger, sondern das ist Ludovicos junger Neffe, was Il Moro mit viel inszenatorischem Aufwand zu verschleiern sucht.

Vielleicht ist dem Herrn über die Lombardei jedoch zu diesem Zeitpunkt noch gar nicht bewusst, wie sehr er einen Künstler und Forscher braucht? Sicher aber ist ihm klar, dass er Kanonen nötig hat. In seinem Übermut legt sich der Möchtegern-Herzog auch mit mächtigen Gegnern an: getreu seinem Familiennamen, den der Großvater ableitete vom Schlachtruf *sforza!* – losstürmen!

Offenbar noch in Florenz feilt Leonardo an seinem Bewerbungsschreiben, ausnahmsweise verzichtet er auf seine Spiegelschrift. Vorsichtshalber stellt er sich als Kriegsbaumeister dar, vielleicht kommt das ja besonders gut an. Dass er keine praktischen militärischen Erfahrungen hat, verschweigt er. Und bietet seinem »erlauchten Gebieter« in dem Briefentwurf an, ihm seine »Geheimnisse« zu offenbaren: Waffen, mobile Brücken, Schleudermaschinen, Panzerwagen, Militärschiffe, Angriffs- und Verteidigungsmaschinen aller Art könne er konstruieren. Er wisse, wie man Burgen sprengt, einem belagerten Ort das Wasser ableitet, Geheimgänge baut, einen Feind mit Rauch umnebelt, im Kampf auf dem Meer siegt.

Ach, und noch etwas: Auch seine Malerei könne sich sehen lassen. Und wenn der Herzog ihn engagiere, bekomme er von Leonardo obendrein ein großes Bronzepferd zu Ehren seines Vaters Francesco Sforza.[22]

Dann listet Leonardo seine Arbeiten auf, die er nach Mailand mitnehmen will. Darunter sind zwei Madonnenbilder, eines davon ist wohl die später so genannte Madonna Benois, das Gemälde einer verspielten jungen Mutter mit großem Baby. (Tafel 2) Immer noch liegt ihm das Sujet der so bedeutenden wie freien Frau besonders am Herzen; es ist, als brauche er die Muttergottes als Begleiterin. Er steckt Blumenzeichnungen ein, die Kopfstudien von einem Herzog und einer »Zigeunerin«, nimmt auch einen Edelstein mit.

Und wenn die frühen Biographen recht haben, findet sich noch etwas in seinem Gepäck: eine silberne Lyra, ein Saiteninstrument, von Leonardo persönlich geformt wie ein Pferdekopf. Der Künstler nämlich ist auch Musiker, und dies ist ein Talent, das einen eleganten Herrn wie ihn für Auftritte bei Hofe qualifizieren kann.[23] Er könnte sogar im Duett auftreten. Denn ihn umschwirrt ein musikalisch hochbegabter Sechzehnjähriger namens Atalante di Manetto Migliorotti, eines Tages wird er als Opernsänger und Instrumentenbauer reüssieren. Leonardo hat den Jungen ins Herz geschlossen. Auf seiner Packliste für Mailand steht auch ein Porträt von »Atalante, der das Gesicht hebt«. Bald einmal wird er oder ein Schüler ihn mit einem Notenblatt in der Hand malen, als feinsinnigen Jüngling mit großen braunen Augen und hübsch gelegten Ringellocken, wie Ginevra sie hat, nur als offen auf die Schulter fallende Mähne.[24] (Tafel 13)

Der hübsche Atalante begleitet den Älteren nach Norden, und allem Anschein nach schließt sich den beiden auch Zoroastro an, der begabte Schmied und Chemiker.[25] Nach gut einwöchiger Reise kommen die drei in Mailand an. Rund 125 000 Einwohner leben hier, mehr als in anderen Großstädten Europas. Das Leben kreist um das von Gräben umgebene rote Kastell des Herrschers, der sich, mit dem Wohlwollen der Oberschicht, ins Amt gedrängt hat, nachdem sein Bruder ermordet worden ist. Bei allem ökonomischen Erfolg der Stadt: Von der prächtigen Florentiner Vielfalt, dem bunten Markttreiben, dem Schaulaufen eleganter Kaufleute ist Mailand weit entfernt. Und die rund sechzig bildenden Künstler der Stadt können vom internationalen Ruhm der toskanischen Kollegen nur träumen.[26] Das sind gute Bedingungen für einen so kundigen wie extravaganten Neuankömmling.

Das heißt nicht, dass Leonardo einfach bei Il Moro vorstellig werden, ein Ständchen bringen und sein Bewerbungsschreiben als Kriegskünstler abgeben könnte. Ganz so kurz sind die Wege nach oben auch in Mailand nicht; selbst dann nicht, als Sforza 1483, im Jahr nach Leonardos Ankunft, mit Venedig einen Krieg beginnt und die Rüstungsausgaben auf über 70 Prozent des staatlichen Haushalts steigen.[27] Vielleicht schafft Leonardo es tatsächlich, bei einer Hofgesellschaft vorzuspielen auf der Lyra, doch es wird Jahre dauern, bis er das Vertrauen des gleichaltrigen Herrschers gewinnt (und ob er das mit seinem Brief erreicht, ist fraglich, vielleicht schickt er ihn nie ab).

Erst einmal muss er sich als Ausländer zurechtfinden. Das durfte ihm nicht allzu schwer fallen, schließlich war ihm auch in Florenz nichts in den Schoß gefallen. Auf geschmeidige Konversation versteht er sich, zudem gilt das Toskanische hier als feine Mundart. Vielleicht sucht Leonardo Anschluss an die Florentiner Gemeinde, zu der Geschäftsleute, verfemte Medici-Gegner und diejenigen Humanisten gehören, die den neuplatonischen Ruhm-und-Ehre-Kult um den Philosophen Marsilio Ficino lächerlich finden. Vor allem aber braucht er eine Werkstatt. Die Künstlerfamilie de Predis, die gelegentlich für die Sforza arbeitet, ist so freundlich, ihn aufzunehmen. Leonardo wohnt nun, sicherlich zusammen mit Atalante und Zoroastro, im Südwesten der inneren Stadt.

Er ist angekommen. Und es geht los. Wo, wenn nicht hier, im Schutz der Mailänder Mauern, wird er seine Malhemmungen überwinden, wird er dem Grübeln Taten folgen lassen. Und wie ließe sich ein Neuanfang besser feiern als gemeinsam mit einer schönen, guten, klugen Frau. Auch sein nächstes Gemälde wird Leonardo der Madonna widmen.[28] (Tafel 15) Man möchte der Muttergottes ja keine Eitelkeit unterstellen. Aber wie könnte es anders sein, mag Leonardo denken, als dass sie ihrem Malermeister die Hand und die Gedanken führt, sich erfreut an seinen Einfällen und seinem Enthusiasmus, der ihre Schönheit und die Schönheit der Kunst gleichermaßen feiert? »Die Gottheit liebt so ein Gemälde und sie liebt diejenigen, die es verehren«, notiert der Künstler einmal stolz über sakrale Malereien.[29] Bilder bewegen, dessen ist er sich sicher: Beten und glauben könne man schließlich auch zuhause; weil die Kunst aber eine besondere Kraft habe, das Heilige zu offenbaren, verließen die Leute ihre bequemen Betten und nähmen sogar beschwerliche Pilgerreisen auf sich.

Er versteht sich als Naturwissenschaftler, aber zutiefst gläubig ist er selbstverständlich auch. Und der Madonna schlägt er keinen Wunsch ab. Auch dann nicht, wenn der wieder in Gestalt eines engstirnigen Vertrages auf seinen Tisch flattert.

Die franziskanische »Bruderschaft der Unbefleckten Empfängnis« braucht ein Gemälde für ihren neuen, reich verzierten Altar in

San Francesco Grande, der zu der Zeit nach dem Dom zweitgrößten Kirche Mailands. Sie hat sich der Lehre der Unbefleckten Empfängnis verschrieben. Deren Anhänger sind überzeugt, nicht nur Maria habe jungfräulich Jesus empfangen, auch sie selbst sei vom ersten Moment ihrer Existenz an ohne Erbsünde gewesen. Denn dass es einmal eine Muttergottes geben werde, die den Heiland gebiert, sei schon immer Gottes Plan gewesen, also habe er Maria von vornherein von der menschlichen Last freigesprochen. Dem halten andere Theologen entgegen, das sei nicht möglich, weil Maria ein Kind von Menscheneltern war. Vielmehr habe Gott sie nach der Zeugung im Bauch ihrer Mutter gereinigt und so von der Sünde befreit. Der Papst, Sixtus IV., ist Franziskaner und tendiert zur Lehre der Unbefleckten Empfängnis, auch wenn er sie noch nicht als Dogma durchsetzt.

Da die Idee noch umstritten ist, hat sich bisher keine Bildkonvention durchgesetzt, wie eine »unbefleckte« Maria zu malen sei. Vollständige künstlerische Freiheit also? Nicht ganz. Die Franziskaner machen Leonardo und seinen Geschäftspartnern, den Brüdern Ambrogio und Evangelista de Predis, Vorschriften für den Altar. Der Vertrag vom 25. April 1483 verlangt »Goldbrokat und Ultramarinblau« am Mantel der Madonna, ihr Kleid sei in »rotem Lack und Öl« zu malen, das Futter des Kleides in »Goldbrokat und Grün in Öl«. Auch Gottvater soll ein Gewand in Gold und hochpreisigem Ultramarin bekommen. Das Gold müssen die Künstler bei der Bruderschaft zu einem festgesetzten Preis erwerben.

Das Bild soll teuer wirken, ungeachtet der Empfehlungen des Kunsttheoretikers Leon Battista Alberti, der schon ein halbes Jahrhundert zuvor von Goldexzessen in der Malerei abriet.[30] Auch die Gestaltung des Rahmens und der Seitentafeln sind Teil des Auftrags. Dies übernehmen die Brüder de Predis, »magister Leonardus de Vincii florentinus«, wie er im Vertrag heißt, kümmert sich um die Mitteltafel.

Am 8. Dezember feiern die Christen seit Kurzem das Fest der

Unbefleckten Empfängnis Mariens, dies hat Sixtus IV. durchgesetzt. Schon bis zu den Feierlichkeiten im kommenden Jahr muss das Werk vollendet werden. Allerdings wird die Bruderschaft das Honorar nur in kleinen Abschlägen zahlen. Wieder also müssen die Künstler in Vorleistung gehen.

Nun hat Leonardo wohl wenig Lust, sich sagen zu lassen, wie er seine Maria, unbefleckt oder nicht, anzukleiden habe. Noch weniger Lust hat er, ihr auf der Mitteltafel gleich zwei Propheten beizugesellen und einen sichtbaren Gottvater, wie es der Vertrag vorgibt.[31] Er hat sich bereits bei seiner »Anbetung der Könige« (Tafel 12) ausgetobt und dabei feststellen müssen, dass viel Bildpersonal schnell den Rahmen sprengt. Jetzt schwebt ihm das Gegenteil vor. Diesmal wird nicht alle Welt seiner schönen, klugen Herrin huldigen, sondern ein kleiner Junge. Der Knabe Johannes der Täufer wird die Menschheit vertreten. Er wird Jesus seine Ehrerbietung erweisen und dafür von Maria liebkost werden.

Eine Idee aus dem Vertrag dagegen übernimmt er gerne: Die Muttergottes wird eine Berglandschaft erklimmen. Seine Florentiner »Verkündigung« (Tafel 6) und die »Madonna mit der Nelke (Tafel 1) spielten vor einer Kulisse hoher Berge, und schon das wirkte fremd, neuartig. Nun aber bietet sich Leonardo, endlich, die Gelegenheit, Frau und Natur auf großer Bühne zu vereinen.

Er kann und darf jetzt dem Sog nachgeben, den die Wildnis auf ihn ausübt. Der Künstler aber ist ein kontrollierter Mensch. Er kanalisiert diesen Drang in seinem Schaffen, im Denken, Zeichnen, Malen, Schreiben. Einmal besucht Leonardo (angeblich) eine Höhle und fühlt sich zwischen Schrecken und Glück hin- und hergerissen. Dies verarbeitet er in einer für seine Verhältnisse außergewöhnlich emotionalen Beschreibung: »Und ich beugte mich oft bald hierhin, bald dorthin, um zu sehen, ob dort drinnen etwas zu erkennen wäre. Und da mir dies aufgrund der dort herrschenden Dunkelheit verwehrt war, [...] erwachten in mir sofort zwei Dinge, Angst und Sehnsucht: Angst vor dem bedrohlichen dunklen Loch, Sehnsucht zu sehen, ob da drinnen irgendeine wunderbare Sache wäre.«[32] Die Gefahren der Natur kennt er besser als die Stadtmenschen. Ja, ein Wanderer kann draußen verschlungen werden, zu gewaltig sind Berge und Seen, Höhlen und Schluchten. Sie führen ein nicht beherrschbares Eigenleben. Beikommen kann man dem nur, indem man es respektvoll erkundet, auf der Suche nach der *miracolosa cosa*, dem Wunderbaren. Wer diesen Weg geht, über Wurzeln und Geröll, der würdigt das Göttliche, indem er es zu verstehen lernt.

Nun ist das mit dem Verstehen so eine Sache. Man kann auch missverstehen. Leonardo mag sich amüsieren über die lebensfernen Gelehrten, so arrogant aber, ihre vermeintlichen Weisheiten völlig zu ignorieren, ist er nicht. Er will sie nur einem Praxistest unterziehen, in der Naturbetrachtung, beim Zeichnen und Malen. Dafür übernimmt er spätmittelalterliche Lehrmeinungen zur Geologie und Erdgeschichte.[33] Diese Theorien halten den Einfluss der Wolken, des Regens und der Gletscher auf das Wasservolumen in den Bergen für überschaubar. Sie gehen vielmehr davon aus, dass den Erdkörper gigantische Adern durchdringen, in denen sich das Wasser die Gipfel hinaufdrückt und sich oben in Gebirgsflüssen und -seen entlädt. Das fasziniert Leonardo, weil es die Schwerkraft außer Kraft setzt. Er denkt nach und findet eine Erklärung für dieses erhebliche logische Problem. Sie lautet: Nasenbluten.[34]

Schließlich hat auch der Mensch einen Kreislauf, und der Körper pumpt das Blut vom Herzen nach oben in den Kopf. Wenn dort, in der Nase, eine Ader platzt, dann strömt die Flüssigkeit heraus und nach unten wie bei einem Bergfluss. So stellt sich Leonardo auch die Funktionsweise der Erde vor, was einer seiner Grundüberzeugungen entspricht: Mensch und Welt funktionieren nach vergleichbaren Prinzipien, ja, sie sind beinahe baugleich.

Jahre später wird er diesen Gedanken aufschreiben: »Der Mensch wurde von den Alten eine Welt im Kleinen genannt. Gewiss ist diese Bezeichnung recht zutreffend, denn da der Mensch aus Erde, Wasser, Luft und Feuer zusammengesetzt ist, gleicht ihm dieser Erdkörper. Wie der Mensch die Knochen als Stütze und Gerüst des Fleisches in sich hat, so hat die Welt das Gestein als Stützen der Erde. Wie der Mensch in sich den Blutsee hat, wo die Lunge beim Atmen zunimmt und abnimmt, so hat der Körper der Erde sein Weltmeer, das mit dem Atem der Welt auch alle sechs Stunden ab- und zunimmt. Ebenso wie von dem genannten Blutsee die Adern ausgehen und sich im menschlichen Körper verzweigen, so speist das Weltmeer den Körper der Erde durch zahlreiche Wasseradern.«[35]

Das Gemälde für die Mailänder Bruderschaft gibt Leonardo eine erste Gelegenheit, diese vermeintlichen geologischen Zusammenhänge, an die er glaubt, in seiner Kunst nachzuvollziehen. Und es erlaubt ihm, Sandro Botticelli und seine Kunstauffassung zu widerlegen, ja, sie aus dem Feld zu räumen. Noch nach zehn Jahren wird die Kränkung nachhallen, die der so geschmeidige wie erfolgreiche Kollege ihm wohl noch in Florenz an den Kopf geworfen hatte. Leonardo erinnert sich genau, wie Botticelli ihn für die Mühe verhöhnte, die er sich schon damals mit seinen genau beobachteten Landschaften gab: »So sagte unser Botticelli, ihr Studium sei überflüssig, könne man doch ebenso gut einen mit verschiedenen Farben getränkten Schwamm gegen eine Mauer schleudern, um auf dieser Mauer einen Klecks, in den man eine schöne Landschaft hineinsehen könne, zu erzeugen.«[36]

Er, der Junge aus Vinci, will es besser machen, und er will es genauer wissen. So türmt er auf seinem neuen Gemälde unter freiem Himmel die Knochen der Erde, die Felsen, in gewagter Formation übereinander. Es entsteht keine Höhle, wohl aber ein schützender Rahmen, der Johannes, Maria, Jesus und einen Engel umfängt. Vor ihnen allerdings, am vorderen Bildrand, tut sich ein tiefer Abgrund auf, über dem ohne jegliche Höhenangst das Jesuskind thront. Vielleicht ist hier früher einmal das Wasser herabgestürzt, das sich in einem imposanten Bergsee hinter der Felsformation staut. Fruchtbar ist der steinige Boden noch, aus den Gesteinsspalten sprießen freundliche Blumen.

So wirkt die Landschaft trotz ihrer dunklen Töne nicht unheimlich, nur zivilisationsfern. Kinder Gottes, die ihrem Schöpfer trauen, kann ein so unmittelbarer Kontakt mit dem Erdkörper nicht schrecken. Erst recht nicht Maria, die sich heimisch zu fühlen scheint in dieser dem Himmel so nahen Einöde. Den Schutz, den die hohen Felsen hinter ihr verheißen, vermag auch sie zu spenden. Jung ist sie, mit mädchenhaft zarten Zügen, umspielt von dunkelblonden Ringellocken, die ihr frei bis auf das Schlüsselbein herunterfallen. Keine zurechtgemachte, hoch vergoldete Dame schickt Leonardo auf die Höhenwanderung, sondern ein unverstelltes Naturwesen. Marias Hände aber sind die einer kräftigen Matrone. Ihre Linke ist so groß und gelenkig, als wäre auch sie eine Linkshänderin und Malerin wie ihr Schöpfer. Mit ihr behütet sie den Jesusknaben: Unter dem Dach ihrer langen Finger hockt das Kleinkind sicher über dem Abhang, die Beine übereinandergeschlagen. Bevor die Betrachter sich aber zu sehr in die Verbindung von Mutter und Sohn vertiefen, durchkreuzt die weisende Hand des Engels ihre Gedanken. Aus den Augenwinkeln zwinkert das Flügelwesen uns zu und zeigt ein Gesicht von androgyner Schönheit.

Der ausgestreckte Zeigefinger des Engels lenkt den Blick hin zu Johannes, der sich betend von Jesus segnen lässt. Voller Ernst kniet er vor dem Spielkameraden nieder, und ist doch kein kleiner Erwachsener, sondern ein pausbäckiger Knabe mit Babyflaum auf dem Kopf. Maria nimmt Johannes beinahe unter ihren wallenden Mantel, und ihre mächtige Rechte umgreift seinen Nacken und die Schulter, als wolle sie ihm die Flügel ersetzen, die den Menschen abgehen.

Babys streichelt man zwischen den Schultern, um sie zu beruhigen, und auch Erwachsene entspannen sich bei liebevoller Berührung an dieser Stelle des Rückens, zu der die eigene Hand kaum hinreicht. Die Madonna, felsenfest geborgen in gottgeschaffener Umgebung, lässt Johannes und damit allen Gläubigen ihre Fürsorge angedeihen, sie ummäntelt die menschliche Schutzlosigkeit. Das »Unbefleckte« dieser jungen Mutter besteht in ihrer außergewöhnlichen Natur- und Gottesnähe, in der unbefangenen Sicherheit, mit der sie die Kinder durch die Wildnis lotst. Sie ist Frau, durch und durch, und zugleich eine Mittlerin zwischen Himmlischem und Irdischem.

Tatsächlich ist das Gemälde wie vereinbart Ende des Jahres 1484 fast fertig.[37] So schnell ist Leonardo selten. Er hat einen guten Lauf.

Und er hat ein Ziel: ein Engagement bei Ludovico Sforza, genannt Il Moro. Tatsächlich erregt die so schöne, naturverbundene Madonna die Aufmerksamkeit des Quasi-Herzogs. Das Werk reizt allem Anschein nach seine Begierde – mehr als alle fantastischen Maschinen, die Leonardo auf seine Skizzenblöcke wirft, mehr noch als die Prahlerei, welch ein schlagkräftiger Kriegsingenieur er, der Künstler, doch sei.

Il Moro mag skrupellos sein, er ist auch klug genug, zu wissen, was er braucht und was nicht. Und ein Maler, der in seiner Kunst bis auf das Dach der Welt steigt, um Unserer Lieben Frau nahezukommen, der ist nach Sforzas Geschmack, umso mehr, wenn er auch noch aus dem avantgardistischen Florenz stammt. Dieses Gemälde, das später »Felsgrottenmadonna« genannt wird, ist etwas völlig Neues. Es greift nach den Sternen in seinem Anspruch, die Welt zu erkennen und zu erklären, es verbindet das Weibliche mit dem Göttlichen und Natürlichen – und es ist zugleich ein betörend sinnliches Vergnügen. Wie menschenfreundlich, wie zutiefst religiös, wie klug und modern muss erscheinen, wer darüber verfügt.

Das Werk aber ist eine Auftragsarbeit der Mailänder Bruderschaft, in der viele Honoratioren der Stadt sitzen. Es gehört in die Kirche San Francesco Grande. Ein bestelltes, geweihtes Werk aus einer Kirche entfernen, damit es eine Privatsammlung schmückt? Schon der Gedanke muss Zeitgenossen wie ein Frevel erscheinen. Die Kunst hat Gott zu dienen, nicht dem Meistbietenden.

Il Moro aber will das Bild.

Dies geht nur über eine Intrige, an der Leonardo und sein Partner Ambrogio de Predis kräftig mitwirken. Sie beschweren sich über die schleppend einlaufenden Zahlungen der Bruderschaft, fordern einen höheren Bonus, brechen einen Streit vom Zaun über ihre Kosten, die nicht gedeckt seien. Drohen, es gebe ja auch andere Interessenten an dem Werk, man sei auf das Entgegenkommen der Kirchenmänner gar nicht angewiesen. Scheinheilig wenden sie sich an Il Moro mit der Bitte um Vermittlung – und polemisieren, die nicht sachkundigen Klosterbrüder würden wie Blinde von der Farbe reden.[38]

Am Ende gerät die Muttergottes vermutlich in Sforzas Besitz, möglicherweise überlässt er das Stück dem späteren Kaiser Maximilian, einem Habsburger, der 1493 Ludovicos Nichte Bianca Maria heiratet. Bei den Brüdern jedenfalls bleibt das Gemälde nicht. Und Leonardo und die Werkstatt de Predis' haben einen zweiten Auftrag: Sie malen dasselbe Sujet noch einmal, nun wirklich für die Bruderschaft der Unbefleckten Empfängnis, die sich so noch deutlich länger gedulden und auch akzeptieren muss, dass Leonardo sich weit mehr von Werkstattkollegen helfen lässt als in der eigenhändigen ersten Version.[39] (Tafel 16)

Die zweite Fassung ist weniger zart, weniger innovativ. Johannes trägt nun ein Kreuz, damit ihn auch wirklich jeder erkennt. Dieses Mal sparen die Künstler nicht am teuren Ultramarin, das wie gewünscht den Mantel der Madonna und den Bergsee durchtränkt. Auch Heiligenscheine gibt es nun, noch so ein Zugeständnis an alte Sehgewohnheiten. Alles ist ein bisschen deutlicher, etwa die Blumen, die als Mariensymbole zu verstehen sind. Nur der Zeigegestus des Engels fehlt, er blickt nun die Betrachter auch nicht mehr gar so kokett an. Versenken sollen die Rezipienten sich, nicht mit aparten Himmelsgestalten flirten. Der kleine Jesus ist auch nicht mehr ganz so süß, seine naturgetreue Kindlichkeit interessiert nun weniger als seine Autorität als angehender Heiland.

Und doch hat auch das zweite Werk seinen Reiz. Leonardo und, vermutlich, sein Mitstreiter Ambrogio de Predis wollen sich nun der Natur nicht mehr nur annähern, sie probieren auch, sie zu verbessern, die Konturen zu schärfen, ihr eine plakative Klarheit abzuringen, die Berge, Himmel und Gewässer eigentlich nicht haben.

Leonardo hat nichts gegen ein solches Experiment. Aber sein Herz hängt nicht mehr an dem Bild. Seit er den Vertrag für die erste Fassung unterzeichnet hat, wird beinahe ein Vierteljahrhundert vergehen, bis er sich bemüßigt fühlt, die zweite »Felsgrottenmadonna« wirklich zu vollenden.[40]

Wieder hat er so viele andere Ideen. Hat so viele Pläne, so viele Fragen an sich und an die Welt. Er muss unbedingt Totenschädel auseinandernehmen, um zu begreifen, wie der Mikrokosmos Mensch in seinem Innern funktioniert. Den Sitz der Seele will er so finden, oder zumindest den Gemeinsinn, den *sensus communis*, bei dem alle Sinne zusammenlaufen. Auch interessiert ihn: »Was Niesen ist. Was Gähnen ist, Fallsucht. Krämpfe. Lähmung. Zittern vor Kälte. Schweiß.«[41]

Jahre später wird er in den Anatomieschulen der Ärzte die noch warmen Leichen von Verbrechern aufschneiden, ihre Sehnen, Muskeln, Eingeweide zeichnen und stolz darauf sein, wie er sie in den Griff bekommt, diese Übelkeit, die ihn dabei überkommt, und die Angst, ganze Nächte allein mit den Toten zu verbringen. Die Neugier ist größer als sein Ekel und sogar als sein Bedürfnis nach Reinlichkeit, eine Unbedingtheit treibt ihn – was Zeitgenossen mit einer Mischung aus Bewunderung und Abscheu erfüllt.[42]

Auch seine lebenden Modelle vermisst der Maler in Mailand nun von Kopf bis Fuß. Er will wissen, ob der römische Architekturautor Vitruv recht hatte, als er sagte, ein Mann passe in ein Quadrat und einen Kreis gleichermaßen. (Hat er nicht, wie Leonardos um 1490 entstandene Zeichnung vom »Vitruvmann« zeigt: Die Mitte des Mannes liegt einmal auf Nabel-, einmal aber auf Schamhö-

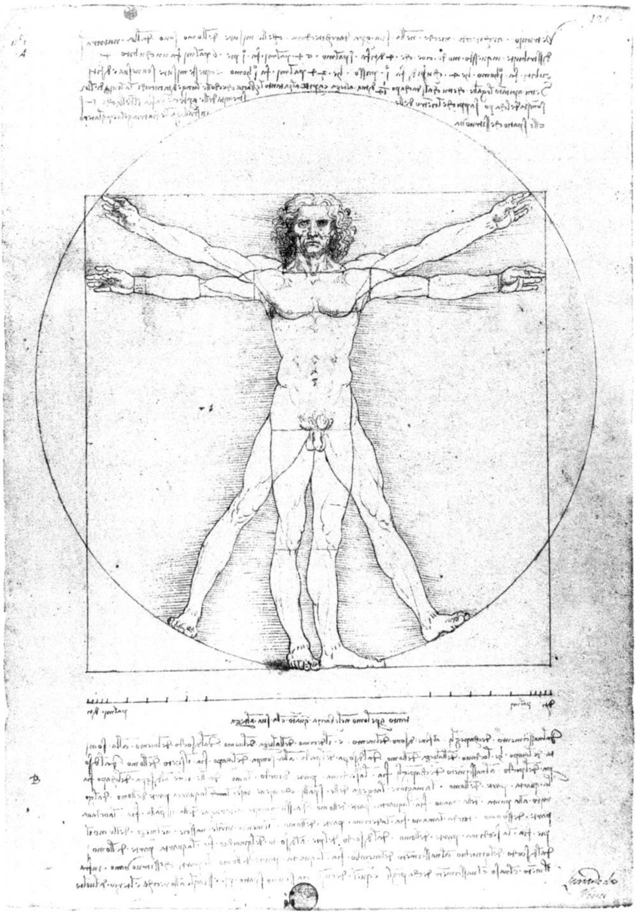

Abb. 21: Leonardo da Vinci, Proportionszeichnung nach Vitruv, Galleria d'Accademia, Venedig

he, zudem muss die Person Arme und Beine in Quadrat und Kreis unterschiedlich hoch und breit ausstrecken, Abb. 21.)[43] Damit nicht genug, auch den Makrokosmos muss der Forscherkünstler noch besser erkunden, die Bewegung der Winde, die Fluten, das Gewitter, eine Sonnenfinsternis, alles interessiert ihn wie ein staunendes Kind.

Er will die Welt nicht nur erkennen, er will sie optimieren. Als 1485 die Pest in Mailand ausbricht, meidet der Dreiunddreißigjährige Menschenmassen, verkriecht sich in seiner Werkstatt, probiert Zoroastros Geheimrezepte aus und ahnt doch, dass diese auf Dauer nichts verhindern werden. Also konzipiert er eine gesündere, weniger stinkende Stadt, zweigeschossig: Oben flanieren Fußgänger, unten fahren Ochsenkarren. Offene Wendeltreppen erscheinen ihm pragmatischer als dunkle Stiegen, in die Passanten urinieren. Und auch die Toiletten lassen sich verbessern durch systematische Luftzufuhr. Gut wäre es zudem, die Menschen lernten endlich fliegen und könnten einander aus dem Weg flattern, anstatt im überfüllten Mailand aufeinanderzuhocken.[44]

Leonardos Architekturprojekte und andere Visionen bleiben: Papier.

Da Il Moro ihn weiter engagiert, hat der Künstler die Muße, zu denken und zu fantasieren, was ihm in den Sinn kommt. Sicher, er ist zu Diensten. Bastelt bald aufwändige Bühnenbilder für Theateraufführungen, unterhält den Hof mit Sprachspielen und Bilderrätseln. Und er formt ein riesiges Tonmodell für das Bronzepferd, das er seinem neuen Herrn versprochen hat, als Denkmal für dessen Vater. Weil das eine raumgreifende Arbeit ist, überlässt Sforza ihm einen großen alten Palast direkt an der Piazza del Duomo, mit Bergblick, was den Mann aus dem hügeligen Vinci entzücken muss. Mindestens einmal in den frühen Neunzigerjahren wandert er in den Alpen, sucht nach Bärenspuren, erklimmt Felsen auf allen vieren, setzt sich der geliebten Wildnis mit Haut und Haar aus.

Das bronzene Herrscherdenkmal für die Sforza wird er nie vollenden, was auch damit zu tun hat, dass ein sich aufbäumendes Pferd, wie es dem Künstler vorschwebt, kaum zu gießen ist, selbst mit Hilfe des so begabten Metallschmieds Zoroastro nicht. Leonardo denkt schneller, als er arbeitet, und er überschätzt jenseits der Tafelmalerei regelmäßig sein handwerkliches Geschick.

Il Moro glaubt selbst kaum noch, das Reiterdenkmal aus Leonardos Hand zu erleben.[45] Und er denkt offensichtlich gar nicht daran, seinen Mitarbeiter auch all das Kriegsgerät, all die Gebäude errichten zu lassen, von denen der träumt. Ihm fällt eine passendere Verwendung für sein Haus- und Hofgenie ein. Ludovico lässt den Künstler tun, was der am besten kann: eine so schöne und kluge wie selbstgewisse Frau malen. Er hätte Leonardo, sich selbst und der Nachwelt kein größeres Geschenk machen können.

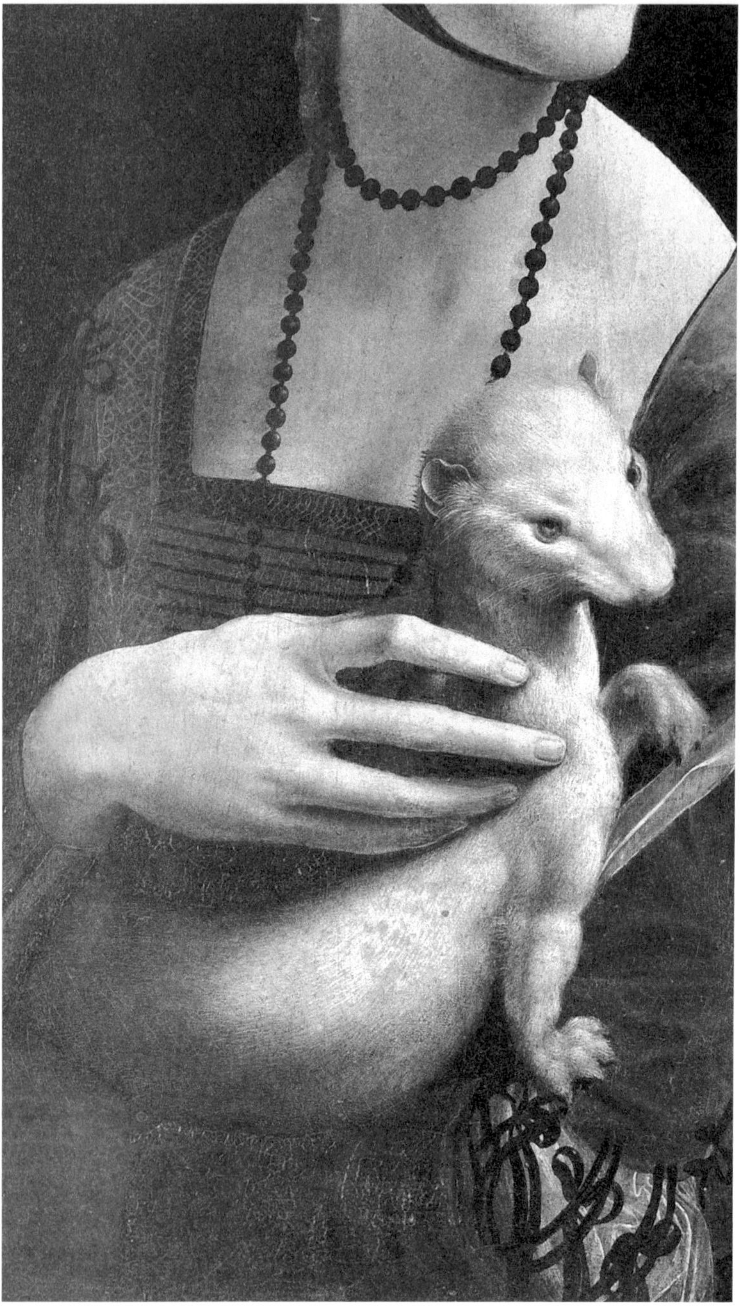

VII

DAS ZWEITE SCHLÜSSELWERK: DIE SCHÖNE MIT DEM BIEST

Wer jagt die Mäuse in Leonardos verwinkeltem altem Palast am Domplatz von Mailand? Vielleicht hält sich der Künstler dafür ein Wiesel. Die kleinen Raubtiere sind wendig, schnell und brutal. Ihr breitester Körperteil ist der spitze Kopf; wo der durchpasst, passt auch das Wiesel durch. Seit der Antike werden die Tiere, die zu den Mardern gehören, als Jäger und Spielkameraden im Haus gehalten. Reiche Damen tragen ihre Felle als Stola und befestigen diese mit einer Goldkette am Gürtel. Der Schädel der toten Tiere wird dabei durch einen goldenen, mit Edelstein verzierten Wieselkopf ersetzt. Das sieht aus, als trügen die Trophäen-Jägerinnen ein domestiziertes Raubtier um den Leib geschlungen. So sehr greift diese luxuriöse Mode um sich, dass Ende des 15. Jahrhunderts in Mailand ein Gesetz erlassen wird, wonach nur noch Würdenträger die besseren der Felle tragen dürfen.[1] Doch solche Kleiderverbote beachtet kaum jemand.

Womöglich facht Leonardo die Frauenmode mit seinen Bildern an. In Mailand beschäftigt er sich intensiv mit den Mäusefängern. Zur Familie der Wiesel gehört das nordosteuropäische Hermelin, dem im Winter mit Ausnahme der Schwanzspitze ein weißes Fell wächst. Die hellen Haare faszinieren die Italiener, die aus ihrer unmittelbaren Umgebung nur braune Wiesel kennen. Sie schreiben dem Hermelin eine Reinheit und eine Bescheidenheit zu, die doch eigentlich nicht zu Raubtieren passen will. Eher fangen lassen würde sich ein Hermelin, als sich zu beschmutzen, notiert Leonardo, und gibt damit eine seit dem römischen Historiker Plinius verbreitete Idee wieder. Und er bewundert die enorme Stärke, Gelenkigkeit und Entschiedenheit der Wiesel, die sogar Schlangen töten können.[2] Kein anderes Tier wäre geeigneter für sein Vorhaben: Bewegungsenergien in Malerei zu übersetzen und so die Kunst selbst in Bewegung zu bringen.

Wahrscheinlich sieht Leonardo am Hof Ludovico Sforzas lebende und tote Hermeline, die Pelzhändler aus Russland importiert haben. Der Künstler zeichnet ein Hermelin im Moment der Entscheidung: Soll es in die offene Landschaft flüchten, in den Schlamm vor seinen Pfoten, oder soll es sich dem stockschwingenden Jäger hinter ihm ergeben?[3] (Abb. 22) Der Blick des schlanken Tiers durchdringt den plumpen Mann, der es auf das helle Fell abgesehen hat. Das Hermelin ist ihm körperlich unter-, moralisch aber überlegen.

So, wie im Denken der Zeit eine sehr junge Frau einem mächtigen Mann überlegen sein kann, weil sie sich scheinbar nicht kompromittiert in den Spielen um Macht und Geld. Eine Mätresse hat viel weniger zu sagen als ein Herrscher. Das aber heißt nicht, dass sie sich einem einflussreichen Liebhaber ausliefern muss mit Haut und Haar. Sie ist ein bisschen wie ein Hofkünstler: nicht austauschbar, da einzigartig. Und womöglich ebenso eigenwillig.[4]

Ende der Achtzigerjahre des 15. Jahrhunderts bittet Ludovico Sforza Leonardo, ein Bildnis seiner neuen Geliebten, der jugendlichen Cecilia Gallerani, zu malen. Der Künstler macht sich begeistert an die Arbeit (Tafel 17).[5] Ein Geliebtenbild, das heißt: Keine Konventionen schränken ihn ein. Es gibt keine Klunker, keinen Zwang zur Profilansicht wie in einem Brautbild. Sicher, Cecilia soll als anständige Frau auftreten. Aber gleichzeitig beruht ihr Erfolg auf ihrer Verführungskraft, und das trifft sich gut mit Leonardos Anliegen: Er will, dass die Malerei als größte Verführerin unter den Künsten

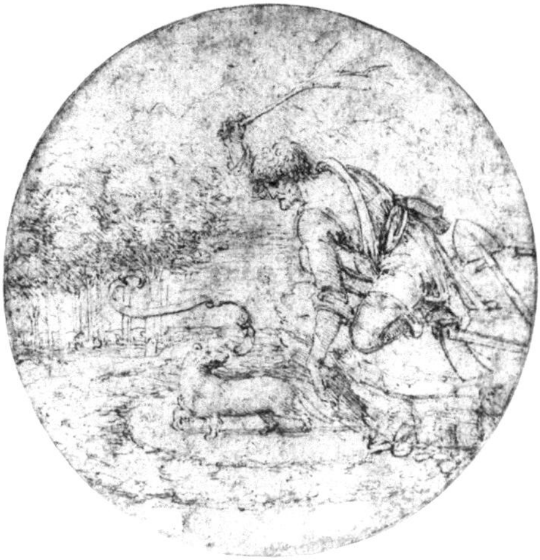

Abb. 22: Leonardo da Vinci, Studie eines Hermelins, Fitzwilliam Museum, Cambridge

wahrgenommen wird, als klüger, sinnlicher, charmanter und lebensnäher als Poesie, Musik, Bildhauerei.[6] Dafür will er seine Figuren animieren, ihnen eine Seele geben. Es muss so aussehen, als könnten sie selbständig und flink wie ein Wiesel ihre Körper drehen und wenden, als könnten sie mit Biss reagieren auf die Welt außerhalb des Rahmens, der sie umgibt. Cecilia Gallerani ist die perfekte Partnerin für dieses ehrgeizige Vorhaben.

Das schmale, etwa sechzehnjährige Mädchen mit großen braunen Augen, hoher Stirn und kleinem Mund ist die Tochter eines Mailänder Finanzbeamten, der aus einer Sieneser Kaufmannsfamilie kommt. Die Mutter entstammt einer Familie aus Juristen und Theologen, ihr Bruder, ein in Mailand angesehener Franziskanermönch, gehört zu den Verfechtern der Lehre der Unbefleckten Empfängnis Mariens.

Als Cecilia sieben Jahre alt war, im Jahr 1480, starb ihr Vater. Sein Erbe hatte er unter seinen sechs Söhnen aufgeteilt, die den beiden Töchtern eine Mitgift zahlen sollten. Das Kind wurde einem viel älteren Mann versprochen. Die Hochzeit sollte an ihrem zwölften

Geburtstag gefeiert werden, was nach kirchlichem Recht das Mindestalter für Bräute ist. Trotz dieser Eile erhielt Cecilia, wahrscheinlich auf Drängen der Mutter, eine gute Schulausbildung und lernte sogar Latein.

Vielleicht wollten die Brüder nicht die gesamte Aussteuer zahlen. Jedenfalls war Cecilia mit vierzehn Jahren immer noch nicht verheiratet. Und es geschah etwas Ungewöhnliches: Das Mädchen löste im Juni 1487 den notariell abgeschlossenen Vertrag mit dem Verlobten auf. Die Braut stand schon fast vor dem Altar – und ging.[7]

Das hätte sie sich aus einer Laune heraus gar nicht leisten können. Im Hintergrund zog offensichtlich schon zu diesem Zeitpunkt der unverheiratete Mittdreißiger Il Moro die Strippen. Er wollte die erste Fassung von Leonardos »Felsgrottenmadonna« (Tafel 15) – und bekam sie wohl. Er wollte diese junge Frau, und er erreichte auch das.

Denn Mätresse eines Alleinherrschers zu sein, bedeutet einen sozialen Aufstieg. Eine solche Beziehung beruht auf einer Art Handel. Der Mann bekommt eine Gefährtin und damit auch die Chance auf uneheliche Söhne als Reserve, falls es später mit der ehelichen Nachkommenschaft nicht klappen sollte. Doch er braucht das Einverständnis der Herkunftsfamilie seiner Geliebten, will er Geraune, Vorwürfe der Ehrlosigkeit, Racheakte vermeiden. Also verwöhnt er die junge Frau und ihre Angehörigen mit Privilegien, Geschenken, Zugängen zur besseren Gesellschaft – Annehmlichkeiten, die nicht auf einem Vertrag beruhen, sondern auf dem gönnerhaften Wohlwollen des Herrschers. Als Cecilias ältester Bruder einmal einen Mord verübt, drängt Il Moro die Familie des Opfers, Frieden mit dem Täter zu schließen. Andere männliche Verwandte Cecilias erhalten kirchliche Pfründe zugesprochen; und Ländereien der Familie, die einst konfisziert worden sind, werden nun unkompliziert zurückerstattet. Auch wenn der Vater tot ist: Materiell mangelt es Cecilia an nichts, seit sie Geliebte ist. Was nicht heißt, dass der ungeschlachte und wenig zimperliche Ludovico Sforza nach dem Geschmack der Jugendlichen sein muss. Die Umstände sprechen eher für ihre Schicksalsergebenheit als für erwiderte Liebe.[8]

Leonardo ist selbst der Sohn einer Frau, die sich in finanzieller Not auf einen wohlhabenderen Mann einließ. Der Maler hat vermutlich noch Kontakt zu seiner leiblichen Mutter, allem Anschein nach wird er die frisch verwitwete Caterina im Jahr 1493 nach Mailand holen und mit ihr bis zu ihrem Tod in seinem Palazzo am Domplatz leben.[9] Er hat keinen Grund, über die Mätresse seines Förderers Il Moro die Nase zu rümpfen. Im Gegenteil, er mag und bewundert Cecilia, die, als er sie um 1489 mit etwa sechzehn Jahren malen soll, in dem Alter ist, in dem Caterina war, als sie Leonardo unter dem Herzen trug.

Ludovico Sforza ist hin und weg von seiner Liebschaft. Er fühlt sich nun gleichauf mit Lorenzo de' Medici, der mit seiner Frauenverehrung Florenz in seinen Bann zog. Dass es dabei um eine platonische, poetische Liebe ging, um unerfülltes Begehren im Sinne Petrarcas – geschenkt, so genau nimmt es ein Haudegen wie Sforza nicht. Über den Florentiner Botschafter in Mailand ließ er Lorenzo de' Medici 1487 wissen, er sei »wieder verliebt« und richte seinen Sinn deshalb gerade auf »viele anmutige und würdige Dinge«. So feiere er ausgiebig Karneval in seinen Villen und bestelle wie einst Lorenzo Sonette bei seinen Hofdichtern.

Lorenzo gratulierte in seinem Antwortschreiben zur jungen Liebe und fügte süffisant hinzu, sie werde hoffentlich zur Verfeinerung von Sforzas Geist beitragen. Dann mahnte er noch, Leidenschaft sei nicht nur süß, sondern könne auch Seelenqualen bereiten, und legte zum Beweis zwei klagende Verse Petrarcas bei. Offenbar stößt es ihm auf, wie hemmungslos Il Moro das von den Medicibrüdern kultivierte petrarkistisch platonische Liebesspiel zu seinem erotischen Vergnügen nutzt.[10]

Auch Leonardo mag sich seinen Teil denken, als er, vermutlich zwei oder drei Jahre später, den Auftrag bekommt. Sein Verhältnis zu dem Mailänder Möchtegern-Herzog ist pragmatischer Natur. Ein Anhänger ist er nicht, seine oberste Loyalität gilt seinen Forschungen und seiner Kunst, nicht den politischen und persönlichen Belangen seines Chefs. Doch die Aufträge und Gunstbezeugungen Il Moros sichern dem Maler ein gutes Auskommen (auch wenn er sich, als Sforza einmal nicht zahlt, bitterlich bei seinem Förderer beklagt). Und zwischen all den Aufträgen für Festdekor und andere Vergänglichkeiten ist das jetzt endlich ein verheißungsvoller Job: das Bildnis einer begehrenswerten Frau zu malen, so, wie es das Liebesritual vorsieht seit Petrarca, der seine Laura von Simone Martini porträtieren ließ. Eine solch traditionsreiche Aufgabe muss für Leonardo eine Frage der beruflichen Ehre sein. Auf dem Spiel steht der Nachruhm seiner Kunst.

Nur hat Cecilia im Unterschied zu Petrarcas Laura einen Liebhaber, der sich nicht damit begnügt, ein Bildnis anzuschmachten und gefühlvolle Klagelieder zu singen. Er will seine Geliebte ganz besitzen. Wohin also mit dem feisten Il Moro auf dem Gemälde dieser jungen Schönheit?

Leonardo hat eine Idee. Sie ist böse, und sie ist gut.

Ludovico Sforza ist seit Kurzem Träger des Hermelinordens, eines Ritterordens, den der König von Neapel gestiftet hat. Verliehen wird eine goldene Halskette mit der Darstellung eines Hermelins. Die Ordensdevise lautet »Lieber will ich sterben, als besudelt zu werden.«[11] Es ist dieselbe Devise, die auch Leonardo in seinen Zeichnungen und Schriften proklamiert.

Was läge also näher, als Ludovico in einen Marder zu verwandeln, ein Hermelin. Auf seinem Gemälde wird Leonardo den großen Mann zum Schoßtier seiner Mätresse machen, und da der Vergleich mit dem prinzipienstarken Tier als Kompliment gilt, kann der Herrscher gar keine Einwände anmelden.

Gleichzeitig aber meint das Hermelin, das Leonardo etwas vergrößert naturgetreu malen wird, die Gallerani selbst. Denn das Wort Wiesel heißt auf Griechisch *galè*.[12] Es ist also auch Cecilias Symboltier, Sprachspielen kann der Künstler nicht widerstehen. Und an der Tugend sowie der Potenz der jungen Mailänderin besteht kein Zweifel.

Schließlich gibt es eine dritte Möglichkeit, das Wiesel zu deuten, das Leonardo der Cecilia Gallerani auf ihrem Porträt in die Arme legen wird: Das Tier, zart gedrückt von der jugendlichen Frau, lässt an ein Baby denken – zumal sich Ludovico von der mehr als zwei Jahrzehnte jüngeren Cecilia einen Sohn erhofft. (Vermutlich ist sie zu dem Zeitpunkt, als Leonardo das Porträt malt, noch nicht schwanger.)

Wie gut passt da also das Wiesel, das – nach dem verbreiteten Glauben – zur und bei der Schwangerschaft helfen soll und deshalb auch gerne auf dem Geschirr abgebildet wird, das Frauen zur Geburt gereicht wird. Die Leute sagen: Wer beim Gebären ein Wiesel erblicke, tue sich leichter.[13] Wiesel heißt auf Italienisch *donnola*, was an *donna* erinnert, Frau. Das Tier steht in Italien für eine kreatürliche, lebenspendende Weiblichkeit, wie Leonardo sie bewundert.

Die *donnola* ist aus guten mythologischen Gründen Schutztier der Schwangeren. Der altrömische Schriftsteller Ovid erzählt, wie die geschickte Magd Galanthis von der Göttermutter Juno in ein Wiesel verwandelt wurde, weil sie mit einer Notlüge bei der Geburt des Herakles half. Das erboste Juno, deren Mann Jupiter sie mit Herakles' Mutter betrogen hatte. Als Wiesel durfte Galanthis ihr blondes Haar, ihre Intelligenz und Gelenkigkeit behalten. Ovid setzt noch eins drauf: »Weil sie der Gebärenden mit lügenhaftem Mund geholfen hatte, gebiert sie durch den Mund und geht nach wie vor in unseren Häusern aus und ein.«[14]

Die Idee, Wiesel würden durch das Maul gebären, ist nicht totzukriegen. Schon Aristoteles mühte sich, darüber aufzuklären, dass die Säuger ihre Jungen durch den Uterus zur Welt bringen und sie

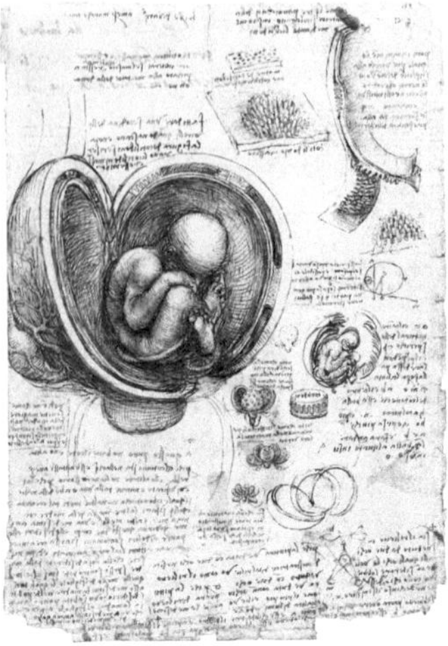

Abb. 23: Leonardo da Vinci, Fötus, Royal Collection, Windsor

im Maul lediglich transportieren. Doch der Philosoph setzte sich nicht durch. Im Gegenteil, von der Antike bis zur Renaissance erzählte man sich, dass der Mundgeburt der Wiesel eine unbefleckte Empfängnis vorauszugehen pflegt – nämlich durch das Ohr des Tieres. Das Wort ward Fleisch; damit ist das Wiesel auch noch eine Seelenverwandte Marias.[15]

Leonardo hängt diesem Aberglauben sicher nicht an, jedenfalls nicht im wörtlichen Sinne. Er betrachtet das Hermelin vielmehr als kraftstrotzendes, gelenkiges Symboltier, das noch interessanter wird, wenn man es aus der Welt der Mythen hervorlockt und mit Haut und Haar, Öl und Pinsel scheinbar zum Leben erweckt.

Empfängnis, Schwangerschaft und Geburt faszinieren den Künstler. Zeichnend imaginiert er bald menschliche Embryonen im Uterus (Abb. 23), erkundet die Blutbahnen von Mann und Frau, rekonstruiert den Koitus im anatomischen Querschnitt. (Abb. 8) Zuerst leitet ihn die allgemein anerkannte Auffassung des Aristoteles, wonach allein der männliche Samen Körper, Geist und Seele eines Kindes prägt. Generell entsprechen in den Augen des Griechen Gestaltung und Geist dem männlichen Prinzip, während die für ihn minderwertige Materie, alles Erdige und Organische dem weiblichen Prinzip folgen.[16]

Doch Leonardo wird im Laufe seiner Studien immer mehr von dieser simplen Gegenüberstellung abweichen. Zu viel Ehrfurcht hat er vor der Schaffenskraft der Natur, als dass er sie komplett menschlichen Denkprozessen unterordnen wollte. Ihn beeindrucken das unermüdliche Wachstum der Pflanzen, die Freiheit der Vögel, die Schnelligkeit eines Wasserfalls, und er glaubt daran, dass Mutter Natur eine große Schöpferin ist, die niemals irrt. Deswegen mag er Blumen, Berge, das Meer nicht so weit abstrahieren vom natürlichen Vorbild, wie es etwa der Kollege Botticelli tut.[17]

In den Mailänder Jahren fallen Leonardo die Schriften des altgriechischen Mediziners Galen in die Hände, der es sich mit der Geschlechterdifferenz nicht ganz so leichtmacht wie Aristoteles. Nach Galens Vorstellung und der seiner späteren Interpreten ist zwar die Frau eine mindere Ausgabe des Mannes, aber sie ist keineswegs nur das Gefäß seines Samens. Im Gegenteil vereinigen sich für Galen die Anteile beider Eltern bei der Zeugung. Jahre später wird Leonardo aus der Beobachtung gemischtrassiger Paare und ihrer Babys folgern, dass der männliche und der weibliche »Samen« gleichermaßen verantwortlich sind für Gestalt und Wesen eines neuen Menschen. Er macht sich dann auch Gedanken über den formenden Einfluss der mütterlichen Seele auf die des ungeborenen Kindes.[18]

Oftmals ist Leonardos Kunst seinem Denken voraus, dem seiner Zeit sowieso. Was er später formulieren wird, schlummert lange zuvor in seiner Malerei.[19] So ist es auch beim Bildnis der Cecilia Gallerani: Leonardos stetig wachsender Respekt vor einer aktiven, schöpferischen und unkontrollierbaren Weiblichkeit bahnt sich schon Ende der Achtzigerjahre in diesem Werk seinen Weg.

Cecilia nämlich ist in Leonardos Augen nicht nur schön und fruchtbar, sie ist auch eigensinnig und gefährlich. Das Liebesbildnis einer hinreißenden Frau, so ist er überzeugt, kann Liebe nicht nur zeigen, sondern sogar bei wildfremden Menschen entfachen. So wie Laura dem armen Petrarca emotional gefährlich wurde, so kann auch eine Bildfigur ihre Betrachter dazu bringen, sich in ihrem Anblick zu verlieren – als wäre sie eine Frau aus Fleisch und Blut und nicht nur ein Wesen aus Farbe und Öl.[20] Cecilias dynamischer Charakter, ihre vitale Energie, ihr geschmeidiger Körper, die ganze Schönheit, Selbständigkeit und Intelligenz der jungen Dame sollen Leonardo helfen, die Malerei zu einer lebendigen, verführerischen und bedrohlichen Instanz zu machen.

Nur wie?

Ein Profilbildnis kommt nicht infrage, zu starr, zu keusch ist dieses traditionelle Format. Aber auch die versunkene Innerlichkeit, mit der sich die von Bernardo Bembo zart verehrte Ginevra de' Benci dem Betrachter zuwendet, wäre hier fehl am Platz. (Tafel 9) Diese Liebschaft ist anders, handfester, es handelt sich nicht um eine sentimentale Angelegenheit zwischen zwei Poeten, sondern um ein mit großen Gefühlen ausgekleidetes Tauschgeschäft im Rahmen eines Machtgefälles.

Leonardo ist überzeugt, dass die »Leidenschaften der Seele« eines Menschen sich in dessen körperlicher Verfassung, in den Regungen des Leibes spiegeln.[21] Auf dem Zeichenblock probiert er, wie es wirkt, wenn eine Frau ihr Gesicht nach links oder nach rechts neigt, nach oben oder nach unten.[22] Schon bei anderer Gelegenheit hat er ein Mädchen gezeichnet, das über die Schulter zurückblickt.[23] (Abb. 24) Wie weit lassen sich Körper und Kopf in entgegengesetzte Richtungen drehen, wie viel Bewegung verträgt die Wirbelsäule? Mit Tinte skizziert er eine andere respektable Verführerin, Maria Magdalena, in zwei Varianten.[24] (Abb. 25) Einmal blickt sie den Betrachter irritierend direkt an, als wäre der ihr Heiland. Und einmal wendet sie sich seitlich aus dem Bildrahmen heraus, als stünde Christus neben dem Bild.

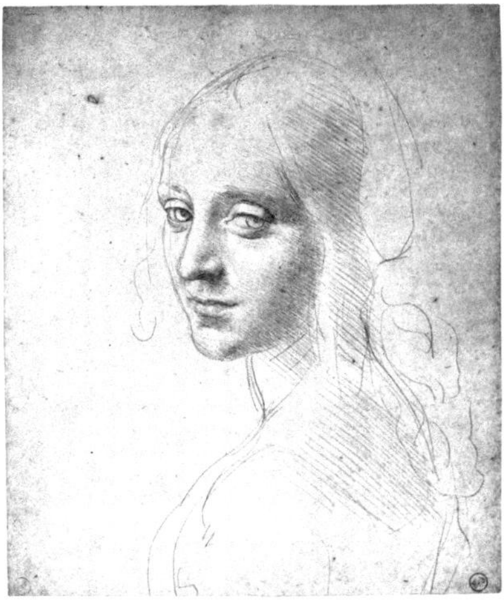

Abb. 24: Leonardo da Vinci, Studie eines Mädchenkopfes, Biblioteca Reale, Turin

Im Ölbildnis der Cecilia entscheidet Leonardo sich schließlich für den Blick über den Rahmen hinaus. (Tafel 17) Die Frau ist gerade von hinten bis an den vorderen Bildrand herangetreten, ihr Oberkörper verharrt noch in der Drehbewegung. Ihren Kopf aber wendet Cecilia offenen Blickes im Dreiviertelprofil zur Seite.

Auf den Armen hält die im spanischen Stil modisch, doch nicht luxuriös gekleidete Jugendliche ihr Alter Ego: ein kurzhaariges, muskulöses und erstaunlich groß gewachsenes Hermelin. Es verstärkt optisch die Achse, um die sich seine Herrin dreht. Die Köpfe von Frau und Wiesel zeigt Leonardo übereinander und beleuchtet sie hell. Unwillkürlich vergleicht man die beiden dunklen Augenpaare, die Nase mit der Schnauze und erwartet die dünnen Ohrmuscheln des Tiers auch bei seiner Trägerin – um dann enttäuscht festzustellen, dass deren Ohren von ihrem glatt gekämmten dunklen Haar verdeckt sind.

Die beiden so quicklebendigen wie gefährlichen Gestalten ähneln sich nicht nur physiognomisch, sie agieren auch Hand in Pfote. Ihre geballte Aufmerksamkeit gilt einem Gegenüber jenseits

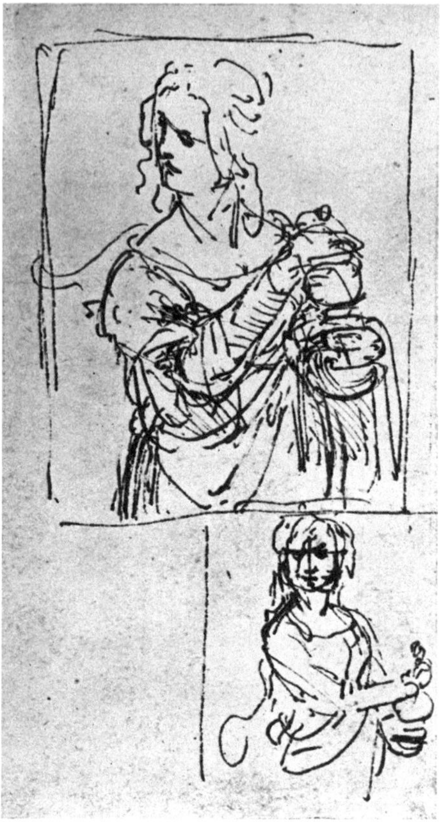

Abb. 25: Leonardo da Vinci,
Studie zur heiligen Magdalena,
Courtauld Gallery, London

des rechten Bildrandes. Ihm, vielleicht Il Moro, hält das Wiesel seine Tatze wie zum Handkuss hin. Damit verlängert es optisch die enorm langen und wendigen Finger, mit denen Cecilia das Tier sachte streichelt. Die Frau muss den Pulsschlag des Hermelins spüren, das Hermelin den Herzschlag der Frau. Die beiden sind ein Herz und eine Seele, zwei agile und wehrhafte Wesen, die man für sich gewinnen muss und nicht zähmen kann.

Leonardo hat Hochachtung vor der gebildeten jungen Frau, die ihm als Sechzehnjährige Modell sitzt. Später wird er einen Brief an sie beginnen mit den Worten »Madonna Cecilia. Meine innigst geliebte Göttin …«. Am Hof von Mailand, zwischen Humanisten, Höflingen, Reisenden, ist die Jugendliche eine Sensation. Die »höchsten und feinsten Geister, die in Mailand zu finden sind«, reißen sich um ihre Gesellschaft, schreibt ein Zeitzeuge. Eine *virtuosa*, eine Lichtgestalt der italienischen Sprache sei sie.[25]

Tatsächlich hat Cecilia Freude am Dichten. Leider ist keine einzige Zeile ihrer Verse überliefert, die Auskunft geben könnten über ihre Perspektive auf das Leben am Hof Sforzas. Doch ein Selbstzeugnis der Wieselfreundin ist erhalten geblieben. In einem denkwürdigen Schreiben äußert sich Cecilia später, im Jahr 1498, über den »unvergleichlichen« Leonardo.[26] Sie ist zu diesem Zeitpunkt schon fünfundzwanzig Jahre alt, und ihr gehört nun Leonardos Porträt. Ludovico hat es ihr geschenkt, als er sie verlassen hat.

Bereits während seiner Liaison mit dem Bürgerkind hatte der Staatschef sich mit Beatrice d'Este verlobt, einer vermögenden Tochter des Herzogs von Ferrara. Allerdings hatte er die Hochzeit wegen Cecilia immer weiter herausgezögert. Schließlich jedoch wurde pompös geheiratet, und die Angetraute zog ins düstere Mailänder Schloss der Sforza ein – wo auch die hochschwangere, beinahe gleichaltrige Cecilia wohnte, die Ludovico so lange überallhin begleitet hatte. Nun aber tönte Ludovico rüde, die Schwangere sei zu dick, er wolle erst wieder mit ihr schlafen, wenn sie ihm einen Sohn geboren habe.[27]

Die Wohngemeinschaft zu dritt ging nicht gut. Als die neue Schlossherrin herausfand, dass ihr Mann seiner Geliebten und ihr das gleiche Kleid geschenkt hatte, platzte ihr der Kragen. Kurz bevor Cecilia am 3. Mai 1491 einen Jungen namens Cesare zur Welt brachte, mussten sie, das Baby und Leonardos Porträt ausziehen. Ludovico überließ dem Kleinen und Cecilia große Anwesen und fädelte ihre Hochzeit mit einem Mailänder Adeligen ein.

Als nun, Ende April 1498, ein berittener Bote bei Cecilia vorstellig wird, lebt sie mit ihrer neuen Familie in einem üppig ausstaffierten Palast in Schlossnähe und umgibt sich in ihrem Salon mit Humanisten, Dichtern und Künstlern. Il Moro hat das Haus seinem Erstgeborenen Cesare überlassen. Ludovicos Frau Beatrice d'Este war im Vorjahr bei der Geburt ihres dritten Sohnes gestorben. Der Herrscher pflegt ein Verhältnis mit einer Zofe von Beatrice, die, als ihre Herrin starb, von ihm bereits schwanger war.[28] Leonardo ist nun schon ein bekannter Künstler; es hat sich in Italien herumgesprochen, welch einen originellen Kopf und begabten Maler Il Moro in Mailand beschäftigt.

Der Brief, den Cecilia Gallerani an dem Frühlingstag 1498 von dem Boten annimmt, stammt von Beatrices Schwester Isabella d'Este. Der imposanten Herrin kann kein Mann etwas vormachen. Sie schlägt sie alle auf ihrem eigenen Feld: der Repräsentation. Isabella, verheiratet mit dem Markgrafen von Mantua, ist die bedeutendste Kunstsammlerin und -kennerin Italiens, wenn nicht Europas. Sie hat Geschmack, Kontakte und den eisernen Willen, sich nichts entgehen zu lassen. Die Aussicht, ein besonderes Werk vorgeführt zu bekommen, lässt sie alle Skrupel vergessen. So findet sie auch nichts dabei, die Rivalin ihrer gerade verstorbenen Schwester mit einem liebenswürdigen Brief zu umgarnen. Denn sie will es sehen, anfassen, um sich haben. Das Porträt der Frau mit dem Hermelin.

Ob Cecilia ihr nicht das Bildnis zur Ansicht schicken könne, für das sie Leonardo Modell gestanden habe? Sie habe gerade ein Gemälde von dem Venezianer Giovanni Bellini im Haus und wolle dieses und andere Werke mit einem echten Leonardowerk vergleichen. Und: So hätte sie dann gleich auch die Freude, Cecilia Galleranis Aussehen zu bewundern.[29]

Schon drei Tage später antwortet Cecilia – höflich, bescheiden und ehrlich. Und willigt ein. Aber: »Ich würde es noch lieber senden, wenn es mir mehr ähnelte.« Isabella dürfe nicht denken, dies liege an Meister Leonardo, der sei unvergleichbar, der Beste seiner Zunft. Bloß habe er dieses Porträt von ihr in einem so »unvollkommenen Alter« angefertigt. »Ich habe mich seither komplett verändert, so sehr, dass, wer mich und das Porträt nebeneinander sähe, nicht glauben würde, dass es mich meint.«[30]

In der Rückschau empfindet sich Cecilia als unreif, zu jung womöglich für ihr Verhältnis mit Il Moro. Vielleicht schämt sie sich auch für die aggressive Energie, die ihr Bildnis vermittelt. Sie ist inzwischen mehrfache Mutter und arrivierte Ehefrau, keine Jugendliche mehr, die im Spiel mit Wieseln und Männern ihre Kräfte testet. Und sie macht sich nichts vor. Wie idealisiert Frauenbildnisse in dieser Zeit sind, selbst die von Leonardo, ist ihr nicht entgangen.[31]

Noch etwas spricht aus ihrem Brief: ein Echo auf Leonardos Hybris. Der nämlich betont gerne, seine Gemälde der schönen Frauen hätten länger Bestand als die Frauen selbst. Menschen altern und sterben, nicht aber seine Geschöpfe aus Öl und Farbe, so Leonardo: »Wie viele Malereien haben das Abbild einer göttlichen Schönheit festgehalten, deren Vorbild in der Natur die Zeit oder der Tod bald zerstört hatten, und wie viel mehr Würde hat so das Werk des Malers als das Werk der Natur, seiner Lehrmeisterin!«[32]

Sicher kennt Cecilia die Verse, die Ludovico Sforza einst bei seinem Hofdichter Bernardo Bellincioni bestellte. Bellincioni hat für Lorenzo de'Medici gearbeitet, er ist geschult in der petrarkistischen Liebe und weiß, dass zu einem Geliebtenbildnis unbedingt auch

Gedichte gehören – schließlich sind die so lobenden wie klagenden Gemäldesonette Petrarcas auf Simone Martinis Laurabildnis legendär. Auch Leonardo, der sich in Florenz intensiv mit Petrarca auseinandergesetzt hat, muss es begrüßt haben, dass sein Landsmann Bellincioni ein Lied auf Cecilias Porträt singt. Und Cecilia selbst? Die mag den Poeten. Nach der Geburt ihres Sohns Cesare besuchte Bellincioni die junge Mutter und frohlockte: »Ich bin ihr Favorit, und ich schwöre bei Gott, wir hatten großen Spaß mit Signor Cesare, der nett und fett ist, wirklich fett.«[33]

Wie Cecilia in ihrem Brief an Isabella, so bemerkte auch Bellincioni eine Differenz zwischen dem Bildnis und seinem Vorbild. Leonardo und Mutter Natur seien Konkurrenten. *Natura* sei eifersüchtig auf die strahlenden Augen der Cecilia in ihrem Bildnis. Aber sie solle sich nicht ärgern, sondern sich bei Leonardo und Ludovico bedanken. Schließlich ehre das Bildnis *natura* und verschaffe ihr Ruhm bis in alle Zukunft: In der Malerei nämlich werde Cecilia ewig leben und wegen ihrer Schönheit verehrt werden. Über die gemalte Cecilia sagte Bellincioni: »Wer sie so sieht, auch wenn sie / Nicht mehr lebt, wird sagen: Dies reicht uns jetzt, um Natur und Kunst zu verstehen.«[34]

Nicht abgesprochen mit Leonardo war wohl der weitere Satz Bellincionis, seine Malerei wirke, als würde Cecilia zuhören, aber nicht sprechen.[35] Hier ahmt der Hofdichter Petrarca nach, der ebendies an Simone Martinis gemalter Laura auszusetzen hatte: »Wenn sie mir doch nur antworten könnte!«[36]

Doch Leonardos Cecilia und ihr Wiesel reagieren auf den Liebhaber, den man sich als den unsichtbaren Mann neben dem Bilderrahmen denken muss. Sie bewegen sich auf ihn zu, schauen ihn an, lauern ihm sprungbereit auf, reichen ihm Fingerspitzen und Tatze. Und sie sind so offen für seine Ansprache, wie man es auch den Wieseln nachsagt, die schließlich durch das Ohr sogar ihre Jungen empfangen sollen. Die beiden vor Kraft strotzenden, innig verbundenen Bildfiguren nehmen nicht nur, sie geben auch, versprechen

Anregungen, Austausch und Nachwuchs. Petrarca wünschte sich »voce ed intellecto«, Stimme und Verstand, von seiner Gemalten. Cecilia könnte, würde Ludovico das denn schätzen, auch Rede und Antwort stehen, zuhören und widersprechen, so aufmerksam und gebildet, wie sie ist.

Ludovico mag das egal sein. Er ist kein Humanist wie Bernardo Bembo, der um die ehrliche Zuneigung einer wortgewandten Frau ringt. Leonardo aber weiß, was er an seinem Modell hat. Il Moro wird irgendwann kaum noch jemand kennen. Leonardo, Cecilia und ihr Wiesel aber bleiben im Gedächtnis der Menschheit – als die drei, die der Malerei Biss, Bewegung, Verführungskraft und eine Seele gaben.

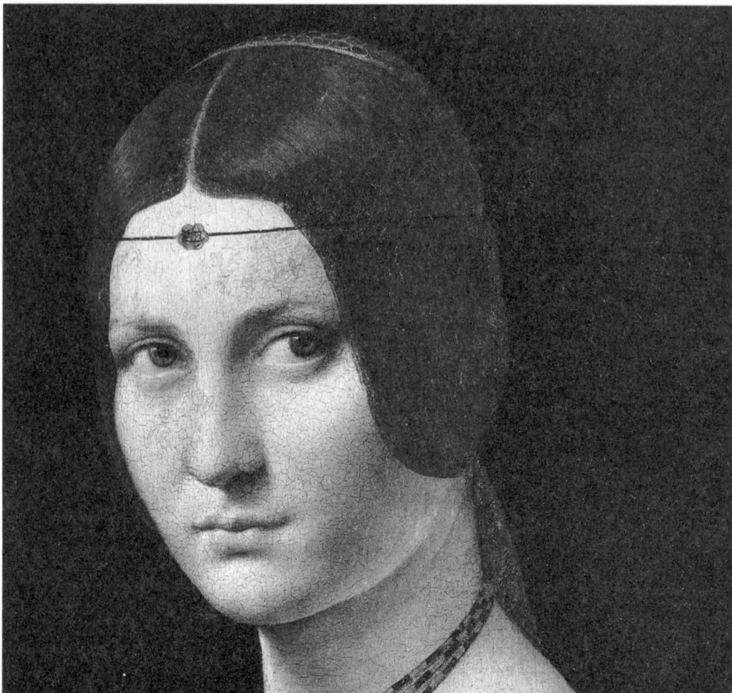

VIII

STREIT- UND SINNESLUST

Leonardo fühlt sich wohl in Mailand. Er ist der angesehenste Maler der Stadt und überall gern gesehener Gast. Und er schart nun Gleichgesinnte um sich, in seinem großen alten Palast am Domplatz. Zoroastro, der Metallschmied, ist noch da und dient Leonardo als Hilfsingenieur und Farbenrührer. Ambrogio de Predis, Leonardos Partner bei der »Felsgrottenmadonna«, führt gemeinsam mit einigen Kollegen die Malereien aus, zu denen der Meister keine Lust hat, die aber in seinem Stil und unter seiner Anleitung gepinselt werden. Nur Atalante, der schöne junge Musiker aus Florenz, macht auswärtig Karriere: die Mantuaner Markgräfin Isabella d'Este engagiert ihn 1490 für die Titelrolle in Angelo Polizianos neuer italienischer Oper »Orfeo«.

Doch der nächste Knabe mit Ringellocken steht schon in der Tür. Am 22. Juli 1490 begrüßt der Meister Giacomo di Pietro Caprotti, den zehnjährigen Sohn eines Mittelständlers aus der Nähe von Monza. Den Namen muss sich niemand in seinem Umfeld merken, denn schon am zweiten Tag verpasst Leonardo dem neuen Lehrling einen Spitznamen: Salaì, ein Lehnwort aus dem Arabischen, das »Kleiner Teufel« oder »Dämon« bedeutet.

Salaì macht diesem Vergleich alle Ehre. Leonardo lässt ihm als Erstes schicke Hemden, Hosen und ein Wams schneidern, legt das Geld dafür in einem Beutel bereit. Salaì stiehlt es, leugnet dann aber die Tat. Am nächsten Tag nimmt sein Chef ihn zu einem Abendessen bei einem befreundeten Architekten mit, wo der Knabe alles

Essbare in sich hineinschlingt, drei Krüge zerbricht und den Wein verschüttet. Auch zuhause kann man ihn nicht unbeaufsichtigt lassen. Ein Werkstattmitarbeiter besitzt einen Griffel aus Silber, ein besonderes Stück – bis Salaì ihn entwendet und in seiner Truhe versteckt. Reue zeigt er keine, im Gegenteil: Dem nächsten Kollegen, der nur kurz seinen Silbergriffel auf dem Zeichenblock ablegt und den Raum verlässt, nimmt Salaì ebenfalls das Gerät weg.

Ständig muss Leonardo sich bei Menschen entschuldigen für den Unfug, den der kleine Teufel anrichtet. Gerade hat der Meister Gewänder für ein Turnierfest entworfen, der Clou sind Kostüme animalisch erscheinender »Wilder Männer«. Die Teilnehmer kommen zur Anprobe, ziehen ihre Hemden, Hosen und Gürtel aus, schlüpfen in die pelzbesetzten Gewänder, hängen sich lange Bärte um. Alle sind fasziniert von dem gruseligen Effekt. Nur Salaì nutzt den Moment, um unbeobachtet die abgelegten Kleider eines Mannes zu durchwühlen und sich an seinem Geldbeutel zu bedienen. Und als einmal ein Gast Leonardo ein besonderes Stück türkisches Leder schenkt, aus dem er sich Stiefel machen lassen solle, verscherbelt es Salaì an einen Flickschuster und ersteht von dem Erlös ein schönes Stück Aniskuchen, das er sogleich verspeist.[1]

»Dieb, Lügner, Dickschädel, Fresssack«, schimpft Leonardo und beginnt, akribisch Buch zu führen über die Missetaten des Jungen. Er notiert auch die Einkäufe, die er Salaì zuliebe tätigt, und muss sich eingestehen: Sie sind verschwenderisch. Der Enddreißiger kann es nicht lassen, seinen hübschen Lehrling und Laufburschen auszustaffieren mit edlen Stoffen. Schon im ersten Jahr seines Werkstattaufenthaltes erhält Salaì etliche Paar Schuhe, zudem eine Garderobe, wie sie manch ein Höfling nicht besitzt: Oberteile, Gürtel, Hemden, Hosen, einen Mantel und dann noch einen gefütterten Anzug.[2]

Der eigentlich höchst sparsame Leonardo mag sich sagen, dass die Ausgaben sich rechnen, weil Salaì ihm ja auch Modell steht – der Knabe verkörpert genau den Typus des forschen, androgynen

Jungen, den der Künstler am liebsten zeichnet und malt, vielleicht auch, weil er sich in ihm wiedererkennt.

Das scheint er selbst zu ahnen, jedenfalls warnt er Kollegen gerne: Jeder Künstler male sich selbst. Wer unansehnlich sei, zeige, wenn er nicht achtgebe, auch unansehnliche Gesichter. »Ebenfalls wird sich jeder Teil, der gut oder traurig an dir ist, zum Teil in deinen Figuren zeigen.«[3]

Und wer so schön und gepflegt ist wie der langhaarige Leonardo, ließe sich ergänzen, der liebt und zeigt eben lockige, lockende Schönheiten. Wer so eigensinnig ist wie der Meister und so wenig auf Regeln gibt wie er, der fühlt sich angezogen von denen, die tun, was sie wollen.

Also darf Salaì in der Werkstatt bleiben. Obwohl oder gerade weil es Leonardo nicht gelingt, ihn zu Anstand und Bescheidenheit anzuhalten. Der Junge wächst zum Mann heran, wird hübscher und hübscher – und erhält immer aufwändigere Gewänder von seinem Meister. Als Salaì siebzehn Jahre alt ist, besorgt Leonardo ihm vier Ellen Silberstoff für einen Mantel und grünen Samt als Futter, plus Borten. Allein der Silberstoff ist mit 15 Lire und 4 Soldi so teuer, dass eine vierköpfige Familie davon ein Jahr ausreichend Brot sowie sechzig Flaschen Landwein kaufen könnte. Wieder muss Leonardo in seinen Notizen hinzufügen: »Salaì stahl das Geld«, wohl das Wechselgeld. Trotzdem erhält der Jüngling später sogar drei Golddukaten ausgehändigt, um sich rosa Hosen mit Stickereien machen zu lassen.[4]

Zu diesem Zeitpunkt sind die beiden längst ein Paar, und zwar kein allzu heimliches. Die Sitten sind locker in Mailand, und Leonardo gehört nun zu den Männern, die so angesehen sind, dass ihnen fast alles nachgesehen wird. Vasari betont, wie sehr Leonardo sich an »Anmut und Schönheit« des Jüngeren erfreut habe, und sein Kollege Lomazzo wird noch konkreter, wenn er in seinem erfundenen Dialog Leonardo posthum fragt, ob der denn mit seinem Lieblingsschüler Salaì geschlafen habe. Was der fiktive Leonardo bejaht; und er sagt, mit fünfzehn Jahren (also in dem Alter, in dem auch Mädchen als heiratsfähig gelten) sei Salaì besonders schön gewesen.[5]

Erhalten haben sich aus Leonardos Werkstatt derbe gezeichnete Scherze über Analsex, versehen mit dem Namen Salaì. Verschwiegen wird in Leonardos Kreis nichts; die Gruppe um den Meister scheint Sodomievorwürfe deutlich weniger fürchten zu müssen als Leonardo einst in seiner Jugend in Florenz.

Salaì macht vielleicht aus Zuneigung mit, vielleicht, weil ihm die Beziehung zu einem geschätzten Künstler ein privilegiertes Leben verschafft und auch seine Familie absichert – so zahlt Leonardo später die Aussteuer von Salaìs Schwester und versorgt den Vater mit Wohnraum. Für Liebe spricht, dass Salaì Leonardo bis an dessen Lebensende begleiten wird. Danach heiratet er eine Dame, die viel reicher ist als er.[6] Wie im Leben der meisten Zeitgenossen, Männer wie Frauen, sind auch für Salaì Sexualität und ökonomisches Erfolgsstreben, emotionale und finanzielle Abhängigkeiten kaum voneinander zu trennen.

Und Leonardo? Der ist, wie alle, bei genauerem Hinsehen ein Mensch mit Brüchen. Bei aller Freizügigkeit in seinem Palazzo am Mailänder Domplatz hat der Künstler auch Momente, in denen er die Lust als Last empfinden mag – oder sich zumindest fragt, wie sich radikale Entsagung anfühlen muss. Wohl einige Jahre bevor er den kleinen Teufel bei sich aufnimmt, beschäftigt ihn der heilige Hieronymus.[7] (Tafel 14) Es beeindruckt ihn, wie dieser Alte in der Wüste gegen sein Begehren kämpfte, wie er seinen Körper unterwarf, um die Seele rein zu halten. Was geht in einem Mann vor, der die eigene Brust mit einem Stein prügelt; wie sieht ein darbender, halbnackter Leib aus, der sich alles verbietet?

Schrecklich und nicht erstrebenswert ist der Anblick, scheint zumindest der Löwe zu denken, der Hieronymus bei seinen Qualen in der Wüste zusieht. Voller Entsetzen und Mitgefühl brüllt das

Tier auf Leonardos Hieronymus-Gemälde; es ist der Freund des Heiligen, nicht sein Feind. Der Künstler kennt lebende Löwen aus Florenz, sie werden dort in einem Käfig im Stadtzentrum gehalten und ab und an in großen Spektakeln auf der Piazza della Signoria auf Pferde oder Lämmer losgelassen. Ihre Gelenkigkeit, ihre Kraft, auch ihre Brutalität faszinieren den Maler. In einem wortmagischen Sinne identifiziert er sich mit den Raubkatzen und zeichnet einmal ein Bilderrätsel: Flammen umhüllen einen Löwen, daneben steht ein Tisch. *Leonardesco* steht darunter, leonardohaft. Was sich zusammensetzt aus *leone* für Löwe, *ardere*, brennen, und *desco* für Tisch.[8]

Der Löwe auf dem Hieronymus-Gemälde ist nicht ausgeführt, der Künstler legt sein Symboltier nur in wenigen sicheren Strichen an, um sich dann dem alten Mann zu widmen. Dessen Kopf interessiert ihn besonders. Es ist die Zeit, in der Leonardo von der menschlichen Anatomie fasziniert ist. Er zeichnet um 1490 den »Vitruvmann« (Abb. 21), untersucht Totenschädel und überlegt, wo genau die Seele sitzt oder wenigstens der Gemeinsinn, der alle anderen Sinne bündele. Hieronymus' Gesicht ist schmerzverzerrt, die Augenhöhlen sitzen tief, Sorgenfalten haben sich in die Stirn eingeschrieben. Der agile Greis reckt dem Betrachter Schulter und Halsbeuge entgegen, so als wolle er sich ihm – und Gott – gegenüber besonders verletzlich zeigen. So treten die Sehnen, Knochen und Muskeln hervor, die Kopf und Körper, Geist und materielle Existenz verbinden. Üblicherweise trägt Hieronymus einen Bart, den aber hat Leonardo ihm rigoros abrasiert; ihm geht es um die Details des Körperbaus, die im Moment höchster Anspannung nach außen treten.

Das Bild ist in Erdfarben gehalten. Wie auf der »Anbetung der Könige« (Tafel 12) sind nur an wenigen Stellen die Farben schon gesetzt. Hinten erstreckt sich eine der bläulichen, ätherischen Berg- und-Himmel-Landschaften Leonardos, auch sie bleibt unvollendet. Im Hintergrund hat Leonardo zudem eine Renaissancekirche skizziert, wie er sie aus Florenz kennt und nun in Norditalien gerne einmal selbst bauen würde. Das aber bleibt Beiwerk. Sein Thema ist die Pein eines Mannes, der gegen sich selbst kämpft, doch in inniger Verbindung mit der göttlichen Natur steht, vertreten durch die ihn umhüllende Steinlandschaft und seinen treuen, aber skeptischen Freund *leone*.

Selbstqualen kennt Leonardo zur Genüge, Zweifel waren von Jugend an seine Begleiter im künstlerischen Schaffensprozess. Gemälde werden nicht fertig, auch dieses nicht. Und doch führen ihn diese Stimmungen, das nachdenkliche Zaudern nicht in die Isolation und Selbstzerstörung. Der Künstler versteht es, sein Leben beruflich und privat so gut zu leben, wie man ihn lässt.

Er kann sich glücklich schätzen, in Mailand zu wohnen, im Schatten eines vielleicht despotischen, aber schutzspendenden Alleinherrschers. Während Leonardo den heranwachsenden Salaì pink, grün und silbern kleidet und sich selbst in enge Hosen, rosenfarbene Mäntel hüllt, überschlagen sich in Florenz die Ereignisse. Eigentlich ist die Stadt am Arno die europäische Hauptstadt der Kunst, Mode und vielfältigen Lebensstile. In den Neunzigerjahren des 15. Jahrhunderts aber steigern sich ausgerechnet die Florentiner in Feindbilder hinein: Allen voran trifft es die Künstler, die Sodomiten, die schönen Frauen.

Neuerdings gibt der Dominikaner und selbsternannte Prophet Savonarola am Arno den Takt an; er predigt eine radikale Askese. Die Florentiner sollen dem Tand, dem Prunk, auch der sinnlichen Kunst und Liebesdichtung abschwören und zum Tugendvorbild werden, denn sie seien ein auserwähltes, allen anderen überlegenes Volk.[9] Zur wachsenden Schar der glühenden Anhänger dieser Reinheitslehre gehört ein Heer an Buben, die in Savonarolas Kloster San Marco aufgehetzt werden. In weißen Kutten ziehen sie zu Tausenden durch die Straßen von Florenz und skandieren Lobgesänge auf den Herrn. Als Tugendwächter des Propheten reißen sie den Frauen die goldenen Spangen aus dem Haar, zerstören Schachbretter von Straßenspielern, drängen durch Haustüren und fordern Spiegel, Parfüm, Perücken, Spielzeug und die Bücher von Dante und Petrarca heraus.

Alles steht nun unter Verdacht: die langen Haare und schmalen bunten Hosen der Jünglinge, die Mieder und Schminke der Frauen. Die Tänze, das Pferderennen, der Wein in den Tavernen und die Bilder der *belle donne* in den Palästen. Und die gelebte Männerliebe sowieso. Sodomiten droht der Bußprediger: Erwische man sie ein Mal, würden sie an den Pranger gestellt. Beim zweiten Mal werde man ihnen öffentlich das Stadtwappen als Schandmal auf die Stirn brennen. Beim dritten Mal dann sollten sie auf dem Scheiterhaufen sterben.

In zwei »Feuern der Eitelkeiten« lodern dort, auf der Piazza della Signoria im Herzen der Stadt, nun erst einmal Schmuck, Luxusartikel, Musikinstrumente, Bilder und Bücher. Willig werfen die Florentiner ihre besten Stücke in die Flammen oder sehen zu, wie die Kinder dies tun. Es sind keine guten Zeiten für Ästheten. Die Künstler sind verunsichert. Sandro Botticelli, der einige Jahre zuvor auch eine (ergebnislose) Sodomie-Anklage am Hals hatte, hat einen Bruder, der sich ganz dem Prediger verschrieben hat. Doch der Maler selbst mag und kann sich nicht komplett auf die Seite des Fanatikers stellen – das würde seinen Markenkern gefährden, die sinnliche Malerei nackter Göttinnen und anderer schöner Frauen.[10]

Den Aufstieg in der Gunst auch gebildeter Bürger verdankt Savonarola einem Machtvakuum. Lorenzo de' Medici, der lange an Gicht litt, war im Jahr 1492 gestorben, mit erst dreiundvierzig Jahren. Sein Sohn Piero folgte ihm nach, hatte es aber schwer: Die reichen Clans in der Stadt lauerten nur auf ein Missgeschick des Jünglings; die angemaßte Vormachtstellung der Medici war ihnen seit Langem ein Graus. Piero reagierte darauf unglücklicherweise mit Arroganz und machte dann noch politische Fehler. Der französische König hatte sich in den Kopf gesetzt, Neapel zu erobern, Piero de' Medici verweigerte ihm die Unterstützung. Als er merkte, dass er damit den Kürzeren zog, da die Soldaten ihren Weg über die Toskana nahmen, trat er Ende 1494 Frankreich zur Besänftigung umgehend wichtige florentinische Gebiete ab – und brachte damit seine eigene Regierung gegen sich auf, die ihn gemeinsam mit etlichen Bürgern aus der Stadt jagte.[11]

Die Franzosen marschierten tatsächlich in Florenz ein, wüteten dort aber nicht wie anderswo und zogen nach zwei Wochen ab nach Süden – was die Florentiner dem guten Einfluss Savonarolas auf die Besetzer zuschrieben. Seither ist die Stadt wirklich eine Republik, und im Großen Rat bestimmen nun neben den wohlhabenden Familien auch Ladenbesitzer und Handwerker über die politischen Geschicke. Doch im Hintergrund, ohne offizielles Amt, wirkt mehr als drei Jahre lang Savonarola – bis dies dem stets von ihm kritisierten Papst Alexander VI. zu viel wird und auch etlichen Florentinern, welche die alte Leichtigkeit, den Hedonismus und den Kunstsinn der Medici-Zeit vermissen. Die Stimmung kippt, immer mehr Bürger distanzieren sich, meiden nun die Predigten des Dominikaners – bis Savonarola schließlich von der Regierung als Ketzer gefangen gesetzt, gefoltert und mit seinen engsten Getreuen am 23. Mai 1498 auf dem Scheiterhaufen verbrannt wird.[12]

Während seine Landsleute noch dem Extremismus frönen, wird Leonardo immer rationalistischer und humanistischer. Seine Frömmigkeit hat mit Befehl und Gehorsam, Selbstaufgabe und blindem Glauben nichts zu tun. Im Gegenteil. Hat Gott nicht den Menschen nach seinem Ebenbild geschaffen und ihm deshalb einen einzigartigen Körper und einen Verstand gegeben?[13] Leonardo, das zeigen neben seinen Schriften auch seine Kunstwerke, stellt sich eine Religion vor, die dem freien Denken verpflichtet ist. Die Ekstasen, die seine Figuren erleben, sind die der Welterkenntnis.

In den Jahren des Savonarola-Wahns definiert Leonardo die christliche Kunst neu. Anlass dafür gibt ihm wieder einmal Il Moro. Der ist jetzt, was er schon lange werden wollte: Herzog von Mailand. Den legitimen Träger dieses Titels, Ludovicos jungen Neffen Gian Galeazzo Sforza, hat Il Moro erst kaltgestellt, dann auf eine Festung in Pavia abgeschoben, schließlich, so raunen die Mailänder, am 21. Oktober 1494 möglicherweise umbringen lassen. Ludovico gibt sich keine große Mühe, dieses Gerücht zu widerlegen; er beschäftigt sich lieber mit seinem Nachruhm. Aus dem Reiterdenkmal Leonardos wird nichts mehr, dem Künstler will es nicht von der Hand gehen, und Ludovico hat kurzerhand die dafür vorgesehene Bronze seinem Schwiegervater für Kanonenkugeln mitgegeben. Außerdem: Ludovico will nicht mehr seinen Vorfahren, sondern sich selbst ein Denkmal setzen.

Leonardo kann dabei helfen. Besser aber, man lässt ihn malen, darauf versteht er sich. Ludovico will seine Grabstätte im Mailänder Dominikanerkloster Santa Maria delle Grazie errichten, die Umbauarbeiten sind bereits im Gange. Um überregional wahrgenommen zu werden, muss der Ort auch künstlerisch an Bedeutung gewinnen. Was fehlt, ist moderne Kunst von Rang. Also soll Leonardo das Refektorium ausmalen, in dem auch Il Moro zu speisen pflegt. Das Thema liegt nahe: das letzte Abendmahl.[14] (Tafel 19)

Welch eine Gelegenheit für Leonardo, zu beweisen, was seine neue Kunst der Bewegung vermag: Gemütsausdrücke zeigen, Körper und Seele in Einklang bringen. Er denkt gar nicht daran, die Jünger brav hinter dem gedeckten Tisch aufzureihen. Erst einmal stürzt er sich in umfangreiche Charakterstudien. Flaniert durch die Stadt, mit seinem Notizblock am Gürtel, auf der Suche nach starker Mimik, ausdrucksstarken Gesten. Redet mit diesem und jenem, reißt einen Witz, um zu sehen, wie die Gesichtsmuskeln seines Gegenübers sich beim Lachen regen. Oder wie jemand, dem man gerade etwas Erstaunliches erzählt, die Augen aufreißt. Ihn interessiert, wie ein Mann seine Finger verkeilt und ein Gespräch beginnt. Wie einer dem anderen etwas ins Ohr flüstert. Wie ein Mensch sich beim Zuhören nach vorne beugt, um nichts zu verpassen. Leonardo wird zum Chronisten von Interaktionen.[15]

Nun geht es ihm nicht mehr nur um den Einzelnen, sondern um das, was zwischen Menschen geschieht. Die Abendmahlszene ist das Urbild einer Gemeinschaft. Und was passiert, wenn ein ungeheuerlicher Verdacht diese Gruppe durchwogt, wenn Jesus spricht: »Amen, ich sage euch, einer von euch wird mich verraten und ausliefern«?[16]

Es ist dieser dramatische Moment, den Leonardo auswählt, und er wird seine Figuren rätseln lassen, anstatt ihnen, wie andere Maler das tun, schon die Lösung preiszugeben: Judas ist der Verräter. Bei Leonardo sitzt er auf derselben Tischseite wie alle anderen, zwischen dem hübschen, androgyn-langhaarigen Johannes und dem entgeisterten Petrus zur Rechten Jesu. Nur sein Geldbeutel, den er auf dem Tisch umklammert hält, spricht von seiner Tat.

Es dauert mal wieder. An einigen Tagen schuftet Leonardo, ohne zu essen und zu trinken, von morgens bis spätabends auf dem Gerüst im Speisesaal. An anderen setzt er nur ein, zwei Pinselstriche und geht wieder heim. Oder er taucht monatelang gar nicht auf, bis sich die Mönche schließlich bei Ludovico beschweren: Dieser Maler solle gefälligst genauso hart arbeiten wie die Klosterbrüder![17]

Ludovico, so berichtet es ein Bekannter Leonardos, zitiert seinen Künstler zu sich.[18] Wäre ja nicht das erste Mal, dass der eine Arbeit verbummelt. »Was soll das heißen, was mir die Klosterbrüder da erzählen?«, fragt der Herzog wütend. Il Moro glaubt, sein Hofkünstler lüge. Die Mönche sagen, seit über einem Jahr sei er nicht mehr im Kloster erschienen. Der Maler aber behauptet, kein Tag vergehe, ohne dass er sich nicht mindestens zwei Stunden mit dem Werk beschäftige. »Und wie kann das sein«, insistiert Ludovico, »wenn du nicht hingehst?«

Leonardo kann sich ein Lachen kaum verkneifen. Diese Klosterbrüder und ihr Prior verstehen einfach nichts von Kunst. Er wird Ludovico jetzt auf seine Seite ziehen, indem er ihm darlegt, wie zeitaufwändig er für das »Abendmahl« recherchiert. Il Moro wird sich dann wie ein Eingeweihter fühlen, ein Kenner, und auch über die Mönche spotten. »Erlauchtester Herr«, setzt Leonardo an. »Ich habe nur noch den Kopf des Judas zu malen, der eben der große Verräter war, wie Ihr wisst: und er verdient es daher mit einem Gesicht gemalt zu werden, das zu seiner großen Niedertracht passt.« Bissig und ein wenig beleidigt fügt er hinzu, »unter denen, die mich anklagen« wären ja eigentlich genug Typen, die für das Gemälde einen wunderbaren Judas abgeben würden. Aber nein, er wolle seine vielen Gegner ja nicht bloßstellen. Also gehe er nun schon seit mehr als einem Jahr jeden Tag in den Stadtteil Borghetto, »wo gemeines, niedriges Volk wohnt, zum großen Teil abgefeimte Schurken, nur um zu sehen, ob mir nicht ein Gesicht unter die Augen käme, das geeignet wäre, das Bild jenes Bösewichts auszuführen«.

Nur war bislang keines dabei. Nicht einmal die Halunken aus Borghetto sind hinterhältig genug für das Judasbild. Und wenn er keinen finden sollte? »Dann werde ich das Gesicht des Priors verwenden, der mich jetzt so belästigt, und es wird aufs Wunderbarste passen.« Ludovico lacht laut auf. Leonardo hat ihn für sich gewonnen mit seiner bösen Zunge.

Später findet er dann auf den Straßen noch einen Mann, der als Judas taugt, erzählt Leonardos Bekannter, der gerne zuschaut, wenn Leonardo im Speisesaal arbeitet. Vasari dagegen, der jede Gemeinheit noch einmal übertreffen muss, deutet an, Leonardo habe am Ende doch den Prior des Klosters als Judas porträtiert.[19]

Die ausgiebigen Stadtspaziergänge aber sind nicht der einzige Grund, warum Leonardo so lange für das »Abendmahl« braucht. Er muss nachdenken, um etwas gänzlich Neues zu schaffen. Er entschließt sich, die Jünger in engagierter Diskussion zu zeigen, anstatt sie nur demütig Jesu Worte empfangen zu lassen. Seine Figuren sind nicht nur überrascht, verärgert, verwundert und erschrocken über die Nachricht des Verrats, sie befinden sich auch in einem Erkenntnisprozess. Leonardo könnte sich – in einem Dominikanerkloster – nicht deutlicher von dem autoritären, dialogfeindlichen

Gebaren Savonarolas absetzen, der meint, im Besitz der einzigen Wahrheit zu sein.

Auch technisch will Leonardo alles anders machen. Er ist nicht gerade ein erfahrener Freskomaler, sein Meister Verrocchio hat dieses Handwerk nicht gelehrt. Und es stört den Forscherkünstler, dass ein Freskostück einen ganzen Tag lang trocknen muss, nachdem man die Farbe direkt auf den feuchten Kalkputz aufgetragen hat. Korrekturen wie beim Tafelbild in Öl verbieten sich. Das aber passt nicht zu Leonardos Arbeitsweise. Er denkt gerne noch beim Malen nach, schichtet Farben und Formen übereinander, erweckt und tilgt Figuren. Der bessere Einfall ist ihm stets der Feind des guten. Also ändert er kurzerhand die Technik. Über eine Grundierung aus Leim und Kreide malt er experimentell mit verschiedenen Mischungen aus Tempera und auch Öl.

Das geht nicht gut, schon nach wenigen Jahrzehnten blättert die Farbe ab. Erst ein Nachfolger und Bewunderer Leonardos, der venezianische Maler Sebastiano del Piombo, wird im kommenden Jahrhundert eine funktionstüchtige Ölrezeptur finden, die auch auf Stein und Putz hält.[20] Leonardo aber glaubt an seine Mixtur. Dass sie noch zu seinen Lebzeiten dafür sorgen wird, dass die Farbe bröckelt und das Bild langsam, aber sicher zur restaurierungsbedürftigen Ruine wird, mag er nicht wahrhaben.

Das fertige »Abendmahl« wird bewundert und gerühmt, Reisende legen Umwege ein, um es zu sehen. Leonardo gefällt das, er liebt es, über seine Kunst zu sprechen. Der Maler »hatte es sehr gern, wenn jeder, der sich seine Malerei anschaute, frei heraus sagte, was er davon hielt«, erinnert sich später der Neffe des Priors aus dem Dominikanerkloster.

Der Künstler umgibt sich mit Philosophen, Mathematikern, Architekten. Passend zu seinem Thema, einer streitfähigen Religiosität, mag er Diskussionen und nimmt auf, was er lernen kann. Und er besteht zunehmend auf seiner Sicht der Dinge, ja, er sucht den

Streit. Denn am Mailänder Hof geben, wie in ganz Italien, die Literaten den Ton an. Ihre Arbeiten zählen zu den *artes liberales*, den freien Künsten, die der Maler und Bildhauer dagegen nur zu den *artes mechanicae*, den praktischen Künsten. Um den Dichtern ihre Deutungshoheit streitig zu machen, poltert er nun in seinen Notizen gegen die Poeten. Sie könnten es nicht aufnehmen mit der Wirklichkeit, die sie erst einmal Satz für Satz zerlegen, anstatt sie als Ganzes erfahrbar zu machen. Wie viel klüger sei doch die Malerei, die Gewitter und Landschaften, Hell und Dunkel, Pflanzen und Tiere darzustellen vermöge, allen voran aber schöne Frauen, so hinreißend, dass Leonardos Kunden seine weiblichen Figuren lieben und nicht mehr von ihnen lassen – weil sie ihnen lebendig erscheinen wie natürliche Geschöpfe. Nur noch vollkommener.[21]

Leonardo hat Grund für seinen Furor. Er muss sich missverstanden fühlen von so manchen Äußerungen. So tönt ein Literat namens Antonio Tebaldeo über ein Porträt einer anderen Geliebten Sforzas, Leonardo habe der Figur absichtlich keine Seele geschenkt – denn die Seele der Frau gehöre ja allein Ludovico Sforza.[22]

Es ist, als wolle da ein Hofdichter etwas geraderücken im Sinne der Macht; als dürfe nicht sein, was Leonardo betreibt: die *belle donne* von ihren Herren emanzipieren, ihren seelischen Energien nachspüren, ihr autonomes Wesen, ihren Freiheitsdrang feiern – und den innerlich und äußerlich nicht immer ganz so schönen Il Moro, so gut es geht, beiseitelassen.[23]

So ließe sich das Bildnis einer jungen Dunkelhaarigen verstehen, das Leonardo in Mailand malt (Tafel 18).[24] Vermutlich zeigt es Lucrezia Crivelli, die Zofe von Ludovico Sforzas Gattin, mit der Il Moro vor und nach dem Tod seiner Frau ein Verhältnis pflegt. Tebaldeos Gedicht könnte dieses Gemälde meinen.

Züchtig steht die Frau hinter einer steinernen Brüstung, die sie auf Höhe des Bauchnabels vom Betrachter trennt. Gekleidet ist sie in ein rotes Kleid; nach Mode der Zeit sind die Überärmel an den Schultern festgebunden. Keine Schleife öffnet sich, kein Zipfel vom

Unterhemd lugt aus dem Dekolleté. Das von einem Tuch am Hinterkopf gehaltene braune Haar ist streng gescheitelt, die mehrfach um den Hals gewickelte Kette ist fesch, nicht teuer. Geschminkt ist die Dame, wenn überhaupt, dann so dezent, dass man es nicht merkt. Alles entspricht höchsten Anstandsnormen.

Wäre da nicht dieser Blick. Wie er tiefbraun die Betrachter zu durchdringen scheint und dann doch knapp an ihnen vorbeigleitet. Dieser Blick lässt auch die nicht mehr los, die hin- und hergehen vor dem Bild. Die Augen einer Frau, dies scheint der Beweis zu sein, sind das Fenster der Seele; durch sie sendet Amor, wie Petrarca sagt, Pfeile, die einen Mann ins Herz treffen.[25]

Leonardo öffnet in dem Bildnis die Augen seiner *bella* weiter denn je zuvor. Nicht mehr entrückt ist der weibliche Blick wie bei Ginevra de' Benci (Tafel 9), nicht mehr zur Seite gerichtet wie bei Cecilia Gallerani (Tafel 17). Nur noch knapp verfehlt dieser neue Blick den Betrachter, entzieht sich bloß um eine Nasenlänge dem direkten Kontakt. Die Macht dieses immer näher rückenden Blicks ist so stark, dass es eine Brüstung, ein braves Kleid und gleich mehrere Reihen Halsketten braucht, um den Zuschauer zu schützen vor dem Risiko, dem er sich gerade aussetzt. Er wird erkannt von dieser Frau, ohne sie seinerseits voll zu durchschauen. Käme sie ihm noch näher, würde sie ihr Haar und die Schleifen lösen, die Brüstung überwinden, es wäre kaum auszuhalten. Das Spiel von Nähe und Distanz beherrscht Leonardo wie kein anderer.

Ebenso radikal bekennt sich der Meister zum Prinzip des Dialogs. Seine Jünger im »Abendmahl« (Tafel 19) reden über ihren Glauben; er selbst diskutiert mit allen, die wollen, über seine Kunst. Und diese Frau personifiziert die Fähigkeit der Malerei zur Ansprache. Sie hat das, was Petrarca begehrt: »voce ed intellecto«, Stimme und Verstand. Die Fähigkeit der *bella donna* zu sehen, zu verstehen, zu fühlen und zu antworten liegt in ihrem einzigartigen Blick.[26]

Die Frauen, seine Werkstatt, die Malerei, die Natur und die Forschung: Das bedeutet Leonardo alles. Seinem Geldgeber gegenüber dagegen verspürt er keine Loyalität. Das zeigt sich, als Mailand im Jahr 1499 von den politischen Erschütterungen im Land eingeholt wird. Nun erinnern sich die französischen Machthaber, wie fragwürdig die Herrschaft der Sforza ist, die ja eine junge Söldnerdynastie sind und kein alteingesessener Adel. König Ludwig XII. erhebt Anspruch auf das Herzogtum, er ruft seine Soldaten schon an der Grenze Italiens zusammen. Als sie auf Mailand zumarschieren, brechen in der Stadt Unruhen aus. Ludovico, zutiefst erschrocken, flieht am 2. September.

Leonardo folgt ihm nicht. Er hat es sich gerade kommod eingerichtet. Vor einiger Zeit hat Ludovico ihm nahe des Dominikanerklosters einen großen Garten mit Weinberg und Haus geschenkt, überglücklich misst Leonardo seinen neuen Besitz Meter um Meter aus. Seither ist er Gutsbesitzer, wie sein Großvater damals in Vinci. Was hat er von den ausländischen Besetzern zu fürchten? Auch die werden einen Künstler und Ingenieur brauchen. Kaum sind die Franzosen einmarschiert, knüpft Leonardo Kontakte zu den Truppenführern. Vorsichtshalber verschlüsselt er seine Notizen darüber, indem er Namen und Orte rückwärts schreibt – ganz mag er noch nicht glauben, dass auch alle Sforza-Spione von dannen gezogen sind.[27]

Der Plan geht auf, die französischen Besetzer erkennen den ehemaligen Hofmaler ihres Feindes als unabhängigen Universalkünstler an. Vergeblich versucht der König, das »Abendmahl« mitzunehmen, muss dann aber feststellen, dass ein komplettes Mauerwerk sich nicht als Raubgut eignet. Es würde kaputtgehen. Diesen Frevel aber möchte niemand begehen, wie Vasari berichtet. Nur bei dem Tonmodell für das geplante Reiterdenkmal zu Ehren von Ludovicos Vater sind die Soldaten weniger skrupellos. Sie nutzen es als Zielscheibe für ihre Schießübungen, so dass es zerbirst.[28]

Es zahlt sich aus, dass Leonardo sich ansonsten ferngehalten hat von Sforza-Propaganda und immer bei seinen eigenen Themen geblieben ist. Letztlich ist es ihm egal, wer gerade das Sagen hat, solange dieser Jemand ihm auf Augenhöhe begegnet, besser noch: mit Ehrerbietung. Ein Ausnahmetalent wie er, das weiß Leonardo genau, ist begehrt im Ringen der europäischen und italienischen Mächte um kulturelle Bedeutung.

Allerdings kennt Leonardo auch Ludovico zu gut, um sich Illusionen zu machen. Der wird die Schmach nicht auf sich sitzen lassen. Tatsächlich rüstet sich Il Moro nach wenigen Monaten in der Ferne zur Rückeroberung der lombardischen Metropole, und die Franzosen ziehen wieder ab. Leonardos Verrat würde Il Moro nicht entgehen, wenn er erst wieder in die Mailänder Burg eingezogen ist. Also bereitet Leonardo seine Abreise vor. Ende 1499 wird er die Stadt verlassen, in der er im Laufe von beinahe achtzehn Jahren zu Ruhm und neuen Erkenntnissen gekommen ist. Es ist auch die Stadt, in der er in Frieden gelebt und geliebt und vermutlich, wie ein Eintrag im Mailänder Sterberegister nahelegt, fünf Jahre zuvor seine Mutter Caterina zu Grabe getragen hat.[29]

Den Weinberg überlässt der Künstler bis auf Weiteres Salaìs Vater, der in das zugehörige Haus einziehen und auf das Gut aufpassen soll. Der inzwischen neunzehnjährige Gehilfe soll seinem Meister folgen. Leonardo nimmt sich vor, noch schnell von einem Pariser Kollegen zu lernen, wie man Farbe trocken aufträgt und wie man geklebtes Papier wie ein einziges Blatt aussehen lässt.

Er packt seine Sachen, steckt Bettdecken für den Maultiertreiber ein, denkt auch daran, ein Kohlenbecken mitzunehmen. Er erstellt eine Einkaufsliste: Es fehlen noch Tisch- und Mundtücher, Kopfbedeckungen, Schuhe, vier Paar Hosen, ein Wildlederwams und weiteres Leder für Näharbeiten. Knoblauch aus Piacenza, Samen für Gemüse, Blumen und Obst will er besorgen. Die Bretter seines Malereigerüsts lassen sich noch zu Geld machen. »Verkaufe, was du nicht mitnehmen kannst«, befiehlt er sich selbst in einer Notiz. Dann überweist er sein Vermögen auf sein Konto bei einer Florentiner Bank. Immerhin sind dies 600 Florin, was viereinhalb Jahresgehältern eines höheren Beamten der Arnorepublik entspricht.[30]

Vielleicht verabschiedet sich Leonardo persönlich von Cecilia Gallerani, mit der er über ihr Bildnis hinaus befreundet geblieben ist.[31] Vielleicht gibt sie dem Älteren einen guten Rat. Geh nach Mantua, dort lebt dein größter Fan. Die Markgräfin und Kunstsammlerin Isabella d'Este. Die will, seit Cecilia ihr das Bildnis mit dem Hermelin (Tafel 17) zur Ansicht gesandt hat, nur noch eins: auch einmal von Leonardo da Vinci porträtiert werden.

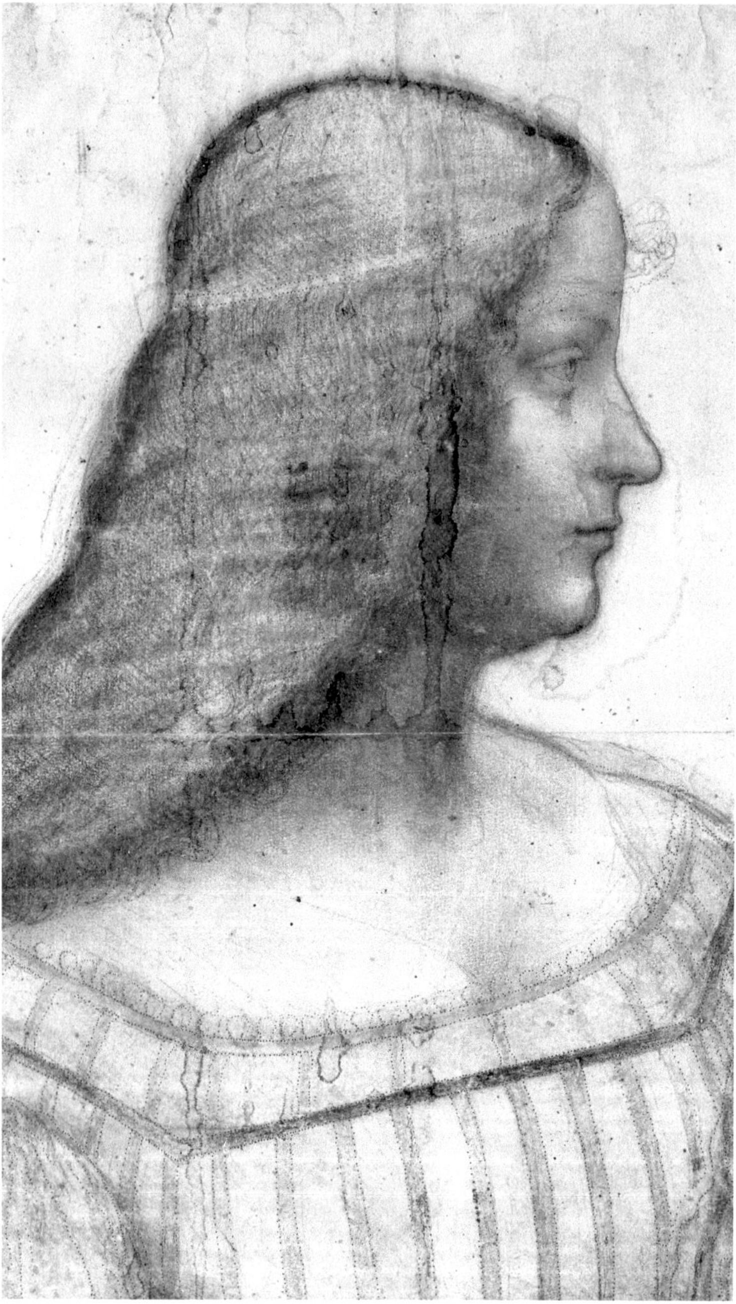

IX

POSE ODER POESIE

Vermutlich begrüßen Leonardo und Salaì das neue Jahrhundert in Mantua. 1500, das klingt in den Ohren derer, die nicht den verbreiteten Weltuntergangsfantasien anhängen, nach Aufbruch in eine große Zukunft. Nun könnte sich das Zeitalter des Wissendranges und der Entdeckungen entfalten. Die Wiederentdeckung der Antike, die Erforschung der Natur und des Menschen sind keine Projekte einiger weniger mehr, sie sind anerkannter Zeitgeist. Die Welt wird komplexer, und sie wird größer. Acht Jahre zuvor ist Kolumbus in Amerika gelandet; die weltumstürzende Dimension dieses Ereignisses ist den meisten Europäern noch gar nicht bewusst. Erst recht ahnt niemand in der Silvesternacht von 1499 auf 1500, dass die korrupte Kirche in wenigen Jahrzehnten zur Zielscheibe von Reformatoren werden und der Kontinent Glaubenskriegen entgegensehen wird, die weit über die bisherigen Gemetzel zwischen Kleinstaaten hinausgehen.

Leonardo hat allen Grund, in Mantua frohgemut in die Zukunft zu schauen: umgarnt von Fürsten, frei in der Wahl seines Wohnsitzes und seiner Projekte ist er mit siebenundvierzig Jahren auf einem Höhepunkt seiner Karriere. Er will weiterreisen nach Venedig und sich mit den Flüssen im Hinterland der Lagunenstadt beschäftigen. Den Isonzo im venezianischen Friaul haben die Türken bereits überschritten, es besteht die Gefahr, dass ihre Truppen noch tiefer ins Landesinnere vordringen. Vor Ort will Leonardo untersuchen, wie der Fluss umzuleiten wäre oder welche Schutzmaßnahmen gegen Invasoren sich ergreifen lassen. Ob ihn dazu die Republik Venedig oder der mit ihr verbündete französische König oder womöglich niemand aufgefordert hat, ist nicht klar. Jedenfalls fühlt sich der Künstler, der sich für einen begnadeten Ingenieur und Wasserfachmann hält, in der Pflicht.[1]

Unterdessen liest ihm die so energische wie einfühlsame Markgräfin von Mantua jeden Wunsch von den Augen ab. Sie hat Großes mit ihm vor und weiß genau, dass sie einen Künstler von seinem Format zu nichts zwingen kann. Sicher zeigt sie ihm ihre Schätze: die Sammlung an Antiken, die Medaillen und Manuskripte, die moderne Malerei. Ungerecht scheint es ihr, dass ihre verstorbene Schwester, die Gattin des protzenden Ludovico Sforza, viel reicher war als sie, obwohl sie doch viel weniger Geld brauchte als Isabella. Schließlich schickt die Markgräfin ihre Agenten durchs ganze Land, um alle Kunstwerke zu kaufen, die gut und angesehen sind.

Isabella ist gewiefter und gebildeter als ihre Schwester, und sie hat den toleranteren Ehemann. Gianfrancesco II. Gonzaga lässt seine sieben Jahre jüngere Gattin gewähren und freut sich an ihren Managerqualitäten. Wenn er auf Reisen ist, vertritt sie ihn und führt die Geschäfte. Und sie tut alles, um im Kreis der norditalienischen Fürsten als ebenbürtig wahrgenommen zu werden. Bald erscheinen in Mantua Traktate, die Frauen im Allgemeinen und Isabella d'Este im Besonderen loben – für ihre politischen und intellektuellen Fähigkeiten, und für ihre Schönheit sowieso. Isabella pflegt Gastfreundschaft und Korrespondenzen, sie schreibt und empfängt in ihrem Leben Zigtausende Briefe. Zudem übt sie sich in Übersetzungen aus dem Lateinischen, verfasst gelegentlich Gedichte und spielt leidenschaftlich Laute, Flöte und andere Instrumente. Singen kann sie auch.

Ihr liebstes Statussymbol ist ihr *studiolo*, ihr Arbeits- und Musizierzimmer. Einen solchen Rückzugsort besitzen ansonsten vor allem männliche Herrscher, und die achten dann darauf, dass ihre Frauen ihn nicht betreten. Isabella will sie alle übertreffen. Dafür braucht sie die besten Künstler des Landes, die den Raum nach ihren Vorgaben ausschmücken. Die Mittzwanzigerin hat keinen Zweifel, in Leonardo ein solches Genie vor sich zu haben. Bevor sie ihn aber – vergeblich – drängt, sich an der Ausstattung des *studiolo* mit einer Mythologie zu beteiligen, verlangt sie ihm ab, was sie noch sehnlicher begehrt: ein Porträt aus seiner Hand.[2]

Schließlich kennt sie Leonardos Bildnis der Cecilia Gallerani (Tafel 17), und sie hat auf ihren Mailandreisen vermutlich die erste Fassung der »Felsgrottenmadonna« (Tafel 15) gesehen. Es gefällt ihr, wie zart der Mann aus Vinci malt, wie feinfühlig er sich den Frauen nähert.[3] Sie könnte eine dieser Frauen sein, die schönste, mächtigste, klügste. Es ist, als ahne sie schon zu Beginn des Jahres 1500, dass ihr Gast einmal das berühmteste Frauengemälde der Geschichte schaffen wird. Und als wolle sie diese Frau werden. Die Mona Lisa (Tafel 28) von Mantua.

Doch daraus wird nichts. Isabella möchte nämlich nicht nur vom besten Künstler ihrer Zeit in Öl porträtiert werden, sie möchte auch auf diesem Feld die Männer um sie herum mit ihren eigenen Waffen schlagen. Sie möchte im Bild Leonardos von allen so gesehen werden, wie sie sich selbst sieht: als kühle, überlegene Souveränin.[4] Ihr Vorbild sind, wie könnte es anders sein, Männer in Herrscherpose.

Leonardo aber interessiert sich für Herrscher nur dann, wenn er ihnen seine eigenen fantastischen Waffensysteme oder Brückenbaupläne unterjubeln kann oder interessante Aufträge von ihnen bekommt. Als Sujet für seine Kunst langweilen Machthaber ihn ganz offensichtlich; weder Lorenzo de' Medici noch Ludovico Sforza hat er im Gemälde porträtiert. Er hasst es, Autoritäten überschwängliche Dankbarkeit zu zollen, vielleicht erinnern sie ihn unangenehm an seinen so wenig nahbaren Vater. An den Frauen interessiert ihn das genaue Gegenteil: ihre Offenheit und eine Stärke, die sich keinem Amt verdankt, keiner Heirat und keinem Erbe. Er mag die

Frauen in ihrem Sosein. Und selbst wenn er, wie er später beteuern wird, die ihn so bewundernde Isabella schätzt: Ihre Vorstellungen teilt er offenkundig nur sehr bedingt. Und er kann es sicherlich nicht leiden, wenn man ihm sagt, was er zu tun hat, selbst dann nicht, wenn dies eine Person mit beachtlichem Kunstverstand tut.

Dazu aber neigt Isabella. Sie weiß zwar, dass sie einen großen Künstler in Themenfindung und Komposition einbeziehen muss, will sie ihn nicht verscheuchen. Doch als kundige Kritikerin urteilt sie allzu gerne über Kunst, sagt einem Maler auf den Kopf zu, die Anlage seiner Figuren sei hübsch, jedoch habe er bei der Fertigstellung geschlampt. Oder sie lässt einen Künstler wissen, er möge sich anstrengen, schließlich werde sein Werk am Ende mit denen berühmter Meister verglichen.[5]

So springt sie mit Leonardo zwar nicht um, immerhin hat der bereits den direkten Vergleich seiner »Cecilia Gallerani« (Tafel 17) mit einem Werk Giovanni Bellinis in ihrem Schloss bestanden. Ein so unbefangenes und umgängliches Modell wie die Dame mit dem Hermelin aber ist Isabella nicht. Schließlich betreibt sie mit ihren Bildnissen gezielte Imagepolitik: Sie schickt sie durch halb Italien als Gunstbezeugungen und Werbegeschenke. Eine der bedachten Damen behauptet entzückt, sie nehme Isabellas Porträt immer mit zum Essen, platziere es auf einem Stuhl und unterhalte sich mit ihm.[6]

Nun aber wünscht die Markgräfin kein zugewandtes Freundschaftsbild, mit dem sich reden lässt; jetzt will sie vom besten Maler ihrer Zeit offiziell repräsentiert werden. Immerhin, Isabella besteht gegenüber Leonardo nicht strikt auf der Konvention. Die besagt, dass eine Frau von Stand im harten Profil nach links aus dem Bild herausschauen muss, denn ihr Bildnis hängt immer rechts von dem ihres tonangebenden Gatten. Diese Unterordnung passt Isabella natürlich nicht, und Leonardo, der mit dem Schema schon in seinem Bildnis der Ginevra de' Benci (Tafel 9) aufgeräumt hat, erst recht nicht.[7]

Doch Isabella wagt es auch nicht, sich ganz in die Hände des Meisters aus Vinci zu begeben und ihn völlig frei ein neues Bild weiblicher Macht erfinden zu lassen. Offensichtlich weist sie ihn auf ihre Porträtmedaillen hin, die sie im Profil nach rechts zeigen. Auch ihre Mutter hatte sich in einer Buchmalerei schon einmal so abbilden lassen, in der Pose männlicher Regenten. Vorausschauend sieht der Blick nach vorne aus. Herrschend. Aber eben auch sehr beherrscht. So möchte Isabella der Welt entgegentreten.[8]

Leonardo legt sich nicht mit der Markgräfin an. Er lässt sich auf das Format ein und macht das Beste daraus. Immerhin geht es um sein Lieblingssujet: das Bildnis einer schönen Frau. Obwohl es Isabella schwerfällt, lange stillzuhalten, sitzt sie ihm für eine große Zeichnung Modell. Er verspricht, diese später einmal in ein farbiges Gemälde zu übertragen. Vielleicht schwant ihm schon in diesem Moment, dass er nicht Wort halten wird. Doch die großformatige Zeichnung in Kreide und Rötel auf Papier führt er so sorgfältig aus, dass sie auch für sich selbst stehen kann.[9] (Tafel 20)

Eine junge, etwas rundliche Frau wendet ihr hübsches, kaum idealisiertes Gesicht wachen Blicks nach rechts. Ihr helmartig zusammengeklebtes Haar fällt ihr akkurat in den bloßen Nacken, keine Locke löst sich. Das weit ausgeschnittene Streifenkleid, das sie trägt, ist modisch französisch geschnitten, wirkt aber nicht prachtvoll, auch auf Schmuck verzichtet sie. Eine im Gegensatz zum Original unbeschädigt gebliebene Kopie der Zeichnung offenbart das eigentliche Distinktionsmerkmal der Markgräfin: Sie legt die großen Hände übereinander und deutet mit dem rechten Zeigefinger auf ein geschlossenes Buch auf der Brüstung vor ihr.[10] (Abb. 26) Herrin ist diese Frau im mehrfachen Sinne: über die Kunst und über die Buchstaben, über Mantua und, so kontrolliert, wie sie auftritt, über sich selbst.

Isabella gefällt das Werk. Am liebsten wäre ihr wohl, Leonardo bliebe in Mantua und würde ihr Ölbild sofort nach dieser Vorlage malen. Der Künstler aber will die Flussläufe im Hinterland Vene-

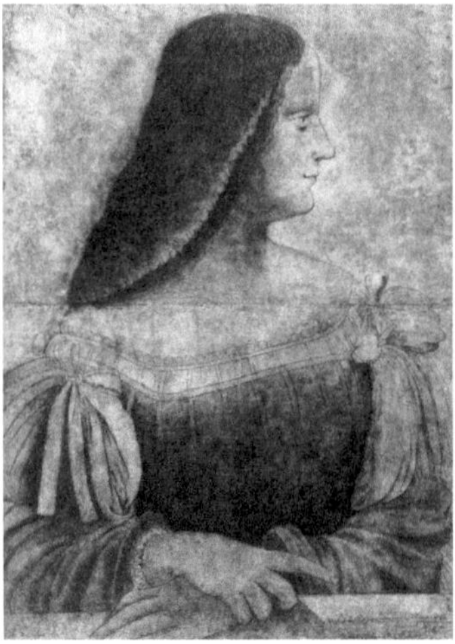

Abb. 26: Leonardo-Werkstatt, Isabella d'Este mit Buch, Ashmolean Museum, Oxford

digs untersuchen, und er weiß genau, wie lange das Malen dauert, beginnt er erst einmal mit der Arbeit. Um guten Willen zu zeigen, kopieren Leonardo, Salaì, oder ein anderer Mitarbeiter die Kreidezeichnung für ein späteres Gemälde und stecken die neue Skizze in ihr Gepäck.[11]

Im Februar, spätestens Anfang März 1500 erreicht Leonardo mit seinem Gefolge Venedig. Eine Stadt, im Wasser gebaut, das muss ihn interessieren, als Ästheten und als Ingenieur. Luftiger als in Mailand wirkt alles hier, trotz der rund 100 000 Einwohner. Wer es sich leisten kann, lässt sich über die Kanäle rudern. Ihre Gondeln legen wohlhabende Signori mit persischen und ägyptischen Teppichen aus und spannen dazu Brokat- und Seidenstoffe auf.

Auch ihre Frauen statten die Venezianer königlich aus, kaufen ihnen elegante Kleider und sehr hohe Plateauschuhe. So stolzieren die Damen die wenigen Schritte, die sie zu Fuß machen, immer bemüht, das Gleichgewicht zu halten. Manche kaufen bei den fliegenden Händlern auf der Piazza San Marco Perückenteile, die unter ihren Kopftüchern hervorlugen. Andere setzen sich zur Mittagszeit auf die Dachterrassen, damit die Sonne ihr langes Haar schneller bleicht. Etliche Kurtisanen schminken und kleiden sich wie Patrizierinnen und gehören ebenso wie die etablierten Familien der Stadt zum Kundenstamm der Maler und Buchhändler.[12]

Die Venezianer sind stolz auf Geschmack, Reichtum und Bildung – und auf ihre politische Unabhängigkeit. Das nie eroberte Venedig ist eine Wahlrepublik, in der die besseren Familien miteinander konkurrieren. Stimmrecht im Großen Rat haben alle verbürgten männlichen Patrizier über fünfundzwanzig Jahre. Ein wenig erinnert das an Florenz, nur ist das politische System stabiler. Keinem einzelnen Clan wie den Medici gelingt es hier, über einen längeren Zeitraum die Geschicke des Staates zu bestimmen. Auch ein fanatischer Bußprediger wie Savonarola hätte in der Serenissima wenig Chancen. Zu pragmatisch, zu weltoffen ist die Händlerstadt, in der man muslimische Turbanträger sieht, orthodoxe griechische Christen, gewerbetreibende Juden (die allerdings zu dieser Zeit in Mestre auf dem Festland leben müssen) und wenige Jahrzehnte später auch deutsche Protestanten.[13]

Bekannte Künstler machen in Venedig ein gutes Geschäft. Um 1500 kommt das Sammeln von Kunst in Mode, so dass Maler und Bildhauer nicht mehr auf offizielle Aufträge angewiesen sind, sondern ihre Madonnen, Porträts, biblischen und historischen Szenen auch auf dem privaten Markt verkaufen. Viele *case*, »Häuser«, wie die Palazzi hier gekonnt untertrieben genannt werden, sehen aus wie Kunstgalerien: Gemälde auf Holz und Leinwänden finden sich im Salon, im Esszimmer, sogar in den Schlafräumen. Und mittelständische und ärmere Familien leisten sich günstige Andachtsbilder. Die Venezianer sind der Bildersucht verfallen.[14] Leonardo ist am rechten Ort.

Selbstverständlich sind die Kunstkenner der Stadt auch literarisch gebildet. Mit ihrer Neugier befeuern sie den noch jungen Buchdruck. Als Leonardo im Frühjahr 1500 durch die kühlen Nebel auf dem Canal Grande fährt, arbeiten bereits hundertundfünzig Drucker in der Stadt. Einer unter ihnen ragt heraus: Aldus Manutius, ein südlich von Rom geborener Humanist, der in seinem Haus im Viertel San Polo die Intellektuellen der Stadt um sich schart und auch griechische Bücher druckt.

Bald wird Aldus die Standardausgabe von Petrarcas *Canzoniere* herausbringen. An der Edition, die 1501 erscheinen wird, arbeitet gerade ein junger Mann, an den Leonardo sich erinnern muss: Pietro Bembo begleitete als Bub seinen Vater, den Diplomaten Bernardo Bembo, und sah in Florenz, wie dieser sich in die junge Poetin Ginevra de' Benci verliebte. Pietro ist seither viel gereist und hat viel studiert, auch eine erste heimliche Liebschaft hat der nun Neunundzwanzigjährige bereits erlebt.[15]

Leonardos Bildnis der Ginevra vor Wacholder lässt Pietro offenbar nicht mehr los. (Tafel 9) Und er teilt die Leidenschaft für Petrarcas Gedichte mit seinem Vater. Noch intensiver als dieser beschäftigt er sich mit den Seelenqualen, die eine unerfüllte Liebe mit sich bringt. Im Jahr 1500 hat er bereits Teile seiner *Asolani* verfasst. In dem Buch unterhalten sich Männer und Frauen am Hof von Asolo bei Treviso ungewöhnlich offen über Liebe und Tod, über Glück und Unglück und die Konflikte von Eros und Enthaltsamkeit, großen Gefühlen und Schicklichkeit.[16] Für die Neuausgabe des *Canzoniere* stellt Pietro sein eigenes Projekt aber erst einmal zurück. Zunächst will er sich verbeugen vor dem großen Vorbild Petrarca, von dem sein Vater ein Manuskript besitzt.

Gut möglich, dass Pietro Bembo Leonardo davon erzählt oder ihm erste Teile der *Canzoniere*-Edition zu lesen gibt. Der Künstler tut sich zwar mit den antiken Sprachen zu schwer, aber er liest gerne und viel auf Italienisch. In seiner Bücherliste, die er noch in Mailand erstellte, führt er auch den *Canzoniere* auf. Und auch wenn Leonardo selbst in seinen Notizen einen viel nüchterneren Stil pflegt als der Dichter, den er wegen seiner Emotionalität belächelt, so hat er doch ein offenes Ohr für den Kult um Laura und das viele

Reden über die Liebe. Schließlich geht es dabei um etwas, das ihn besonders interessiert: die geheime Macht der schönen Frauen, die für ihn Sinnbild des Lebens und der Kunst sind.[17]

Was ihn außerdem interessiert, ist die Ölmalerei. Die venezianischen Maler sind Meister darin. Der Wind, die salzige und feuchte Luft der Lagune verhindern, dass Fresken an den Mauern halten. Deshalb ziehen die Künstler Holztafeln und bald auch Leinwände vor, und sie erreichen in der Ölmalerei eine nie gesehene Brillanz. Die Bedingungen dafür sind optimal, denn in Venedig bieten spezialisierte *vendecolori*, Farbenhändler, aus aller Welt importierte Pigmente, Harze und Färbemittel an. Man bekommt zu Ultramarinblau zermahlenes Lapislazuli, aus Schildläusen gewonnenes Kermesrot, alles, was das Künstlerherz begehrt.[18]

Besonders gern experimentieren die venezianischen Maler mit Fleischfarben und bemühen sich, die Haut ihrer Frauenfiguren so frisch und lebendig wie möglich schimmern zu lassen. Die Venezianer identifizieren sich mit Maria, welche die Stadt im Jahr 421 gegründet haben soll. Madonnenfiguren hängen in so gut wie jedem Haus, in den Kirchen und Amtsstuben sowieso. Manchmal konzentriert sich die Muttergottes auf ihr Kind, manchmal ist sie in Gesellschaft von ins Gebet versunkenen Heiligen und musizierenden Engeln, die zur Andacht zusammengekommen sind.[19]

Leonardo findet also Scharen wundervoller Frauenfiguren in den Kirchen und Häusern vor. Bildnisse von Zeitgenossinnen aber sieht er wohl kaum. Denn in Venedig werden praktisch nur Männer porträtiert. Mit Ausnahme der früheren Königin von Zypern, Caterina Cornaro, die auf dem Festland den Hof von Asolo führt, fehlen in Venedig prominente Frauen. Die Venezianer legen Wert darauf, dass ihre Ämter, insbesondere das des Dogen, nicht vererbbar sind. Deswegen werden die Gattinnen der Würdenträger nicht porträtiert, denn als Mütter von Söhnen könnten sie dynastische Ansprüche der jeweiligen Familien verkörpern, und die darf es nicht geben.[20]

So bleiben ausgerechnet in der Stadt, die von der Liebe besessen ist, die realen Frauen unsichtbar. Jedenfalls bis Leonardo zu Besuch kommt. Die wenigen Wochen, die er im Frühjahr 1500 in der Stadt verbringt, ändern alles.

Es ist nicht überliefert, welche Künstlerkollegen er wo trifft, wem er seine Mappe oder Kiste mit den Zeichnungen zeigt, wie er die Wirkung seines *sfumato* erklärt, seine Kunst der gleitenden Übergänge. Doch in den kommenden Jahren zieht in Venedig eine neue Poesie in die Malerei ein. Die Farbenpracht der venezianischen Malerei trifft auf Leonardos Vorstellung einer beweglichen, beseelten und autonomen Kunst. Der Mittsechziger Giovanni Bellini und seine jungen Schüler Giorgione, Sebastiano Luciani alias del Piombo und Tizian begnügen sich kurz nach Leonardos Stippvisite nicht mehr mit Madonnenbildern. Sie beweisen ihre Meisterschaft, die scheinbare Lebendigkeit der Malerei, nun an verführerischen Bildern ganz realer schöner Frauen. Aus Besinnlichkeit wird Sinnlichkeit.[21]

Furios greift Giorgione Leonardos Bildnis der Dichterin Ginevra de' Benci auf. (Tafel 9) Er versteht den Wacholder im Hintergrund des Porträts als Spott auf Petrarcas Lauramanie – und stellt sein weibliches Modell im Jahr 1506 vor einen Lorbeerstrauch, weil *lauro*, Lorbeer, auf den Namen Laura anspielt.[22] (Abb. 27) Nur dass Giorgiones *bella* kein ätherisches, blondes Wesen ist wie die Angebetete des Dichters. Sie ist eine wohlgeformte, körperbewusste Brünette, eindeutig nach dem Leben gemalt und im Auftreten noch offensiver, als es Leonardos bisherige *belle donne* sind. Kein passives, keusches Mädchen tritt dem Betrachter entgegen, sondern eine Erwachsene, die ihr Schicksal selbst in die Hand nimmt. Ihren pelzbesetzten roten Herrenmantel öffnet oder schließt die Frau nach Belieben über ihrer nackten Brust, die ein weißer Schal zart umspielt. Sie zeigt sich dem Betrachter, doch nicht ganz. Ohne ihn direkt anzublicken, zieht sie ihn an und hält ihn dann wieder eine Armlänge auf Distanz: Ihre quer gelegte Linke bildet im Bildvordergrund eine Barriere.

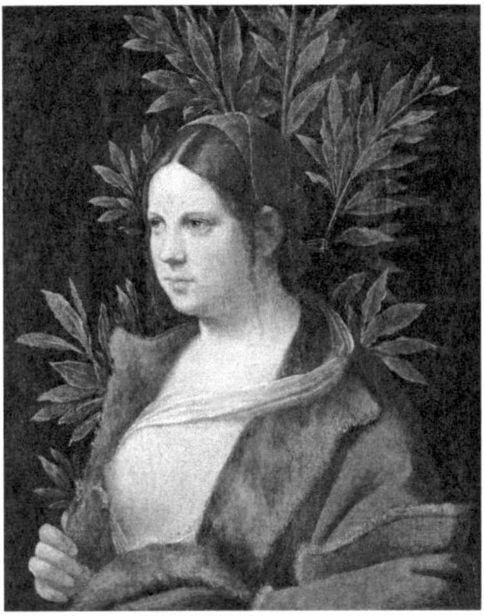

Abb. 27: Giorgione, Laura, Kunsthistorisches Museum, Wien

Das Bild wirkt, als habe jemand Giorgione aus Leonardos Malereitraktat vorgelesen, den der Ältere in Mailand aufs Papier geworfen hat. Von der Überlegenheit der Malerei über die Dichtung ist dort die Rede, von ihrer physischen Präsenz, ihrer verführerischen Schönheit. Wie sein Vorbild, so versteht es auch Giorgione, die Betrachter in eine Art Liebesverhältnis zu verwickeln, das sich dann doch nicht erfüllt. Die Malerei Leonardos und der jungen Venezianer ist wie Petrarcas Laura: wunderschön, im ersten Moment nahbar, doch letztlich unerreichbar.[23]

Giorgione und seine Freunde verkehren bald in den Salons der Stadt, sie spielen Laute, rezitieren Gedichte und räsonieren gemeinsam mit den jungen Patriziern über Kunst und Liebe. Man trifft sich hinter hohen Fenstern mit Kanalblick in sogenannten Strumpfhosengesellschaften und träumt doch nicht von städtischem Komfort, sondern von dem Glück des naturbelassenen Lebens. Arkadien heißt die Parallelwelt, in der Hirten auf Waldlichtungen Flöte spielen und sich einfache Mädchen in Göttinnen verwandeln. Geliebt, gelitten und gestorben wird in Arkadien, es ist das Land der tiefen

Gefühle, die so wenig Platz haben im Alltag der durchökonomisierten Händlergesellschaft, die nur arrangierte Ehen und Prostitution kennt, nicht aber die frei gelebte romantische Liebe.[24]

Pietro Bembo ist der intellektuelle Anführer der Liebes- und Kunstsüchtigen, er füttert sie mit der antiken und modernen Literatur von Vergil über Petrarca bis zu dem Zeitgenossen Jacopo Sannazaro. Die venezianischen Künstler hören zu, und sie lernen: Nicht illustrieren wollen sie die Dichtungen, sondern sie wollen, in Leonardos Geist, eigenständige *poesie* schaffen, stimmungsvolle Liebesbilder, die für sich selbst stehen, ohne sich immer selbst zu erklären.[25]

So erfinden sie neue Mythen, malen nackte Göttinnen, die Frauen sind aus dem Hier und Jetzt. Sie porträtieren Krämerstöchter und andere wenig herausgeputzte Mädchen, die bislang nicht als bildniswürdig galten. Und sie wenden sich, auch das durchaus in Leonardos Sinne, den ansehnlichen, liebenden Jünglingen zu: Keine kühlen Helden sind diese kaum erwachsenen Männer, sondern Gefühlswesen mit weichen dunklen Locken, sehnsüchtigen Blicken, einem zugewandten Herzen und menschenfreundlichem Verstand.[26]

Je intensiver die jungen, zumeist unverheirateten Venezianer um Ich-Ausdruck und Selbstfindung kreisen, je entschiedener sie das Reich der Kunst von den Sachzwängen der Tagespolitik und des Geschäftslebens abgrenzen, desto weiter entfernen sie sich von der Vätergeneration der Respektspersonen und pragmatischen Macher.[27] Aber auch Leonardo, mehr als ein Vierteljahrhundert älter als Giorgione, teilt dessen weltabgewandte Sentimentalität nur bedingt.

Die Träume Leonardos mögen hochtrabend und ihrer Zeit voraus sein, sie befinden sich aber auch im ständigen Realitätsabgleich. Anstatt im großstädtischen Venedig vom bukolischen Leben zu schwärmen, macht er sich, wahrscheinlich Anfang März 1500, ins Hinterland auf: nicht auf der Suche nach Nymphen, Gott Pan und musizierenden Schäfern, sondern um Interviews mit den Anwohnern des Flusses Isonzo zu führen. Verklären will er die Landschaft des Friaul nicht, er will sie verstehen und den Menschen, genauer den norditalienischen Christen, untertan machen. Seine ländliche Romanze besteht aus Plänen für Schleusen und Umleitungen, aus Berechnungen der Wasserkraft und der Holzmassen, die der Strom mit sich reißt. Frustriert stellt er fest, dass Wehrwälle den Isonzo nicht vor türkischen Angriffen schützen könnten, da sie dem Hochwasser nicht standhalten würden. Seine Beobachtungen vor Ort skizziert er in einem Schreiben an die Verantwortlichen, das er möglicherweise nicht abschickt.[28] Ausgeführt wurden seine Konzepte vermutlich nicht.

Im April 1500 bekommen Leonardo und seine Leute Nachrichten aus Mailand. Ludovico Sforzas Rückeroberung der Stadt ist gescheitert. Als Knecht verkleidet, versuchte Il Moro nach Norden zu fliehen, wurde aber von den Franzosen gefangen genommen.

Lakonisch notiert Leonardo: »Der Herzog verlor den Staat, sein Gut und seine Freiheit, und kein Werk für ihn wurde von ihm vollendet.«[29] Damit meint der Künstler wohl vor allem das Bronzepferd, das er Ludovicos Vater zu Ehren hätte anfertigen sollen. Seinen früheren Dienstherrn, der im Kerker sterben wird, sieht der Maler nie wieder.

Er kauft noch einige Bücher bei den venezianischen Händlern, informiert sich über die neue Technik der Kupferradierung und verkauft oder verschenkt wohl ein Madonnenbild aus seiner Werkstatt, das ein Augenzeuge später im Haus eines venezianischen Sammlers sieht.

Dann packen Leonardo und seine Gehilfen wieder ihre Sachen. Am 24. April 1500 hebt der Maler von seinem Bankkonto in Florenz Geld ab. Er ist in seiner alten Heimat angelangt.[30]

Zurück bleiben seine Ideen von einer selbstbestimmten Kunst und einer zugewandten, souveränen Weiblichkeit.

Isabella d'Este, immer noch auf der Suche nach Bildern für

ihr *studiolo*, drängt wenige Jahre nach Leonardos Abreise Giovanni Bellini zu einem Beitrag. Doch sie ist wohl auch hier ein wenig zu explizit in ihren Wünschen, jedenfalls bekommt sie eine Absage, wie man sie aus der Geschichte der Kunst noch nicht kennt. Bellinis Antwort wird überbracht von dem Autor Pietro Bembo, der sich aller Kräftemesserei zwischen Dichtern und Malern zum Trotz gerne zum Anwalt der Kunstfreiheit macht. Bellini könne nur malen, was seiner *fantasia* entspreche, sagt Bembo; denn der Venezianer sei es gewohnt, in seinen Bildern nach Belieben herumzuschlendern (»di sempre vagare a sua voglia nelle pitture«) – so erziele er die originellsten Effekte.[31]

Die Kunst ist für den Künstler da, nicht für die Besteller. Und ein Maler muss frei wandern in seiner Fantasie, nur dann wird sein Werk gut und groß. Giovanni Bellini und Pietro Bembo haben von Leonardo gelernt.

Auch Isabella ist lernfähig. Zwar träumt sie weiter von einem repräsentativen Herrscherinnenbildnis aus Leonardos Hand. Später jedoch, in den 1530er Jahren, lässt auch sie sich bezirzen von den schmiegsamen Stoffen und Pelzen, den ineinander verschwimmenden Farben, dem blutdurchpulsten Inkarnat der liebenswerten, stolzen Frauenfiguren, die den Betrachter betören, ohne ihm je zu gehören. So schön, so autonom und lebensklug sind diese *belle donne* in Leonardos Nachfolge, das nun gar nichts mehr dagegen spricht, selbst eine zu sein.

Weiblichkeit bedeutet seit Leonardo in der Kunst nicht mehr Selbstaufgabe und Unterordnung; vielmehr äußert sich in ihr das Allgemeinmenschliche. Die Markgräfin, inzwischen eine Dame von rund sechzig Jahren, will ein neues Porträt.

Giorgione starb schon 1510 an der Pest (Isabella d'Este stürzte sich sofort auf seinen Nachlass).[32] Sein Freund Sebastiano del Piombo wanderte danach nach Rom aus und warb dort für die lyrische Frauenmalerei, doch die Römer taten sich schwer mit selbstgewissen Verführerinnen vor Lorbeer.[33] (Abb. 39) Giovanni Bellini, beider

Lehrer, übernahm im Alter die poetischen Ideen der Giorgionisten, als einer der Ihren starb er 1516 in seiner Heimat Venedig.

Übrig bleibt in der Serenissima nur Tizian. Als letzter und erfolgreichster Farbrevoluzzer steigert er Leonardos Kunstgriffe in einen Rausch der Pigmente und Pasten, die vielschichtigen Gemälde des Venezianers sind Ganzkörpererlebnisse, die alle Sinne berühren. Die alten aristotelischen Ängste vor der rohen, angeblich femininen Farbmaterie wischt Tizian mit dicken Pinselstrichen von der Leinwand; und er muss sich dafür anhören, ein Weibermaler zu sein, einer, dem der Kolorit und die feminine Verführungskraft seiner Malerei wichtiger seien als abstraktes, scheinbar maskulines Denken und Zeichnen.[34]

Isabella aber, die große Kennerin, weiß so viel Virtuosität zu schätzen. Sie bittet Tizian um ein Porträt – und erhält es.[35] (Tafel 21) Nichts an diesem Bild wirkt lasziv; man sieht eine gut gekleidete Frau in Turban und Luchspelz, die geradeheraus und ein wenig ernst aus dem Bild schaut, ohne den Blick des Betrachters aufzufangen. Dunkel gehalten sind die Stoffe und der Hintergrund, umso mehr strahlt das rotwangige, ebenmäßige Gesicht der Abgebildeten.

Die könnte Isabellas Enkelin sein, sie ist höchstens zwanzig Jahre alt. Auf dem Bild lässt sich die Markgräfin von einem heranwachsenden Modell vertreten, vermutlich einem Mädchen von der Straße. So bleibt der Herrin das lange Porträtsitzen erspart, und sie kann zu ihrer Begeisterung als jugendliche und doch respektable Schönheit in die Welt treten.[36] Jahrzehnte nach Leonardos ersten Frauenbildern vermag auch eine entschlossene junge Dame mit rosigem Gesicht Führungsstärke zu verkörpern.

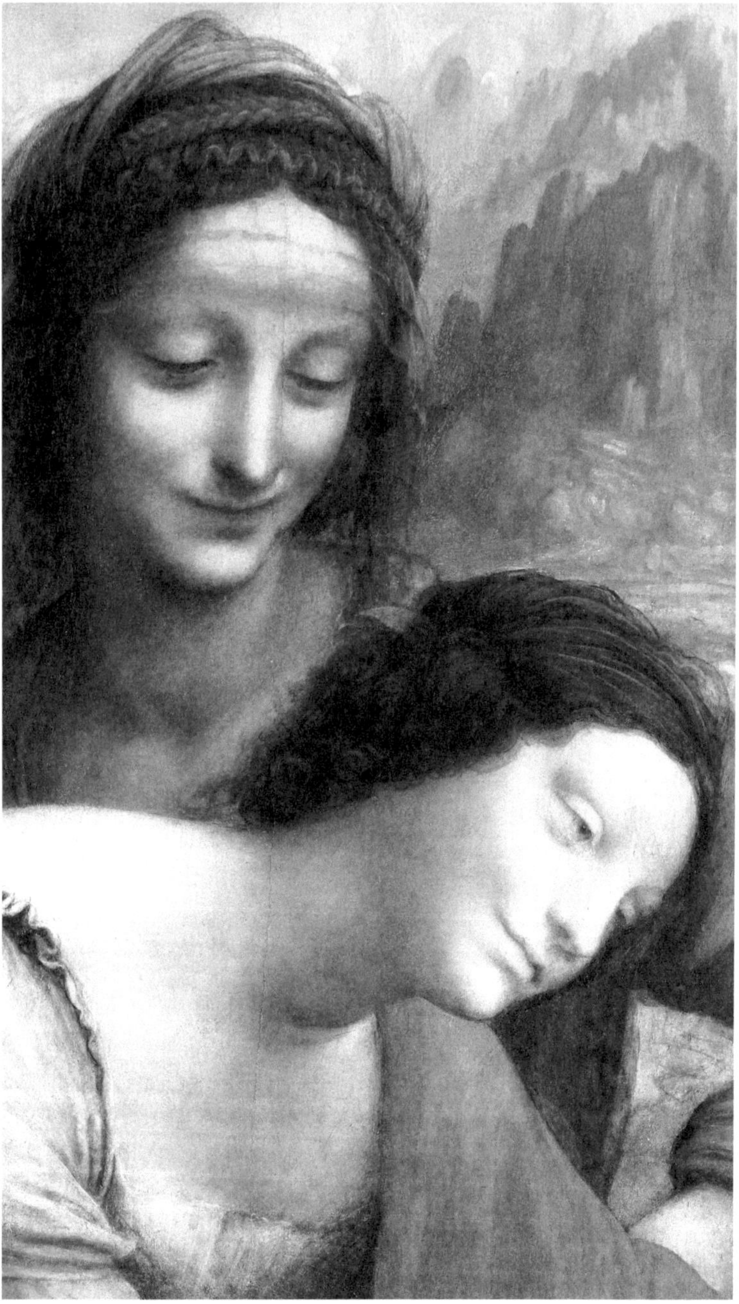

X

GEBÄREN UND TÖTEN

Leonardos Rückkehr nach Florenz muss sich wie ein Triumph anfühlen: Verlassen hat er die Stadt achtzehn Jahre zuvor als Verkannter, nun ist er einer der berühmtesten Männer seiner Zeit. Unter dem Schutzmantel der Maria, seiner weiblichen Gottheit, bringt er die Kunst in Bewegung, feiert die Freiheit der Frauen, versteht die Natur wie kein Zweiter. Ein Seelenmaler und Geistesmensch ist aus ihm geworden, ein Forscher der Affekte und Argumente, der noch das letzte Abendmahl (Tafel 19) zu einem humanistischen Debattierklub macht. Seine Neugier ist universal, treibt ihn zum Studium der Wasserfälle, Grashalme und Totenschädel; als Ingenieur und Flaneur ist ihm nichts zu klein und nichts zu groß. So viel unterscheidet diesen unruhigen Wanderer von seinen Zeitgenossen, den pragmatischen Kollegen, sesshaften Nachbarn, romhörigen Kirchenmännern und den Kaufleuten, deren Ego sich bemisst an ihrem Bankkonto und der Anzahl ihrer Söhne. Früher geriet Leonardo ins Abseits, weil er so anders war, jetzt müssen die Florentiner ihn als großen Sohn anerkennen, und sei es nur, weil Könige und Fürsten um seine Gunst betteln und die Republik dankbar sein kann, ihn wieder in ihren Mauern zu wissen.

Das Ankommen ist einfach. Die Servitenbrüder der Kirche Santissima Annunziata nehmen ihn, Salaì und die anderen Mitarbeiter sogleich auf und zahlen ihren Unterhalt. Sie geben Leonardo laut Vasari einen Auftrag für ein Altarbild, das eigentlich ein anderer

Künstler hätte fertigen sollen.[1] Vielleicht tun sie das Ser Piero zuliebe, der das Kloster als Notar betreut. Wieder also hat Leonardo seinem Vater einen Auftrag zu verdanken, und wieder denkt er gar nicht daran, brav und fleißig zu sein, nur um der Familie keine Schande zu machen.

Er schuldet dem Vater gar nichts und auch dieser Stadt nichts. Wenn er Pflichten zu erfüllen hat, dann gegenüber der Kunst, der Menschheit, der Wissenschaft, der Nachwelt und sich selbst. Für ein Leben ist das mehr als genug.

Was er von nun an beginnt, macht er mit einer Ruhe und Überlegtheit, als gäbe es kein Außen, keine Bildbesteller, keine Fristen, keine Erwartungen von anderen. Arbeitete er früher schon quälend langsam, schob alles auf, manchmal mit schlechtem Gewissen, so tut er nun, als lebe er außerhalb von Zeit und Raum und könne jahre-, sogar jahrzehntelang über einzelne Pinselstriche sinnieren.

Isabella d'Este aber gibt nicht auf. Sie setzt ihre Mittelsmänner am Arno darauf an, Leonardo auszuspionieren, ihn zu umgarnen, zu bedrängen. Als Erster muss ihr Beichtvater Fra Pietro da Novellara Bericht erstatten. Alles will die Mantuaner Markgräfin wissen: Malt »dieser Leonardo« wieder, und wenn ja, was? Wie lange wird es dauern? Wird er danach ein Bild für ihr *studiolo* anfertigen, wenn er das Motiv und den Zeitraum selbst festlegen darf? Und wenn nicht, wird er für Isabella wenigstens eine der zarten Madonnen schaffen, die seine Spezialität sind? Und bitte, er möge doch noch eine Kopie ihrer Porträtskizze (Tafel 20) schicken, Isabellas Gatte habe nämlich ihre weggegeben.[2]

Am 3. April 1501 schreibt der Geistliche seiner »hochwohlgeborenen Herrin«, was er über den Künstler hört: »Das Leben Leonardos ist wechselhaft und höchst unbeständig, so dass es scheint, als lebe er ohne jeden Plan.« Ein geregelter Arbeitsalltag falle ihm schwer. Seine Schüler fertigten Bildnisse an, erzählt Fra Pietro da Novellara, und wenn sie Glück hätten, lege der Meister am Ende noch einmal kurz selbst Hand an. Eigenhändige Werke aber ließen auf sich warten: »Sein ganzes Streben gilt der Geometrie, für den Pinsel hat er überhaupt keine Geduld.«[3]

Nur eine Skizze auf einem Karton habe er angefertigt, seit er in Florenz sei.[4] Sie ist nicht vollendet, doch es lässt sich schon viel erkennen. Das Sujet ist ungewöhnlich: Die erwachsene Maria sitzt auf dem Schoß ihrer Mutter Anna, während der Jesusknabe mit einem Lamm spielt. Wieder einmal fehlt Josef; Leonardos Kleinfamilie kommt stets ohne Vaterfigur aus. Der Kleriker hat die Zeichnung gesehen, und er kann sie seiner Beichttochter genau beschreiben: »Sie stellt einen Christusknaben im Alter von etwa einem Jahr dar, der gleichsam aus den Armen seiner Mutter gleitet, um ein Lamm zu ergreifen, das er an sich zu drücken scheint. Die Mutter erhebt sich halb und halb vom Schoß der heiligen Anna und greift nach dem Kind, um es von dem Lämmchen, das die Passion bedeutet, zu trennen. Auch die heilige Anna erhebt sich ein wenig von ihrem Sitz, es sieht aus, als wollte sie ihre Tochter davon abhalten.«[5] Er überlegt, was das zu bedeuten hat, und kommt zu dem Schluss, Maria wolle aus Mutterliebe Jesus vom Opferlamm lösen, um ihn vor dem Kreuzestod zu bewahren, während Anna weiß, dass dies nicht möglich ist: Jesus muss für die Menschen sterben, die Passion darf nicht verhindert werden.

Was der Geistliche in Florenz gesehen hat, ist Teil eines Großprojektes, das Leonardo über anderthalb Jahrzehnte mit sich herumtragen wird. So schnell kommt er nicht mehr los von dem Kind, das ins Leben hinauswill, auch um den Preis des Todes. Vor allem aber locken ihn die beiden Frauen, die ihm zu einem einzigen unzertrennlichen Wesen mit zwei Köpfen, vier Armen, einem gemeinsamen Rumpf geraten. Anna, die Großmutter, ist bei Leonardo nicht sehr viel älter als die Tochter Maria auf ihrem Schoß. Anstatt aus reifer Distanz auf das Geschehen zu blicken, verdoppelt sie deren Mütterlichkeit und Fruchtbarkeit.

Es ist, als rühre der Endvierziger Leonardo hier in der Toskana an seine alten Wunden und erinnere sich an seine Mutter Caterina, deren Nähe er als Knabe verlor, und an die Frauen, die an ihre Stelle traten, ohne sie je einnehmen zu können: die Großmutter und die erste Stiefmutter, Albiera, die sich vielleicht kümmerten, doch nie so voll und ganz für ihn da waren wie Maria für Jesus. Geblieben sind die Sehnsucht nach nährender Geborgenheit und der kindliche, nun ins Religiöse gewendete Glaube an allzuständige, allmächtige, bildfüllende Mütter.[6]

So stolz ist Leonardo auf seine Bildidee der Doppelmutter mit Kind, dass er einen Karton mit dem Motiv ausstellt. Wie bei einer Prozession, so behauptet Vasari, strömen zwei Tage lang Männer, Frauen und Kinder in den Raum mit dem »Wunderwerk« und bestaunen es. Vielleicht freuen sie sich auch einfach über die Einladung: Es ist nicht üblich, Vorarbeiten für Gemälde zu zeigen, überhaupt ist es höchst ungewöhnlich, die Öffentlichkeit und nicht nur einige Auserwählte zu einer Ausstellung einzuladen.

Möglicherweise möchte Leonardo die Wirkung seiner Bildidee testen, bevor er sich die Mühe macht, weiterzuarbeiten. Er fertigt mehrere Varianten an.[7] Eine ist die Fassung mit dem Lamm, die Isabellas Beichtvater kennt. Der Karton ist nicht erhalten, wohl aber ein anderer ohne Tier, dafür mit Johannesknaben – ob er gleich nach der Ankunft des Meisters in Florenz entsteht oder ob Leonardo ihn schon in Mailand anfertigte und mitbrachte, ist unklar.[8] (Tafel 22) Wie auf einem Thron nimmt Maria auf dem Schoß ihrer Mutter Platz, die Leiber der beiden Gebärerinnen scheinen in einer merkwürdigen Drehbewegung zu verschmelzen. Wissend, lächelnd, aus verschatteten Augen schaut Anna in das hell erleuchtete, fein modellierte Gesicht der Tochter. Ihre umrissene, noch nicht ausgeführte Linke weist mit dem Zeigefinger gen Himmel – wie im Bild der »Cecilia Gallerani« (Tafel 17) zeigt Leonardo wieder eine übergroße Frauenhand.

Maria aber folgt auf diesem frühen Entwurf nicht dem Wink der Mutter, sondern versinkt im Anblick ihres hochkonzentrierten Knaben. Weiches Babyhaar kräuselt sich auf seinem Kopf, als er den etwas älteren Johannesknaben segnet, der sich ihm vertrauensvoll nähert. Ein bisschen erinnert das an die »Felsgrottenmadonna« (Tafel 15); Leonardo bleibt seinen Lieblingen treu. Diesmal aber betont er die Mutter-Kind-Bindung stärker. Johannes, Vertreter der Gläubigen, gehört nicht zum inneren Kreis der so eng zusammengerückten Familie. Die wird beherrscht von einer Mütterlichkeit, die bedingungslos ist wie Marias Liebe und zugleich um das höhere Göttliche weiß wie Anna. Auch diesmal scheint die Gruppe in einer Felslandschaft zuhause zu sein. Leonardo deutet Steine im Vordergrund, Berge im Hintergrund an.

Die Zeichnung, die einem Gemälde nahekommt, ist zugleich vollendet und nicht vollendet. Die Gesichter sind so fein ausformuliert, dass sie wie ein Relief aus dem unförmigen bräunlichen Hintergrund herauszutreten scheinen, und Leonardos durchdachte Lichtregie, die Schattenwürfe auf den Kleidern und Leibern lassen die Figuren physisch präsent wirken wie eine Skulptur. Doch die Füße der Frauen und Annas zum Himmel strebende Hand sind bloß grob angedeutet. Dann verlor Leonardo offenbar die Lust. Dies könnte daran liegen, dass er nun, wie Isabellas Beichtvater zu berichten weiß, die kompaktere Komposition bevorzugt: Während die vier Figuren auf dem älteren Karton leicht auseinanderstreben, beschreibt der Kleriker eine Version, auf der Anna, Maria und der Jesusknabe eng verbunden sind.

Pietro da Novellara hat offenbar eine Vorarbeit für Leonardos großes Gemälde der »Anna selbdritt« gesehen.[9] (Tafel 23) Vielleicht erinnert sich Leonardo an seine »Felsgrottenmadonna« (Tafel 15), als er dieses Bild beginnt, vielleicht denkt er an seine langen Bergausflüge in Norditalien. Sicher aber will er endlich die Rollen seines Lebens vereinen, will nicht mehr entweder Maler oder Naturforscher, entweder Anatom oder Wasserfachmann sein. Ihm schwebt Höheres vor: Er will in der Kunst den Lauf der Welt visualisieren.[10]

Die Welt, wie die Renaissance sie kennt, ist alt, aber nicht älter als in der Genesis beschrieben. Man rechnet in Jahrtausenden, nicht in Jahrmillionen und -milliarden. Der denkbare Zeitrahmen erstreckt sich von der Schöpfung bis zum Jüngsten Gericht. Wie der Erdkörper sich verändert hat, wie Berge entstanden, Kontinente sich formten, das Wasser sich verteilte, ist nicht sicher bekannt, und die – mit der Bibel nicht ohne Weiteres vereinbare – Evolution ist noch längst nicht denkbar. Es fehlen neben geologischen Kenntnissen auch systematische Aufstellungen der Verwandtschaftsbeziehungen in Flora und Fauna.

Leonardo ahnt die Wissenslücken seiner Zeit, und sie quälen ihn. Er will wissen, unbedingt, wie wurde, was ist. In seinen Schriften überlegt er, warum einiges Wasser süß ist, anderes salzig. Was Ebbe und Flut verursacht. Wie die italienische Halbinsel aus dem Mittelmeer emporwachsen konnte. Warum die Ozeane nicht in der Erde versickern. Wie die Sintflut einst wieder abgeflossen ist.[11]

Die Sintflut stellt Leonardo vor noch eine kaum lösbare Denkaufgabe: Wie kamen die versteinerten Muscheln in die Kalkalpen? Leonardo hat sie, wie er sagt, in Mailand säckeweise von Bauern gezeigt bekommen, und er hat wohl auf seinen Streifzügen in den Bergen auch selbst nach Fossilien gesucht. Wenn die Sintflut die Muscheln so weit nach oben gespült hat, so rätselt er, warum tauchen sie dann nicht überall auf, also auch auf den Gipfeln? Schließlich hat die Sintflut doch die gesamte Erdkugel bedeckt. Zudem graben Muscheln sich in den Boden ein, schreibt er, was also hat sie so weit hoch und so weit weg vom Meer gespült, und das alles in nur vierzig Tagen Sintflut, wo Muscheln doch noch langsamer als Schnecken sind? Die Rechnung geht für ihn nicht auf. Das Meer aber, so viel scheint ihm klar, muss einst die italienischen Täler gefüllt haben.[12]

Über solche Fragen kann Leonardo zu Beginn des neuen Jahrhunderts lange nachgrübeln, und da er nun einmal kein Tauchgerät besitzt (auch wenn er einmal eines zeichnet) und ihm auch, was er bedauert, keine Schriftquellen aus der Urzeit der Welt vorliegen, bleibt ihm nichts anderes übrig, als das vorhandene Wissen aufzusaugen und mit seinen Mitteln, der Zeichnung und der Malerei, zu überprüfen. Wie viele Zeitgenossen, so glaubt auch Leonardo, dass große Wasseradern ausgehend vom Boden der Ozeane die Erdkugel durchziehen. Dass Flüsse sich aus Regenwasser und Schneeschmelze speisen könnten, weist er in seinen Notizen zurück mit der Begründung, auch im gar nicht regnerischen Afrika gebe es große Ströme.[13]

Der Erdkörper ist in dieser Vorstellung vergleichbar mit dem menschlichen Leib, er pulsiert, atmet, schwitzt. Eigentlich hätte sich das Wasser, mit dem die Erde laut der Bibel einst bedeckt war, nicht bewegen können, meint Leonardo, denn dort, wo überall Wasser sei, komme es nicht vom Fleck. Doch es drang, so glaubt er, auf dem Meeresboden in die Öffnungen der unterirdischen Adern, geriet dort durch die innere Hitze und die Atembewegungen der Erde in Bewegung und wurde auf der anderen Seite der Erdkugel ruckartig ausgestoßen. Dabei spien die Adern auch Schlamm und die Steine aus, mit solch einer Kraft, dass sich im Ozean Berge auftürmen konnten, die aus dem Wasser herausragten. So bildeten sich erst Inseln, dann die Kontinente. Das aus den Adern hervorplatzende Wasser bemächtigt sich nun dieser Landschaft wieder, es reißt Schluchten und Täler in die Gebirgsmassive, und es transportiert den Schlamm und das Gestein ab, die sich dann anderswo zu Landmassen und Ebenen verdichten. Irgendwann wird die Erde wieder ganz mit Wasser bedeckt sein, und es ist Leonardo zufolge zu befürchten, dass das Wasser dann, wenn die Erde sich zu einer Kugel ohne Erhebungen zurückgebildet hat, auch in den Adern stillsteht.[14]

Denkbar ist für ihn allerdings auch eine andere Art des Weltendes, nämlich dass die Adern des Erdkörpers wie bei einem alternden Menschen verkalken, also von Geröllmassen verstopft werden. Dann kann das Wasser nicht mehr abfließen, steht auf der Erdoberfläche still oder verdunstet. Flüsse führen kein Wasser mehr, die Erde trocknet aus und mit ihr auch die Luft. Hat auch sie erst all ihre Feuchtigkeit verloren, dann ist die unfruchtbare Erde schutzlos

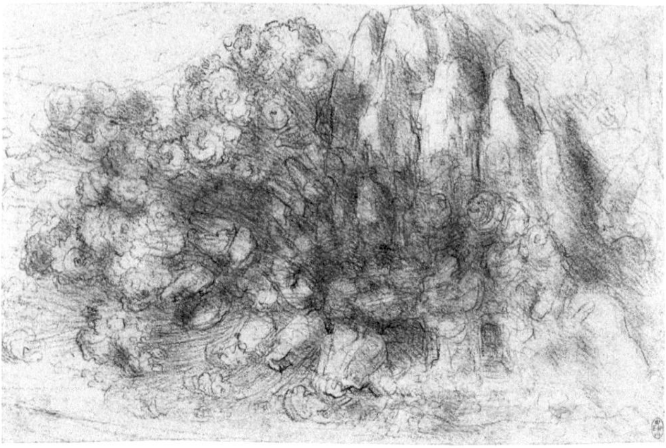

Abb. 28: Leonardo da Vinci, Explosion eines Felsmassivs durch eine platzende Wasserader, Royal Collection, Windsor

dem Feuer der Sonne ausgesetzt. Leonardo prophezeit: »Da wird von ihrer Oberfläche nur Asche zurückbleiben, und das wird das Ende der irdischen Natur sein.«[15]

Aus all diesen Überlegungen folgt für ihn: Die Macht der Natur ist nicht zu unterschätzen, und wer sie als Maler und Zeichner zu lieblichen Hintergrundlandschaften degradiert, hat keine Ahnung oder verhöhnt die Schöpfung. Leonardo aber kann die erdgeschichtliche Vehemenz nicht vergessen, es drängt ihn, die Urkräfte zeichnend zu begreifen. So entstehen irgendwann apokalyptische Bilder von Fluten, von geplatzten Wasseradern, von aus Erdöffnungen herausgeschleuderten Schlamm- und Steinmassen, von herabstürzenden Felsbrocken (Abb. 28 und Abb. 29).[16] Früher gab er seinen Frauenfiguren ornamentale Ringellöckchen mit, jetzt verwendet er das Motiv der rollenden kleinen Kreise anders: Auf seinen Zeichnungen kugeln sich immer gefährlichere, weltfressende Wasserwellen, wehe dem, den sie verschlingen. Doch, Mutter Erde sei Dank, zwischen Weltentstehung und Weltuntergang liegt das blühende Leben. Bäume strecken sich, Pflanzen gedeihen, als würden sie ewig bleiben. Die Natur erneuert sich, Jahr um Jahr, Mensch um Mensch. Es sind die Frauen, die dafür sorgen, dass es – erst einmal – weitergeht, dass die Menschheit mit jeder Geburt immer wieder neu beginnen kann. Auf dem Höhepunkt des Weltgeschehens, als die Kontinente schon voll entwickelt waren und das Weltenende zwar schon absehbar, aber noch fern war, gebar Anna die Maria und Maria Jesus. Die Welt mag altern, doch bevor das geschieht, wirkt die heilige Familie dem entgegen: durch Verjüngung.

Dies ist das Thema von Leonardos »Anna selbdritt«. (Tafel 23)[17] Im Jahr 1503 notiert ein Bekannter Leonardos, Agostino Vespucci, an den Rand seiner Cicero-Ausgabe, Leonardo arbeite am Bild einer Anna, der Mutter von Maria, und er habe zuerst ihren Kopf gemalt.[18] Vermutlich handelt es sich schon um das große Gemälde der »Anna selbdritt«, dessen Komposition Isabellas Beichtvater beschreibt. Leonardo ist dieses Werk außerordentlich wichtig, er wird die mannshohe Pappelholztafel bis an sein Lebensende bei sich behalten.

Wie schon auf dem älteren Burlington-Karton (Tafel 22) macht es sich die junge Maria auf dem Schoß ihrer Mutter bequem. Im Damensitz hockt sie auf deren breiten Oberschenkeln, und Anna lässt es sich milde lächelnd gefallen. Vom Alter her scheinen die beiden eher Schwestern zu sein als Mutter und Tochter. Maria wendet sich ihrem Sohn zu, der nackt zwischen ihren gespreizten, vom blauen Mantel verhüllten Beinen steht. Jesus ist mit dem Lamm beschäftigt, das er gleichzeitig liebkost und misshandelt. Mit seinem kleinen, kraftigen Körper hat er das Tier zu Boden gerungen, halb sitzt er schon auf ihm, nimmt es mit seinem Beinchen in den Schwitzkasten und dreht ihm den Kopf nach hinten. Sanft weist Maria den Knaben zurecht, zieht ihn zu sich her, damit er das Lamm wieder freigibt, sei es, weil sie nicht mit ansehen mag, wie Jesus sich mit dem Symboltier seiner künftigen Passion verbindet, sei es, weil sie sein ungestümes Verhalten nicht gutheißt, in dem sich das Leid des Lammes – und damit letztlich auch das von Jesus – schon ankündigt. Immerhin, der Knabe schaut die Mutter an; Gesten und Blicke der Dreiergruppe beschreiben eine ovale Bewegung, es ist ein Auf und Ab menschlicher Interaktion, und die Köpfe der drei Generationen bilden eine gen Himmel strebende Diagonale.

Ganz oben erhebt sich das offenbar früh vollendete Haupt von Anna, der Ahnherrin. Ihr Gesicht ist leicht verschattet, doch um sie herum strahlen aus dem Hintergrund die Gipfel der Berge herüber. Was Leonardo in der »Verkündigung« (Tafel 6) und der »Madonna mit der Nelke« (Tafel 1) ausprobiert hat, führt er hier aus. Wie die Berge in der Ferne himmelblau erscheinen, wie sie in den Dunst des Himmels hinüberzugleiten scheinen, das hat er auch in seinen Schriften notiert.[19]

Hier aber geht es um mehr als um optische Phänomene, in dieser so malerischen wie naturfremden Landschaft vollzieht sich eine erdhistorische Entwicklung. Nicht nur der Himmel und das Licht tauchen die Szenerie in helles Blau, auch Wasser in großen Mengen füllt die Schluchten. Es ist Leonardos erdhistorischer Theorie zufolge noch nicht abgeflossen; die Kontinente erheben sich zwar schon bergeweise aus den Ozeanen, doch das Meer hat sich noch nicht auf den in der Renaissance bekannten Wasserspiegel zurückgezogen. Was auch die Muschelfossilien in den Bergen erklärt; einige Steinchen, vielleicht auch Muschelreste liegen zu Annas Füßen. Der felsige Mittelgrund, auf dem die Figuren sitzen, besteht aus dem schon gewonnenen, dem Wasser abgetrotzten Land. Und gegen alle Wahrscheinlichkeit wachsen ein Baum und Büsche in dieser kargen Gegend. Die Betrachter erleben die glückliche, die fruchtbare Phase der Welt- und Heilsgeschichte.

Doch ähnlich wie in der »Felsgrottenmadonna« (Tafel 15) tut sich auch hier der Abgrund bereits auf. Annas Zehenspitzen weisen schon nach unten, in Richtung der Kluft, die sich zu Füßen der Gruppe öffnet. Leonardos große Gebärerinnen können den kata-

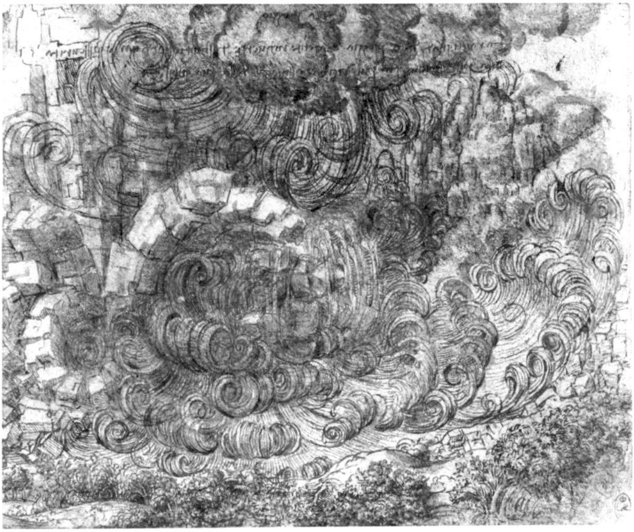

Abb. 29: Leonardo da Vinci, Explosion eines Felsmassivs durch eine platzende Wasserader und Wellenbildung in einem See durch herabstürzende Felsbrocken, Royal Collection, Windsor

strophischen Weltenlauf nicht aufhalten, sie ringen ihm das Leben, die Gemeinschaft und die Jugend ab. Wirklich wertschätzen kann ihre Stärke nur, wer wie Leonardo um die globalen Gesamtzusammenhänge weiß.

So groß sind seine Gedankengebäude, da fallen Leonardo die Nichtigkeiten des Alltags lästig. Kleinere Aufträge lässt er Salaì und die anderen Gesellen ausführen und begnügt sich mit Ratschlägen und, wenn ihm danach ist, dem einen oder anderen Pinselstrich. Auch das schreibt Fra Pietro da Novellara Isabella d'Este, und es klingt, als sei er und nicht sie das Beichtkind. Denn es will ihm nicht glücken, Leonardo dazu zu bringen, die Markgräfin endlich zu erhören. Immerhin gelingt es ihm in der Karwoche des Jahres 1501, den Meister persönlich zu sprechen, dies hat Salaì vermittelt – so als wäre der Maler ein hoher Herr und Salaì sein Höfling. Weiterhin beschäftigt sich der Künstler mehr mit naturwissenschaftlichen Fragen als mit der Kunst des Pinsels, und er macht Novellara klar, dass er erst den französischen König und dessen Leute mit Gemälden zu versorgen habe, bevor er sich um Isabellas Anliegen kümmern könne. Gerade arbeite Leonardo, so der Kleriker in seinem Brief nach Mantua, an einem Madonnenbild für den Sekretär des Königs. Es zeige Maria, die Garn spinnen möchte, und den Jesusknaben, wie er lachend nach dem Werkzeug der Mutter greife, weil die Spindel eine Kreuzform hat. Maria möge das gar nicht; wie schon in der Annenkomposition beunruhige es sie, legt der Kleriker nahe, dass der junge Jesus mit seinem Schicksal spielt.[20]

Dieses Bild, wenn es denn überhaupt fertig wurde, ist nicht erhalten. Wohl aber ist das Spindel-Motiv (mit leichten Abwandlungen gegenüber Novellaras Angaben) in zwei Werkstattfassungen bekannt. Die bessere könnte von Salaì stammen.[21] (Tafel 24) Jesus lehnt mit Marias Werkzeug auf den geschichteten Platten eines Felsens, vielleicht sind sie aus dem Geröll entstanden, wie es in Leonardos Imagination einst eine spuckende Wasserader hinterlassen hatte.

Im Mittel- und Hintergrund windet sich ein Fluss vor einer bläulich schimmernden, recht behaglichen Alpinlandschaft. Man kann sich vorstellen, wie Leonardo Salaì von seinen unerbittlichen erdgeschichtlichen Visionen erzählt und dieser bereitwillig die malerischen Impulse seines Lehrers und Liebhabers übernimmt, ohne sich aber mitreißen zu lassen von der apokalyptischen Dimension der Sache.

Isabella d'Este können die Nachrichten ihres Beichtvaters nicht zufriedenstellen. Sie schaltet weitere Mittelsmänner ein, um endlich ihr Porträt oder auch nur irgendein beliebiges Bild aus Leonardos Hand zu erhalten. Doch auch ein Gesandter aus Mantua erreicht nichts außer der durchsichtigen Ausflucht, jaja, Leonardo habe nun begonnen, für die Herrin zu arbeiten, und der Gesandte solle nicht mehr nachfragen. Noch ein Höfling Isabellas versucht sein Glück; die Markgräfin wünscht nun, er möge »unseren Freund« Leonardo doch wenigstens dazu bringen, einige antike Vasen, die auf dem Markt sind, in ihrem Wert zu schätzen. Der Meister lobt die Ware überschwänglich, setzt ihren Wert aber so unrealistisch hoch an, dass auch die spendable Isabella vor dem Kauf zurückschreckt.

Obwohl Leonardo wieder auf seine in der Bank liegenden Ersparnisse zurückgreifen muss, kann er sich nicht durchringen, Isabellas heiß ersehntes Porträt oder etwas anderes für sie zu malen. Auch das Angebot der Markgräfin, ein Christusgemälde anzufertigen, für das er den Preis selbst festsetzen dürfe, reizt ihn nicht. Er sagt zu, ohne einen Handschlag zu tun. Ein Agent Isabellas seufzt daraufhin, dass, gäbe es einen Wettbewerb, wer der langsamste Künstler sei, Leonardo ihn gewinnen würde.[22]

Leonardo ist kurz zuvor fünfzig Jahre alt geworden, am 15. April 1502. Offenbar mag er keine Lebenszeit mehr auf Dinge verschwenden, die ihn nicht genug interessieren. Er hält es aber auch nicht lange in seinem Atelier aus, zwischen seinen halb fertig gemalten Frauen und den Gesellen, die ihm zur Hand gehen und sein Leben organisieren. Stattdessen ergreifen ihn die Abenteuerlust und auch der Kitzel, es doch noch einmal mit den Mächtigen zu versuchen. Im Frühsommer desselben Jahres packt er Zirkel, Degen, ein ledernes Wams und seine Zeichenutensilien ein und verlässt Florenz, möglicherweise in Begleitung von Salaì und Zoroastro, seinem technischen Gehilfen.

Der Künstler tritt, ausgerechnet, als Ingenieur in die Dienste eines Feindes der Stadt ein, ob als Doppelagent oder als Überläufer, ist ungewiss. Leonardos neuer Herr ist Cesare Borgia, ein unehelicher Sohn des aktuellen Papstes Alexander VI. Cesare beansprucht die Romagna in Norditalien für sich und verunsichert mit räuberischen Kriegszügen und politischen Morden das ganze Land. Florenz hat Grund zur Sorge, von ihm angegriffen zu werden, die Republik sieht sich sogar zu einer Art Schutzgeldzahlung genötigt. Doch das bannt die Gefahr nicht. Cesare, der sich für einen zweiten Cäsar hält, zieht im Sommer 1502 erst die Stadtoberen von Arezzo auf seine Seite und nimmt dann Urbino ein.

Hier trifft Leonardo Ende Juli ein. Von dort reist er weiter in die anderen Territorien, die Cesare bereits unterworfen hat. Der stellt »unserem vortrefflichen und innigst geliebten Freund, dem Architekten und Ingenieur Leonardo Vinci«, einen Pass aus, mit dem dieser alle Straßensperren passieren und alle Festungen besichtigen darf. Die Ingenieure im Herrschaftsgebiet werden dem Schreiben zufolge angewiesen, sich mit Leonardo zu besprechen, wollen sie nicht Cesares »Entrüstung« riskieren.[23]

Selbst wenn man berücksichtigt, dass die Menschen im frühen 16. Jahrhundert an Tod, Unheil und Verbrechen gewöhnt sind, dass die meisten schon einmal Hingerichtete gesehen haben und den Geruch von Leichen am Straßenrand kennen: Cesares Wüten im Land ist bestialischer als das, was viele Zeitgenossen ansonsten erleben. Sicherlich sieht Leonardo in diesem Sommer Grauenhaftes.

Doch er tut so, als wäre er nicht im Gefolge eines Schlächters unterwegs, sondern auf Bildungsreise. In seinen Notizbüchern beschreibt er lauter Harmlosigkeiten: In Urbino besichtigt er einen Taubenschlag, in Pesaro die Bibliothek, in Cesana nimmt er an einem Fest teil und bewundert die Haken zum Traubenaufhängen, in Rimini beeindrucken ihn die Wasserfälle. Es ist, als wolle er schreibend und denkend die Normalität retten vor den Katastrophen des Krieges. Fällt ihm ein schöner Baum auf, so notiert er, wie dicht die Äste gewachsen sind; sieht er einen Karren mit unterschiedlich großen Rädern, so mokiert er sich über die Rückständigkeit der Provinz.[24]

Den Herbst verbringt Leonardo in Imola, zeichnet einige eher ungenaue Stadtpläne für seinen Chef, reist womöglich weiter in andere besetzte Städte und ignoriert geflissentlich, wie Cesare Rebellen erdrosseln lässt, ganze Ortschaften terrorisiert, sich im Ruf seiner Schreckensherrschaft sonnt. Offenkundig fällt dem Universalkünstler der Krieg in der Theorie leichter als in der Praxis. Als Militäringenieur ist dieser Spaziergänger eine Fehlbesetzung. Im Grunde seines Herzens ist der Mann, der auch mit Eseln und Bäumen mitfühlt, wohl nicht so abgebrüht, wie er bisweilen tut.

Im kommenden Jahr, 1503, quittiert Leonardo seinen Job, gerade noch rechtzeitig, bevor der Papst im August stirbt und dessen Sohn Cesare seinen Rückhalt verliert – der neue Papst, Julius II., wird ihn alsbald in seine Schranken weisen. Von dem blutrünstigen Borgia hat Florenz nichts mehr zu befürchten. Und Leonardo kehrt in seine Heimatstadt zurück, als wäre nichts gewesen. Einen Moment lang hat der Alltag ihn zurück, er muss seine Stiefeletten besohlen und sich ein neues Gewand schneidern lassen, irgendjemandem schuldet er ein Tischtuch und dann braucht er dringend ein neues Buch mit weißem Papier zum Zeichnen. Auch einen Gürtel für sein Schwert und einen Brustlatz aus Leder will er besorgen, so steht es auf seiner Liste der zu erledigenden Dinge.[25]

Doch Leonardo hat immer noch nicht genug von den Versuchungen der Macht, oder er sucht nach weiterer Ablenkung von seiner Lebensaufgabe, der Malerei. Zu wichtig ist sie ihm, dem Perfektionisten, um darin zu scheitern, und gerade deshalb muss er ihr immer wieder entfliehen.

Nun träumt er sich nach Konstantinopel. Dort lebt doch der Sultan? Mag sein, dass dies der Feind der Christenheit ist, gegen dessen Truppen Leonardo noch vor Kurzem, im Veneto, agiert hat. Egal, der Mann könnte doch sicher eine Brücke über den Bosporus brauchen, und nach allem, was zu hören ist, wäre dies ein neues Weltwunder, ein gigantomanisches Vorhaben, wie es nur Leonardo anzugehen wagt. Also bietet er seine Arbeitskraft brieflich dem Sultan an.[26] Doch es kommt kein positiver Bescheid zurück.

Leonardos Tatendrang stoppt das nicht. Als Nächstes dient er sich der Republik Florenz an, nicht als Künstler, sondern als Hydrauliker. Die Idee: Um dem verfeindeten Pisa das Wasser abzugraben, muss man den Arno umleiten in ein Sumpfgebiet.[27] Der Aufwand ist enorm, trotzdem lässt sich die Regierung auf das Projekt ein – und scheitert auf ganzer Linie. Am Ende flutet das Wasser das eigene Hinterland, Bauernhöfe werden zerstört, Menschen sterben. Seinen noch größeren Plan, einen Kanal von Florenz zum Mittelmeer zu errichten, kann Leonardo nun auch vergessen.

Als Kriegsingenieur ist der Künstler ein Versager. Auch als Vollzugshelfer von Machthabern aller Art taugt er nur bedingt, zu groß ist sein Unabhängigkeitsdrang, zu fremd ist ihm jede Form der Propaganda. Und Leonardo weiß genau, dass all die technischen Spielereien am Ende seiner Tage weniger zählen werden als seine Malerei, die er für die größte aller Wissenschaften hält. Doch dieses Wissen allein reicht nicht, um den Versuchungen der Zerstreuung und der Allzuständigkeit zu entgehen. Um ihn zu seiner Bestimmung als Künstler zurückzubringen, muss erst ein anderer kommen. Ein Konkurrent. Er ist beinahe halb so alt wie Leonardo, auch Florentiner, auch genial: Michelangelo Buonarroti.

Michelangelo sieht in Florenz den Karton mit Anna, Maria, Jesus und Johannes (Tafel 22) und übernimmt in einer Federzeichnung die Komposition der aufeinandersitzenden Frauen. Er beäugt den dreiundzwanzig Jahre Älteren misstrauisch. Es verunsichert den jungen Bildhauer wohl, dass der Maler so anders auftritt als er selbst: elegant, redegewandt, ein Hedonist, der seine Wortspiele mit tieferem Sinn zu unterlegen weiß.

Das Spielerische, das Leonardo bei allen Selbstqualen auszeichnet, ist Michelangelo fremd. Ein heiliger Ernst treibt ihn an, statt Aphorismen, Rätsel und Welterklärungen wie Leonardo schreibt er später formvollendete Gedichte über die Liebe, die von einem entsagungsreichen Platonismus künden. Er hat kaum Freunde, schwärmt aber manchmal für junge Männer, die er jedoch, im Gegensatz zu Leonardo, lieber nicht allzu nah an sich herankommen lässt. Schon sein Äußeres ist wenig einladend: Seine Kittel sind mit Marmorstaub bedeckt, und im Arbeitseifer vergisst er laut Vasari manchmal seine Stiefel aus Hundefell abends auszuziehen, so dass, wenn er nach Wochen dann doch daran denkt, die Haut in Fetzen mit abgeht. Die Nase hat dem gedrungenen, kräftigen Mann ein Kollege zerschlagen, mit dem er als junger Künstler in Streit geraten war.[28]

Dabei ist Michelangelo, trotz aller Bärbeißigkeit und betont schlechter Laune, ein friedliebender Mensch. Sein frommer Pazifismus mitten in kriegslüsternen Zeiten fällt auf, darin ist er konsequenter als der in diesen Fragen ambivalente Leonardo, den seine Technikfaszination und Neugier immer wieder mitreißen.[29] Und doch eint die zwei mehr, als sie sich eingestehen: Sie erforschen und schätzen die menschliche Anatomie und Autonomie, und sie schätzen die Antike. Für beide ist der Mensch Gottes Ebenbild und der Künstler ein zweiter Schöpfer – nur dass Leonardo dabei an Malerei denkt, Michelangelo an Bildhauerei. Beider Humanismus bleibt unbeirrt von politischen Wirrungen. Michelangelo wird mit seiner Eigenwilligkeit mehrere Päpste zur Verzweiflung bringen, ohne dass es auch nur einer wagen würde, sich von ihm, dem Un-

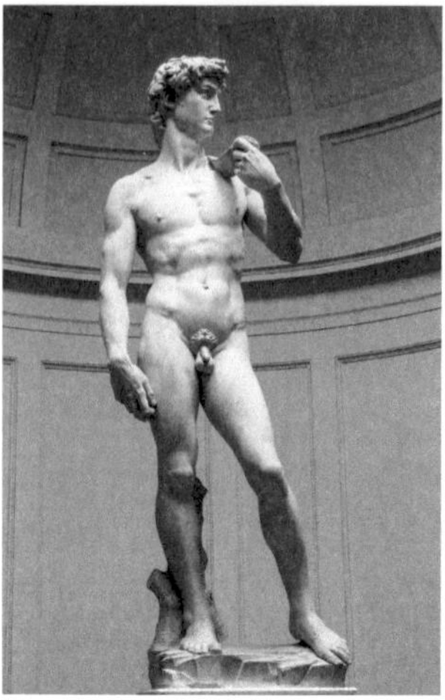

Abb. 30: Michelangelo, David, Galleria dell'Accademia, Florenz

ersetzlichen, endgültig loszusagen. Und Leonardos Götter sind auf Dauer nicht die Potentaten, die sich um ihn reißen, sondern es sind der Wind und das Wasser, die Kunst und die Natur.

Die beiden Künstler müssten sich mögen, müssten jeweils dankbar sein, dass da noch einer ist wie man selbst, ebenso entschieden, ebenso sensibel und virtuos. Doch sie betrachten einander voller Missgunst.

Michelangelo ist gerade erst aus Rom nach Florenz zurückgekommen, um die freie Republik zu unterstützen. Sosehr die Medici ihn persönlich gefördert haben, so inbrünstig fiebert er jetzt für die Vision einer tyrannenfreien Staatsform. Die Stadt Florenz braucht ihn. Und sie braucht ein Symbol, eine Freiheitsstatue. Niccolò Machiavelli, politischer Beamter und militärischer Berater der Republik, wünscht sich die Figur eines kampfesmutigen Giganten auf der Piazza vor dem Palazzo della Signoria, dem Rathaus. Er sieht schon vor sich, wie die aus dem Umland rekrutierten Soldaten vor dem steinernen Kraftprotz zum Appell antreten.

Ein solcher Held, das kann in Florenz bloß der jugendliche David sein, mit dem die Stadt sich identifiziert wie ansonsten nur mit einer anderen Tyrannenmörderin, der biblischen Judith (die aber als Frau kein militärisches Vorbild sein kann, meinen einige Regierungsmitglieder). Also soll Michelangelo einen David erschaffen, so wie Donatello dies tat (Tafel 8) und nach ihm Verrocchio (Tafel 3). Nur größer. Die Aufgabe ist nicht einfach, denn der Steinblock, den Michelangelo nutzen soll, ist teilweise zerstört. Er muss jeden Hieb genau planen, um seinen fünf Meter hohen Jüngling unversehrt aus dem Marmor zu befreien.

Und ja, der Marmormann wird groß und stark. (Abb. 30) Aber nein, Propaganda betreibt Michelangelo nicht einmal für Machiavellis Fahnenruf. Sein David sinnt darüber nach, wie er Goliath beikommen kann. Entspannt hält seine Linke die Schleuder, während die Rechte schon Kraft sammelt zum siegreichen Steinwurf. Was folgt, die Tat, muss sich der Betrachter selbst ausdenken. Michelangelo interessiert sich nicht für den Tötungsakt, er hat nicht vor, Goliath niederzumetzeln, nur um den Feinden der Republik Angst einzujagen. Ihn interessiert Davids innere Stärke.

Vielleicht kennt Michelangelo die Schriften von Giovanni Pico della Mirandola, dem kürzlich in Florenz gestorbenen Philosophen. Der meint, der Mensch könne zum Tier missraten und/oder es dem Göttlichen gleichtun: Sein Schicksal liege in seiner Hand.[30] Auch der Bildhauer betont den Moment der Entscheidung. So soll er sein, sein Kämpfer der Republik: ein Modell der Willensfreiheit. Sein antikisch schöner Körper erzählt nicht von Überwältigung und Unterwerfung, sondern von moralischer und intellektueller Überlegenheit.

So viel Souveranität, so viel Würde in männlicher Schönheit müsste Leonardo eigentlich begeistern. Tut es aber nicht. Neben dem Endfünfziger Sandro Botticelli, Verrocchios Nachfolger Lorenzo di Credi und anderen namhaften Künstlern sitzt Leonardo in dem Gremium, das im Jahr 1504 die Florentiner Baubehörde darüber berät, wo die riesige Statue, das neue Wahrzeichen der Republik, aufgestellt werden soll. Missgünstig plädiert Leonardo für die Loggia dei Lanzi neben dem Rathaus. Dieser Randplatz garantiere, so Leonardo, »dass die öffentlichen Zeremonien nicht gestört werden«.[31] In der Loggia stehen schon andere Werke, der David wäre nur eines unter vielen. Leonardo kann sich mit seinem Votum allerdings nicht durchsetzen. Die kolossale Statue bekommt einen Ehrenplatz und wird direkt vor dem Rathaus aufgebaut.

Und doch: Leonardo, der Künstler, der stolz darauf ist, keine lebenden Vorbilder zu haben, skizziert einen von Michelangelos Statue inspirierten David. (Abb. 31) Zumindest am Zeichenblock, wenn ihm keiner zuschaut, kann er seine Bewunderung nicht verhehlen.

Im direkten Kontakt aber sind die beiden Künstler im Angriffsmodus. Einmal, so berichtet es ein früher Biograph Leonardos, steht eine Gruppe gebildeter Männer auf einer Piazza im Zentrum der Stadt und diskutiert über Dantes Werke. Sie können sich nicht einigen, wie die eine oder andere Zeile zu verstehen ist, und rufen Leonardo herbei. In dem Moment biegt auch Michelangelo zufällig um die Ecke. Leonardo sagt: »Michelangelo wird es euch erklären.« Der Bildhauer ahnt, dass er vorgeführt werden soll, und geht in die Offensive: Den Dante möge Leonardo bitte schön selbst erläutern. Und habe er nicht in Mailand ein Bronzepferd für Ludovico Sforza entworfen und die Skulptur dann nicht zustande gebracht? Wahrscheinlich habe er sich so geschämt, das Bildhauer-Handwerk nicht zu beherrschen, dass er die Sache lieber habe sein lassen. Dann dreht Michelangelo sich um und geht. Zurück bleibt ein errötender Leonardo, der Angriff des Kollegen hat ihm die Sprache verschlagen. An seine gescheiterten Projekte wird er offenbar nicht gerne erinnert.[32]

Zumal zuhause im Atelier auch noch Unvollendetes wartet. Die Frauen, mit denen Michelangelo immer ein wenig fremdelt, so sehr, dass er am liebsten auch für seine weiblichen Figuren kräftige Kerle in Frauengewändern Modell sitzen lässt: Leonardo fühlt sich ihnen verbunden, ihrem Geist und ihrer Körperlichkeit. Erst halb zur

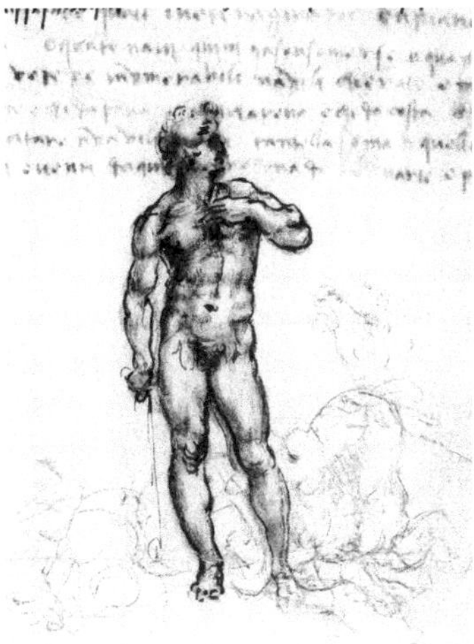

Abb. 31: Leonardo da Vinci, Zeichnung nach Michelangelos David (Ausschnitt), Royal Collection, Windsor

Farbe und zum Leben erweckt, umgeben sie ihn auf kleinen und großen Holztafeln in seinem Atelier. Um ihre Geheimnisse zu ergründen, braucht er Zeit für sie, viel Zeit. Die philosophischen Zusammenhänge zwischen Anna, Maria und der Weltgeschichte, die er erahnt, die Zusammenhänge zwischen seinen weiblichen Porträts, der Natur und der Kunst der Malerei an sich: Sie sind nicht nur für ihn neu, sondern auch eine Provokation für die Zeitgenossen, die solch nachdenkliche Maler nicht gewohnt sind. Der einflussreiche Autor Baldassare Castiglione wird in seinem 1528 veröffentlichten Buch »Der Hofmann« über Leonardo spotten: »Einer unter den ersten Malern der Welt verachtet die Kunst, in der er so einzigartig ist, und beginnt Philosophie zu treiben; in ihr hat er so seltsame Begriffe und neuartige Hirngespinste, daß er sie mit seiner ganzen Malerei nicht darzustellen vermöchte.«[33]

Castiglione – und nicht nur er – versteht nicht, dass Denken und Malen für Leonardo nicht zweierlei sind. Beides zusammenzuführen ist die Herausforderung seines Lebens. Sie zieht ihn an, zeigt ihm aber auch immer wieder seine Grenzen auf. Noch einmal entflieht er ihr nun und überlässt die bildschönen Frauen in seiner Werkstatt sich selbst. Diesmal aber erprobt er sich nicht als Militäringenieur. Diesmal finden die Schlachten, die er sucht, nur in der Kunst statt.

Der Regierungschef von Florenz, Piero Soderini, hat die böse Idee, die zwei Künstlerstars gegeneinander antreten zu lassen. Sie sollen um die Wette das Allerheiligste der Republik ausmalen: den großen Ratssaal im Palazzo della Signoria. Soderini weiß wohl auch, dass Leonardo einen offenen Wettbewerb als Zumutung erleben muss. Also stellt er ihm eine Falle. Der große Meister, Schöpfer des berühmten »Abendmahls« (Tafel 19) aus Mailand, möge die ehrenvollste Aufgabe übernehmen, welche die Stadt zu bieten habe. Er soll eine Wand im Saal des Palazzo della Signoria freskieren und so das Gesicht der Republik prägen. Beinahe neunzehn mal acht Meter soll das Bild messen; etwas so Riesiges hat Leonardo noch nie gemalt. Dazu mag er nicht nein sagen. Er unterschreibt einen Vertrag, in dem er sich verpflichtet, den Auftrag nicht nur anzunehmen, sondern auch auszuführen. Das Thema wird ihm vorgegeben: die Schlacht von Anghiari, bei der die Florentiner und ihre päpstlichen Verbündeten im Jahr 1440 die Mailänder Truppen besiegten.[34]

Am 24. Oktober 1503 bekommt der Maler den Schlüssel zum Papstsaal im Kloster von Santa Maria Novella ausgehändigt, jener Halle, in der Lorenzo de' Medici einst für seine verehrte Lucrezia ein Fest veranstaltete.[35] Hier darf Leonardo jetzt sein Atelier installieren, im anliegenden Wohntrakt richtet er sich mit seinen Mitarbeitern häuslich ein. In diesem ehrwürdigen Ambiente fühlt er sich schnell zuhause.

Bald aber erteilt Soderini noch einen Auftrag, ohne dass Leonardo Bescheid weiß. Im selben Saal im Rathaus soll auch die Schlacht von Cascina dargestellt werden, bei der die Florentiner im Jahr 1364 gegen die Pisaner kämpften. Diese Arbeit geht an Michelangelo, der seine bescheidenere Werkstatt im Krankenhaus der Färberzunft herrichtet.

Jetzt ist Leonardo unter Zugzwang. Er zeichnet drauflos, entwirft gequälte Gesichter von Männern in höchster Gefahr, Pferde in Todesangst. Machiavelli und die Staatsoberen wünschen sich eine heldenhafte Erzählung. Erhalten hat sich in Leonardos Papieren eine Schilderung der historischen Anghiarischlacht, die Agostino Vespucci im Auftrag Machiavellis für den Künstler aufschrieb – jener Mann also, der Leonardos Malweise am Rande einer Cicero-Ausgabe kommentierte.[36]

Doch der Künstler schert sich weder um Anweisungen noch um historische Details. Sein Verhältnis zum Krieg bleibt widersprüchlich. »Eine höchst bestialische Verrücktheit« (*pazzia bestialissima*) nennt er ihn, und doch will er alles wissen über die Bewegungsenergien, die in einer blutigen Schlacht freigesetzt werden.[37] Sein Bild für den Ratssaal soll diese Widersprüche bannen, soll vielleicht auch ihm selbst helfen, die Brutalität zu verarbeiten, die er auf seinen Reisen im Borgiareich sah und nicht in Worte fassen konnte. Das Gemälde soll gewaltig werden, ohne die Destruktion des Krieges zu verherrlichen. Im Zentrum wird der gnadenlose Kampf um eine Fahne stehen.

Leonardo entwirft ein furioses Knäuel aus Kriegern und Pferden, bei dem Freund und Feind, Sieger und Besiegte kaum zu unterscheiden sind. Das zentrale Bild ist nur in Kopien der Vorzeichnung erhalten, eine späte, aber recht originalgetreue Variante entwirft womöglich Peter Paul Rubens.[38] (Abb. 32) Sie zeigt ineinander verkeilte Pferde mit aufgeblähten Nüstern und irren Augen und vier mühevoll auf ihnen reitende Männer, die sich bis aufs Blut bekämpfen, bloß um die Standarte mitnehmen zu können. Die beiden linken Krieger sind Anführer des Mailänder Heeres, die beiden rechten Reiter streiten für die Florentiner Seite. Alle vier sind außer sich, die Gesichter der Mailänder erscheinen zudem hassverzerrt. Nur das lässt sie als Feinde kenntlich werden, ansonsten macht das Gemetzel alle gleich; in Gefahr begeben sich Gut wie Böse. Erst in diesen Zeichnungen gewinnt Leonardo Abstand zum Kriegswesen, das ihn

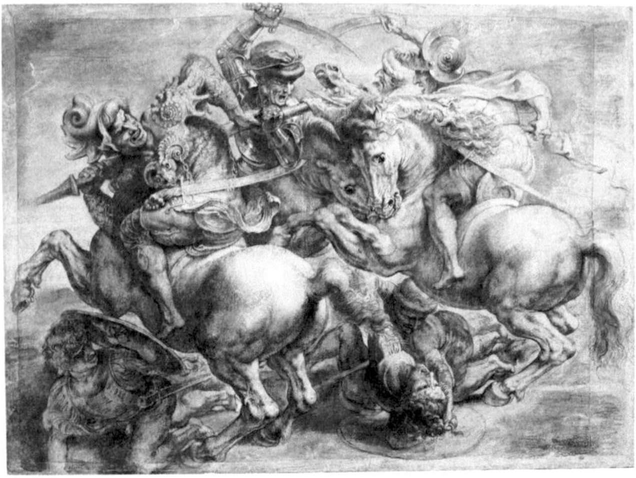

Abb. 32: Unbekannt oder Peter Paul Rubens,
Kopie nach Leonardos Anghiarischlacht, Louvre, Paris

so lange schon gleichermaßen anzieht wie quält. Jetzt endlich, so scheint es, hat er seine Haltung gefunden.

Michelangelo geht derweil eigene Wege. Auch er lässt sich von Soderini nicht instrumentalisieren, doch er meidet Kriegsszenen. Nicht den kaputten und zerstörerischen, sondern den schönen Körper möchte er feiern. Statt einer Schlacht zeigt der Künstler, wie die Florentiner Soldaten beim Bad im Fluss überrascht werden von der Nachricht, dass die Pisaner Feinde sich nähern; das Motiv hat sich in der Kopie eines Kollegen erhalten.[39] (Abb. 33) Das gibt dem Bildhauer die Gelegenheit, viele nackte oder halbbekleidete Männer von allen Seiten zu zeigen. Sie eilen aus dem Wasser, lassen ihre Muskeln spielen, streifen sich Strümpfe und Höschen über, um in den Kampf zu ziehen. Jeder von ihnen könnte eine Skulptur sein, so ausgeformt sind ihre kraftvollen Leiber. Gleichzeitig beziehen sich die Männer kaum aufeinander, sie sind mit sich selbst beschäftigt.

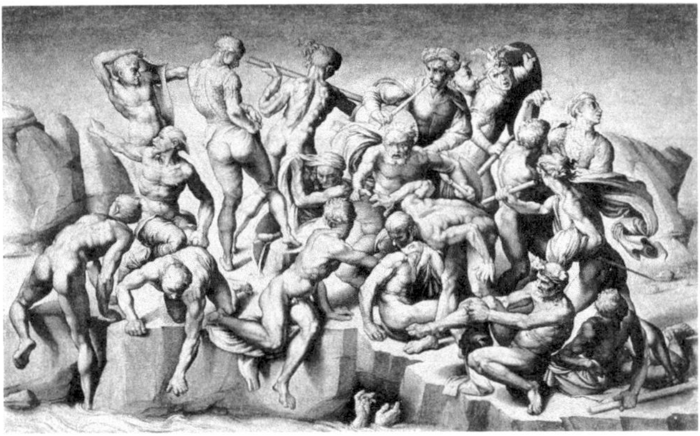

Abb. 33: Bastiano (genannt Aristotile) da Sangallo, Cascinaschlacht, Kopie nach Michelangelos Karton, Holkham Hall, Earl of Leicester

Der Einzelgänger Michelangelo hat eine Gruppe bildschöner Individualisten gezeichnet, der Gesellschaftsdenker Leonardo dagegen versucht, im Getümmel das Wesen des Krieges zu ergründen.

Die Künstler der Stadt bestaunen die Entwürfe, Benvenuto Cellini, Raffael und andere schulen ihr Auge im Vergleich der beiden Werke. Doch der viel bewunderte Michelangelo überträgt seine Zeichnung nicht auf die Wand im Ratssaal. Im Februar 1505 ruft ihn Papst Julius II. nach Rom, und das reizt ihn dann doch mehr als die Aufgaben der Republik.

Leonardo ist über die Abreise des Rivalen wohl nicht unglücklich. So ist er ungestört. Im Palazzo Vecchio will er etwas Besonderes leisten und nicht wie üblich in Temperafarben, sondern, wie Vasari berichtet, in Öl auf die Wand malen. Zoroastro, sein technisch erfahrener Diener, hilft ihm beim Farbenmischen. Sie scheinen verdrängt zu haben, wie schlecht Leonardos innovative Mischungen schon beim »Abendmahl« (Tafel 19) in Mailand an der Wand hafteten. In Florenz nun scheitert das neue Experiment vollkommen, die Farben halten nicht auf dem Putz und zerfließen. Leonardo kann nur einen kleinen Teil des Werks an der Wand ausführen, wenn überhaupt. Die Schuld gibt er dem Händler, der ihm gepantschtes Leinsamenöl verkauft habe.[40]

Frustriert verliert er die Lust. Was hält ihn eigentlich noch in dieser Stadt? Sicher nicht seine Familie. Während er an dem Entwurf für das Schlachtenbild arbeitete, starb sein Vater Ser Piero. Nüchtern, wie Leonardo in persönlichen Dingen ist, vermerkt er den Todesfall lakonisch in seinem Notizbuch. Zwischen den Ausgaben des täglichen Lebens steht da im Juli 1504 lapidar: »Am Mittwoch, um 7 Uhr, starb Ser Piero da Vinci.« In einer zweiten Notiz fügt Leonardo hinzu, der Notar habe zehn Söhne und zwei Töchter hinterlassen.[41] Ein Vater im besten Sinne ist ihm Ser Piero nie gewesen, vor allem war er nicht mehr für seinen Erstgeborenen da, seit er über so viele eheliche Nachkommen verfügte. Vielleicht kann Leonardo sich erst jetzt, nach dem Tod Ser Pieros, frei fühlen. So lässt sich ein Brief verstehen, in dem der Künstler einen seiner Halbbrüder zur Geburt eines Sohnes beglückwünscht. Er gratuliert ihm zu seinem Erben, schränkt dann aber bitter scherzend ein, dieser werde seinem Vater ein stets wacher Feind sein, »der alles daransetzen wird, seine Freiheit zu bekommen, die er ohne Deinen Tod nicht haben wird«[42]. Ein Mann also ist in Leonardos Vorstellung erst dann selbstbestimmt, wenn sein Vater ihn nicht mehr beeinflussen kann.

Finanziell lohnt sich Ser Pieros Ableben für seinen ersten Sohn nicht: Leonardo erbt nicht, alles geht an die ehelichen Nachkommen. Die Halbgeschwister denken in den kommenden Jahren gar nicht daran zu teilen, das Verhältnis kühlt weiter ab. Leonardo hat jetzt auch noch den letzten Rest Familie verloren. Und als drei Jahre später Leonardos Lieblingsonkel Francesco stirbt, der mit ihm als Bub in Vinci so gern gespielt hatte, da beanspruchen die Halbbrüder auch noch dessen Erbe, trotz anders lautendem Testament. Verletzt und empört kämpft Leonardo lange um seinen Anteil.[43]

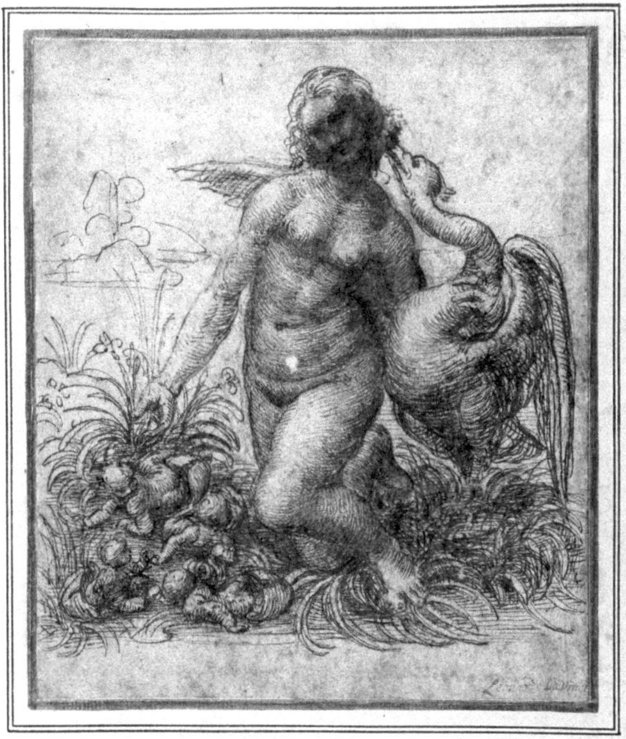

Abb. 34: Leonardo da Vinci, Studie zu einer knienden Leda, Devonshire Collection, Chatsworth

Nach dem Tod des Vaters 1504 ist es erst einmal Zeit für Leonardo, zu Angenehmerem zurückzukehren: zu den schönen Frauen und den freien Vögeln seiner Fantasie. Er intensiviert seine Studien zum Vogelflug, malt sich aus, wie es wäre zu fliegen, entwirft Flugmaschinen für Menschen. Und noch als er mit den Entwürfen für die »Anghiarischlacht« beschäftigt ist, skizziert er in seiner Werkstatt ein Gegenbild zu dem Gemetzel: die nackte Leda, die der Mythologie zufolge von Zeus in Schwanengestalt verführt wurde und dann Eier legte, aus denen ihre Kinder schlüpften. Normalerweise deuten Künstler bei dem Thema den Geschlechtsakt zwischen Frau und Tier an, das aber interessiert Leonardo herzlich wenig. Ob der Schwan eigentlich ein Mann ist und der oberste Gott, ist ihm gleichgültig. Er will wissen, was passiert, wenn Mensch und Vogel jene Symbiose eingehen, von der er seit Langem träumt. Erhalten ist ein Gemälde eines Schülers oder Nachfolgers, der Leonardos Idee einer Frau mit Vogel und aus Eiern schlüpfenden Kindern vor einer Felsenlandschaft umsetzt.[44] (Tafel 25)

In einer Federzeichnung auf schwarzer Kreide führt Leonardo diesen Gedanken weiter aus.[45] (Abb. 34) Die nackte Leda kniet nun, dem Betrachter zugewandt, direkt in einer wuchernden Landschaft, wie Leonardo sie liebt: Halme sprießen in die Luft, Grasbüschel bilden Wirbel, alles wächst und gedeiht. Die Natur und ihre Stellvertreterin, die Frau und Mutter, feiern das Prinzip der Fruchtbarkeit. Der Schwan liebkost seine Geliebte sanft am Ohr. Und neben den Eltern schlüpfen die Babys aus ihren Eierschalen, nicht im Wochenbett, sondern mitten in der Wildnis.

Auch dieses Motiv wird Leonardo noch lange beschäftigen. Er nimmt die Idee mit ins französisch besetzte Mailand, wohin er im Frühsommer 1506 mit Sack und Pack abreist. Immerhin für drei Monate stellt die Florentiner Stadtregierung ihn frei von seinen Pflichten im Ratssaal. Sollte er länger fortbleiben, droht ihm eine Strafzahlung von 150 Golddukaten.[46]

Leonardo aber lässt sich nicht erpressen. So wie er die bettelnde, drängende Isabella d'Este abzuschütteln versteht, so setzt er, kaum in Mailand angelangt, alles daran, auch die Florentiner hinzuhalten. Der französische König Ludwig XII. und dessen Statthalter in Mailand sind ihm dabei gerne behilflich. Erst sind es höfliche Briefe voller Bewunderung, die den Florentiner Regierungschef Piero Soderini von den Franzosen erreichen. Soderini ist nicht zu besänftigen, er faucht über den Schaden, den die Republik durch Leonardos Pflichtverletzung nehme. Dann lässt der König selbst den Florentiner Gesandten unmissverständlich wissen, er erwarte, dass Leonardo in seine Dienste eintrete, und zwar unverzüglich, keine Widerrede. Um was zu malen?, fragt der Botschafter vorsichtig nach. Zur Antwort bekommt er recht vage: »Einige kleine Gemälde mit der Madonna und andere Sachen, je nachdem, was mir in den Sinn kommen wird.«[47] Es geht also gar nicht mehr um bestimmte Projekte, sondern nur noch darum, diesen berühmten Künstler in der Nähe zu wissen, koste es, was es wolle.

So wie Isabella d'Este inzwischen alles von Leonardo nehmen würde, nicht mehr nur das heiß ersehnte, nie vollbrachte Porträt, so signalisiert auch der König seinem begehrten Schützling maximale kreative Freiheit. Das ist ganz in Leonardos Sinn. In einem etwas späteren Brief an den französischen Hof kündigt er an, er habe noch das eine oder andere Madonnenbild auf Lager, falls Bedarf sei.[48] Was es zu sehen und zu haben gibt, das entscheidet nun der Maler, nicht der Geldgeber. So selbstbestimmt wie Leonardo konnte wohl noch kein Künstler vor ihm arbeiten.

Und er nutzt es. Erlöst von der Last, das leidige Wandbild in Florenz doch noch fertigzustellen, fern von den nicht weniger unerquicklichen Familienangelegenheiten genießt Leonardo nun sein abgesichertes Leben in Mailand. Frei wie ein Vogel macht er sich ans Werk. Nur die zweite Fassung der »Felsgrottenmadonna« (Tafel 16) muss er mit seinem alten Mitarbeiter Ambrogio de Predis noch fertigstellen, darauf hat die Mailänder Bruderschaft der Un-

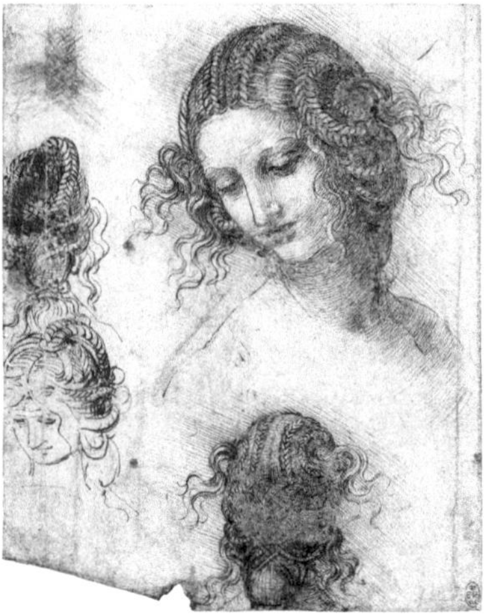

Abb. 35: Leonardo da Vinci, Studie zum Kopf der Leda, Royal Collection, Windsor

befleckten Empfängnis per Gerichtsentscheid bestanden. Doch zu diesem Zeitpunkt hat Leonardo längst gelernt, ungeliebte Arbeiten an Mitarbeiter zu delegieren und nur noch einige finale Pinselstriche zu setzen – was ihm nicht schwerfällt, bei den Werken der anderen ist er längst nicht so streng wie bei seinen eigenen, den Herzensbildern.

Intensiv beschäftigt er sich mit seinen Naturstudien, versucht, die Mondphasen zu ergründen, entwickelt seine Gedanken über den Wasserhaushalt der Erde weiter. Und er stellt einen gewissenhaften und gut aussehenden jungen Mann aus bestem Haus an, Francesco Melzi. Seine Aufgabe ist es, Leonardos Schriften zu systematisieren und Schreibarbeiten für ihn zu übernehmen. Das entlastet den Künstler enorm, drohte er doch, im Wust seiner ungeordneten Notizen zu ersticken. Nun scheint eine spätere Veröffentlichung realistisch. So hat er die Hände frei für praktische Studien. In einem Krankenhaus seziert er unermüdlich Leichen, und auch bei Schlachtern treibt er sich herum, um am trächtigen Uterus einer Kuh die Mechanismen der Fortpflanzung zu untersuchen. Das viele Nachdenken über das große Ganze führt ihn immer wieder zurück zu den reproduktiven Kräften des Weiblichen.

Die geduldigen Öldamen in seinem Atelier danken es ihm. Jetzt kann er die »Anna selbdritt« (Tafel 23) weitermalen, und er fügt ihr wohl nun die Wasserlandschaft vor den Bergen hinzu, in die seine Überlegungen zur Erdgeschichte einfließen. Auch die Leda, seine schöne Vogelfrau, entwickelt er weiter, womöglich mit Hilfe eines weiblichen Modells in seinem Atelier. Vielleicht um diese Zeit zeichnet er Ledas Kopf, erinnert sich an das Flechtwerk der Korbmacherinnen von Vinci und gibt seiner Figur komplizierte Zöpfe mit – aus denen sich dann doch wieder unbezähmbare Locken herauswinden, so dynamisch wie all die Wellen und Grasbüschel in seiner Kunst.[49] (Abb. 35)

Offenbar entwirft er neben der Fassung mit Schwan noch eine Variante, auf der Leda ohne Gesellschaft des Göttervogels stolz ihre Brut herzeigt. Leonardos Original ist nicht erhalten, aber ein Schüler, Giampietrino, malt das Motiv vor eine luftige Berglandschaft, die an die »Anna selbdritt« (Tafel 23) erinnert – und tatsächlich findet sich unter dem Gemälde ebenjene Komposition, die Giampietrino von Leonardo abgeschaut und dann mit der Leda übermalt hat.[50] (Tafel 26) Die Welt ist weiblich, und die Frauen, sie sind eine Welt im Kleinen.

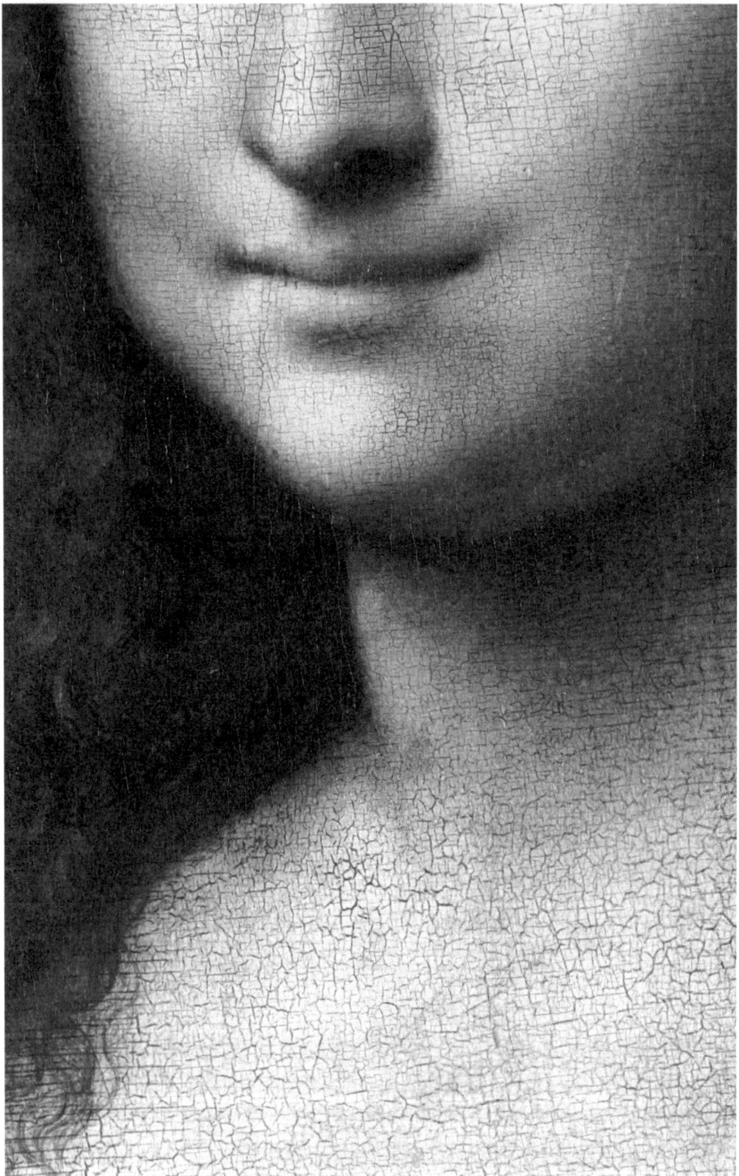

XI

DAS DRITTE SCHLÜSSELWERK: DIE WELTENFRAU

Es gibt viele Frauen im Atelier des älteren Leonardo. Eine aber beschäftigt ihn mehr als alle anderen. Anderthalb Jahrzehnte lang begleitet sie ihn durch sein Leben, als Konstante inmitten von Umzügen, politischen Umwälzungen, Krankheit und Alter. Sie wird zur Hauptfigur in seinem Leben und Wirken; er widmet sich ihr so innig wie kaum je einem Menschen. Und wie immer, wenn ihn etwas wirklich berührt: Dann schweigt er. So emsig und vielseitig er als Autor ist, so still malt er bisweilen, im Bewusstsein, dass Kunst sich in ihrer vorsprachlichen Sinnlichkeit mit Worten nicht einfangen lässt.[1]

Die intensive Beziehung, die er mit dieser Frau pflegt, besteht aus feinen Pinselstrichen, aus sanft verschatteten Wangenknochen, einer zarten Locke, die ihr Dekolleté berührt, aus langen Experimenten in der Werkstatt, welche Farbmischung wohl die richtige ist, damit ihr Teint nicht fahl, sondern an den richtigen Stellen gut durchblutet erscheint.[2] Das Ergebnis ist das einflussreichste Tafelgemälde des Abendlandes, verehrt und gefürchtet, so wortreich besungen und vielfach gedeutet wie kaum ein anderes, über Jahrhunderte immer wieder kopiert und parodiert: die Gioconda, Mona Lisa genannt.[3] (Tafel 28)

Das Geheimnis, das dieses Kunstwerk umweht, hängt mit der unbefriedigenden schriftlichen Überlieferung zusammen. Ginevra de' Benci, die Dichterin aus Leonardos Jugend, ist eine historisch fassbare Persönlichkeit, ebenso wie Cecilia Gallerani, die Dame mit dem Hermelin. Mit wem Leonardo es aber im Bildnis der »Mona Lisa« zu tun hat, ob mit einer Person oder mehreren, ist nicht eindeutig zu beantworten, auch deshalb, weil ihn das Gemälde so lange und an unterschiedlichen Orten beschäftigt. Die Frau, die er malt, ist möglicherweise anfangs ein bestimmter Mensch, die Mittzwanzigerin Lisa del Giocondo aus Florenz. Bald aber gerät sie ihm zur Weltenfrau, zur großen Erzählerin seiner persönlichen Philosophie. Jeder Maler male sich selbst, sagt der Künstler einmal, und wenn die »Mona Lisa« auch sicher kein Selbstbildnis Leonardos ist, so ist diese *bella donna* doch das ideale Wunschwesen des älteren Meisters.[4]

Die Idee zu dem Gemälde kommt ihm bereits in Florenz, wohin er im Jahr 1500 aus Mailand zurückgekehrt ist. Es ist die Zeit, in der ihn Mathematik, Wasserkunde, Anatomie so sehr beschäftigen, dass er die Mantuaner Markgräfin Isabella d'Este auf ihr Porträt warten lässt. Sie interessiert ihn einfach nicht mehr, so wie ihn die Repräsentanz von Macht nicht interessiert. Vielleicht denkt er wehmütig zurück an Ginevra (Tafel 9) und Cecilia (Tafel 17), seine beiden jungen, selbstgewissen Modelle, mit denen er in einem so fruchtbaren intellektuellen und menschlichen Austausch stand. Vielleicht sucht er wieder eine solche Frau: eigenwillig und einnehmend, klug und schön, unkonventionell und experimentierfreudig, wach und lebhaft, nur reifer als die beiden Jugendlichen. Das allerdings ist gar nicht so leicht. Er könnte eine Prostituierte als Modell engagieren (wie er das möglicherweise später manchmal tut), das aber wäre dann ein Geschäft, kein lustvoller Dialog. Bei allen anderen Frauen ist ein Dritter mit von der Partie: der Mann, der ihr Bildnis will. Und der hat womöglich seine eigenen Vorstellungen und wird Leonardo nicht so viel gestalterische Freiheit lassen, wie dies einst die kunstsinnigen Liebhaber Bernardo Bembo und Ludovico Sforza taten.

Und doch: Im Jahr 1503 findet Leonardo in Florenz eine Frau, die er malen möchte. Möglicherweise ist ihm sein Vater behilflich.

Ser Piero, der inzwischen eine ganze Kinderschar in seinem Haus in der Via Ghibellina nahe der Kirche Santa Croce versorgt, ist durch sein Notariat in der Stadt bestens vernetzt. Schon seit Jahrzehnten führt er die Rechtsgeschäfte für das Serviten-Kloster Santissima Annunziata, in dem Leonardo und seine Männer nach ihrer Rückkehr in die Stadt vorerst eine Bleibe gefunden haben. Dort geht ein Kaufmann namens Francesco del Giocondo ein und aus; er ist den Klosterbrüdern durch Finanztransaktionen verbunden und wird später seine Grablege hier haben. Einmal kommt es zum Streit um Landgeschäfte zwischen Francescos Familie und den Mönchen, Ser Piero fungiert als Mediator und versöhnt die Parteien.[5]

Von ihm erfährt Leonardo möglicherweise, dass Francesco mit seiner Frau Lisa, geborene Gherardini, einen neuen Haushalt in der zentral gelegenen Via della Stufa gründen will. »Mona« oder »Monna« werden in Florenz Ehefrauen genannt, es folgt der Vorname. Die beiden haben acht Jahre zuvor geheiratet, nachdem Francescos erste Ehefrau jung gestorben war und ihm einen kleinen Sohn hinterlassen hat. Vor der Hochzeit wohnte die 1479 geborene Lisa in der Nachbarschaft von Leonardos Vater; Ser Piero muss sie von Kindesbeinen an gekannt haben.[6]

Lisa kommt aus einer hochgestellten Familie, die sich jedoch schon seit einiger Zeit im ökonomischen Niedergang befindet. Um sie gut zu verheiraten, hat ihr Vater eines der wenigen Besitztümer hergegeben, die ihm geblieben waren, ein Weingut in Chianti. Wie immer, so hat Francesco del Giocondo auch bei der Eheanbahnung gut verhandelt. Der Seidenhändler ist vierzehn Jahre älter als Lisa. Im Textilgeschäft ist seine Familie im Laufe des 15. Jahrhunderts immer reicher geworden. Sie belieferte die Medici und die meisten anderen Florentiner von Rang mit ihren fein gewebten Seiden. Als der stets bestens gekleidete Lorenzo de' Medici 1492 starb, hatte er größere Schulden bei den del Giocondos. Die aber waren auf dem internationalen Markt längst so erfolgreich, dass sie das verkraften konnten. Nicht einmal der Sturz der Medici konnte ihnen ökonomisch etwas anhaben. Zum Zeitpunkt seiner Heirat mit Lisa besaß Francesco große Landgüter und Villen sowie mehrere Beteiligungen an Textilwerkstätten.[7]

Beim Umzug in das neue Haus im Jahr 1503 hat das Paar bereits einen siebenjährigen Sohn, eine vier- und eine dreijährige Tochter sowie einen männlichen Säugling. Eine weitere Tochter war gestorben. Ammen kümmern sich um Lisas Kinder, solange sie klein sind. Zu der Hausgemeinschaft gehören auch mehrere Frauen, die Francesco als Sklavinnen gekauft hat, nachdem sie in der Ferne gekidnappt worden waren. Er lässt so viele von ihnen in Florenz taufen, dass der Verdacht naheliegt, er habe außer mit Stoffen auch mit Menschen gehandelt.[8]

Ob ein so gewiefter Geschäftemacher wie er einen Sinn für Leonardos freigeistige, sensible Frauenmalerei hat? Vielleicht, vielleicht auch nicht. Kein Vertrag für ein Gemälde der Lisa del Giocondo ist überliefert, womöglich hat es nie einen gegeben.[9] Hätte Francesco eine Anzahlung für das Gemälde geleistet, so hätte er sicher insistiert, das Bild auch irgendwann zu bekommen. Doch er erhält es nie. Vielleicht hat er seinerseits gar kein Bildnis beauftragt, sondern nur erlaubt, dass Leonardo, der Sohn seines Geschäftspartners Ser Piero, Lisa erst zeichnet und später malt. Die beiden können sich früher schon in der Nachbarschaft Ser Pieros begegnet sein, es ist nicht so, dass Leonardo als Fremder in ihr Leben tritt.

Eines der wenigen Dokumente zu Leonardos Gemälde der Mona Lisa stammt aus dem Oktober 1503. Es handelt sich um jene Randnotiz von Machiavellis Mitarbeiter Agostino Vespucci, in der auch von Leonardos »Anna selbdritt« (Tafel 23) und der »Anghiarischlacht« (Abb. 32) die Rede ist.[10] Beim Lesen eines 1477 erschienenen Wiegendrucks von Ciceros »Epistulae ad familiares« fallen Vespucci die Zeilen ins Auge, in denen der Römer sich über die nur halbherzige Unterstützung einiger Senatoren beklagt. Diese Zögerlichkeit vergleicht Cicero leicht polemisch mit der Malweise des griechischen Künstlers Apelles: Der habe »an seiner Venus den

Kopf und den oberen Teil der Brust kunstvoll ausgeführt, die übrigen Teile des Körpers jedoch unfertig gelassen«.

Die Göttin der Liebe, Gemälde von schönen Frauen, weibliche Köpfe: Damit steht auch Leonardos Kernanliegen im Raum, in seinen Bildern begehrenswerter, kluger Frauen die Kunst neu zu erfinden. Der aufmerksame Leser Vespucci muss sofort an ihn denken. Deswegen platziert er an dieser Stelle in dem Buch seine Randglosse zu Leonardo: »Apelles, ein Maler. So macht es auch Leonardo da Vinci in allen seinen Bildern. Dazu gehört der Kopf der Lisa del Giocondo und der Kopf von Anna, der Mutter der Jungfrau (Maria).« Dann nennt er noch Leonardos Vorhaben im Palazzo Vecchio, wo der Künstler die »Anghiarischlacht« malen soll, und datiert seinen Eintrag auf »1503, im Oktober«.[11]

Demnach arbeitet Leonardo im Herbst 1503 außer an der »Anna selbdritt« auch an einem Gemälde der Mona Lisa. Er hat sich erst einmal auf ihren Kopf konzentriert, der Körper und auch der Bildhintergrund sind zu diesem Zeitpunkt offenbar noch nicht fertig. Sollte dies, was wahrscheinlich ist, die Fassung sein, die heute im Louvre hängt, so trifft er eine erstaunliche Entscheidung: Er malt die Frau eines Seidenhändlers auf eine außergewöhnlich große Pappelholztafel von 77 mal 53 Zentimetern. Das übertrifft die Bildnisse von Ginevra (Tafel 9) und Cecilia (Tafel 17) deutlich, und es entspricht keineswegs der Florentiner Porträttradition.

Was ihn an Lisa reizt, ist nicht der Rang ihrer Familie. Nicht einmal die edle Kollektion an bunten Seidenstoffen, mit denen Francesco handelt, stellt er in seinem Bild prominent heraus. Leonardo sieht in der vierundzwanzigjährigen Mona Lisa eine junge, gütige Mutter, und wenn er an Mütter denkt, dann denkt er grundsätzlich an die ganze Welt.

Die Geschichte, wie Leonardo in Florenz Lisa del Giocondo malt, erzählt man sich in der Stadt noch, als Leonardo längst tot ist. So erfährt sie Vasari, als er Mitte des 16. Jahrhunderts an seinen Künstlerviten arbeitet. Vielleicht kennt er die ältere Mona Lisa, die erst 1542, acht Jahre vor der Erstauflage der *Viten*, stirbt. Auch ihr ältester Sohn Piero, zeitweise ein Nachbar Vasaris, und ihre Tochter, eine Nonne, könnten ihm von der Begegnung des Künstlers mit der Mutter erzählt haben. Das Gemälde selbst sieht Vasari nicht, da Leonardo es bei seinem Abschied aus Florenz mitgenommen hat. Aber der Autor ahnt, welche Bedeutung dieses eine Bild für die Geschichte der Kunst hat. Also tut er, was ihm liegt: Er schmückt seine Erzählung aus.[12]

In Vasaris Vorstellung hofiert Leonardo die Seidenhändlergattin wie eine Königin. »Während er Mona Lisa, die eine sehr schöne Frau war, malte, ließ er musizieren und singen und Narren ihre Possen reißen, um sie bei guter Laune zu halten und die Melancholie zu vertreiben, die man oft in der Porträtmalerei findet. Und in diesem Gemälde Leonardos sah man ein Lächeln, so anmutig, daß es eher göttlich als menschlich anzuschauen war, und man hielt es für etwas Wunderbares, da es so lebendig schien wie im Leben.«[13] Er schreibt, dass Leonardo vier Jahre lang an dem Gemälde arbeitete und es dann immer noch *imperfetto*, nicht vollendet, war.

Der Künstler lässt sich Zeit beim Malen. Die Szene, die er sich ausdenkt, spielt auf einer vertäfelten Loggia vor einer weitläufigen Landschaft. Leonardo bittet seine Figur auf einen halbrunden toskanischen Holzsessel. Entspannt wendet sie ihren Oberkörper den Betrachtern zu, die Drehbewegung der »Cecilia Gallerani« (Tafel 17) klingt hier noch an. Lisa stützt den linken Arm auf die Lehne, die andere Hand legt sie locker auf ihm ab.

Warmes Licht fällt auf ihr Dekolleté, die Stirn und Teile des Gesichts. Woher es kommt, bleibt ungewiss. Die Frau trägt eher dunkle Farben, Leonardo kleidet sie Schicht um Schicht an. Er malt den ornamental bestickten, fein gekräuselten Saum ihres Mieders auch dort, wo andere Stoffbahnen ihn verdecken werden. Die Kleidung wirkt unprätentiös; Leonardo aber verwendet viel Energie auf einen natürlichen Faltenwurf, auf die verschiedenen Lagen Tuch, die sich übereinanderschmiegen. Selbst an Abnäher über der Brust denkt er. Am Ende wirft er der Frau ein durchsichtiges Oberkleid aus Gaze über. Es ist an der Borte des Ausschnitts angenäht. Am linken Arm trägt sie dieses Gewand hochgekrempelt, so dass die Gaze wie eine Toga über ihrer Schulter liegt. Der durchsichtige, großzügig drapierte Stoff verleiht der Figur zusätzliches Volumen. Und das flirrende, federleicht wehende Material lässt die Frauenfigur noch bewegter erscheinen, als sie durch ihre Körperwendung sowieso schon wirkt.[14]

Liebevoll widmet sich Leonardo ihrem Gesicht. Auf natürliche Art gesund soll es aussehen, traumhaft schön und gleichzeitig sehr real. Wenn er auf der Pappelholztafel vorzeichnet, dann mit einem weichen Pinsel, der (mit Ausnahme kleiner Stellen am Auge) kaum Spuren hinterlässt. Dieses Gesicht lebt nicht von seinen Konturen, sondern von einem austarierten Ineinander der Farbtöne. In sanftem *sfumato* verblendet der Meister die Schatten am Hals und an den Wangen, man erkennt am Ende keinen einzigen Pinselstrich. Er nutzt Bindemittel mit geringem Pigmentanteil, um hauchdünne Lasuren aufzutragen, welche die Haut seidig schimmern lassen.[15]

Aus den Winkeln dunkler Augen schaut die Frau den Betrachter an, freundlich, wissend, so tiefgründig wie zuversichtlich ist ihr Blick. Sie lächelt leise mit einem Mundwinkel, dem linken. Das passt zu ihrem Namen: *giocondo* bedeutet heiter und auch Freude spendend, tröstend.[16]

Ihre Haut wirkt frisch, auch deshalb, weil Leonardo dem Teint ein paar Körnchen Zinnober beimischt, um die Blutzirkulation zu simulieren. Das lockige Haar hält am Hinterkopf wohl eine Haube zusammen, wie es sich für eine anständige Ehefrau gehört. Doch gleich mehrere Löckchen haben sich aus der Frisur befreit und fallen nun auf die bloße Haut an den Schlüsselbeinen.[17]

»Leonardo hatte hier jede Einzelheit mit der größten Feinheit herausgearbeitet«, lobt Vasari das Porträt, das er nur vom Hörensagen kennt. »Die Augen besaßen jenen Glanz und feuchten Schimmer, den man in Wirklichkeit ständig beobachten kann, und um sie herum sah man jene fahlen Rottöne und Härchen, die nur mit allergrößter Feinheit ausgeführt werden können. Die Brauen könnten, in der Art, wie die Haare aus dem Fleisch herauswachsen – an manchen Stellen dichter, an anderen spärlicher – und wie sie sich den Poren der Haut entsprechend ausrichten, nicht natürlicher aussehen. Die Nase mit ihren schönen rosigzarten Öffnungen war völlig naturgetreu gemalt. Der Mund, dessen Konturen und Winkel sich im Rot der Lippen mit dem Inkarnat des Gesichts verbinden, erschien nicht gemalt, sondern wie lebendiges Fleisch. Und wer genau auf die Grube an ihrem Hals achtete, der konnte den Puls schlagen sehen.«[18] Das muss nicht im Einzelnen stimmen – wie haargenau etwa die fein aufgetragenen, inzwischen erloschenen Augenbrauen und -wimpern im 16. Jahrhundert noch zu sehen sind, ist ungewiss.[19] Vasari erspürt jedoch mit dieser Beschreibung Leonardos Perfektionismus und seine Intention, auf dem Gemälde das Leben pulsieren zu lassen.

Wie bedeutend dieses Werk ist, ahnt auch der junge Raffael – ohne allerdings Leonardos Absichten voll zu erfassen. Der geschmeidig auftretende, wache Mittzwanziger wohnt seit 1504 direkt gegenüber der Familie del Giocondo in der Via della Stufa.[20] Er hat seine Malerlehre bei Perugino absolviert und eifert nun Leonardo und auch Michelangelo nach. Begierig schult er sein Auge an allem, was er von den beiden zu sehen bekommt. Darunter ist neben den Entwürfen für den Florentiner Ratssaal auch die Komposition der »Mona Lisa«. Schon um 1505 ahmt er sie flugs nach in seinem Bildnis der Maddalena Doni, der gut situierten Ehefrau des Tuchhändlers Agnolo Doni.[21] (Abb. 36)

Auch Raffaels Dame stützt den linken Unterarm auf und legt die rechte Hand darüber; auch sie sitzt vor einer weiten Landschaft mit blauem Himmel. Das war es aber auch schon mit der Ähnlichkeit: Mit ihrem fülligen, hart ausgeleuchteten Gesicht fehlt »Maddalena Doni« der Schmelz und die Vieldeutigkeit von »Mona Lisas« Antlitz. Statt für Leonardos verführerischen *sfumato,* seine hauch-

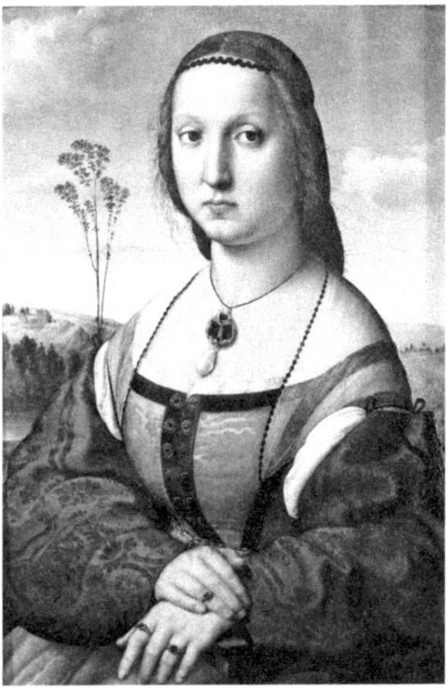

Abb. 36: Raffael, Maddalena Doni, Palazzo Pitti/Galleria Palatina, Florenz

dünnen Lasuren entscheidet sich Raffael für herbe Konturen, welche die vollen Wangen, weit auseinanderstehenden Augen und die lange Nase der Porträtierten akzentuieren. Die vibrierende, energiereiche Lebensnähe der »Mona Lisa« ersetzt er durch einen Naturalismus des Geldes: Raffaels Maddalena sitzt steif da, blickt unzugänglich, trägt aber teure, bunte Kleidung und viel Schmuck. Sie repräsentiert die Finanzstärke ihres Mannes Agnolo, den der Künstler auf einer zweiten Tafel passend zu dem Frauenporträt abbildet. So erfüllt der junge Maler die Konvention des Ehepaarbildnisses – und macht dadurch umso deutlicher, wie weit Leonardo genau davon abweicht. Leonardos *bella donna* braucht keinen Gatten, keine Halsketten und Fingerringe, sie muss auch nicht distanziert schauen, um ernst genommen zu werden. Sie kann zugewandt wirken, ohne deshalb zur Matrone zu werden.

»Mona Lisa« kennt das Leben, in ihren Augen wohnt eine Seele, und jeder, der vor ihr steht, nicht nur ihr Gatte, darf sich von ihr erwählt und beschenkt fühlen.

Das Bild der »Mona Lisa« wird, wie Vasari schreibt, auch in vierjähriger Arbeit nicht fertig; Leonardo nimmt es unvollendet mit nach Mailand, nachdem er an der Freskomalerei im Florentiner Ratssaal gescheitert ist. In seiner Mailänder Werkstatt ist die »Mona Lisa« in bester Gesellschaft, auch die »Anna selbdritt« (Tafel 23) und seine Leda-Entwürfe wohnen hier. Die Familie del Giocondo ist weit weg. Wenn Leonardo jetzt an dem Werk weitermalt, tut er es für sich selbst. In dieser Zeit erforscht er die Anatomie des Lächelns.[22] Seine Leichenstudien beschäftigen ihn wieder intensiv, auch die Erdgeschichte und die Hydraulik lassen ihm keine Ruhe. Im September 1508 beginnt er ein Notizbuch, das er »Über die Welt und ihre Gewässer« nennt (»Di mondo ed acque«) und in wenigen Wochen mit seinen Überlegungen und Skizzen füllt.[23]

Leonardo grübelt über das große Ganze nach, und dabei schaut »Mona Lisa« ihm zu. Es ist denkbar, dass er erst jetzt oder noch deutlich später die Landschaft im Hintergrund ausführt – jedenfalls berichtet Vasari, dessen Quelle vermutlich die del Giocondos sind, nichts von Bergen und Gewässern. Dafür, dass Leonardo die Landschaft nach der Figur malt, spricht eine Kopie der »Mona Lisa«, die seine Mitarbeiter anfertigen, noch während Leonardo an seiner eigenen Fassung arbeitet.[24] (Tafel 27) Das Werk dient dem Meister auch als Unterrichtsmaterial. Einer seiner Schüler – man weiß nicht, welcher und wann – kopiert minutiös die Loggia, die Basen der beiden seitlichen Säulen am Bildrand, Lisas Holzstuhl, ihr Gewand (in allerdings leuchtenderen Farben) und ihre Körperhaltung. Die Landschaft dagegen orientiert sich nur vage an der »Mona Lisa«, wichtige Details wie die Brücke rechts hinten fehlen. Entweder ist sie im Original noch nicht fertig, als der Kopist sich ans Werk macht, oder er variiert sie bewusst, etwa, weil sich ihm die Naturdarstellung nicht erschließt. Auch den Gesichtsausdruck der Frau erfasst er nicht: Lisas lächelnde Souveränität weicht in der Kopie einem braven, beinahe unterwürfigen Blick Richtung Betrachter.

Möglicherweise ist das, was Leonardo sich bei der »Mona Lisa« denkt, so neu, dass er es selbst nicht komplett in Worte zu fassen vermag. Und so seinen Schülern zwar das künstlerische Handwerkszeug vermitteln kann, nicht aber seine Philosophie.

Die handelt davon, wie sehr der Mensch und seine Umwelt zusammengehören. »Mona Lisa« thront vor einer Landschaft, was als Motiv aus Herrscherdarstellungen bekannt ist.[25] Sie aber gebietet nicht herrisch über die Natur, sie reagiert auf sie. Geht es der Erde schlecht, dann sorgt sich auch diese Frau. Ist dagegen alles im Fluss, dann freut sie sich.

Dies zeigt ein Blick auf die Landschaft. Sie ist merkwürdig zweigeteilt, der Horizont rechts liegt deutlich höher als links. Das führt dazu, dass die Frau sich über die linke Hälfte zu erheben scheint. Sie ist auf Augenhöhe mit einigen Gipfeln der blauen, im Dunst gefangenen Berge, die einen See hinterfangen. Diesen sehen wir – und, sollte sie sich einmal umdrehen, sieht es auch die Frau – von oben, in distanzierter Aufsicht. Das Gewässer steht. Ihm fehlen die Bewegungsenergie und das Volumen, um das ausgetrocknete Flussbett wiederzubeleben, das sich auf Höhe des Dekolletés und der Brust der Frau nach unten schlängelt. Bis auf wenige noch feuchte Flecken am Grund ist der Fluss tot, und auch die Felsen an seinen Seiten scheinen schon bald zu erodieren. Von diesem Teil der Landschaft wendet die Frau sich ab, sie dreht sich auf ihrem Stuhl nach rechts vorne, weg von Dürre und Stillstand links hinten. Doch sie kann das Elend auch nicht einfach ignorieren. Ihre rechte Gesichtshälfte (vom Betrachter aus gesehen links im Bild) wirkt ernst, beinahe angespannt. Mit diesem Mundwinkel lächelt sie nicht. Das Wissen, das »Mona Lisa« in sich trägt, ist auch ein Wissen um Tod und Weltenende.

Ein Grund zum Verzweifeln ist das aber nicht. In der rechten Bildhälfte ist die Welt in Ordnung: Über einem gut gefüllten Bergsee oben geht wohl die Sonne auf. Das Wasser strömt in ein Flussbett, nicht reißend, aber stetig. Es umspült die Felsen am Ufer, gleitet unter einer Brücke durch und fließt auf Schulterhöhe der Frau aus dem Bild heraus. Diese Szenerie ist der Figur viel näher als die linke. Der rechte See befindet sich auf Höhe ihres Ohrs, sie sitzt davor, nicht darüber. Optisch scheint die Brücke Lisas Schulterüberwurf nach hinten in die Felslandschaft hinein zu verlängern. Vor allem aber blickt die Frau nach rechts, und: In diese Richtung lächelt sie auch, mit ihrer ganzen linken Gesichtshälfte. »Mona Lisa« lächelt dem Leben zu.

Sie, die schöne Frau, versteht etwas von Bewegungsenergien. Wie Leonardos Figuren der Anna und der Maria kennt sie die menschliche Fähigkeit zum Neuanfang. Als Gebärfähige verkörpert sie diese geradezu. Im Wissen um Leben und Tod kann sie zwischen den beiden so unterschiedlichen Landschaftshintergründen vermitteln. Leonardo, der immer wieder Angst um die Welt hat, sendet der Menschheit und sich selbst eine Hoffnungsträgerin.

Das Besondere ist, dass es sich nicht um Maria, eine Heilige oder eine Göttin handelt, sondern um eine gewöhnliche Frau. Was nicht heißt, dass sie einfach nur Lisa del Giocondo ist, die Seidenhändlergattin aus Florenz. Sie ist eine Frau, die für alle steht.

Weswegen sich Leonardo allerlei künstlerische Freiheiten erlaubt. Als Lisa del Giocondo ihm in Florenz 1503 Modell saß, war sie vermutlich gerade nicht schwanger.[26] Trotzdem kleidet Leonardo seine Figur mit einem Oberkleid aus transparenter Gaze. Ein solches Hausgewand tragen in Florenz kleine Kinder und, wie auf Botticellis Bildnis der Smeralda Brandini zu sehen ist, schwangere Frauen. (Abb. 14)[27] Seine leicht rundliche »Mona Lisa« mit den weichen, großen Händen ist schwanger, auch daher rührt ihre Zuversicht.

Vieles, worüber Leonardo seit Langem nachdenkt, fügt sich für ihn während seines zweiten Mailänder Aufenthalts zusammen. Die Bedingungen sind gut, um in Ruhe zu arbeiten. Der französische Hof und seine Vertreter in Mailand zahlen zwar nicht immer pünktlich die Honorare, überhäufen den Künstler aber auch nicht mit Ansprüchen. Durch Privilegien wie Nutzungsrechte an Teilen des Mailänder Kanalsystems, die ihm von König Ludwig XII. zugestanden wurden, ist er finanziell abgesichert. Salaì und andere Mitarbeiter sind inzwischen so selbständig, dass sie die Nachfrage nach Bildern bedienen können. Und Francesco Melzi sortiert fleißig Leonardos Schriften, so dass es nicht mehr unmöglich erscheint, sie eines Tages zu veröffentlichen. Leonardo bleibt Zeit, durch die Berge zu streifen und sich sonnabends ein wenig im öffentlichen Männerbad umzuschauen.[28]

Nichts aber ist in diesen Jahren von Dauer. In Italien ringen nun zwei Großmächte um territoriale Vorherrschaft: der Kirchenstaat und Frankreich. Papst Julius II. ist besessen von dem Wunsch, die Truppen von Ludwig XII. aus Italien zu vertreiben; er hat geschworen, sich erst wieder zu rasieren, wenn dies geschehen ist. Der Erfolgsdruck ist hoch, auch deshalb, weil seine Gegner in der Kirche bereits planen, ihn abzusetzen. Ostern 1512 besiegen die Franzosen das päpstliche Heer und seine spanischen Verbündeten in einer unfassbar blutigen Schlacht bei Ravenna. Dabei stirbt der Gouverneur von Mailand, Gaston de Foix. Der Papst versucht es jetzt mit Geld. Er kann ein ganzes Heer aus der Schweiz überzeugen, der bessere Dienstherr zu sein als Ludwig XII., der gerne am Sold spart. Gemeinsam mit den Verbündeten vertreiben sie im Sommer 1512 die französischen Truppen aus Norditalien. Das ist die Chance für den Clan der Sforza. Die Söhne des einstigen Herrschers über Mailand, Ludovico Sforza, haben den Verlust der Macht nie verziehen. Unterstützt von den Schweizern, erobern sie im Dezember 1512 die Metropole zurück. Neuer Herzog ist Massimiliano Sforza, Ludovicos ehelicher Sohn. Ihm treu zur Seite steht sein Halbbruder, der dicke Cesare. Der Sohn von Ludovicos Mätresse Cecilia Gallerani, die Leonardo einst malte, ist stolz auf sein väterliches Erbe.[29]

Leonardo hält sich derweil im Landhaus der Familie seines Sekretärs Francesco Melzi auf. Den politischen Wandel betrachtet er erst einmal aus sicherer Distanz, schließlich hat der nun sechzigjährige Künstler wieder einmal seine Verbündeten verloren. Wenigstens muss er sich nicht mehr mit Piero Soderini, dem langjährigen Florentiner Regierungsoberhaupt, herumplagen, der so lange noch auf einen Abschluss der »Anghiarischlacht« (Abb. 32) im Palazzo Vecchio drängte. Ende August 1512 waren die Söhne Lorenzo de' Medicis, Giovanni und Giuliano, triumphal in ihre Heimatstadt zurückgekehrt. Als Kardinal hatte Giovanni tatkräftig Papst Julius II. im Krieg gegen die Franzosen unterstützt. Dafür erbat er sich, dass die mit dem Kirchenstaat verbündeten spanischen Truppen Soderini in die Flucht schlagen. Nachdem die Spanier das nahe gelegene Prato geplündert hatten, kippte die Stimmung in Florenz: Mit *palle palle*-Rufen, einer Anspielung auf die Kugeln im Medici-Wappen, empfingen die Florentiner die beiden Brüder. Viele hofften, mit ihnen kämen die guten alten Zeiten unter Lorenzo de' Medici wieder.[30]

Julius II. kann seine Erfolge nicht lange genießen. Er stirbt am 21. Februar 1513. Kurz darauf wählt das Konklave seinen Nachfolger: Es ist Giovanni de' Medici, der sich Leo X. nennt. Die Kaufmanns- und Künstlerstadt Florenz hat es indirekt zur europäischen Macht gebracht.

Giovannis Bruder Giuliano de' Medici (benannt nach seinem ermordeten Onkel) liegt die Politik weniger. Der stets modisch gekleidete Mann mit ebenmäßigen Zügen und gepflegtem Bart ist groß darin, viel Geld auszugeben, für Feste, Freunde, die Jagd und Rennpferde, aber auch für Kunst und Literatur. Schon als kleinen Jungen hatte ihn sein Vater Lorenzo zum Dichten angehalten, und auch wenn er darin nur bedingt reüssiert, so fühlt er sich doch wie kein anderer Medici seiner Generation der humanistischen Kultur verpflichtet. Also überlässt er die Regierungsgeschäfte in Florenz einem Neffen und zieht nach Rom, um auf Kosten des Vatikans in der Ewigen Stadt ein schönes Leben zu führen.

Während seines Exils hatte Giuliano im Jahr 1496 eine Zeit am

Hof von Ludovico Sforza in Mailand verbracht, vielleicht freundete er sich damals mit dem eine Generation älteren Leonardo an. Beide interessieren sich für Petrarca, im Gegensatz zu Leonardo verehrt Giuliano den toten Dichter allerdings vorbehaltlos. Mit dem venezianischen Literaten und Petrarca-Herausgeber Pietro Bembo ist er gut bekannt.[31]

Als der Medici nun seinen Hof in Rom einrichtet, lädt er Leonardo ein, dort für ihn zu arbeiten. Die Gelegenheit kommt Leonardo wie gerufen. Im September 1513 packt der Künstler seine Sachen und bricht mit Salaì, Francesco Melzi, drei anderen Mitarbeitern sowie den gemalten Damen Mona Lisa, Anna und Maria nach Rom auf. Dort angekommen, zieht der Künstlerhaushalt bald in die Villa Belvedere ein, den prächtigen Sommerpalast des Papstes inmitten eines großen Gartens. »Eher wie einen Bruder als wie einen Freund« behandelt Giuliano den Künstler, beobachtet ein Zeitgenosse.[32]

Vermutlich begegnet Leonardo in Rom Giulianos kleinem Sohn Ippolito. Der Papstbruder verliebt sich schnell und oft, meistens nicht von langer Dauer. Auch die Affäre mit Ippolitos Mutter Pacifica Brandani, die er im Exil am Hof in Urbino kennengelernt hatte, währte nur kurz. Als sie schwanger wurde, kümmerte ihn das nicht, denn er hielt einen anderen Mann für den Vater. Pacifica setzte ihren Neugeborenen im April 1511 anonym in einer Kirche in Urbino aus. In die Windeln steckte sie ein seltenes Geldstück aus Ancona, um das Kind gegebenenfalls später, falls sie sich doch noch um es kümmern könnte, zu identifizieren. Der Junge kam ins örtliche Findelhaus. Doch da blieb er nicht lange. Bald schon meldete sich ein Mittelsmann Giulianos im Waisenheim und brachte das Kind erst zu Pflegeeltern, dann gemeinsam mit diesen nach Rom. Pacifica, die wohl kurz nach der Geburt starb, muss vor ihrem Tod die Nachricht in Umlauf gebracht haben, dass Giuliano der wahre Vater sei.[33]

In der Familie Medici hat es Tradition, uneheliche Söhne zu erziehen, für den Fall, dass es keine ehelichen gibt oder diesen etwas zustößt. Die Mütter werden oft verschwiegen, denn sie spielen für das dynastische Kalkül keine Rolle. Das sieht der kleine Ippolito anders. Ständig fragt der Junge nach seiner Mutter. Als Giuliano im Januar 1515 nach Turin reist, um die Schwester des Herzogs von Savoyen zu heiraten, erzählt der Bub seinem Onkel Leo X. überglücklich, der Papa gehe nun die Mama holen. »Seine Heiligkeit hat sich fast totgelacht«, berichtet ein Freund Giuliano in einem Brief.[34] Die Erwachsenen wissen, dass die hochgeborene Braut nicht vorgeben wird, der uneheliche Stiefsohn sei ihr leibliches Kind.

Es ist anzunehmen, dass der Schmerz des Knaben den Vater weniger amüsiert. Der leidenschaftliche Giuliano liebt und verhätschelt den Jungen. Als Vierjähriger besitzt Ippolito schon ein eigenes Maultier und befehligt mehrere Diener. Nach seiner Rückkehr von der Hochzeit beschließt Giuliano, sich malen zu lassen, und beauftragt damit den päpstlichen Hofmaler Raffael.[35] Nicht bewiesen, aber eine Möglichkeit ist, dass er bei dieser Gelegenheit auch seinen Vertrauten Leonardo um ein Porträt bittet: Was er benötigen könnte, ist das imaginäre Bildnis einer idealen Mutter und geliebten Frau. Nicht für sich selbst, sondern für seinen kleinen Sohn, der sich eine Mama wünscht.[36]

Ein solches Bildnis befindet sich bereits – in welchem Grad der Vollendung auch immer – in Leonardos Atelier in der Villa Belvedere: Es ist die schwangere »Mona Lisa«.[37] Später wird der Künstler davon sprechen, dieses Frauenbild sei für Giuliano gedacht gewesen.[38] Die »Mona Lisa« ist Leonardos Mutter der Träume, seine Frau von Welt, Trostspenderin, geliebtes Gegenüber und eines der einnehmendsten Geschöpfe der italienischen Renaissance. Ob und an welchen Partien Leonardo in Rom noch einmal Hand an das Bildnis anlegt, ist nicht bekannt. Womöglich sind weitere Eingriffe gar nicht nötig. Denn die reale Mutter Ippolitos ist tot und für Giuliano zählt nicht sie als Person, sondern ihre Funktion. Sie war schwanger und hat seinen Sohn geboren. Eine solch ideale Mutter aber kann auch die Züge Lisa del Giocondos tragen.

Ippolito jedoch bleibt so bild- wie mutterlos. Bald schon, als der

Junge knapp fünf Jahre alt ist, verliert er auch seinen Vater, der an den Folgen einer Tuberkulose stirbt. Leonardo behält die »Mona Lisa« bei sich. Mittlerweile regiert in Frankreich der erst einundzwanzigjährige Franz I., ein selbstbewusster Schöngeist. Ihm war es im Vorjahr gelungen, die Sforza ein weiteres Mal aus Mailand zu vertreiben, so dass die Stadt nun wieder zu Frankreich gehört.

Giulianos Witwe Philiberta von Savoyen ist die Tante von Franz I., vielleicht spricht sie mit ihrem Neffen über Leonardos Talente. Der Monarch bietet Leonardo eine Lebensstellung an: Ob er gemeinsam mit seinen Gehilfen für ein fantastisches Gehalt in Frankreich in königliche Dienste treten möge? Franz I., den passionierten Liebhaber und Freund von Gemälden schöner Frauen, interessieren offenbar gleichermaßen Leonardos naturwissenschaftliche Kenntnisse und seine Kunst.

Der Maler hat gute Erfahrungen mit den Franzosen gemacht; und von dem eher derben Papst Leo X. hat er nach dem Tod von dessen Bruder nicht mehr allzu viel zu erwarten.[39] Er zögert nicht, zuzusagen, zumal er kränkelt und ein Auskommen braucht. So treten die ewig junge »Mona Lisa« und ihr beinahe fünfundsechzigjähriger Meister eine letzte gemeinsame Reise an. Sie ziehen im Frühjahr 1517 in das rot verklinkerte, üppige Herrenhaus Clos Lucé in der Nähe von Amboise an der Loire.[40]

Hier bekommen die beiden am 10. Oktober 1517 Besuch. Ein Freund Giuliano de' Medicis, der wohlhabende, kunstbegeisterte Kardinal Luigi d'Aragona, ist mit seinem Sekretär Antonio de Beatis auf Europareise und macht Stopp in Amboise. De Beatis führt eifrig Tagebuch über alles, was die beiden Touristen sehen und erleben. Sie haben schon König Franz I. und dessen Tante Philiberta getroffen, jetzt wollen sie Leonardos Atelier besichtigen.[41]

Leonardo freut sich über die Gäste, mit denen er Italienisch sprechen kann. Ihm geht es nicht sehr gut, eine Hand ist gelähmt, wie de Beatis berichtet – womöglich hat Leonardo einen Schlaganfall erlitten. Er konzentriere sich deshalb auf den Unterricht seiner Mitarbeiter, sagt der Künstler, male nicht mehr, zeichne aber noch viel.[42] Besonders sein Mailänder Schüler (wohl Francesco Melzi) sei sehr gelehrig.

Geistig ist der alte Meister in Bestform. Ausführlich erklärt er den Gästen seine Anatomiestudien und prahlt, er habe in seinem Leben mehr als dreißig Leichen seziert, Männer und Frauen, Kinder, Erwachsene und Greise. Auch von seinen Schriften erfahren sie: Stolz ist Leonardo darauf, zahlreiche Bände auf Italienisch über das Wasser, Maschinen, Anatomie und andere Themen verfasst zu haben. Er hofft auf eine Veröffentlichung; schließlich, so Leonardo, seien seine Texte eine so nützliche wie vergnügliche Lektüre.

Dann macht Leonardo die Bildungsreisenden mit seinen treuen Gefährten bekannt: Er zeigt ihnen seine »Anna selbdritt« (Tafel 23), das Bild eines jungen Johannes' des Täufers (Tafel 29) und schließlich das Gemälde »einer gewissen Florentinerin, nach der Natur auf Wunsch des verstorbenen Magnifico Giuliano de' Medici gemalt«.[43] Dies scheint sie zu sein: die »Mona Lisa«, die später erst in den Besitz des französischen Königshauses wandern wird, dann in den Pariser Louvre. Der Kardinal Luigi d'Aragona und sein Schreiber Antonio de Beatis sind die einzigen Zeitgenossen, von denen überliefert ist, dass sie Leonardo und seine schönste Frau zusammen erlebt haben. Sie empfinden das Gemälde, wie auch die beiden anderen Bilder, als »vollkommen«.

Die Aussage des Meisters, er habe das Werk auf Wunsch Giulianos gemalt, ist das einzige überlieferte Selbstzeugnis Leonardos zur »Mona Lisa«. Von Lisa del Giocondo spricht Leonardo im Herbst 1517 nicht, sie scheint für ihn zu dem Zeitpunkt keine Bedeutung mehr zu haben. Was genau Giuliano de' Medici, der verstorbene Freund des Kardinals, mit dem Bild zu tun hatte, bleibt unklar – Ippolitos Mutter Pacifica Brandani, die von allen Liebschaften Giulianos am ehesten in Betracht kommt, war keine Florentinerin. Möglich ist, dass Leonardo über die Identität und Herkunft von Ippolitos Mutter nicht genau informiert war, da er nicht sie als Person, sondern eine ideale Frau zeigen sollte und wollte.[44] Nach heutigem Kenntnisstand letztlich aber nicht aufzulösen bleibt der Widerspruch zwischen der Randnotiz von Agostino Vespucci, der 1503 Leonardos Bildnis der Lisa del Giocondo erwähnt, und Leonardos eigener Angabe von 1517, wonach dieses Bild auf seinen späteren Mäzen Giuliano de' Medici zurückgeht.

Man wüsste zu gerne, was er den späten Besuchern zudem noch über das Gemälde in seinem Atelier erzählte: Sprach er über die Landschaft, über das Verhältnis dieser besonderen Frau (und aller Frauen) zur Natur? Bekannte er, warum er das Gemälde schon seit mindestens vierzehn Jahren mit sich herumtrug, ohne es je einem Interessenten auszuhändigen? Vermutlich aber war Leonardo so kurz angebunden wie auch in seinen Schriften, wenn es um seine Gefühle geht.

Als es Leonardo bald darauf immer schlechter geht, hat Franz I. doppelten Grund zur Sorge.[45] Er hängt an dem alten Mann, der ihm den Gang der Welt zu erklären vermag. Und er muss fürchten, »Mona Lisa« (Tafel 28), »Anna selbdritt« (Tafel 23), Leda und die anderen großen Gemälde aus Leonardos Atelier nie sein eigen nennen zu können. Offensichtlich hat Leonardo auch kurz vor seinem Tod nicht vor, seine Lieblinge herzugeben.

Das weckt den Geschäftssinn von Salaì, der inzwischen ein Enddreißiger ist, aber seinem Spitznamen »Kleiner Teufel« immer noch gerecht wird. Während sein Kollege Francesco Melzi sich um Leonardos intellektuelle Errungenschaften kümmert, für ihn malt und auch ansonsten immer für ihn da ist, sorgt Salaì für seine eigene Zukunft vor. Die sieht er in seiner Heimatstadt Mailand, in den Armen einer wohlhabenden Dame. Vielleicht weiß er, dass Leonardo nicht plant, ihm alles zu hinterlassen. Mit seinen Zeichnungen und Schriftstücken wird der Meister den klugen und treuen Melzi bedenken, wohl wissend, wie fleißig sich dieser um Leonardos Nachruhm kümmern wird. Salaì, den Leonardo in seinem Testament nur als »Diener« bezeichnet, wird dagegen den alten Weingarten in Mailand erben, auf dem er bereits ein Haus gebaut hat.[46]

Salaì aber will mehr. Er will das eigentlich Unverkäufliche: Leonardos geliebte Frauen. Und alles, was sich sonst noch an Meisterwerken im Atelier findet.

Das will auch Franz I. Im Jahr 1517 schenkt er Salaì Geld. Möglicherweise versucht der König mit Bestechung, in den Besitz der ersehnten Gemälde zu kommen. Und mit einer indirekten Aufforderung zum Verrat. Tatsächlich setzt im kommenden Jahr einer der königlichen Schatzmeister eine Notiz auf, wonach Salaì zu bezahlen sei für etliche Gemälde, die er abgegeben habe. Die genannte Summe ist erstaunlich hoch.[47] Entweder handelt Salaì zu diesem Zeitpunkt mit sehr vielen Werken nicht allzu bedeutender Maler. Oder er hat dem König, ohne dazu berechtigt zu sein, Leonardos wenige, sehr teure Meisterwerke verkauft.

Dann hätte der Schatzmeister mit Leonardo selbst das Geschäft abschließen müssen, immerhin ist der beim König angestellt. Doch Leonardo ist zum Verkauf der »Mona Lisa« (Tafel 28) allem Anschein nach immer noch nicht bereit. Sie soll nicht gehen, bevor er geht. Vielleicht erlebt er sogar noch, wie seine hauchdünn gemalten Lasuren auf dem Bild langsam nachdunkeln und sich so der von ihm beabsichtigte leicht schummrige *sfumato*-Effekt verstärkt.[48] Sein Körper altert und verfällt, das Kunstwerk aber lebt.

Es ist nicht klar, ob der Handel, sollte er sich auf Leonardos Gemälde beziehen, zu Lebzeiten des Künstlers zustande kommt. Nachdem Leonardo da Vinci am 2. Mai 1519 gestorben ist, Vasari zufolge in den Armen von Franz I., begibt Salaì sich umgehend nach Mailand. Vier Jahre später heiratet er dort eine Frau mit üppiger Aussteuer.[49]

Das Glück aber währt nicht lange. 1524 verunglückt Salaì. Der Tod kommt für den Mittvierziger so unerwartet, dass er kein Testament hinterlassen hat. So haben seine beiden Schwestern und seine

Witwe Grund zum Streiten. Sie lassen 1525 eine Inventarliste anfertigen. Neben anderen Bildern verzeichnet der Verfasser das Gemälde einer heiligen Anna, das Gemälde einer Leda – und ein Gemälde, »das *la Ioconda* genannt wird«.[50] Der Preis für dieses Bildnis wird mit 100 scudi so hoch angesetzt, wie sonst im Durchschnitt ein Altargemälde von einem renommierten Meister kostet. Sechs Jahre später streiten die Erbinnen immer noch, zumal eine der Schwestern die Gemälde zwischenzeitlich verpfändet hat. Wieder taucht das Gemälde »mit der Figur der *Joconde*« in einem Inventar auf.[51] Es ist nicht klar, ob Salaì die Originale Leonardos mit nach Mailand genommen hat oder doch nur Kopien. Die »Mona Lisa« jedenfalls heißt jetzt »Gioconda«, die Heitere, Tröstende, Freude Spendende. Vermutlich hat Salaì diesen Namen von Leonardo gehört. An die Person Lisa Gherardini, verheiratete del Giocondo, denkt beim Anblick des Bildes nun niemand mehr.[52]

Erst Vasari ruft im Jahr 1550 die Geschichte des Modells aus Florenz in Erinnerung. Und er weiß zu berichten, dass die »Mona Lisa« sich nun in Fontainebleau befindet, also im Besitz des französischen Königshauses.[53] Franz I. ist also irgendwann – entweder schon 1518 oder eine Weile nach Salaìs Tod – ans Ziel gekommen. Und da das Gemälde in französischer Hand bleibt und über Versailles im Jahr 1797 schließlich in den Louvre in Paris wandert, ist gesichert: Das Werk, mit dem Leonardo so lange sein Atelier teilte, ist »Mona Lisa« alias »Gioconda« (Tafel 28).[54] Das Bild, das den Menschen mit einer manchmal unerbittlichen Natur versöhnt und Leonardo mit der Welt. Das Kunstwerk, das lächeln und einen anschauen kann wie kein zweites: Leonardos Wunschbild einer wunderschönen, klugen und liebenswerten Frau, die ihre Betrachter besser zu verstehen scheint als die sich selbst. Die »Mona Lisa«, die große Schwester der nachdenklichen Ginevra de' Benci und der energiegeladenen Cecilia Gallerani, bezeugt Leonardos Bündnis mit den Frauen, sein Vertrauen in ihre Seelenkraft und Eigenständigkeit.

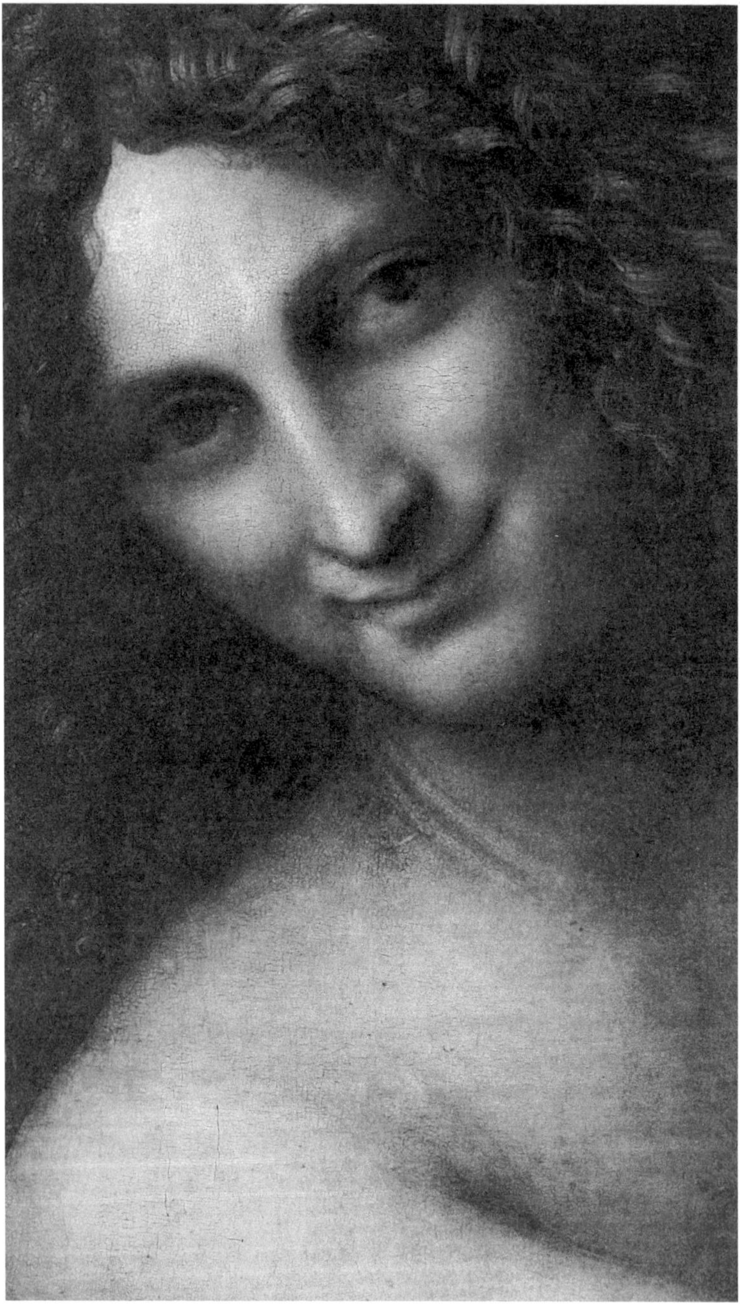

XII

EWIGE MALGRÜNDE

Vor dem Tod kommt der Eros. In der Ewigen Stadt lebt sich Leonardo ab 1513 als Künstler und Forscher noch einmal aus. Seine Wohngemeinschaft in der vornehmen Villa Belvedere mit Francesco Melzi, Salaì sowie den Hausgöttinnen Gioconda, Leda, Anna und Maria beflügelt ihn. Und die Künstlergruppe um Leonardo beflügelt die anderen großen Maler der Zeit.

Die Atmosphäre im Rom dieser Jahre ist ausgelassen; die reformatorischen Wutausbrüche aus dem Norden haben die Stadt noch nicht erreicht. Zu Allerheiligen 1512 hat Michelangelo seine Deckenmalerei in der Sixtinischen Kapelle enthüllt; seitdem staunen die Italiener über das Fest des Friedens und der Liebe, das der bärbeißige Melancholiker noch während der Franzosenkriege im Vatikan entworfen hat. Zarte, nackte Jünglinge und maskulin kräftige Sybillen rahmen Michelangelos biblische Erzählung vom Beginn der Welt. Sein rauschebärtiger Erfindergott scheidet Hell und Dunkel so dynamisch wie ein Maler seine Farben. Michelangelo, der Leonardo vor einiger Zeit noch für arrogant hielt, hat sich von dessen Stolz auf ihr gemeinsames Metier anstecken lassen. Die Maler, die neuen Schöpfer, nehmen es nun mit Gott auf. Und sie zeigen dem Menschen seine Möglichkeiten: Er ist geboren, um frei zu sein.[1]

Erlaubt ist, was gefällt, und nicht bloß, was sich ziemt. Der Poet, Erotomane und Verschwender Giuliano de' Medici verkörpert und befördert dieses Lebensgefühl. Der Papstbruder scheint Leonardo und dessen Mitarbeiter zu ermutigen, Grenzen der Konvention und Moral auszuloten. Womöglich auf seinen Wunsch hin bekommt »Mona Lisa« (Tafel 28) Gesellschaft. Leonardos Gehilfen – und wahrscheinlich auch er selbst – konzipieren ein zweites Frauenbildnis auf einer Loggia im Freien. Wieder sitzt vor offener Landschaft eine junge gelockte Frau auf einem seitlich gestellten Holzstuhl und legt die rechte Hand auf den linken Unterarm. Diese Figur, später »Monna Vanna« genannt, blickt ihre Betrachter jedoch nicht mehr nur aus den Augenwinkeln an, sondern frontal. Sie lächelt mit dem ganzen Gesicht, nicht bloß mit einer Hälfte. Und sie ist nackt.[2]

Das hat es noch nicht gegeben – eine unbekleidet dasitzende, individuell kenntliche Frau, die ihre Betrachter anstarrt, als wolle sie diese nun auch mit ihren Blicken ausziehen. Keine Göttin, keine Nymphe, sondern eine Zeitgenossin (wer Modell saß, ist nicht bekannt). Das Motiv ist in mehreren Werkstattfassungen und Varianten überliefert; sollte Leonardo selbst ein solches Gemälde geschaffen haben, ist es verloren.[3] Sicher aber hat er nichts dagegen, dass seine geliebte »Mona Lisa« eine freizügigere junge Schwester bekommt. Erhalten ist ein mit Kreide sorgfältig gezeichneter Karton, der als Vorlage für einige der »Monna Vanna«-Gemälde diente.[4] (Abb. 37) Ihm ähnelt ein Gemälde, das zwar nicht die doppelbödigen Details von »Mona Lisas« Landschaft zitiert, aber ansonsten die Komposition des großen Vorbilds wiederholt.[5] (Tafel 31)

Mit dem gewagten Versuch, Aktbild und weibliches Porträt zu vereinen, übertrifft der Leonardo-Kreis noch die venezianischen Kollegen. Die hatte der Meister mit seinem Besuch an der Lagune im Jahr 1500 zu sinnlich hingestreckten *belle donne* und spärlich bekleideten Halbfiguren angeregt. Tizian, Giorgione und Sebastiano del Piombo spielen in ihren Bildern mit Nähe und Distanz, mit der Unerreichbarkeit einer schönen gemalten Frau, die sich wie Giorgiones »Laura« zwar aus-, aber auch entzieht.[6] (Abb. 27) »Monna Vanna« dagegen zögert nicht. Sie zeigt sich ohne jede Demut, ohne schief gelegten Kopf oder einen anderen Anflug von Schüchtern-

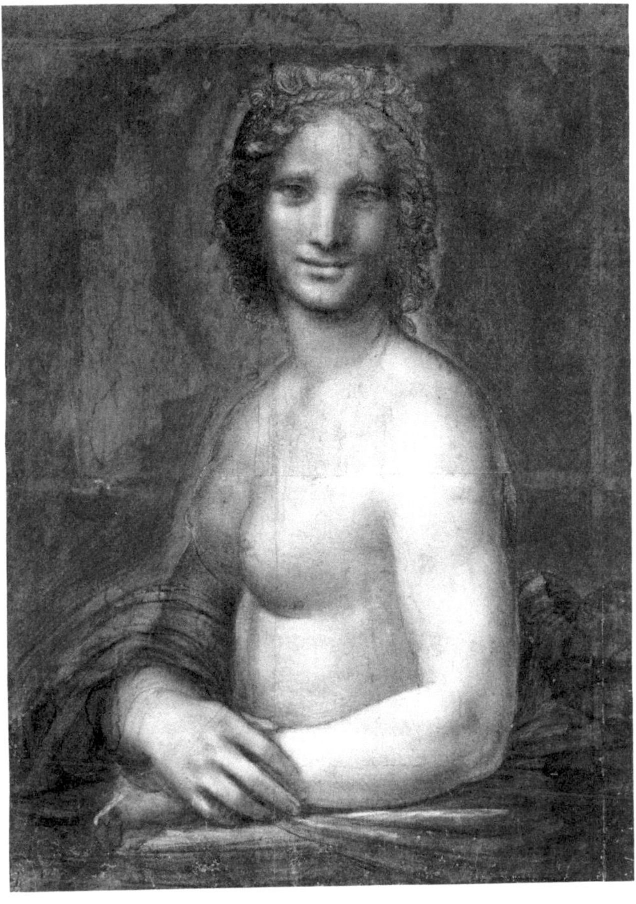

Abb. 37: Umfeld Leonardo da Vincis, Monna Vanna,
Musée Condé, Chantilly

heit. Ihre Provokation ist radikal. Was sie dem Betrachter anbietet, ist nicht ihre Unterwerfung, sondern seine. Wollte Leonardo einst mit seinen Bildern schöner Frauen den Mann vor dem Bilderrahmen emotional binden, so fordert »Monna Vanna« die Betrachter in ihrer Männlichkeit heraus. Sie verführt nicht mehr, sie verlangt.

Die aggressive Nacktheit der »Monna Vanna« macht in Rom Eindruck. Wieder ist es Raffael, der aufgreift, was er in Leonardos Werkstatt oder bei deren Kunden gesehen hat. Der emsige Künstler aus Urbino hat es inzwischen weit gebracht. Er darf im Vatikan die Privatgemächer der Päpste ausmalen, und er gilt als Michelangelos Rivale, der zwar nicht ganz so erfindungsreich ist wie dieser, aber besser porträtieren kann. Dabei hilft ihm sein Gespür für Farbe, das er an Leonardos Ölgemälden geschult hat.

Wie Leonardo, so reizt auch Raffael das Malen schöner Frauen, jenes Genre also, in dem schon seit der Antike Künstler ihre Kunstfertigkeit unter Beweis stellen. Im römischen Stadtteil Trastevere hat Raffael die Villa des Bankiers Agostino Chigi mit erotischen Szenen freskiert. Vasari zufolge gelang ihm das nur, weil seine Geliebte ihm beim Arbeiten zuschaute.[7] Während Michelangelo glaubt, er könne nur produktiv sein, wenn er sich niemandem körperlich hingebe, und Leonardo ohne viele Worte mit seinen Freunden zusammenlebt, inszeniert Raffael sich als großer Frauenverführer.[8] Was nicht allzu ungewöhnlich ist in einer Epoche, in der Höflinge einander mit Liebesgedichten zu übertreffen versuchen und die männliche Elite ihre außerehelichen Leidenschaften pflegt. Im Unterschied zu den Zeiten Lorenzo de' Medicis kommt es im Rom der Hochrenaissance nicht mehr darauf an, den Anschein sexueller Enthaltsamkeit zu wahren.

Raffael muss seine Liebschaften nur noch künstlerisch überhöhen, um auch beruflich mit ihnen zu glänzen. In der gewagten Komposition der »Monna Vanna« erkennt er die Gelegenheit dazu. Hat nicht einst Apelles im Auftrag von Alexander dem Großen des-

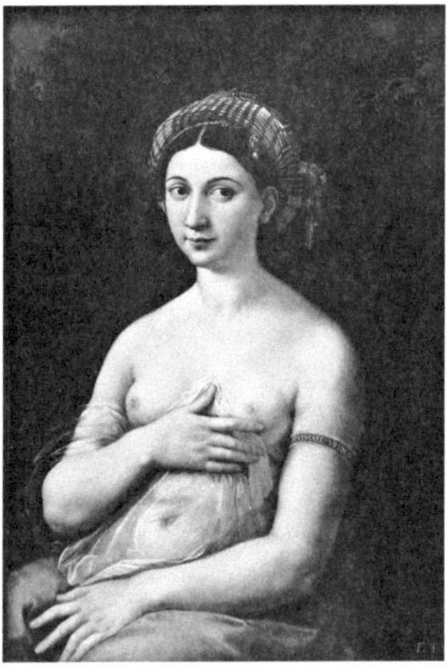

Abb. 38: Raffael, Sogenannte Fornarina, Galleria Nazionale d'Arte Antica, Rom

sen Mätresse Kampaspe als Akt gemalt – so innig, dass der Herrscher dem Künstler die Frau am Ende überließ? Diese Legende mag auch Leonardo und seine Mitarbeiter zur »Monna Vanna« inspiriert haben, schließlich wird der Meister aus Vinci gerne mit dem griechischen Maler verglichen.[9] Noch mehr aber muss die Geschichte Raffael gefallen, der im Gegensatz zu Leonardo eine Freundin hat. Also bittet er seine Geliebte, vermutlich eine Frau aus einfachen Verhältnissen, ihm Modell zu sitzen.[10] (Abb. 38) Sie bindet sich ein Band mit Raffaels Namen um den Arm, bedeckt ihren Schoß mit einem rot glitzernden Tuch und zieht einen transparenten Schleier über den Bauch bis unter den Busen hoch. Die Brüste bleiben unbedeckt. Und doch wirkt das fertige Gemälde nicht frivol, denn die Frau weist mit ihrer Rechten auf ihr Herz: Es geht ihr um Liebe, nicht nur um Sex. Von dem erotischen Zweikampf, zu dem »Monna Vanna« den Zuschauer auffordert, ist nichts mehr zu spüren. Auch Raffaels Figur schaut den Betrachter geradeheraus an, auch sie zeigt sich ihm ganz. Aber sie tritt ihm nicht als Eroberin entgegen, sondern als Partnerin.

Wie sehr Raffael zwar nicht Leonardos Ideen, aber seine Motive verinnerlicht hat, offenbart der Bildhintergrund: Seine Frau sitzt vor einem dichten, dunkelgrünen Gestrüpp, in dem sich Lorbeer mit Quitten mischt, den Früchten der Verführung und der Liebe. Noch einmal spielt Raffael auf Petrarca an, den seine verehrte Laura an *lauro*, Lorbeer, erinnerte. Und er erweist einem alten Bildnis Leonardos seine Reverenz: »Ginevra de' Benci« (Tafel 9) sitzt zwar gerade nicht vor Lorbeer, aber vor einem Wacholderstrauch. Wo Leonardo sich von dem Dichter harsch abgrenzt, beansprucht der geschmeidige Raffael dessen Erbe.

Raffael reagiert damit auch auf die venezianischen Künstler, die ihm seinen Ruf als bester Frauen- und Farbmaler streitig zu machen suchen. In der Villa von Agostino Chigi traf Raffael auf Sebastiano del Piombo, noch ein Leonardo-Anhänger in der Ewigen Stadt. Nach dem Tod Giorgiones im Jahr 1510 war Sebastiano dem Bankier nach Rom gefolgt, gemeinsam mit einer jungen Krämerstochter, die Chigi mehrere Kinder gebar. Sie ist wohl die junge Frau vor einer Abendlandschaft, die Sebastiano in einem seiner sinnlichsten Bildnisse zeigt.[11] (Abb. 39) Auch Sebastianos *bella donna* trägt im Korb Quitten. Und in erster Fassung saß auch sie vor einem Lorbeerstrauch, was Sebastiano dann vielleicht auf Wunsch Chigis übermalte. Das fein getupfte, subtil erotische Gemälde hat mit der Direktheit der »Monna Vanna« wenig gemein. Stattdessen greift der Venezianer die Impulse von Leonardos psychologischen Frauenbildnissen auf, die Melancholie der »Ginevra de' Benci« (Tafel 9), die Dynamik der »Cecilia Gallerani« (Tafel 17), die Wärme und Weisheit der »Mona Lisa« (Tafel 28) schwingen in seinem Bildnis mit. In den 1530er Jahren wird er noch ein berühmtes Frauenbild im Sinne Leonardos malen: das Bildnis der adeligen Witwe und Publizistin Giulia Gonzaga, in die sich der dann erwachsene Ippolito de' Medici, Giulianos Sohn, unsterblich verliebt.[12] Wieder besingt ein junger Medici in petrarkistisch anmutenden Gedichten eine schöne und kluge Frau, wieder malt ein begnadeter Künstler ihr Bild-

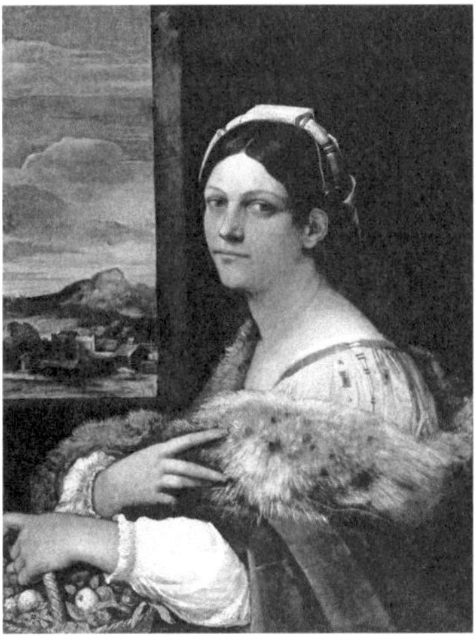

Abb. 39:
Sebastiano del Piombo,
Bildnis einer jungen Frau,
Gemäldegalerie, Berlin

nis. Beide können in Leonardos Atelier die »Mona Lisa« gesehen haben: Sebastiano als Malerkollege aus dem Norden, Ippolito als mutterloser Knabe und Sohn von Leonardos Mäzen Giuliano de' Medici.[13] Die Impulse, die Leonardo in Rom seinen Zeitgenossen gibt, wirken nach.

Wie emotional aufgeladen die Atmosphäre im Umfeld von Giuliano de' Medici ist, als Leonardo dort mit seinen Mitarbeitern, Liebhabern und gemalten Damen lebt, zeigt das zwischen 1508 bis 1516 verfasste, aber erst 1528 publizierte Buch »Der Hofmann« von Baldassare Castiglione. Die Idee zu dem Dialogband über die Liebe, über Männer und Frauen hatte der Verfasser am Hof von Urbino, als Giuliano dort im Exil weilte und mit Pacifica Brandani anbandelte, der späteren Mutter seines Sohns Ippolito. Giuliano ist ein Protagonist des Bandes, ein anderer ist sein Freund Pietro Bembo – jener Poet und Petrarca-Herausgeber, der einst als Knabe in Florenz beobachtet hatte, wie sein Vater Bernardo die junge Dichterin Ginevra de' Benci verehrte und Leonardo sie malte. (Tafel 9)

Giuliano de' Medici hält in dem Buch am Hof von Urbino eine flammende, lange Rede zur Verteidigung der Frauen. Er empört sich über jene Gesprächspartner in der Runde, die Frauen für minderwertig halten und für einen Fehler der Natur – würde doch ohne Mütter die Menschheit aussterben, demnach also habe sich die Natur bei der Erfindung der Frau etwas gedacht. Er hält Frauen für mindestens ebenso tugendhaft, vernünftig, entschieden wie Männer, am liebsten würde er ihnen das Staatswesen, die Kriegsführung und alles Weitere übertragen. Doch seine Aufgabe in dem Gesprächskreis am Hof von Urbino ist es, zu definieren, was eine gute Palastdame ausmacht. Nach Ansicht Giulianos soll sie dezent sein, aber auch schlagfertig, unterhaltsam und offen für erotische Anspielungen, ohne je derb zu werden. Ihre Schönheit soll mit geistiger Brillanz einhergehen – schließlich stünden Frauen den Männern vielleicht in der Muskelkraft, nicht aber in ihren Verstandestugenden nach. In Malerei, Literatur und Musik muss die Hofdame sich auskennen wie ein Hofmann, tanzen und scherzen sollte sie mit Vorliebe.[14]

Vieles davon liest sich, als habe Leonardo seinem Dienstherrn Giuliano die Worte in den Mund gelegt. Auch der Maler macht die gängige Abwertung der Frauen nicht mit, auch er kann ihre Schönheit nicht anschauen, ohne ihre Klugheit zu sehen. Und wie Giuliano, so hält auch Leonardo die Frauen nicht für ein Missgeschick, sondern für eine geniale Erfindung von Mutter Natur.

In Castigliones Buch findet Giuliano, was ihm lieb sein mag, den Zuspruch der anwesenden Damen. Eine scherzt, es sei kein Zufall, dass im Italienischen die Tugend weiblich, der Fehler dagegen männlich sei.[15] An Selbstbewusstsein mangelt es den Zuhörerinnen am Hof von Urbino nicht. Sie wissen um die Abwertung des Weiblichen, haben sie aber nicht unbedingt verinnerlicht.

Das hat auch Pietro Bembo nicht getan, ein weiterer Frauenfreund in dem Kreis der Humanisten. Seine persönlichen Erfahrungen als verliebter junger Mann in Venedig waren leidvoll.

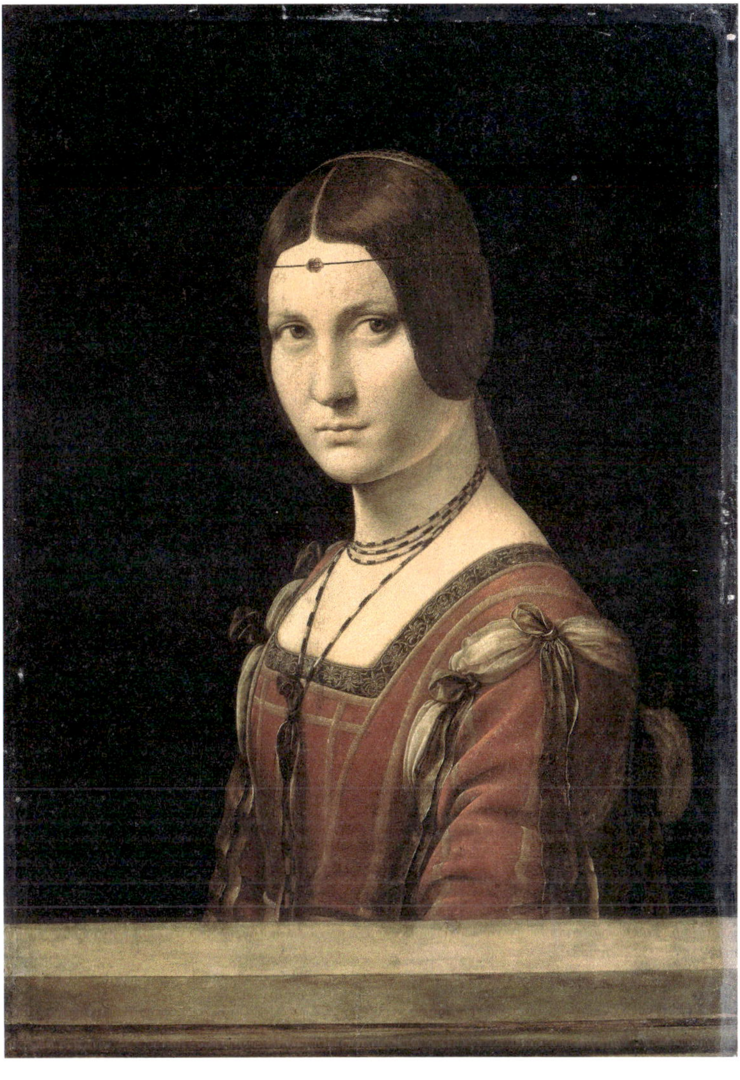

Tafel 18: Leonardo da Vinci, Bildnis einer unbekannten Dame (La Belle Ferronnière), Louvre, Paris (63 × 45 cm)

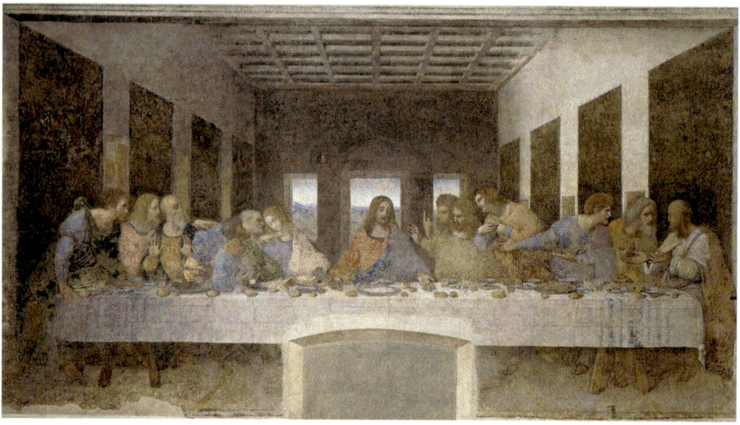

Tafel 19: Leonardo da Vinci, Abendmahl,
Santa Maria delle Grazie, Mailand (460 × 880 cm)

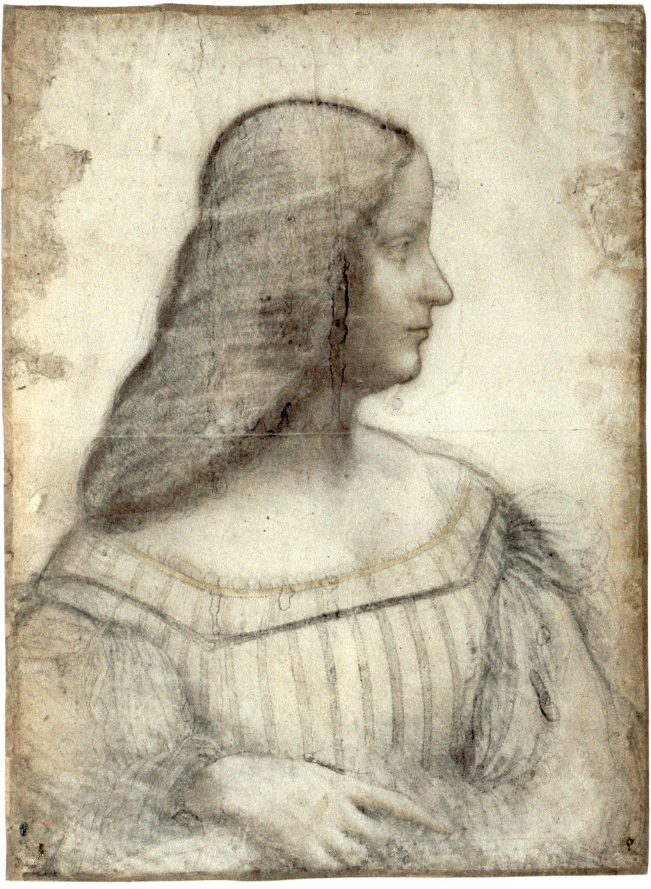

Tafel 20: Leonardo da Vinci, Profilbildnis einer Frau (Isabella d'Este?), Louvre, Paris (63 × 46 cm)

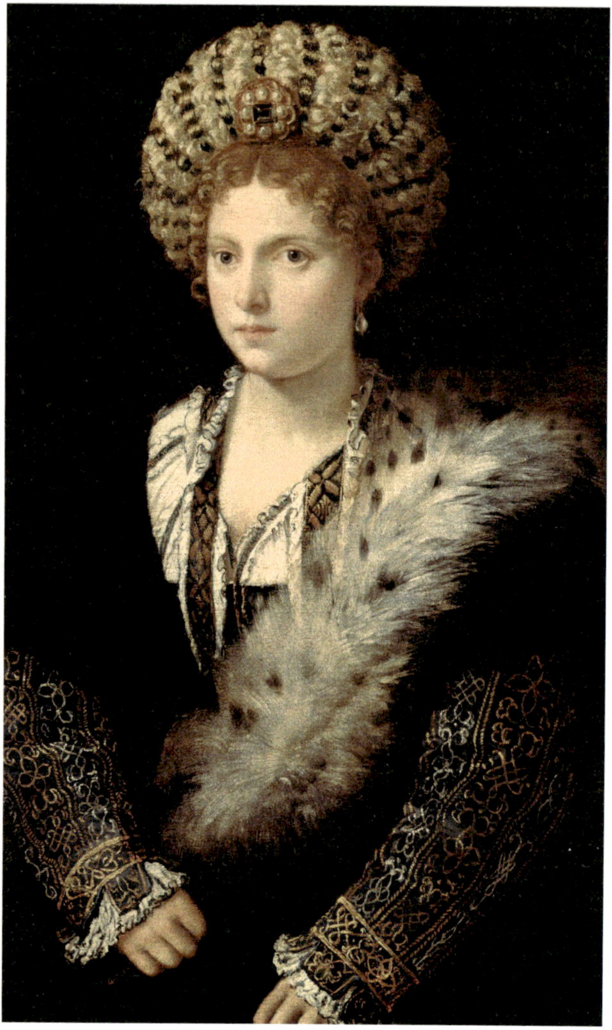

Tafel 21: Tizian, Isabella d'Este (Isabella in Schwarz),
Kunsthistorisches Museum, Wien (102,4 × 64,7 cm)

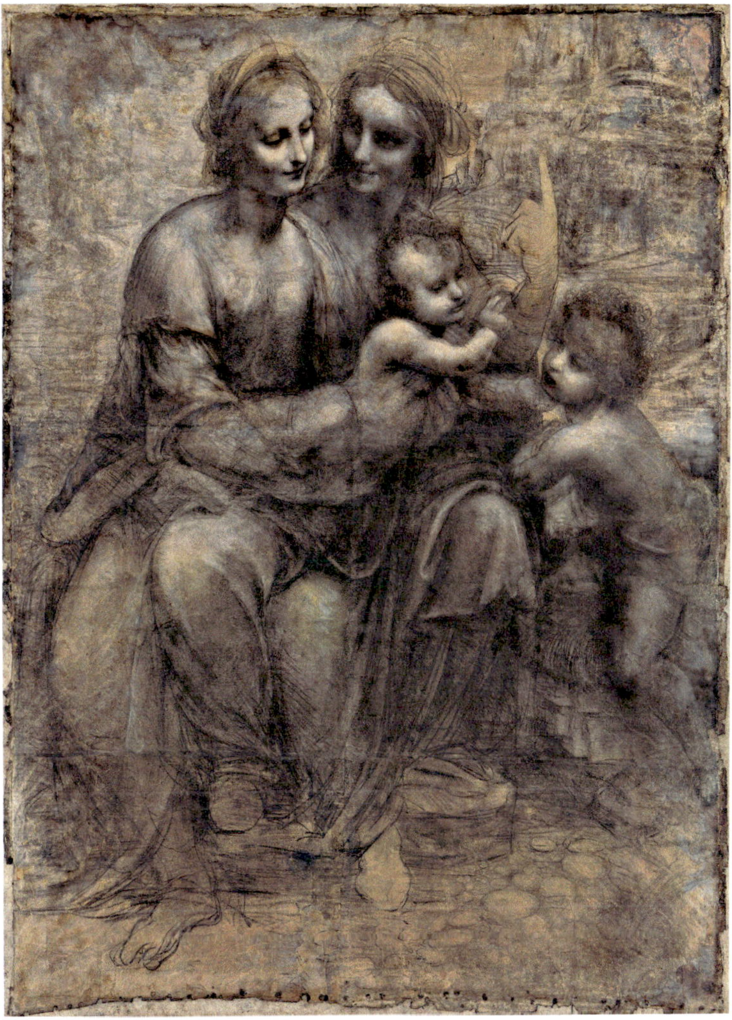

Tafel 22: Leonardo da Vinci, Burlington House Cartoon (Heilige Anna), National Gallery, London (141,5 × 106,5 cm)

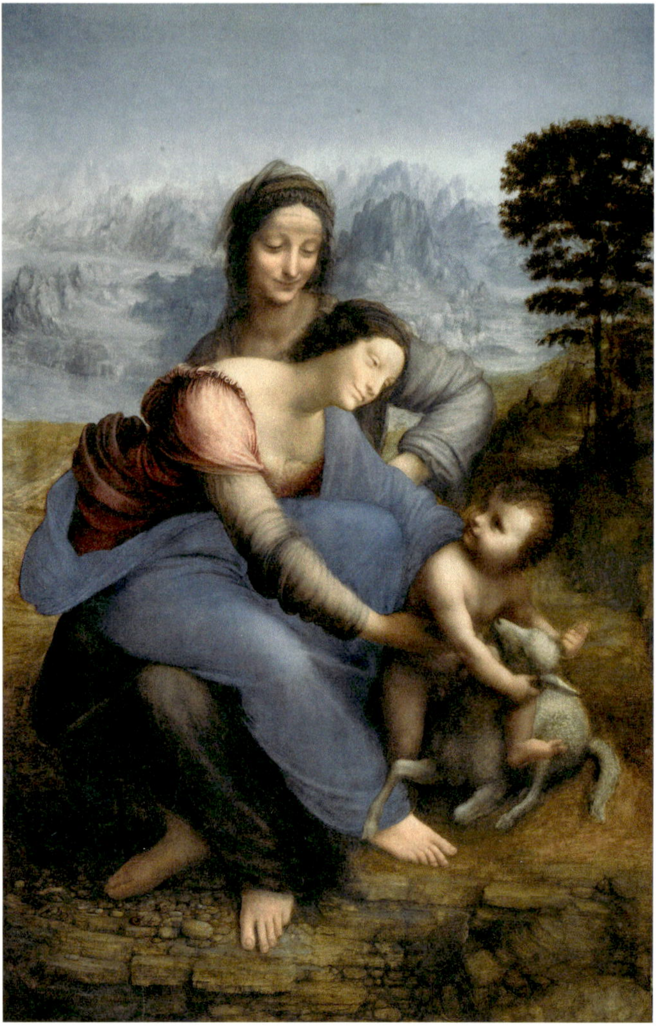

Tafel 23: Leonardo da Vinci, Anna selbdritt,
Louvre, Paris (168,5 × 130 cm)

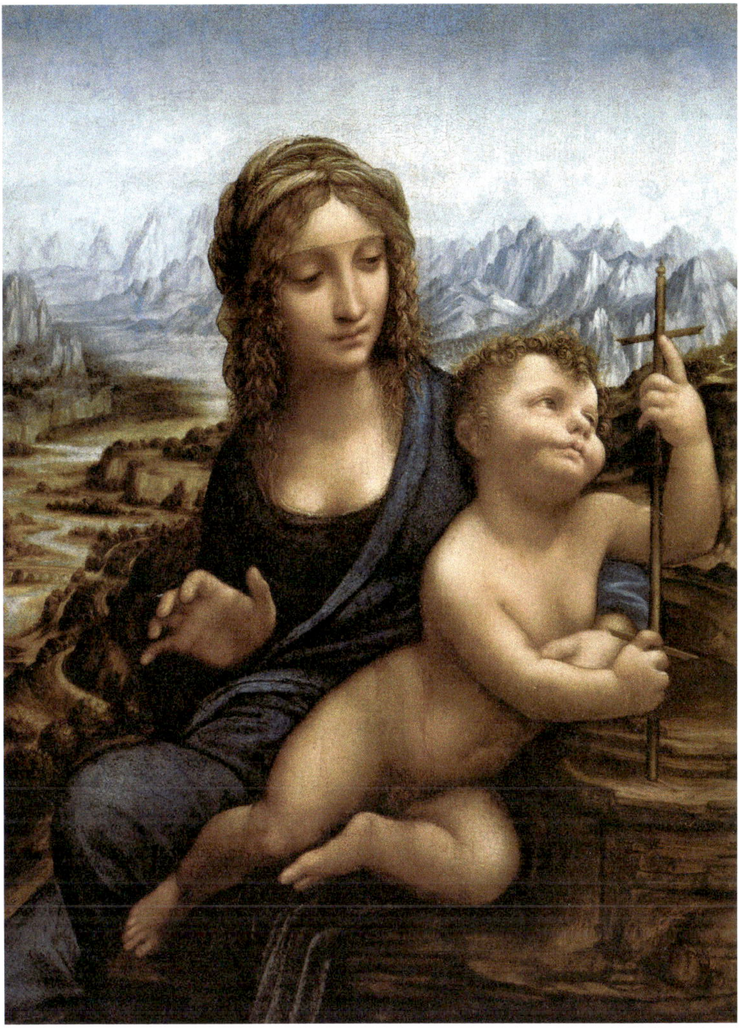

Tafel 24: Giacomo Salaì oder Unbekannt, Madonna mit der Spindel,
Privatsammlung, New York (50,2 × 36,4 cm)

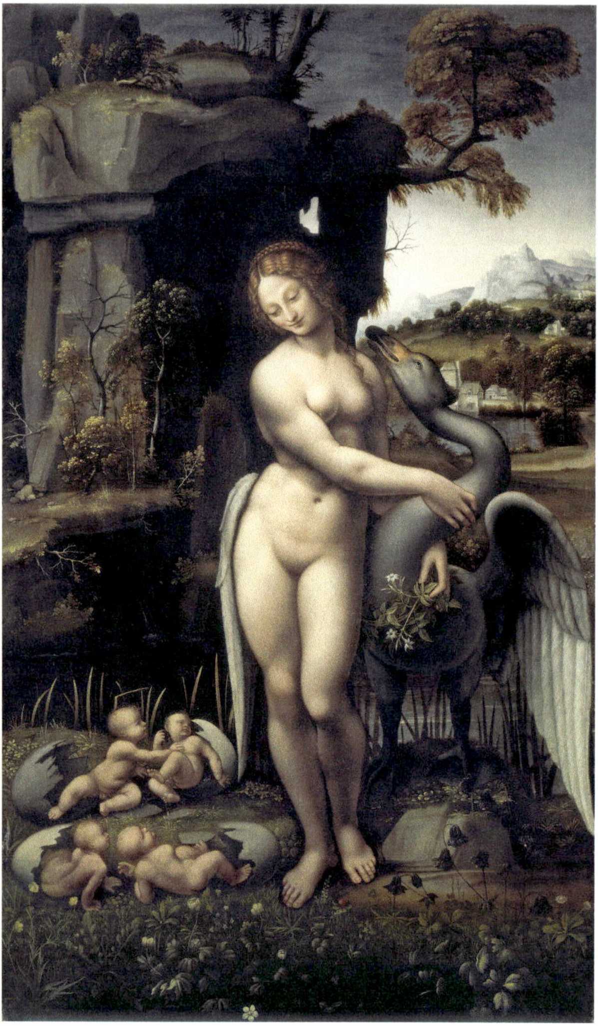

Tafel 25: Nachfolger Leonardos, Leda mit dem Schwan,
Uffizien, Florenz (130 × 78 cm)

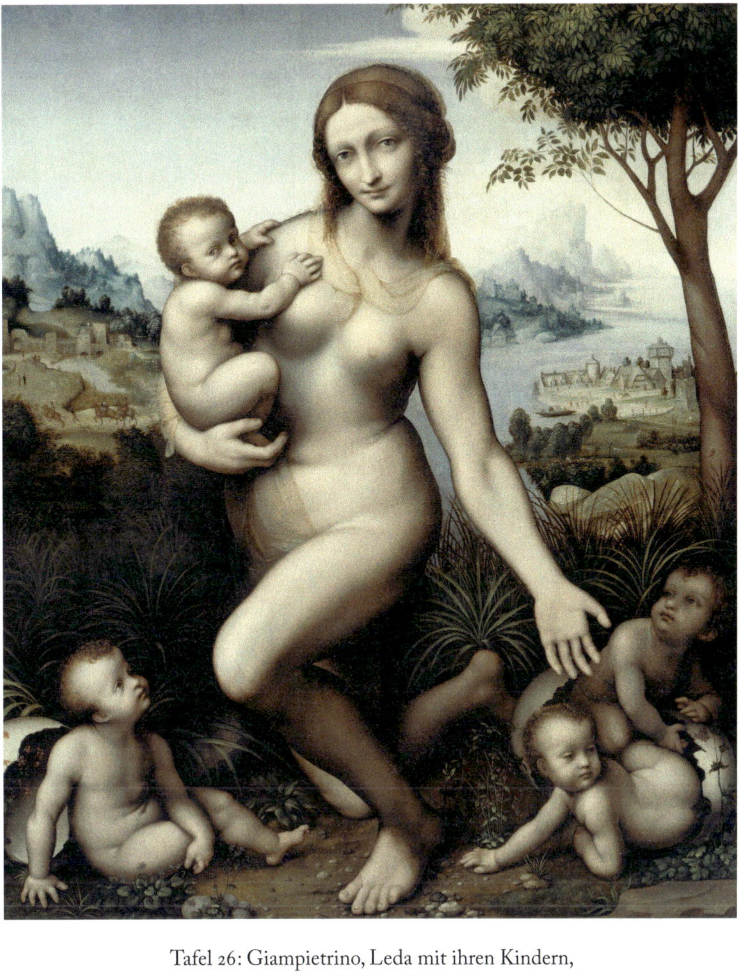

Tafel 26: Giampietrino, Leda mit ihren Kindern, Gemäldegalerie Alter Meister, Kassel (128 × 105,5 cm)

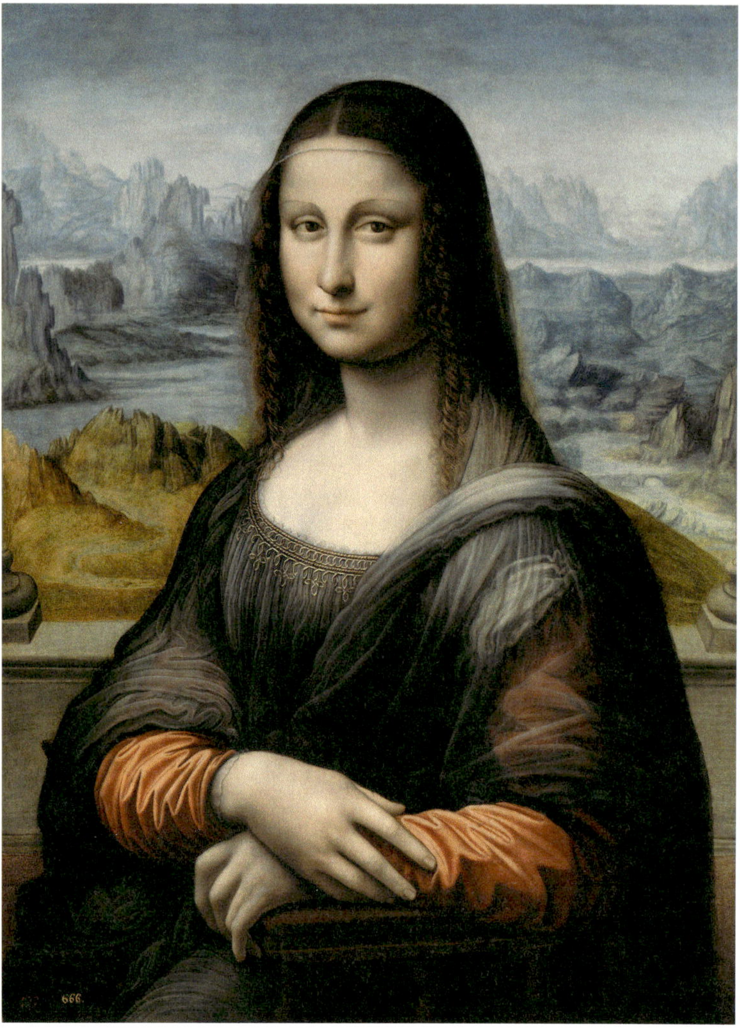

Tafel 27: Werkstatt Leonardo da Vincis, Kopie der Mona Lisa / Gioconda, Museo del Prado, Madrid (76,3 × 57 cm)

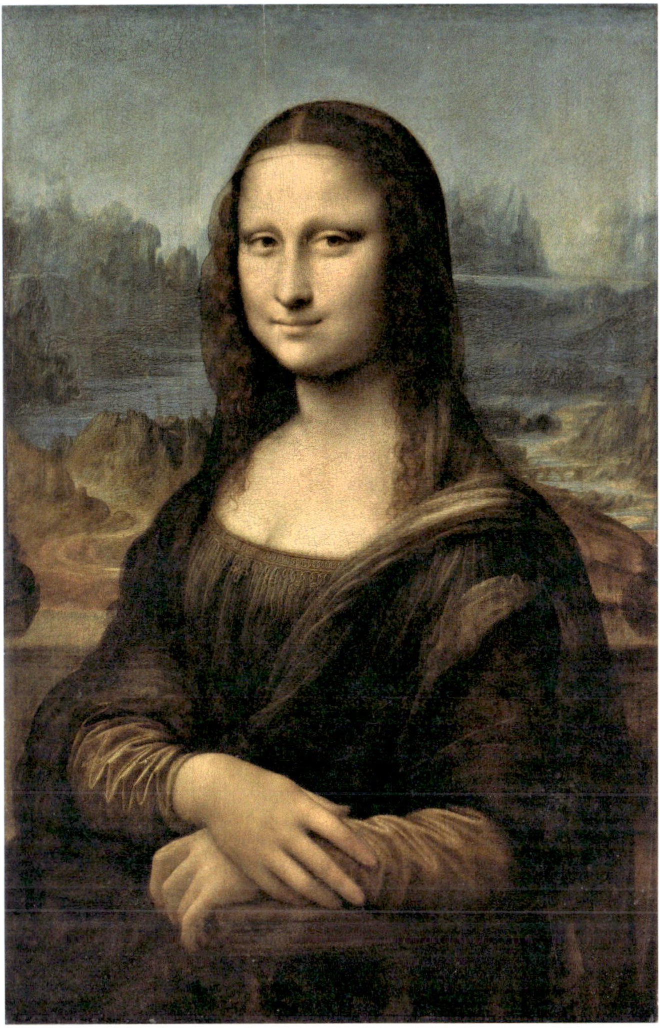

Tafel 28: Leonardo da Vinci, Mona Lisa / Gioconda, Louvre, Paris (77 × 53 cm)

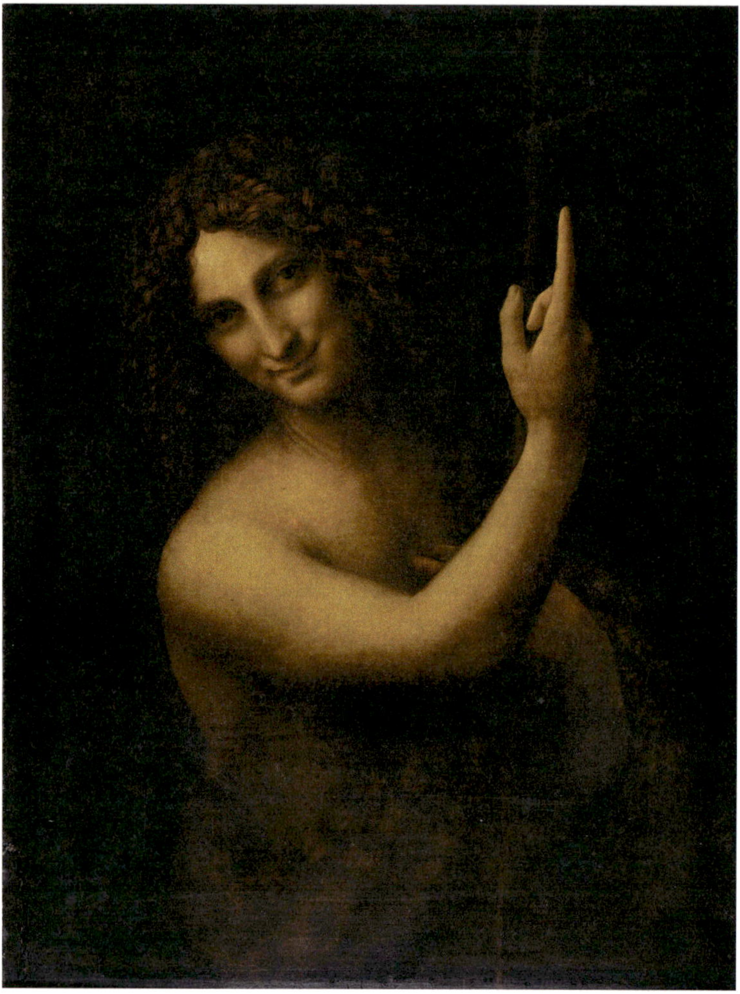

Tafel 29: Leonardo da Vinci, Johannes der Täufer,
Louvre, Paris (69 × 57 cm)

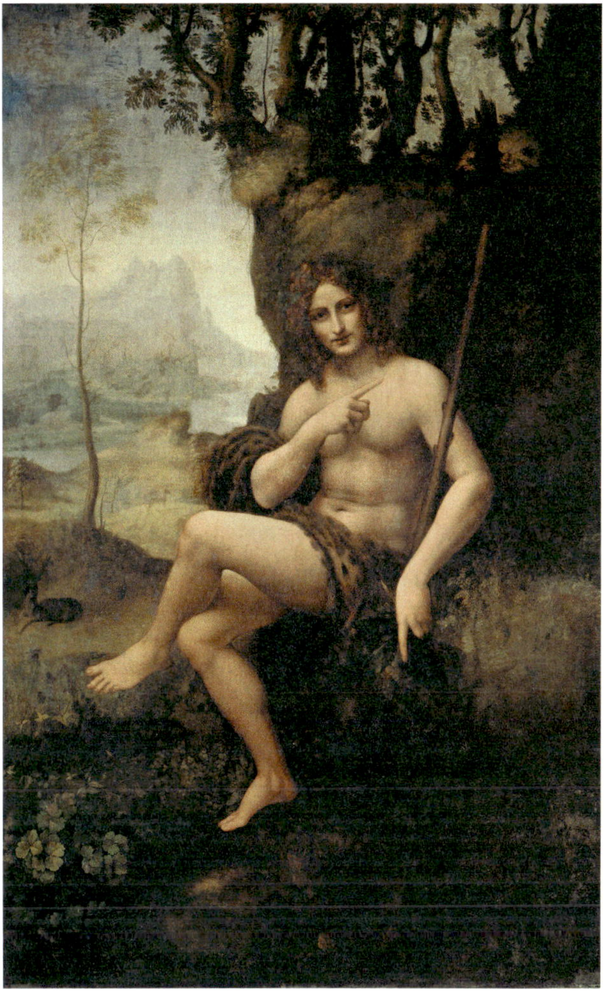

Tafel 30: Werkstatt Leonardos, Johannes der Täufer mit Attributen des Bacchus, Louvre, Paris (177 × 115 cm)

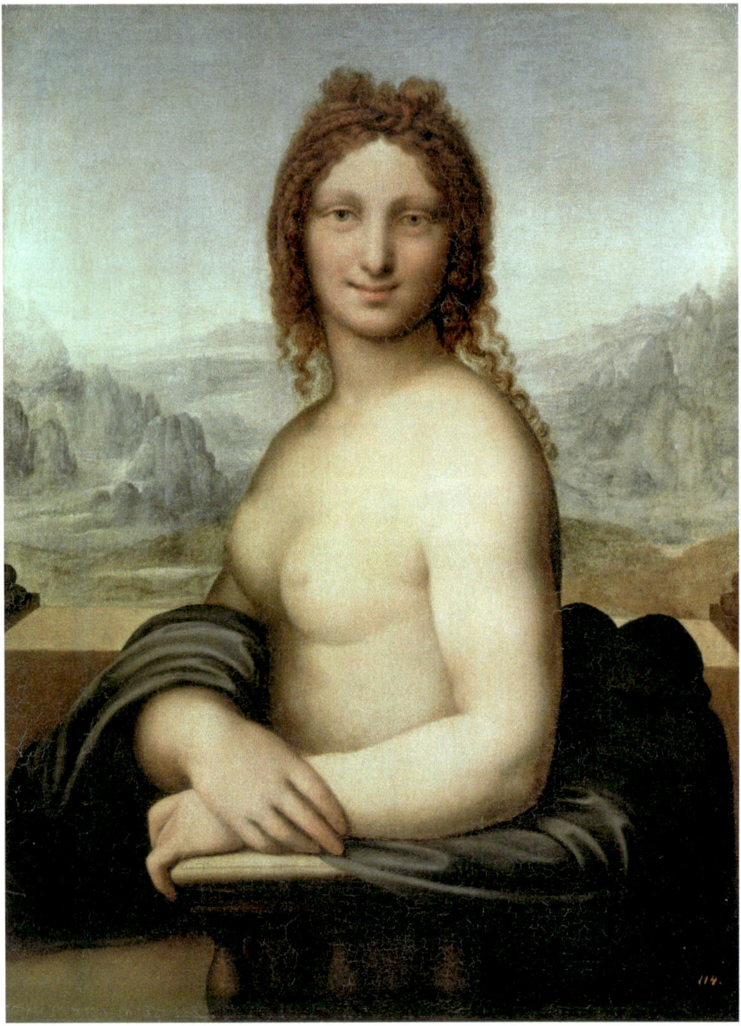

Tafel 31: Umfeld Leonardo da Vincis, Monna Vanna / Nackte Frau, Eremitage, St. Petersburg (86,5 × 66,5 cm)

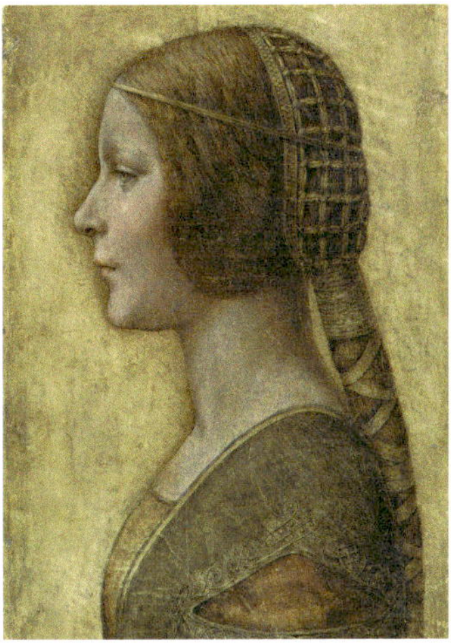

Tafel 32: Unbekannt,
Bella Principessa,
Privatsammlung
(33 cm × 23,9 cm)

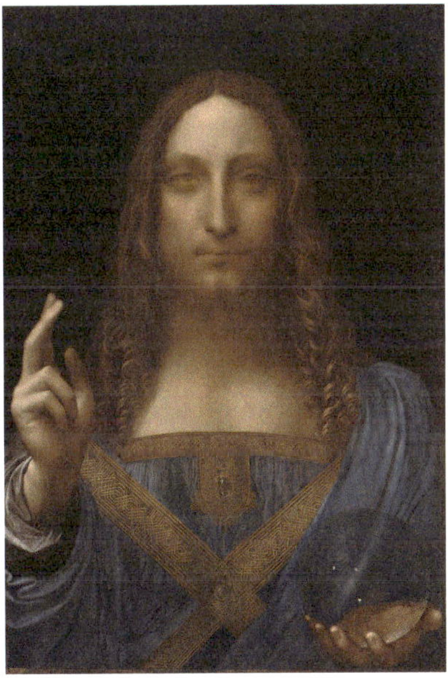

Tafel 33: Nachfolger von Leonardo da Vinci, Christus als Salvator Mundi, Privatsammlung
(45,4 × 65,6 cm)

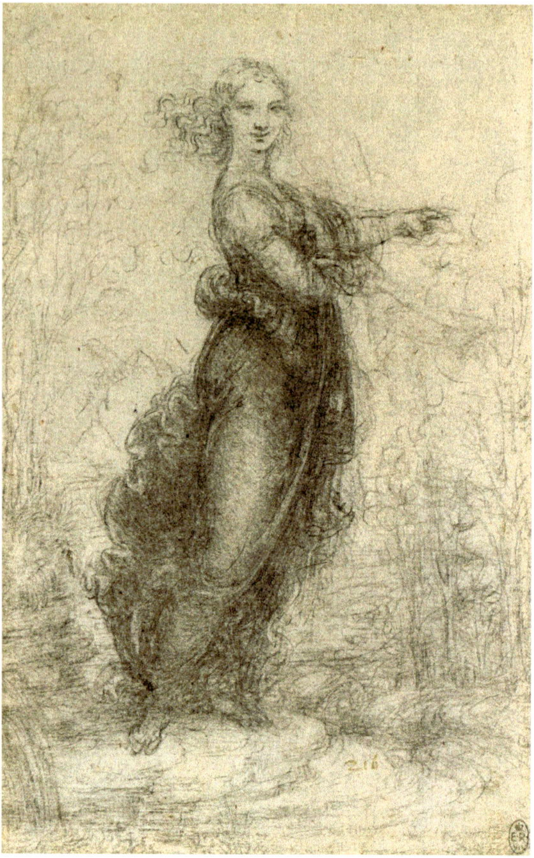

Tafel 34: Leonardo da Vinci, Frau in einer Landschaft,
Royal Collection, Windsor (210 × 135 cm)

Er lernte, was es bedeutet, seinen Gefühlen in einer Welt starrer Normen nachzugeben. Während seiner poetisch durchwirkten Beziehung mit einer adeligen Witwe in Venedig hatte er Grund, einen Mordanschlag zu fürchten, weswegen er nachts verkleidet auf einer Leiter in das Fenster der Freundin kletterte.[16] Denn ihr verstorbener Gatte hatte ihr testamentarisch weitere Liebesbeziehungen untersagt, und männliche Verwandte wachten über die Sittsamkeit der Witwe. Der Petrarca-Herausgeber Bembo hat dann eine kirchliche Laufbahn eingeschlagen, inzwischen vertritt er mit Verve ein platonisches Liebesideal und verteidigt dieses im »Hofmann« gegenüber dem in erotischen Fragen unbekümmerteren Giuliano.

Für Bembo ist Liebe das Verlangen nach Schönheit.[17] Sie offenbart sich im Einander-Ansehen und -Anhören. Er plädiert im »Hofmann« für eine seelische und geistige Gemeinschaft von Mann und Frau. Das gefährde die weibliche Tugend nicht und ermögliche auch verheirateten Frauen den Austausch mit Männern ohne Gewissensbisse. Vor allem aber vermeide ein platonischer Umgang Liebesleid und komme so auch den Männern zugute. Ganz durchzuhalten vermag aber auch Bembo die intellektuelle Sittenstrenge nicht: Zungenküsse begrüßt er. Der Mund sei schließlich die »Pforte der Worte«, so dass sich beim Küssen weniger die Körper als die Seelen vereinigten.[18]

Die Widersprüche von Tugendidealen und Begehren, der Hierarchie der Geschlechter und dem Erkunden eigener Gefühle kann auch Castigliones »Hofmann« nicht auflösen. Es sind die Widersprüche der Zeit. Der ideale Hofmann, wie Castiglione und die Diskutanten von Urbino ihn sich wünschen, ist kein Haudegen, sondern ein eleganter, charmanter Mann, einfühlsam, ästhetisch gebildet, angenehm und amüsant im Umgang. Ein Schönling und Schöngeist darf, soll er sein. Er möge *sprezzatura* ausstrahlen, eine gewisse natürliche Leichtigkeit trotz aller Mühen. Geradezu traditionell weibliche Eigenschaften werden von dem modernen Mann erwartet. Doch, auch das bleibt ein Widerspruch dieser Zeit, schaut ein Mann sich zu viel bei den Frauen ab, wird er lächerlich gemacht. So lästert ein Teilnehmer der Runde von Urbino im »Hofmann« über Männer, die sich schminken, die Augenbrauen zupfen, ihre Haare zu Locken drehen und auf süßliche Art sprechen: »Weil sie nun die Natur entgegen ihrem Wunsch nicht zu Weibern gemacht hat, sollen sie auch nicht guten Frauen gleich geachtet werden, sondern wie öffentliche Huren nicht nur von den Höfen der Fürsten, sondern auch aus jeder anständigen Gesellschaft verbannt sein.«[19]

Wenn solch Gerede den auf ein gepflegtes Äußeres bedachten, männerliebenden Leonardo trifft, lässt er sich das in seinen späten Jahren in Rom nicht anmerken. Im Gegenteil. Er hat nichts mehr zu verlieren. Und er feiert gemeinsam mit seinen Schülern jetzt nicht mehr nur die Schönheit der Frauen. Sondern auch die aller anderen Geschlechter.

Erhalten hat sich die fein gestrichelte Zeichnung eines – ja was?[20] (Abb. 40) Ist das ein zarter, langgelockter Engel, der da mit geneigtem Kopf aus verschatteten Augen den Betrachter schelmisch anlächelt? Oder handelt es sich um eine junge Frau, die ihre nackte runde Brust offenbart? Oder ist es doch ein lockender Jüngling? Schließlich zieht die Figur gerade das durchsichtige Tuch über den Lenden hoch und zeigt ein erigiertes großes Glied. Ein Zwitterwesen zwischen Mann und Mädchen, Himmlischem und Menschlichem erfindet Leonardo oder ein Gehilfe in der römischen Villa Belvedere.

Der Meister schämt sich nicht. Sondern gesellt dem »Angelo incarnato«, dem »Fleischgewordenen Engel«, wie die Zeichnung später genannt wird, wohl in Rom einen gemalten Gefährten bei.

Sein »Johannes der Täufer« ist eine Lichtgestalt.[21] (Tafel 29) Aus tiefem Schwarz tritt er hervor, himmlische Strahlen treffen auf sein Gesicht und den nackten Oberkörper. Wie der »Fleischgewordene Engel«, so schaut auch der Täufer den Betrachter mit gesenk-

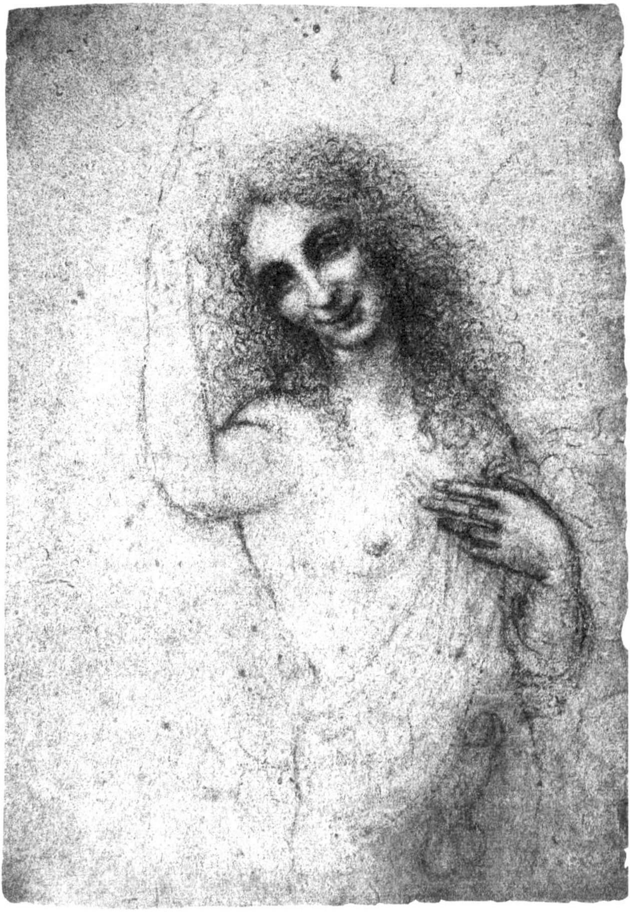

Abb. 40: Leonardo da Vinci oder Umkreis, Angelo incarnato, Privatsammlung

tem Kopf an. Seine glänzenden langen Locken fallen locker herab, ihre Spitzen berühren seine bloße Haut. Statt eines transparenten Schleiers trägt er ein Fell, außerdem verdeckt sein rechter Oberarm die Brust. Mit dem Zeigefinger deutet er wie der »Engel« und einst auch die heilige Anna (Tafel 22) gen Himmel, mit dem linken dagegen auf sein Herz. Dieser Johannes verführt nicht um der Verführung willen, er weist seinen Bewunderern den Weg zu ihrem Seelenheil. Das leicht Fragile, das dem androgynen »Fleischgewordenen Engel« mit seinen tief verschatteten Augen und der abgeknickten Taille anhaftet, geht Johannes ab. So sinnlich der Täufer ist, so standhaft tritt er auf. Von Leonardo ist kein anderes Männerbildnis von solch einer Präsenz überliefert. Und ein Bildnis ist diese Johannesfigur: Welcher braunhaarige Jüngling mit feingeschnittenen Zügen auch immer Modell stand, er tritt nicht als entrückter Heiliger auf, sondern als Halbfigur in Nahsicht wie auf einem Porträt.

In diesem Gemälde, endlich, emanzipiert Leonardo auch die Männer. Sein »Johannes« profitiert von den Errungenschaften des Meisters in den Gemälden der *belle donne*. Er ist so beweglich wie sie, offenbart die Regungen seiner Seele in den Wendungen seines Körpers. Er betört durch tiefe Blicke und einen schönen Körper, mehr aber noch durch seinen klaren Willen. Wie Leonardos Frauen, so ist er kein Schauobjekt, sondern eine eigenmächtige Person, mit der die Betrachter sich auf Augenhöhe auseinandersetzen müssen. Auch die venezianischen Künstler des Giorgionekreises haben ab 1500, angeregt von Leonardos Frauengemälden, homoerotische Männerbildnisse geschaffen.[22] Leonardos »Johannes« aber übertrifft die sanften Jünglinge aus dem Norden noch an Selbstbewusstsein.

Er hat eine Mission, und er teilt diese sehr direkt mit. Sie ist nicht kriegerisch, braucht keine Statussymbole, will nicht die Welt und die Frauen unterwerfen. »Johannes« zeigt mit einer Hand gen Himmel, mit der anderen auf sich selbst. Seine jugendliche Virilität, sein langgestreckter Zeigefinger und sein herbes Lächeln sind Ausdruck der Herkunft des Menschen. Den schuf Gott als sein Ebenbild, deswegen hat er einen eigenen Willen, eine eigene Potenz, kann stolz sein auf das, was er von Natur aus ist, ohne irgendetwas anderes repräsentieren zu müssen.

Den Eindruck, man habe es nicht mit einem zweidimensionalen Bild, sondern mit etwas wahrhaftig Lebendigem zu tun, verstärken die vielen hauchdünnen Lasuren, die Leonardo aufgetragen hat. Früher war der Künstler immer wieder mit seinen maltechnischen Experimenten gescheitert, sein »Abendmahl« (Tafel 19) blättert ab, seine große »Anghiarischlacht« (Abb. 32) hat es wohl nie bis an die Wand des Florentiner Ratssaals gebracht. Doch er hat nicht aufgehört, Pigmente und Öle immer neu zu mischen (vielleicht trifft er in Rom seinen alten Chemiker Zoroastro wieder, der hier inzwischen im Gefolge eines naturwissenschaftlich interessierten Klerikers lebt). Wenn der über sechzigjährige Leonardo jetzt auf Holz malt, wie auf der Walnusstafel des »Johannes«, dann halten seine Farben viel besser als noch in seinen Jugendwerken wie der »Madonna mit der Nelke« (Tafel 1). Wichtig sind ihm weiche Übergänge, sachte Schattenwürfe und vor allem seine zarten Firnisse. Sie haben kaum Farbanteile, sorgen aber dafür, Hell und Dunkel verschwimmen zu lassen. Es ist, als schaue man durch Glas oder Wasser auf eine Figur; sie drängt sich dem Betrachter nicht auf, sondern existiert in ihrer eigenen, vollplastischen Welt.

Weiter als mit dieser Technik des *sfumato* könnte sich Leonardo nicht von Michelangelo entfernen, dem gefeierten Malerstar im Vatikan. Wo der Jüngere harte Konturen in Tempera setzt, entscheidet der Ältere sich für schummrige Ambivalenzen. Wo Michelangelos bunte Farbpalette grell leuchtet, wird Leonardo zum Meister der Finsternis und des warmen Lichts. Beide erotisieren die Religion, doch Michelangelo misst sich immer noch in erster Linie an den Akten der Antike, während Leonardo nun entschiedener denn je Sexualität als eine Urkraft der Natur begreift. Die Symbiose von Besinnlichem und Sinnlichem ist Mitte der 1510er Jahren noch kein Sakrileg – erst die Gegenreformation im weiteren Verlauf des Jahrhunderts wird Künstler zwingen, ihre Heiligenfiguren ordentlich anzuziehen und die private und die sakrale Sphäre zu trennen.

Die Künstlergruppe in der Villa Belvedere aber ist von solchen Maßnahmen noch nicht betroffen. Wohl mit Billigung oder auf Anregung des Meisters entsteht in Leonardos Werkstatt noch ein »Johannes«, diesmal als Ganzkörperfigur.[23] (Tafel 30) Der Pelz dient ihm als Lendentuch, ansonsten ist er nackt. Mit lasziv übereinandergeschlagenen Beinen präsentiert er seinen wohlgeformten Körper und zeigt mit dem Finger in die Dunkelheit eines höhergelegenen Waldes. Um ihn herum gedeihen Pflanzen, ruht ein Hirsch, recken sich Bäume und Felsen in den Himmel. Nicht nur die Frauen, auch ein Mann kann mit der Umwelt in Einklang leben. Das Göttliche wohnt in jedem Blatt, jeder Wurzel, und die Aufgabe dieses »Johannes' des Täufers« ist es, seinem Publikum die Augen für die fruchtbare Schönheit der Natur zu öffnen.

Als nach Leonardos Tod erbittert um den rechten Glauben und die rechte Kunst gestritten wird, irritiert dieser naturverbundene, erotisierte »Johannes« die Betrachter. »Anstand und Ähnlichkeit« fehle der Figur, schreibt ein Kritiker im Jahr 1625. Irgendjemand malt den »Johannes« aus Leonardos Werkstatt zu einem »Bacchus« um, auf dass er weniger blasphemisch wirke.[24]

Schon der 1511 geborene Vasari fremdelt mit Leonardo. Seine Erstfassung der »Viten« veröffentlicht er im Jahr 1550, da tagt das Konzil von Trient schon, das die katholische Reform einleitet. Die zweite Fassung der »Viten« erscheint 1568 mitten im restriktiven Klima eines kämpferischen Katholizismus. Der Kunstschriftsteller erkennt zwar an, dass Leonardo neben Michelangelo und Raffael zum Dreiergespann der ganz Großen gehört, doch er wird mit dem Mann, den er nur aus Erzählungen kennt, nicht warm. »Seltsamst« findet Vasari Leonardos Methoden. Und erzählt, wie Papst Leo X. den Angestellten seines Bruders Giuliano einmal um ein Gemälde bittet. Und Leonardo? Anstatt ein Konzept zu entwickeln und vorzuzeichnen, geht er in seine Versuchsküche und destilliert Öle und

Pflanzen für die Firnisse. Der Heilige Vater stöhnt: »Weh mir! Dieser Mann wird nichts zustande bringen, weil er zuerst an das Ende der Arbeit denkt, bevor er überhaupt begonnen hat.«[25]

Und nicht nur das. Wenn Leonardo in Rom spazieren gehe, so Vasari, trage er eine Wachsmasse bei sich, blase daraus dünnwandige Tiere und lasse sie mit dem Wind in den Himmel aufsteigen. Er habe einer Eidechse Flügel angeklebt, halte sie als Hausdrachen und er puste Hammeldärme auf, bis die einen ganzen Raum füllten und kaum noch Luft zum Atmen ließen.[26]

Ein solch verschrobener Fantast, wie Vasari ihn schildert, ist Leonardo sicher nicht.[27] Voll und ganz angenommen aber wird er im Rom der Jahre 1513 bis 1516 auch nicht immer. Er fällt auf mit dem, was er tut und lässt. 1515 berichtet ein Forschungsreisender dem Papstbruder Giuliano de' Medici von den merkwürdigen Gebräuchen der Inder: Die äßen nichts, was Blut in sich habe – »wie unser Leonardo da Vinci«.[28]

Leonardo achtet das Leben zu sehr, um Tiere zu verspeisen. Er hasst es, wenn neu eingestellte Mitarbeiter in Rom zum puren Zeitvertreib Vögel schießen. Den Tod aber fürchtet er nicht und treibt sich wieder in den Leichenhallen von Krankenhäusern herum, um beim Sezieren die Funktionsweise des menschlichen Körpers besser zu verstehen. Einer seiner Kooperationspartner, ein deutscher Spiegelmacher, wittert ein Erpressungspotential und schwärzt den Werkstattchef wegen unchristlicher Umtriebe bei der Hospitalleitung und beim Papst an. Leonardo schaltet deshalb brieflich Giuliano de' Medici ein, die Sache hat für ihn dann keine Konsequenzen.[29]

Wie oft in seinem Leben, so bleibt Leonardo auch als alter Mann ein Außenseiter. Die prestigereichen Aufträge in Rom bekommen Raffael und Michelangelo; Leonardo schaut vom Rand aus zu. Und macht sein eigenes Ding.

Das geht nur mit einem Förderer, der sich nicht einmischt, sondern ihn akzeptiert, wie er ist. Als Leonardos Mäzen Giuliano de'

Medici im März 1516 stirbt, sieht der Künstler in Rom und ganz Italien keine Perspektive mehr. Und wandert aus nach Frankreich, zu Franz I., dem nächsten so toleranten wie finanzkräftigen Gönner.

Im Schlösschen Clos Lucé bei Amboise hat der alternde Künstler alles, was er braucht: seine Ruhe und gutes Essen, eine schöne Landschaft und Francesco Melzi (Salaì pendelt derweil zwischen Mailand und Amboise). Vor allem aber hat Leonardo seine Bücher und seine Bilder bei sich. »Mona Lisa« (Tafel 28), »Anna selbdritt« (Tafel 23) und »Johannes der Täufer« (Tafel 29) schauen ihm beim Schreiben und Zeichnen zu.[30] Dass er mit seinen vollkommensten Geschöpfen seinen Lebensabend verbringen kann, ist außergewöhnlich. Künstler sind zwar als Persönlichkeiten anerkannter als ein halbes Jahrhundert zuvor zu Beginn von Leonardos Karriere, immer noch aber gelten sie als Dienstleister, die für ihre Herrschaften, nicht für ihre eigene Befriedigung Kunstwerke zu produzieren haben.

Im Frühjahr 1519 geht es Leonardo schlecht. Kurz nach seinem 67. Geburtstag verfasst er sein Testament, bedenkt Melzi mit seinem geistigen Erbe und Salaì mit etwas Grundbesitz. Sechzig Arme, die dafür bezahlt werden, sollen bei seinem Begräbnis Kerzen tragen.[31]

Vasari stellt sich Leonardo in seinen letzten Tagen als innerlich zerrissenen Mann vor. »Schließlich alt geworden, lag er mehrere Monate krank darnieder, und als er sich dem Tod nah sah, wandte er sich voller Eifer den Grundsätzen des katholischen Glaubens, des rechten Pfades und der heiligen christlichen Religion zu.« Er habe dem Monarchen Franz I. unter Tränen gebeichtet, habe Reue gezeigt für seine Vergehen und auch dafür, dass er »seine Kunst nicht so ausgeübt hatte, wie er es hätte tun sollen«.[32] Zeitlebens habe sich Leonardo mit Naturphilosophie aufgehalten, Pflanzen und den Lauf der Gestirne studiert. Lauter Verrücktheiten also, statt ordentlich zu arbeiten. In der ersten Ausgabe der »Viten« von 1550 mutmaßt Vasari über Leonardo sogar: »Da er in seinem Geist eine solch ketzerische Denkweise ausbildete, dass er keiner irgendwie gearteten Religion nahestand, schätzte er es vielleicht weitaus mehr, Philosoph statt Christ zu sein.«[33]

Leonardo da Vinci, der langjährige Freund der Madonna und des Jesusknaben, Verehrer der heiligen Anna und des Johannes – ein Ketzer? Vasaris Ansichten sagen über Leonardos Geisteshaltung wenig aus; sie zeugen von der ideologischen Radikalisierung, welche die italienische Gesellschaft unter dem Druck der Reformation und bald auch Gegenreformation durchmachen wird. Schon drei Jahrzehnte nach Leonardos Tod am 2. Mai 1519 wird nicht mehr verstanden, was der Künstler dachte, wünschte und wusste. Sein tiefer Respekt vor der Schöpfung und vor den Frauen, sein Glaube an die regenerativen Kräfte der Natur, sein Vertrauen in selbstbestimmte Individuen, seien sie männlich oder weiblich: Das überlebt vielleicht nicht immer und überall in der Welt, wohl aber in den Werken Leonardo da Vincis.

Irgendwann, als Leonardo sehr alt ist und vermutlich schon in Frankreich lebt, legt er ein kleines Blatt Papier im Hochformat vor sich auf den Tisch und bearbeitet es mit dunkler Kreide. Eine junge Frau erscheint.[34] (Tafel 34) Ihr dunkel schraffiertes Gewand flattert im Wind, die schlanken Konturen ihres Körpers zeichnen sich in dem dünnen Stoff ab. Auch ihr Haar weht, vielleicht steht sie im Schilf einer Flusslandschaft. Um sie herum sprießen Pflanzen. Offenen Blickes betrachtet die Frau den Greis, der sie geschaffen hat, und streckt den linken Arm aus. Sie will ihm etwas zeigen, unbedingt. Dieses Etwas liegt außerhalb des Bildes, jenseits der Kunst und des Lebens. Es ist unbekanntes Terrain, das Leonardo erwartet. Zu fürchten aber, so ist der Fingerzeig der Frau wohl zu verstehen, hat er nichts.

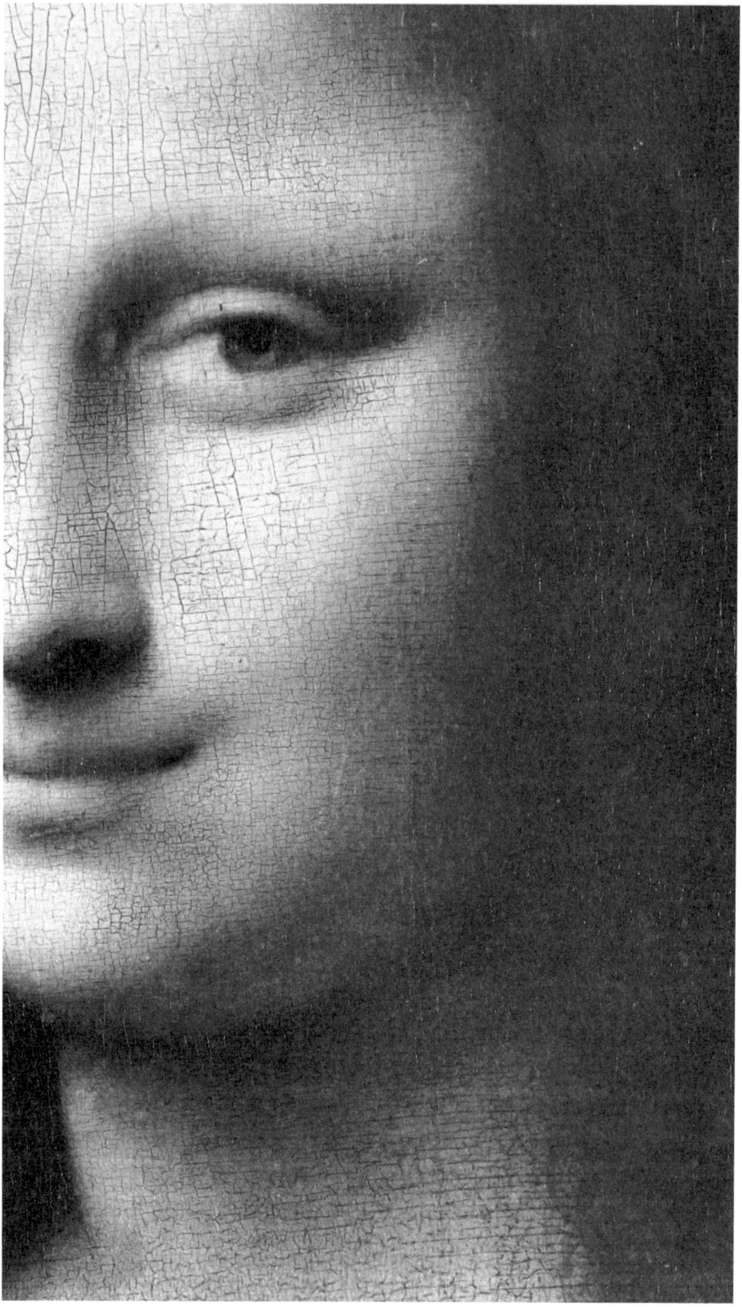

NACHWORT: LEONARDO HEUTE

Jeder Maler malt sich selbst, und jede Generation versteht Leonardo neu. Männliche Autoren des 19. Jahrhunderts fürchteten »Mona Lisa« als Femme fatale. »Vergiftet« und »verspottet«, »wie ein Schuljunge vor einer Herzogin« fühlte sich der Schriftsteller Théophile Gautier im Jahr 1857 vor der »Gioconda«. Sein Kollege Walter Pater bekannte voller Angstlust, mit ihrer gefährlichen Schönheit erfülle »Mona Lisa« das »tausendjährige« Begehren der Männer; sie sei ein Vampir, der um die »Geheimnisse des Grabes« wisse.[1] Leonardos so unabhängige Geschöpfe erschienen als lockend bedrohliche Vorbotinnen der Emanzipation von Frauen aus familiärer und finanzieller Abhängigkeit. In dieser Lesart blickt »Mona Lisa« nicht aus der Vergangenheit herüber, sondern verkündet eine ungewisse Zukunft, nämlich die gesellschaftlichen Umbrüche des Industriezeitalters.

Im Jahr 1919, zu Ehren von Leonardos 400. Todestag, malte Marcel Duchamp einer Reproduktion der »Mona Lisa« einen Schnurrbart auf; in dieser ironischen Distanz mussten die Ängste der Älteren vor dem Geschlechterkampf kollabieren. Intuitiv erfasste Duchamp Leonardos fluideres Verständnis von Geschlechtergrenzen; und mehr noch zielte er auf das Pathos, das Leonardos Frauenfiguren in der Rezeption umwehte. Fortan arbeiteten sich bildende Künstler von den Surrealisten bis Andy Warhol an Leonardos Position als Ausnahmegenie ab.

Das Feld war frei für neue gesellschaftspolitische Deutungen, und darin spielten im 20. Jahrhundert Frauen zumeist keine Rolle. Der italienische Faschismus machte aus Leonardo in der großangelegten Mailänder Werkschau von 1939 einen kraftstrotzenden Mustermann, der den Krieg sucht und sich als Rationalist und Techniknarr die Erde unterwirft. Ende des 20. Jahrhunderts war der Macher dann gefragter als der Krieger: Leonardo, der einsame Visionär, sollte nun die Erfindungen der Moderne vorausgeahnt haben und wurde zum Idol nicht nur der Flugzeug-, sondern auch der Computertechnologie.[2]

Beide Unterfangen, die Dämonisierung der *belle donne* des Meisters wie ihre diskursive Auslöschung, verkennen das Versöhnliche an Leonardos Kunst. Den von ihm befürchteten Weltuntergang vor Augen, malte der Künstler, wie zu sehen war, das Leben. Seine großen Gebärerinnen verkörpern die Möglichkeit der Menschen zum Neuanfang und damit ihre Fähigkeit, die Welt zu gestalten, statt sie zu zerstören. Leonardos so eigenwillige Frauengestalten bekämpfen die Natur nicht, sondern sind untrennbarer Teil von ihr. Und was sie können, das kann auch der Maler-Schöpfer Leonardo, dieser männerliebende Mann, der sich so mühelos in alle anderen Organismen hineinzudenken vermag, in Hermaphroditen und Engel, Männer, Frauen und Kinder, Vögel, Lämmer und Pflanzen. Nicht vom Siegen und Besiegtwerden handelt sein Forschertum, sondern von dialektischen Verbindungen zwischen dem Maler und der Natur, den Frauen und der Kunst, den Menschen und ihrer Gabe zu fragen, anstatt alles schon zu wissen.

Diese Sichtweise ist, wie alle, auch zeitbedingt. Sie passt in das 21. Jahrhundert besser als in die Jahre 1919 oder 1969. Leonardos Kunst und seine Schriften eröffnen ihren Interpreten Spielräume, die genutzt werden wollen. Denn sein Werk ist gerade deshalb so bedeutend, weil es sich zwar aus der Renaissance heraus erklärt, aber nicht in dieser Epoche gefangen bleibt. Leonardos Kunst ist für alle Generationen zugänglich; in ihrer Universalität sprechen seine

Werke zu seinen Zeitgenossen ebenso wie zur Nachwelt. Das hat der Maler selbst so gewollt: Mit Genugtuung erfüllte es ihn, wie er schrieb, dass seine schönen gemalten Frauen viel länger auf der Erde weilen als ihre natürlichen Vorbilder.[3]

So wie Leonardos Gemälde weiterleben und sich durch den nachdunkelnden *sfumato* der Lasuren oder durch die Reinigungen der Restauratoren verändern, so kann auch das Reden über sein Werk nicht stagnieren. Leonardos Œuvre ist so diskursiv wie sein »Abendmahl« (Tafel 19), so interaktiv wie die Blicke der »Belle Ferronnière« (Tafel 18) und des Engels der »Felsgrottenmadonna« (Tafel 15). Es funktioniert im Dialog oder gar nicht.

Wird über Leonardo nicht mehr gestritten, mit seinen so ungewöhnlichen Ideen nicht mehr gerungen, dann gerät die Essenz seines menschenfreundlichen Erbes in Gefahr. Dies geschieht bisweilen im frühen 21. Jahrhundert. Leonardo ist nun kein Vampirmaler mehr und kein viriler Kriegsmaschinist, kein Ketzer und kein Computernerd, sondern nur noch ein sehr berühmter Mann. Er bekommt zwar keine neuen Charakterzüge mehr verpasst, dafür aber immer neue Kunstwerke, für die er nichts kann. Wer auch immer gemalt hat, was inzwischen im großen Stil als Originale Leonardos deklariert, angeboten und verkauft wird: Der Schöpfer der »Madonna mit der Nelke« (Tafel 1), der »Cecilia Gallerani« (Tafel 17) oder des »Johannes der Täufer« (Tafel 29) war es wohl kaum.

Zu Lebzeiten hat sich Leonardo dem Drängen der Sammler entzogen, hat sie mit ihren Wünschen alleinegelassen und stattdessen gemalt, gezeichnet und geforscht, was und wie er wollte. Interessierte Käufer erhielten zumeist nur Werkstattarbeiten. Hatten sie Glück, dann hat der Meister an der einen oder anderen Stelle wenige Pinselstriche dazugesetzt, um so den jeweiligen Schüler in seiner Maltechnik zu unterweisen.

Einige der Arbeiten, die Leonardo da Vinci neu zugesprochen wurden, sind Varianten seiner bekannten Stücke oder Bildfindungen seiner Werkstatt und Nachfolger. Andere Neuankömmlinge in

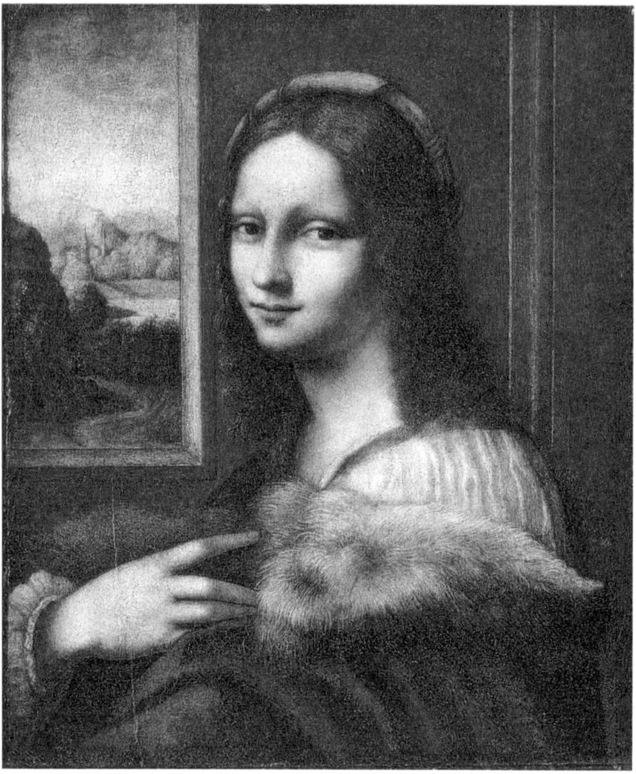

Abb. 41: Leonardoschule, Frauenbildnis nach Sebastiano del Piombo

seinem Œuvre verbindet mit Leonardos Stil und Sujets gar nichts mehr. Und allen fehlt die immense zeitenüberwölbende Bild- und Gedankenkraft, die jedem der etwa sechzehn überlieferten eigenhändigen Gemälde und Kartons Leonardos innewohnt.

Im November 2017 versteigerte das Auktionshaus Christie's ein Gemälde mit einer Christusfigur, einem »Salvator Mundi«, für den höchsten je erzielten Auktionspreis: 450,3 Millionen Dollar. (Tafel 33) Im Jahr 1958 war das stark beschädigte Werk bei dem Konkurrenten Sotheby's noch für 45 Pfund, umgerechnet 72 Dollar, gehandelt worden. Damals firmierte es als Bild aus der Nachfolge des Leonardo-Schülers Giovanni Antonio Boltraffio, der im Mailand der 1490er Jahre in Leonardos Werkstatt gearbeitet hatte. Für die Annahme, dass Leonardo das Werk geschaffen hat, fehlen historische Belege. Zwei seiner Gewandstudien lassen sich vage mit dem Gemälde in Verbindung bringen; zwingend ist das nicht. Kein Augenzeuge aus der Renaissance berichtet, einen solchen eine Glaskugel balancierenden Heiland auf Leonardos Staffelei gesehen zu haben – obwohl sich ansonsten jede Erfindung des Malers sofort in Florenz und Mailand herumgesprochen hat.[4]

Frappierend an der Debatte um den »Salvator Mundi« sind vor allem die Fragen, die nicht gestellt werden. Wie verhält sich der eher weihevolle »Salvator« zu der diskursiven Religiosität des »Abendmahls«? Wie ist die frontale Haltung der Figur zu verstehen, ging es Leonardo doch darum, Regungen des Geistes in Körper- und Augenbewegungen zu übersetzen? Was sagt die Glaskugel aus über Leonardos Bild vom Kosmos, wie fügt sie sich in seine Vorstellungen von der Weltentwicklung?

Materielle Wertsteigerungen prägen auch inhaltliche Wertungen, so verändert sich der Gesamteindruck von Leonardos Schaffen. Das trifft besonders Leonardos Frauenbild. Denn die ihm in jüngster Zeit zugeschriebenen Frauengemälde könnten nicht weiter entfernt sein von Leonardos Anspruch, mit Bildern liebenswerter *belle donne* zu verführen, die Betrachter in einen intimen Dialog zu verwickeln, ihnen ein selbstbewusstes Gegenüber auf Augenhöhe beizugesellen.

Noch am ehesten entspricht diesem Anspruch das Bildnis eines Mädchens im Pelz, das vermutlich der Leonardoschule zuzurechnen ist. (Abb. 41) Die junge Frau flirtet etwas schüchtern mit dem Betrachter, betrachtet ihn aus den Augenwinkeln, drückt ihren Mantel ans Herz. Sie tut dies, weil sie indirekt auf die Frauenmalerei des Meisters reagiert: Bis auf den Kopf der Figur orientiert ihr Maler sich an Sebastiano del Piombos mutmaßlichem Porträt Francesca Ordeaschis, der Geliebten des Bankiers Agostino Chigi (Abb. 39) – dies war die Antwort des Venezianers auf Leonardos große Geliebtenbildnisse.[5]

Verwunderlich war die Nachricht, die im Oktober 2013 in italienischen Zeitungen zu lesen war. Auf Kunstkriminalität spezialisierte Carabinieri seien ausgerückt, um in einem Schweizer Tresor nationales Kulturgut sicherzustellen, das illegal außer Landes gebracht worden sei.[6] Dazu abgebildet: ein Gemälde, das Leonardos Zeichnung der Mantuaner Markgräfin Isabella d'Este nachempfunden ist. In Zeiten der Gegenreformation hat jemand einen Palmzweig dazugemalt, sodass die Herrscherin nun wie eine Heilige aussieht. (Abb. 42) Dieses Werk sollte nach Aussage eines verdienstvollen Leonardoforschers das verloren geglaubte Original sein. Was hieße, Leonardo hätte sein Bildnis der Isabella d'Este doch nicht nur als Skizze (Tafel 20), sondern auch als Gemälde ausgeführt, anstatt die hohe Herrin, wie es mehrere ihrer Mittelsmänner berichten, nur hinzuhalten.[7] Und davon hätte die wortstarke Isabella, die nichts sehnlicher begehrte als ein echtes Leonardowerk, niemanden etwas wissen lassen? Oder schämte sie sich, weil das Stück es malerisch weder mit dem Bildnis der »Cecilia Gallerani« (Tafel 17) noch mit irgendeinem anderen eigenhändigen Stück des Künstlers aufnehmen konnte?

Besonders fatal wirkt die Zuschreibung eines Mädchenkopfes namens »Bella Principessa« (Tafel 32), der dem Augenschein nach

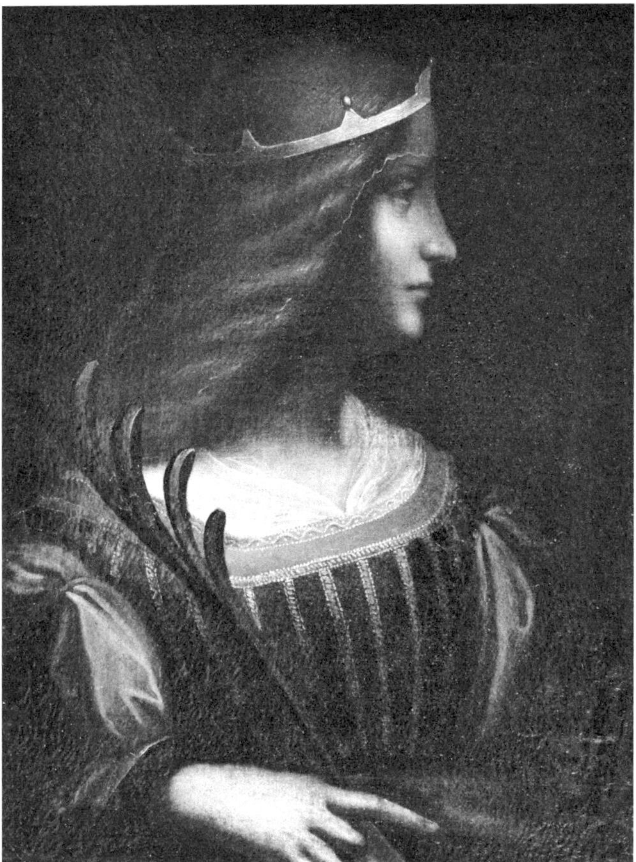

Abb. 42: Unbekannt, Isabella d'Este mit Palmzweig, Privatbesitz

auch aus dem 19. Jahrhundert stammen könnte. Im Jahr 1998 wurde das Bildnis bei Christie's für nur 21 850 Dollar versteigert. Nun aber erkannte ein anderer bekannter Leonardoforscher hier ein Porträt aus Leonardos Hand von Ludovico Sforzas Nichte Bianca Sforza. Seither geht das in Privatbesitz befindliche Werk auf weltweite Ausstellungs- und Werbetournee – und verzerrt so Leonardos große Errungenschaft, die Erfindung des psychologischen Frauenbildnisses.[8]

Seine originale »Ginevra de' Benci« (Tafel 9) wendet sich dem Betrachter zu, reagiert emotional auf ihn, um sich ihm dann doch wieder zu entziehen. So brach Leonardo als junger Mann mutig mit der Konvention, wonach junge Italienerinnen aus Gründen der Keuschheit nur im starren Profil zu zeigen waren. Fortan schenkte er den Frauen wehende Haare, sprungbereite Leiber, tiefe Blicke, mächtige Hände und, im Fall der »Mona Lisa« (Tafel 28), ein halbes Lächeln. Wer dem Meister jetzt ein überkostümiertes Mädchenbild in bravem Profil aufdrängen will, noch dazu unüblicherweise auf Pergament gemalt, ignoriert, wie weitreichend Leonardo da Vinci den Blick auf Frauen verändert hat.

Er hat die Frauen seiner Zeit gesehen, wie ihnen selbst das nicht immer möglich war: als freie Menschen voller Bewegungsenergie, als liebesfähige Mütter und Freundinnen, als tiefsinnige Denkerinnen, die um die Kräfte der Natur wissen. Weibliche Selbstaufgabe kommt in Leonardos Weltbild so wenig vor wie systematische Abwertung. Gemeinsam mit seinen femininen Modellen emanzipiert der Künstler so auf eigene Art die Frauen. Um dann, an seinem Lebensende, auch die Männer aus ihren gesellschaftlichen Zwängen zu lösen, indem er seinen Jünglingsfiguren ihre Sinnlichkeit, ihre Naturverbundenheit und ihre Verführungskraft zurückgibt.

Je stärker Leonardos schmales Œuvre durch immer neue fragwürdige Zuschreibungen anschwillt, je produktiver der Maler fünfhundert Jahre nach seinem Tod werden muss, desto weniger bleibt von ihm, seinen ästhetischen Maßstäben und seiner besonderen humanistischen Weltsicht übrig. Seine Kunst droht zur hohlen und sehr teuren Chiffre zu werden.

Es ist Zeit, den Universalkünstler besser kennenzulernen und seine Gemälde, Zeichnungen und Schriften zurückzuerobern für ein gesamtgesellschaftliches Gespräch über das Menschenmögliche und -unmögliche. Über Leonardo lässt sich streiten; und über Leonardo muss man streiten.

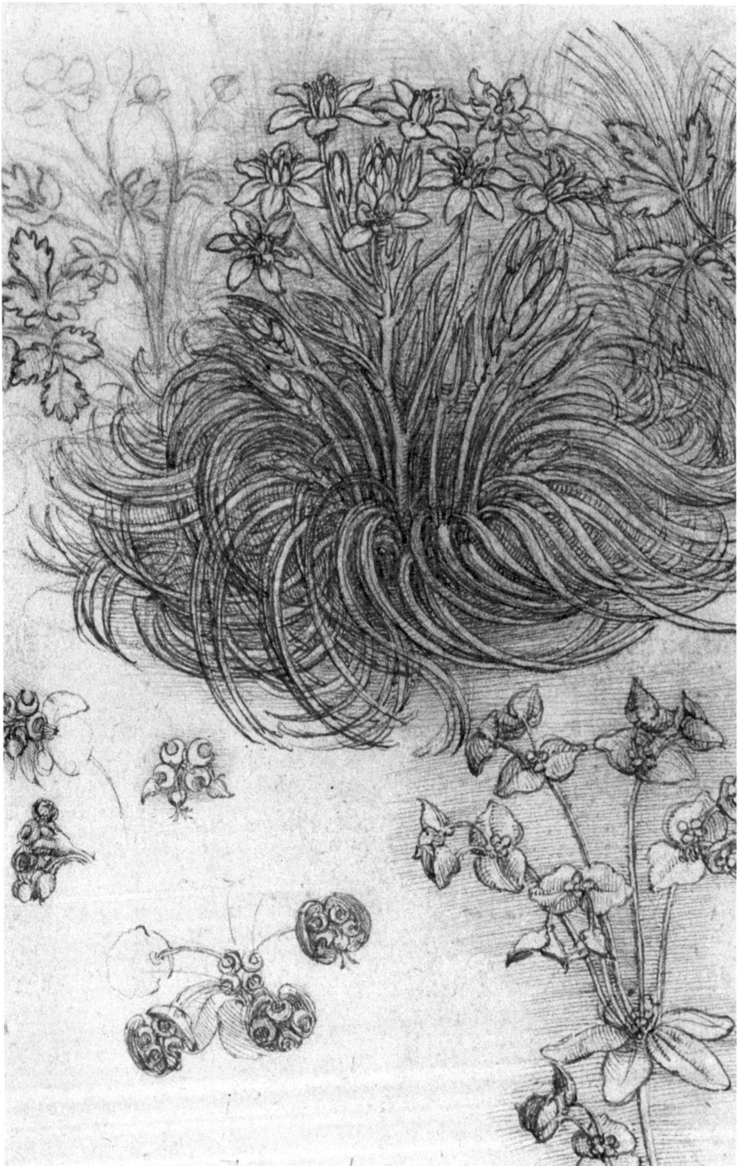
130.

DANK

Ich danke dem Kunsthistorischen Institut in Florenz (Max-Planck-Institut) sowie dem Deutschen Studienzentrum in Venedig für Forschungsstipendien und die Möglichkeit, Ergebnisse dieser Arbeit zu präsentieren und zu diskutieren. Dr. Bettina Keß, Susan Vahabzadeh und Dr. Christine Walter danke ich für ihre kritische Lektüre. Allen Mitarbeiterinnen und Mitarbeitern in den konsultierten Archiven, Bibliotheken und Museen danke ich für ihre freundliche Unterstützung.

ANMERKUNGEN

Vorwort: Leonardos Frauenbild

1 Siehe Kap. X.
2 Siehe Kap. V.
3 Siehe Kap. V, Kap. VIII.
4 Siehe Kap. XII.
5 Siehe Kap. X.
6 Zit. nach Boris von Brauchitsch: *Leonardo da Vinci*, Berlin 2019, S. 95.
7 Vgl. Martin Kemp: *Living with Leonardo. Fifty Years of Sanity and Insanity in the Art World and Beyond*, London 2018, S. 244.

I – Kindsein

1 Die »Madonna mit der Nelke« hängt in der Alten Pinakothek München (Inv.-Nr. 7779).
2 Vgl. Giorgio Vasari: *Das Leben des Leonardo da Vinci*, hg. von Alessandro Nova, bearbeitet von Sabine Feser, Berlin 2006, S. 25 u. S. 69; im Original: ders.: »Vita di Lionardo da Vinci. Pittore e scultore Fiorentino«, in: ders.: *Le vite de' più eccellenti pittori, scultori e architettori nelle redazioni del 1550 e 1568.* Testo a cura di Rosanna Bettarini. Commento secolare a cura di Paola Barocchi. Testo Bd. 4, Florenz 1976, S. 14-38, hier S. 23; sowie David Alan Brown: *Leonardo da Vinci. Origins of a Genius*, New Haven/London 1998, S. 133. Allgemein zu dem Bild: Cornelia Syre/Jan Schmidt/Heike Stege (Hg.): *Leonardo da Vinci. Die Madonna mit der Nelke*, München 2006; Rona Goffen: »Mary's motherhood according to Leonardo and Michelangelo«, in: *Artibus et historiae*, 20 (1999), S. 35-69, hier S. 40.
3 Vgl. Giorgio Vasari: *Das Leben des Verrocchio und der Gebrüder Pollaiuolo*, hg.

von Alessandro Nova, bearbeitet von Katja Burzer, Berlin 2011, S. 21; ders.: »Vita di Andrea Verrocchio. Pittore, scultore et architetto Fiorentino«, in: ders.: *Le vite de' più eccellenti pittori, scultori e architettori nelle redazioni del 1550 e 1568*. Testo a cura di Rosanna Bettarini. Commento secolare a cura di Paola Barocchi. Testo Bd. 3, Florenz 1971, S. 532-545, hier S. 539. Vgl. auch Brown: *Leonardo da Vinci*, a. a. O., S. 127.

4 Vgl. Syre/Schmidt/Stege (Hg.): *Leonardo da Vinci*, a. a. O., S. 223 f;. Andreas Schumacher/Annette Kranz/Annette Hoyer (Hg.): *Florentiner Malerei. Alte Pinakothek*, Berlin/München 2017, S. 92 ff. u. S. 351 ff. Zur Problematik der Tempera- und Ölmalerei danke ich Andreas Schumacher (München) und Cecilia Frosinini (Florenz) für hilfreiche Gespräche.

5 Zit. nach Leonardo da Vinci: *Sämtliche Gemälde und die Schriften zur Malerei*, hg. von André Chastel, München 1990, S. 305. Im Original: »Come il buon pittore ha da dipingere due cose, l'uomo e la sua mente. Il bono pittore ha da dipingere due cose principali, cioè l'homo e il concetto della mente sua. Il primo è facile, il secondo difficile, perché si ha a figurare con gesti e movimente delle membra.« (Leonardo da Vinci: *Trattato della Pittura*, hg. Marco Tabarrini u. Gaetano Milanesi, Rom 1890/1989, Nr. 176, S. 73 [Codex Urbinas Latinus 1270])

6 Leonardo da Vinci: Frau mit Kind, Federzeichnung, London, British Museum, Department of Prints and Drawings (Inv.-Nr. 1913-6-17-1).

7 Zit. nach Leonardo da Vinci: *Sämtliche Gemälde und die Schriften zur Malerei*, a. a. O., S. 311; im Original: »I putti piccoli con atti proti e storti, quado siedono, e nello star ritto atti timidi e pavrosi.« (Jean Paul Richter [Hg.]: *The Notebooks of Leonardo da Vinci*, Bd. 1, New York 1970, Nr. 583, S. 291 [Fragment, Codex Ashburnham, Paris, Bibliothèque de l'Institut de France, Ash. I. 18 a])

8 Leonardo da Vinci: Studie zur Madonna mit der Katze, London, British Museum, Department of Prints and Drawings (Inv.-Nr. 1856-6-21-1 r).

9 Vgl. Kia Vahland: *Lorbeeren für Laura. Sebastiano del Piombos lyrische Bildnisse schöner Frauen*, Studi Reihe des Deutschen Studienzentrums Venedig, Berlin 2011, S. 183.

10 Vgl. David Alan Brown (Hg.): *Virtue and Beauty. Leonardo's Ginevra de' Benci and Renaissance Portraits of Women*, Ausstellungskatalog der National Gallery of Art Washington, Washington 2001, S. 32 u. S. 37.

11 Zur stillenden Madonna siehe z. B. die »Madonna Litta« eines Leonardo-Schülers, Eremitage, St. Petersburg (Inv.-Nr. 249), vgl. Johannes Nathan/Frank Zöllner (Hg.): *Leonardo da Vinci. Sämtliche Gemälde und Zeichnungen*, Köln 2003, S. 82 ff. u. S. 227.

12 Vgl. Christiane Klapisch-Zuber: *Das Haus, der Name, der Brautschatz. Strategien und Rituale im gesellschaftlichen Leben der Renaissance*, Frankfurt am Main 1995, S. 94.

13 Zu Ammen und Kleinkinderziehung vgl. ebd., S. 94-119. Zudem Sabine Seichter: *Erziehung an der Mutterbrust*, Weinheim 2014, S. 42 ff.; Wolfgang Kemp: *Die Räume der Maler. Zur Bilderzählung seit Giotto*, München 1996, S. 47 ff., S. 57 ff., S. 68 ff. u. S. 74 ff.; Goffen: »Mary's motherhood according to Leonardo and Michelangelo«, a. a. O., S. 40; Louis Haas: *The Renaissance Man and His Children. Childbirth and Early Childhood in Florence 1300-1600*, New York 1998.

14 Vgl. Klapisch-Zuber: *Das Haus, der Name, der Brautschatz*, a. a. O., S. 100.

15 Vgl. Christoph Cluse: »Sklaverei im Mittelalter – der Mittelmeerraum. Eine kurze Einführung, basierend auf Jacques Heers, Esclaves et domestiques au moyen âge dans le monde méditerranéen, Paris 1981«, in: *Medieval Mediterranean Slavery. Comparative Studies on the Slave Trade in Muslim, Christian, and Jewish Societies (8th-15th Century)*, 2004, S. 12, online verfügbar unter: {http://med-slavery.uni-trier.de/minev/MedSlavery/publications/Einfuhrung.pdf} (Stand: August 2018).

16 Vgl. Giorgio Vasari: *Das Leben des Raffael*, hg. von Alessandro Nova, bearbeitet von Hana Gründler, Berlin 2004, S. 20 u. S. 95 f.; »[…] e che più tosto ne' teneri anni aparasse in casa i costumi paterni che per le case de' villani e plebei uomini men gentili o rozzi costumi e creanze […].« (Giorgio Vasari: »Vita di Raffaelo da Urbino. Pittore et architetto«, in: ders.: *Le vite de' più eccellenti pittori, scultori e architettori nelle redazioni del 1550 e 1568*. Testo a cura di Rosanna Bettarini. Commento secolare a cura di Paola Barocchi. Testo Bd. 4, Florenz 1976, S. 154-214, hier S. 156 f.)

17 Vgl. Giorgio Vasari: *Das Leben des Michelangelo*, hg. von Alessandro Nova, bearbeitet von Caroline Gabbert, Berlin 2009, S. 33; »[…] così come anche tirai dal latte della mia balia gli scarpegli e 'l mazzuolo con che io fo le figure […].« (Giorgio Vasari: »Vita di Michelagnolo Buonarrouti Fiorentino. Pittore, scultore et architetto«, in: ders.: *Le vite de' più eccellenti pittori, scultori e architettori nelle redazioni del 1550 e 1568*. Testo a cura di Rosanna Bettarini. Commento secolare a cura di Paola Barocchi. Testo Bd. 6, Florenz 1987, S. 2-141, hier S. 5)

18 Vor allem in der nach einem späteren Besitzer benannten »Madonna Benois« (heute in der Eremitage in St. Petersburg, Inv.-Nr. 2773), einem vermutlich Ende der 1470er Jahre entstandenen Gemälde, entwickelt er die Komposition der »Madonna mit der Nelke« spielerisch weiter. Vgl. Nathan/Zöllner (Hg.): *Leonardo da Vinci*, a. a. O., S. 217 u. S. 318 ff.

19 Für die Rekonstruktion von Caterinas Familiengeschichte vgl. Martin Kemp/Giuseppe Pallanti: *Mona Lisa. The People and the Painting*, Oxford 2017, S. 85ff. Dafür, dass es sich bei dieser Frau namens Caterina Lippi um die Caterina handelt, die Leonardos Großvater Antonio als Mutter des Jungen nennt, spricht, dass Caterina noch als Ehefrau Verbindungen zu dem in ihrer Kindheit wichtigen entfernten Cousin und dessen Kindern pflegt und eine Tochter nach dessen Frau nennt. Vgl. ebd., S. 93ff. Die Herkunft Caterinas aus guten, aber verarmten kleinbäuerlichen Verhältnissen ist vereinbar mit der um 1540 getroffenen Aussage von Leonardos erstem Biographen, dem sogenannten Anonimo Gaddiano: »Era per madre nato di bon sangue«, seine Mutter sei aus gutem Haus (Anonimo Fiorentino: *Il Codice Magliabechiano*, cl. XVII 17, hg. von Carl Frey, Berlin 1892, S. 110-115, hier S. 110).

20 Sigmund Freud diskutiert Leonardos Mutterverlust in seiner so virtuosen wie unter historischen und kunsthistorischen Gesichtspunkten fragwürdigen Studie, kannte aber die Quellen zu Caterina noch nicht. Vgl. Sigmund Freud: *Eine Kindheitserinnerung des Leonardo da Vinci*, Frankfurt am Main 1995.

21 Dafür spricht, dass Caterina im Mailänder Sterberegister als Florentinerin bezeichnet wird und 60 Jahre alt sein soll – was ungefähr dem realen Alter seiner Mutter von 58 Jahren entspricht. Vgl. Kemp/Pallanti: *Mona Lisa*, a.a.O., S. 98f.

22 Zu unehelichen Kindern in Florenz vgl. grundlegend Thomas Kuehn: *Illegitimacy in Renaissance Florence*, Michigan 2002, vor allem S. 134ff.

23 Vgl. Kemp/Pallanti: *Mona Lisa*, a.a.O., S. 84. Siehe unten, Kap. XI.

24 Als Leonardo elf Jahre alt ist, gebiert Albiera eine Halbschwester, die im ersten Lebensmonat stirbt. Ein Jahr später stirbt Albiera am Ende einer zweiten Schwangerschaft. Vgl. Kemp/Pallanti: *Mona Lisa*, a.a.O., S. 62.

25 »Ora i cani ànno si sottilissimo odorato che col naso sentono la uirtù rimasta in tali feccie; e che sie uero, se le trova per le strade odorano, e se vi sentono dentro virtù di carne o d'altro, essi le pigliano, e se nò, le lasciano; e per tornare al quesito dico, che se conoscono il cane mediante tali odori essere ben pasciuto, essi lo riguardano, perchè stimano quello avere potete e ricco padrone [...].« (Jean Paul Richter [Hg.]: *The Notebooks of Leonardo da Vinci*, Bd. 2, New York 1970, Nr. 1330, S. 377. [Manuskript F, Paris, Bibliothèque de l'Institut de France, F. 47 a])

26 Vgl. Kemp/Pallanti: *Mona Lisa*, a.a.O., S. 86.

27 Vgl. Vasari: *Das Leben des Leonardo da Vinci*, a.a.O., S. 51.

28 Zit. nach da Vinci: *Sämtliche Gemälde und die Schriften zur Malerei*, a.a.O., S. 124ff. Im Original: »So bene che per non essere io literato, che alcuno pro-

suntuoso gli para ragionevolmente potermi biasimare coll'allegare jo essere homo sanza lettere« (Richter [Hg.]: *The Notebooks of Leonardo da Vinci*, Bd. 1, New York 1970, Nr. 10, S. 14 [Codex Atlanticus, Mailand, Biblioteca Ambrosiana, C.A. 117 b]); »le mie cose essere nate sotto la senplice e mera sperientia la quale è maestra vera« (ebd., Nr. 12, S. 15 [Codex Atlanticus, Mailand, Biblioteca Ambrosiana, C.A. 117 b]); »Costoro vanno sgonfiati e poposi, vestiti e ornati no delle loro ma delle altrui fatiche, e le mie a me medesimo no conciedono e se me inventore disprezzeranno quato magiormente loro non inventori [...]« / »E' ànno da essere giudicati e non altrementi stimati li omini inventori interpetri tralla natura e gli omini a comparatione de recitatori e trobetti dell' altrui opere [...]« (ebd., Nr. 11, S. 15 [Codex Atlanticus, Mailand, Biblioteca Ambrosiana, C.A. 115a]); »farò come colui il quale per povertà givgnie l'ultimo alla fiera [...] io questa disprezata e rifiutata mercatia rimanete de' molti copratori metterò sopra la mia debole soma« (ebd., Nr. 9, S. 13 [Codex Atlanticus, Mailand, Biblioteca Ambrosiana, C.A. 117 b]).

29 Zit. nach Leonardo da Vinci: *Die Aphorismen, Rätsel und Prophezeiungen*, hg. von Marianne Schneider, München 2003, S. 65 u. S. 67 (Codex Atlanticus, Mailand, Biblioteca Ambrosiana, C.A. 944 v. u. 945 r.); Margot und Rudolf Wittkower: *Künstler – Außenseiter der Gesellschaft*, Stuttgart 1989, S. 92 ff.; vgl. auch: »la passione dellanjmo chaccja via la lussuria« (Jean Paul Richter/Carlo Pedretti [Hg.]: *The Literary Works of Leonardo da Vinci*, Bd. 1, Berkeley/Los Angeles 1977, S. 113 [Codex Atlanticus, Mailand, Biblioteca Ambrosiana, C.A. 358 v-a]).

II – Landjugend

1 Zur Ökonomie in Florenz grundlegend: Richard A. Goldthwaite: *The Economy of Renaissance Florence*, Baltimore 2009.

2 Zum Florentiner Stadtleben in der Leonardozeit siehe Nicholas A. Eckstein: *The District of the Green Dragon*, Florenz 1995. Zu Künstlerwerkstätten in Florenz: Anabel Thomas: »The workshop as the space of collaborative artistic production«, in: Robert J. Crum/John T. Paoletti (Hg.): *Renaissance Florence. A Social History*, Cambridge/New York 2006, S. 415-430.

3 Vgl. Vasari: *Das Leben des Leonardo da Vinci*, a. a. O., S. 22 ff. u. S. 68 f.; ders.: »Vita di Lionardo da Vinci«, a. a. O., hier S. 19-22.

4 Vgl. Vasari: *Das Leben des Leonardo da Vinci*, a. a. O., S. 24. »Questa opera serve per quel che ella è fatta. Pigliatela dunque e portatela, ché questo è il fine che dell'opere s'aspetta«, zit. nach ebd., S. 19-22.

5 Zu Vasaris literarischer Überformung der Viten vgl. Paul B. Barolsky: *Warum lächelt Mona Lisa? Vasaris Erfindungen*, Berlin 1996; ders.: »Vasari and the historical imagination«, in: *Word & Image*, 3 (1999), S. 286-291; Svetlana Alpers: »Ekphrasis and aesthetic attitudes in Vasari's lives«, in: *Journal of the Warburg and Courtauld Institutes*, 23 (1960), S. 190-215.

6 Verrocchio setzt den Kopf Goliaths später zwischen Davids Füße, ursprünglich lag er neben dem rechten Standbein des Jungen. Grundlegend zu der Skulptur, die sich im Skulpturenmuseum Bargello in Florenz (Inv.-Nr. Bargello n. 450, 45) befindet: Beatrice Paolozzi Strozzi/Maria Grazia Vaccari (Hg.): *Il Bronzo e l'oro. Il David del Verrocchio restaurato*, Florenz u.a. 2003, S. 35-54, S. 55-60 u. S. 61-80. Zu Leonardo als Modell für die Bronze vgl. Brown: *Leonardo da Vinci*, a.a.O., S. 8ff.

7 Die »Taufe Christi« von Andrea del Verrocchio und Leonardo da Vinci befindet sich heute in den Uffizien in Florenz (Inv.-Nr. 1890 n. 8358).

8 Das um 1470 datierte Gemälde befindet sich in der National Gallery London (Inv.-Nr. NG 781). Vgl. dazu Brown: *Leonardo da Vinci*, a.a.O., S. 47ff.

9 Vgl. Vasari: *Das Leben des Leonardo da Vinci*, a.a.O., S. 22 u. S. 62; ders.: »Vita di Lionardo da Vinci«, a.a.O., hier S. 18.

10 Vgl. Richter (Hg.): *The Notebooks of Leonardo da Vinci*, Bd. 2, a.a.O., Nr. 1363, S. 414 (Codex Atlanticus, Mailand, Biblioteca Ambrosiana, C.A. 658 a/199 v.). Dies ist Ausgangspunkt von Freuds Studie: Freud: *Eine Kindheitserinnerung des Leonardo da Vinci*, a.a.O. Siehe dazu: Alessandro Nova: »The kite, envy and a memory of Leonardo da Vinci's childhood«, in: Lars R. Jones/Louisa C. Matthew (Hg.): *Coming About*, Cambridge/MA 2001, S. 381-386.

11 Zit. nach Leonardo da Vinci: *Sämtliche Gemälde und die Schriften zur Malerei*, a.a.O., S. 161f. Im Original: »Il dipintore disputa e gareggia colla natura.« (Richter [Hg.]: *The Notebooks of Leonardo da Vinci*, Bd. 1, a.a.O., Nr. 662, S. 332 [Codex Forster III, London, Victoria and Albert Museum, früher S.K.M. III. 48 a]); »Se tu sprezzerai la pittura, la quale è sola imitatrice di tutte l'opere evidenti di natura, per certo tu sprezzerai una sottile invenzione, la quale con filosofica e sottile speculazione considera tutte le qualità delle forme: mare, siti, piante, animali, erbe, fiori, le quali sono cite d'onbra e lume. E veramente questa è scietia, e legittima figliuola di natura, perchè la pittura è partorita da essa natura; ma per dir più corretto, diremo nipote di natura, perchè tutte le cose evidenti sono state partorite dalla natura, dalle quali cose è nata la pittura. Aduque rettamete la dimaderemo nipote di natura, parete di dio.« (Richter [Hg.]: *The Notebooks of Leonardo da Vinci*, Bd. 1, a.a.O., Nr. 652, S. 336 [Fragment, Codex Ashburnham, Paris, Bibliothèque de l'Institut de France, Ash. I 1 15 b]). Zu Leonardos Vegetarismus siehe Kap. XII.

12 Vgl. Mary D. Garrard: »Leonardo da Vinci. Female portraits, female nature«, in: Norma Broude/Mary D. Garrard (Hg.): *The Expanding Discourse. Feminism and Art History*, New York 1992, S. 59-86.

13 Leonardos »Verkündigung« hängt in den Uffizien in Florenz (Inv.-Nr. 1890 n. 1618). Vgl. u. a.: Brown: *Leonardo da Vinci*, a. a. O., S. 75 ff.

14 Etwa in der Zeichnung zur Sintflut in der Royal Collection, Windsor (Inv.-Nr. RCIN 912383). Siehe auch Kap. X.

15 Vgl. Michael Baxandall: *Painting and Experience in Fifteenth Century Italy*, Oxford 1972, S. 51 ff.

16 Heute befindet sich die »Verkündigung« von Simone Martini und Lippo Memmi in den Florentiner Uffizien (Inv.-Nr. 1890 nn. 451, 452, 453).

17 Zit. nach Brown (Hg.): *Virtue and Beauty*, a. a. O., S. 17.

18 Zit. nach Leonardo da Vinci: *Sämtliche Gemälde und die Schriften zur Malerei*, a. a. O., S. 210 f. Im Original: »[C]ome io vidi a questi giorni un angelo che pareva nel suo annunziare che volesse cacciare la Nostra Donna dalla sua camera, con movimenti che dimostravano tanto d'ingiuria, quanto far si potesse a un vilissimo nimico. E la Nostra Donna parea che si volesse, come disperata, gettarsi giù da una finestra. Sicchè siati a memoria di non cadere in tali difetti.« (Da Vinci: *Trattato della Pittura*, a. a. O., Nr. 55, S. 37 [Codex Urbinas Latinus 1270])

19 Vgl. Natalie Tomas: »Did women have a space?«, in: Crum/Paoletti (Hg.): *Renaissance Florence*, a. a. O., S. 311-330, hier S. 313.

20 Vgl. ebd., S. 313 u. S. 318; sowie Brown (Hg.): *Virtue and Beauty*, a. a. O., S. 26.

21 Zit. nach da Vinci: *Sämtliche Gemälde und die Schriften zur Malerei*, a. a. O., S. 165 f.; im Original: »La deità che ha la scienza del pittore fa che la mente del pittore si trasmuta in una similitudine di mente divina; imperocchè con libera potestà discorre alla generazione di diverse essenze di varî animali, piante, frutti, paesi, campagne, ruine di monti, luoghi paurosi e spaventevoli, che danno terrore ai loro risguardatori, ed ancora luoghi piacevoli, soavi e dilettevoli di fioriti prati con varî colori, piegati da soavi onde de' soavi moti de' venti [...].« (da Vinci: *Trattato della Pittura*, a. a. O., Nr. 65, S. 41 [Codex Urbinas Latinus 1270])

22 Zit. nach Leonardo da Vinci: *Tagebücher und Aufzeichnungen*, hg. von Theodor Lücke, Leipzig 1952, S. 833 f. (Codex Atlanticus, Mailand, Biblioteca Ambrosiana, C.A. 807 r / 295r-a). Im Original: »Così accade a quelli che dalla vita soletaria cotenplativa vogliono venir abitare nelle città infra i popoli pieni d'infiniti mali« (Richter [Hg.]: *The Notebooks of Leonardo da Vinci*, Bd. 2, a. a. O., Nr. 1272, S. 339 [Codex Atlanticus, Mailand, Biblioteca Ambrosiana, C.A. 516 b]).

23 Vgl. Alessandro Nova: »Addj 5 daghossto 1473: l'oggetto e le sue interpretazioni«, in: Fabio Frosini/Alessandro Nova (Hg.): *Leonardo da Vinci on Nature. Knowledge and Representation*, Venedig 2015, S. 285-302.

24 Im Original: »Che ti muove, o uomo, ad abbandonare le proprie tue abitazioni della città, e lasciare i parenti ed amici, ed andare in luoghi campestri per monti e valli, se non la naturale bellezza del mondo, la quale, se ben consideri, sol col senso del vedere fruisci? [...] Ma se il pittore ne' freddi e rigidi tempi dell'inverno ti pone innanzi i medesimi paesi dipinti, ed altri, ne' quali tu abbia ricevuto i tuoi piaceri, appresso a qualche fonte; tu possa rivedere te amante con la tua amata, ne' fioriti prati, sotto le dolci ombre delle verdeggianti piante, non riceverai tu altro piacere che ad udire tale effetto descritto dal poeta?« (Da Vinci: *Trattato della Pittura*, a.a.O., Nr. 19, S. 13 ff. [Codex Urbinas Latinus 1270]) Siehe auch Leonardo da Vinci: *Das Buch von der Malerei nach dem Codex Vaticanus (Urbinas) 1270*, Bd. 1, hg. Heinrich Ludwig, Wien 1882, S. 26; Martin J. Kemp: *Lezioni dell'Occhio*, Mailand 2004, S. 164.

III – Bilderstadt

1 Vgl. Andreas Tönnesmann: *Die Kunst der Renaissance*, München 2007, S. 25 ff; Kia Vahland: »Die dritte Dimension«, in: Geo Epoche Edition, 3/2011, S. 26-37.

2 Vgl. Erwin Panofsky: *Perspective as Symbolic Form*, New York 1991.

3 Vgl. Tönnesmann: *Die Kunst der Renaissance*, a.a.O., S. 18 ff.

4 Zit. nach Giannozzo Manetti: *Über die Würde und Erhabenheit des Menschen*, hg. von August Buck, Hamburg 1990, S. 77.

5 »[...] quasi giudicato un'altro iddio«, zit. nach Hubert Janitschek (Hg.): *Kleinere kunsttheoretische Schriften*, Wien 1877, S. 91. Zu Augustinus vgl. Erwin Panofsky: »Artist, scientist, genius: Notes on the ›Renaissance-Dämmerung‹«, in: ders. et al.: *The Renaissance. Six Essays*, New York 1962, S. 123-182, hier S. 171.

6 Kap VI.

7 Vgl. Frank Büttner: *Giotto und die Ursprünge der neuzeitlichen Bildauffassung*, Darmstadt 2013, S. 8 u. S. 18 f.

8 Giottos »Kreuzabnahme« befindet sich in der Cappella degli Scrovegni in Padua.

9 Vgl. Nicholas Mann: *Petrarch*, Oxford/New York 1984, S. 46 ff.

10 Vgl. Daniela Bohde: *Haut, Fleisch und Farbe – Körperlichkeit und Materialität in den Gemälden Tizians*, Emsdetten/Berlin 2002, S. 116 ff.

11 Vgl. Vahland: *Lorbeeren für Laura*, a.a.O., S. 3 ff u. S. 57.

12 Vgl. Arnold Esch: »Über den Zusammenhang von Kunst und Wirtschaft in der italienischen Renaissance – ein Forschungsbericht«, in: *Zeitschrift für historische Forschung*, 8.2 (1981), S. 179-222.

13 Vgl. Giorgio Vasari: *Das Leben des Brunelleschi und des Alberti*, hg. Alessandro Nova et al., Berlin 2012, S. 15 ff.; ders.: »Vita di Filippo Brunelleschi. Scultore et architetto«, in: ders.: *Le vite de' più eccellenti pittori, scultori e architettori nelle redazioni del 1550 e 1568.* Testo a cura di Rosanna Bettarini. Commento secolare a cura di Paola Barocchi. Testo Bd. 3, Florenz 1971, S. 136-198, hier S. 141.

14 Donatellos »David« steht heute im Museum Bargello in Florenz (Inv.-Nr. Bargello n. 95 B). Vgl. auch Ulrich Pfisterer: *Donatello und die Entdeckung der Stile 1430-1445*, München 2002, S. 336.

15 Vgl. Tönnesmann: *Die Kunst der Renaissance*, a. a. O., S. 19 ff.

16 Vasari beschreibt die Widerstände, die Brunelleschi in Florenz zu überwinden hatte. Vgl. Vasari: *Das Leben des Brunelleschi und des Alberti*, a. a. O., S. 13-49; ders.: »Vita di Filippo Brunelleschi«, a. a. O., hier S. 136-180.

17 Vgl. Giorgio Vasari: *Das Leben des Brunelleschi und des Alberti*, a. a. O., S. 49; ders.: »Vita di Filippo Brunelleschi«, a. a. O., hier S. 180.

18 Grundlegend zu Lorenzo de' Medici: Ingeborg Walter: *Der Prächtige. Lorenzo de' Medici*, München 2003, S. 66 ff. Vgl. auch Richard C. Trexler: *Public Life in Renaissance Florence*, New York 1980, S. 220 ff. u. S. 394 ff.

19 Vgl. Volker Reinhardt: *Geschichte von Florenz*, München 2014, S. 66 ff.

20 Es handelt sich um den Anonimo Gaddiano. Vgl. Anonimo Fiorentino: *Il Codice Magliabechiano*, a. a. O., hier S. 110.

21 So beschreibt der frühe Biograph Anonimo Gaddiano Leonardos Modegeschmack: »Era di bella persona, proportionata, gratiata et bello aspetto. Portaua un pitoccho rosato, corto sino al ginocchio, che allora s'usauano I vestirj lunghj. Haueua fino al mezzo in petto una bella capellaia et inanellata et ben composta.« (Anonimo Fiorentino: *Il Codice Magliabechiano*, a. a. O., S. 115) Zu Leonardos Vorliebe für Rosenwasser und Lavendel vgl. da Vinci, *Tagebücher und Aufzeichnungen*, a. a. O., S. 912. Auch Vasari rühmt Leonardos schöne Erscheinung, vgl. Vasari: *Das Leben des Leonardo da Vinci*, a. a. O., S. 17 u. S. 45; ders.: »Vita di Lionardo da Vinci«, a. a. O., S. 15 u. S. 37.

IV – Liebesspiele

1 Vgl. Lucrezia Tornabuoni: *Lettere*, hg. Patrizia Salvadoro, Florenz 1993, S. 62 ff.

2 Vgl. Luigi Pulci: *Opere minori*, hg. Paolo Orvieto, Mailand 1986, S. 64. Vgl.

auch Lucia Ricciardi: ›*Col senno, col tesoro e colla lancia*‹. *Riti e giochi cavallereschi nella Firenze del Magnifico Lorenzo*, Florenz 1992, S. 166 ff.

3 Vgl. Aby Warburg: »Delle ›Imprese Amorose‹ nelle più antiche incisioni fiorentine« (1905), in: ders.: *Die Erneuerung der Heidnischen Antike. Kulturwissenschaftliche Beiträge zur Geschichte der europäischen Renaissance*, Bd. 1 (= *Gesammelte Schriften*, Bd. 1.1), hg. von Horst Bredekamp/Michael Diers/Ulrich Pfisterer, Berlin 1998, S. 77-87, hier S. 83 f.

4 Vgl. Ingeborg Walter/Roberto Zapperi: *Das Bildnis der Geliebten*, München 2007, S. 38 f.

5 Vgl. Walter: *Der Prächtige*, a.a.O., S. 73.

6 Zu den Augenzeugenberichten vgl. Ricciardi: ›*Col senno, col tesoro e colla lancia*‹, a.a.O., S. 167 ff.

7 Vgl. Paola Ventrone (Hg.): *Le temps revient, 'l tempo si rinuova. Feste e spettacoli nella Firenze di Lorenzo il Magnifico*, Mailand 1992, S. 183. Vgl. Walter: *Der Prächtige*, a.a.O., S. 89 f., S. 306.

8 Die Liste der von Lorenzo unbezahlten Werke Verrocchios findet sich in: Paolozzi Strozzi/Vaccari (Hg.): *Il Bronzo e l'oro*, a.a.O., S. 83.

9 Vgl. Walter: *Der Prächtige*, a.a.O., S. 91.

10 Vgl. Ricciardi: ›*Col senno, col tesoro e colla lancia*‹, a.a.O., S. 167.

11 Vgl. Francesco Caglioti: »Donatello, i Medici e Gentile de' Becchi: un po' d'ordine intorno alla *Giuditta* (e al *David*) di Via Larga«, in: *Prospettiva*, 80 (1995), S. 15-58, hier S. 42; Ulrich Pfisterer: *Donatello und die Entdeckung der Stile 1430-1445*, a.a.O., S. 336 ff.

12 Vgl. Adrian W.B. Randolph: »Donatellos David. Politik und der homosoziale Blick«, in: Mechthild Fend/Marianne Koos (Hg.): *Männlichkeit im Blick. Visuelle Inszenierungen in der Kunst seit der Frühen Neuzeit*, Köln u.a. 2004, S. 35-52. Randolph beschreibt den homosozialen, nicht notwendigerweise auch homosexuellen Blick in Florenz als konstituierendes Element der männlichen Gemeinschaft. Vgl. auch: ders.: *Engaging Symbols. Gender, Politics, and Public Art in Fifteenth-Century Florence*, New Haven u.a. 2002, S. 139-192.

13 Die Inschrift zu der Statue im Hof der Medici lautet: »Victor est quisquis patriam tuetur. / Frangit immanis Deus hostis iras. / En puer grandem domuit tiramnum / Vincite, cives!« (zit. nach Francesco Caglioti: *Donatello e i Medici, storia del David e della Giuditta*, Bd. 2, Florenz 2000, S. 397); übersetzt ins Deutsche: »Sieger ist ein jeder, der das Vaterland verteidigt. / Gott erdrückt den Zorn jedes gigantischen Feindes. / Siehe! Ein Knabe überwand einen großen Tyrannen. / Erobert, ihr Bürger!« (zit. nach Randolph: »Donatellos David«, a.a.O., hier S. 39).

14 Vgl. ebd., S. 48 f.

15 Vgl. Michael Rocke: *Homosexuality and Male Culture in Renaissance Florence*, New York u. a. 1996, S. 155.

16 Vgl. Randolph: »Donatellos David«, a. a. O., hier S. 44.

17 Vgl. Trexler: *Public Life in Renaissance Florence*, a. a. O., S. 379 ff.; Rocke: *Homosexuality and Male Culture in Renaissance Florence*, a. a. O., S. 36 ff.

18 Vgl. Rocke: *Homosexuality and Male Culture in Renaissance Florence*, a. a. O., S. 3 ff. u. S. 13.

19 Z. B. Vasaris Beschreibung des Leonardoschülers Salaì. Vgl. Vasari: *Das Leben des Leonardo da Vinci*, a. a. O., S. 95 f.; ders.: »Vita di Lionardo da Vinci«, a. a. O., S. 28 f.

20 Vgl. Rocke: *Homosexuality and Male Culture in Renaissance Florence*, a. a. O., S. 4, S. 237 ff.

21 Vgl. ebd., S. 198.

22 Vgl. ebd., S. 198 f.

23 Es handelt sich um die Zeichnung »Angelo incarnato«, die sich heute in Privatbesitz befindet. Vgl. Carlo Pedretti: *Leonardo da Vinci. The »Angel in the Flesh« and Salaì*, Florenz 2009, S. 66 ff., 78 ff. Siehe Kap. XII.

24 Im Original: »*Fid.* Gli facesti forsi il gioco, che tanto ameno I fiorentini, di dretto? *Leo.* E quante volte! Considera che egli era uno bellissimo giovane, e massimo ne' quindici anni. *Fid.* Non hai vergogna a dir questo? *Leo.* Come vergogna? Non è cosa di maggior lode, appresso a virtuosi, di questo: a che egli si sia il vero te lo dimostrerò con bonissime ragioni. [...] sappi che l'amore masculino è opera sollamente di virtù che, congiugendo insieme gli uomini, con diverse affezioni di amicizia, acciò che da una ettà tenera vengano nella virile piú fortificati amici; oltre di ciò l'amore masculino fu precetto laudabile di animo filosofico [...].« (Gian Paolo Lomazzo: »Il libro dei sogni«, in: ders.: *Scritti d'arte*, Bd. 1, hg. von Roberto Paolo Ciardi, Florenz 1973, S. 104)

25 »L'amore fa venire de questi caprizzi«, Lomazzo: »Il libro dei sogni«, a. a. O., S. 19 f.

26 Die Fantasie des Geschlechtswandels ist der Literatur der Frührenaissance nicht fremd. So erzählt der Dichter Antonio Pucci im 14. Jahrhundert die – Leonardo möglicherweise bekannte – Geschichte eines Mädchens, das sich mit Hilfe des Erzengels Gabriel in einen Mann verwandelt. Vgl. Pedretti: *Leonardo da Vinci*, a. a. O., S. 68.

27 Rocke gibt als Quelle aus dem Florentiner Staatsarchiv an: »Ufficiali di notte e conservatori dei monasteri«, 18 (2), 46 v. Vgl. Rocke: *Homosexuality and Male Culture in Renaissance Florence*, a. a. O., S. 298.

28 Vgl. ebd.

29 Vgl. Nicholl, Charles: *Leonardo da Vinci. Die Biographie*, Frankfurt am Main 2006, S. 156, S. 166 u. S. 175 f.

30 Erste Lesart zit. nach ebd., S. 163. Auf Italienisch könnte der Satz demnach lauten: »Quando io feci Domeneddio putto, voi mi metteste in prigione, ora s'io lo fo grande, voi mi farete peggio.« Denkbar ist aber auch, dass Leonardo hier die Zeit, als er selbst jung war (»essendo putto«) und »ihr mich ins Gefängnis gesteckt habt«, in Bezug setzt zu seinem erwachsenen Ich, dem nun Schlimmeres drohe (»Quado io feci bene, essendo putto, voi mi mettesti in prigione, ora s'io lo fo grade, voi mi farete peggio«), im Original zit. nach Richter (Hg.): *The Notebooks of Leonardo da Vinci*, Bd. 2, a. a. O., Nr. 1364, S. 414 (Codex Atlanticus, Mailand, Biblioteca Ambrosiana, C.A. 248 a/737 a). Für die verschiedenen möglichen Lesarten siehe auch: Nino Smiraglia Scognamiglio: *Ricerche e Documenti sulla Giovinezza di Leonardo da Vinci*, Neapel 1900, S. 49.

31 Vgl. Vasari: *Das Leben des Leonardo da Vinci*, a. a. O., S. 22; ders.: »Vita di Lionardo da Vinci«, a. a.O., hier S. 18.

32 Vgl. Rocke: *Homosexuality and Male Culture in Renaissance Florence*, a. a. O., S. 40. Zum Ein-Geschlecht-Modell in der Renaissance, wonach die Vagina als nach innen gewendeter Penis gedacht wird, vgl. Thomas Lacqueur: *Auf den Leib geschrieben*, München 1996, S. 117 ff.

33 Vgl. Brown (Hg.): *Virtue and Beauty*, a. a. O., S. 27.

34 Zeichnungen des Geschlechtsakts im Vertikalschnitt, RCIN 919 096r sowie RCIN 919 097v (Abb. 8), Royal Collection, Windsor; sowie Zeichnung zur Muskelmechanik von Körperöffnungen, RCIN 919 095r, ebd.

35 Vgl. Nicholl: *Leonardo da Vinci*, a. a. O., S. 552-558.

36 Vgl. da Vinci: *Tagebücher und Aufzeichnungen*, a. a. O., S. 32; im Original: »Latto del coito ellj mebri acquello adoperatj son dj tanta bruttura chesseno fussj le belleze de uoltj / ellj ornametj dellj opratj ella (s)frenata djspositione la natura perderebbe la spetie vmana« (Richter/Pedretti [Hg.]: *The Literary Works of Leonardo da Vinci*, Bd. 2, a. a. O., S. 112 [RCIN 919 009r, Royal Collection, Windsor]).

37 Es handelt sich um das um 1506/1508 entstandene anatomische Blatt im Schlossmuseum Weimar (Inv.-Nr. KK 6287r, Klassik Stiftung Weimar, Graphische Sammlungen). Deutsch zit. nach Nicholl: *Leonardo da Vinci*, a. a. O., S. 48. Im Original: »Lomo che vsa il choito cho chotetione e djsagio fa figlioli ira chudj e equjsstionevoli. Esse il choito si fara co grade amore e gradesiderio delle parti allora il figliolo fia dj grade intelletto esspirituoso e vivacie e amorevole.« (Richter/Pedretti [Hg.]: *The Literary Works of Leonardo da Vinci*, Bd. 2, a. a. O., S. 110)

38 Vgl. Vahland: *Lorbeeren für Laura*, a.a.O., S.57ff. u.S.203.

39 Zu dem Turnier von 1475 vgl. Giovanni Poggi: »La Giostra Medicea del 1475 e la ›Pallade‹ del Botticelli«, in: *L'Arte*, 5 (1902), S.71-77; Ricciardi: ›*Col senno, col tesoro e colla lancia*‹, a.a.O., S.174-186; Walter: *Der Prächtige*, a.a.O., S.131ff.

40 Ich folge hier David Alan Brown, der die Skizze in den Uffizien für einen Entwurf für das Turnier von 1475, nicht von 1469 hält. Vgl. Brown: *Leonardo da Vinci*, a.a.O., S.124. Die Fahne wird in der Liste der Schulden der Medici an Verrocchio erwähnt, die dessen Bruder erstellte.

41 Vgl. Brown: *Leonardo da Vinci*, a.a.O., S.127f.

42 Vgl. ebd., S.124ff.

43 Leonardo da Vincis Zeichnung »Doldiger Milchstern« findet sich in der Royal Collection in Windsor (Inv.-Nr. RCIN 912424).

44 Vgl. Elizabeth Cropper: »The beauty of women: Problems in the rhetoric of Renaissance portraiture«, in: Margaret W. Ferguson/Maureen Quilligan/ Nancy J. Vickers (Hg.): *Rewriting the Renaissance. The Discourses of Sexual Difference in Early Modern Europe*, Chicago 1986, S.175-190.

45 Vgl. Ricciardi: ›*Col senno, col tesoro e colla lancia*‹, a.a.O., S.190.

46 Vgl. ebd., S.177f.u.S.179.

47 Vgl. Andreas Schumacher (Hg.): *Botticelli. Bildnis, Mythos, Andacht*, Ausstellungskatalog Städelmuseum Frankfurt am Main, ebd. 2009, S.35f., 59f.u.S.152ff.

48 Leonardo da Vinci: *Sämtliche Gemälde und die Schriften zur Malerei*, a.a.O., S.210ff. Siehe Kap. VI.

49 Sandro Botticellis Bildnis der Simonetta hängt heute im Frankfurter Städelmuseum (Inv.-Nr. 93).

50 Vgl. Ricciardi: ›*Col senno, col tesoro e colla lancia*‹, a.a.O., S.180.

51 Vgl. Schumacher (Hg.): *Botticelli*, a.a.O., S.35 u.S.61.

52 Vgl. Walter: *Der Prächtige*, a.a.O., S.161.

V – Das erste Schlüsselwerk: Die Bergtigerin

1 »Chieggio merzede e sono alpestro tygre«, Vgl. Christiane Hessler: *Zum Paragone: Malerei, Skulptur und Dichtung in der Rangstreitkultur des Quattrocento*, Berlin 2014, S.594.

2 Leonardos Gemälde der Ginevra de' Benci befindet sich in der National Gallery of Washington (Inv.-Nr. 1967.6.1.a).

3 Dies geht aus Leonardo da Vincis *Codex Atlanticus* (Mailand, Bibliote-

ca Ambrosiana, C.A. 120 r.) hervor, vgl. Hessler: *Zum Paragone*, a.a.O., S. 489.

4 Dem Haushumanisten der Medici, Marsilio Ficino, schenkte Amerigo de' Benci einmal einen kostbaren Platon-Kodex. Vgl. Alessandro Cecchi: »New light on Leonardo's Florentine patrons«, in: Carmen Bambach (Hg.): *Leonardo da Vinci. Master Draftsman*, Bd. 1, New York 2003, S. 121-139, vor allem S. 129. Zur Familie Benci siehe Istituto della Enciclopedia Italiana (Hg.): *Dizionario Biografico degli Italiani*, Bd. 8, Rom 1966, S. 182 (zu Ginevras Vater Amerigo und ihrem Bruder Giovanni), S. 194 ff. (zu Ginevras Großvater Giovanni di Amerigo) u. S. 193 f. (zu Ginevra).

5 Vgl. Mary D. Garrard: »Who was Ginevra de' Benci? Leonardo's portrait and its sitter recontextualized«, in: *Artibus et Historiae*, 53 (2006), S. 23-56, vor allem S. 43 f. u. S. 51; Saundra Lynn Weddle: »'Tis better to give than to receive: Client-patronage exchange and its architectural implications at Florentine convents«, in: Peter Howard (Hg.): *Studies on Florence and the Italian Renaissance*, in Honour of F.W. Kent, Turnhout 2016, S. 295-313.

6 Vgl. Walter/Zapperi: *Das Bildnis der Geliebten*, a.a.O., S. 45.

7 Vgl. Weddle: »'Tis better to give than to receive«, a.a.O., hier S. 298 ff.; auch Garrard: »Who was Ginevra de' Benci?«, a.a.O., hier S. 43 f. u. S. 51. Garrards These, dass Ginevra sich in den Jahren 1478-80, also vor dem Tod ihres Mannes, in Le Murate aufgehalten hat, übernehme ich nicht, da sie lediglich auf Lorenzo de' Medicis beiden Gedichten fußt, die sich auf Ginevra beziehen sollen, was allerdings, wie Hessler ausführt, zweifelhaft ist. Ebenso fragwürdig ist, dass die Anekdote, eine Ginevra habe als Kind mit dem Medici-Nachwuchs gespielt, wirklich Ginevra de' Benci meint. Vgl. Hessler: *Zum Paragone*, a.a.O., S. 481 f. Zum Kloster Le Murate vgl. Megan Holmes: »Giovanni Benci's patronage of the nunnery Le Murate«, in: Giovanni Ciapelli/Patricia Lee Rubin (Hg.): *Art, Memory, and Family in Renaissance Florence*, Cambridge 2000, S. 114-134. Für eine Kritik an Garrards These, Ginevra habe sich bewusst abgewandt von der Welt und sei deshalb ins Kloster gegangen, vgl. Marco Faini: »Per Bernardo Bembo poeta. Un possibile scambio poetico con Ginevra de' Benci«, in: *Albertiana* XIX (N.S.I.), 1 (2016), S. 147-161.

8 Vgl. Giustina Niccolini: *The Chronicle of Le Murate*, hg. von Saundra Lynn Weddle, Toronto 2011, S. 81 f.

9 Vgl. Brown (Hg.): *Virtue and Beauty*, a.a.O., S. 36 f. Die 1471 in Venedig gedruckte Anstandsfibel *Decor puellarum* weist Mädchen an, nicht einmal den Eltern, den über siebenjährigen Brüdern oder dem Beichtvater in die Augen zu schauen. Zum Blickregime in Benimmbüchern der Renaissance vgl.

Anne Christine Junkerman: *Bellissima Donna: An Interdisciplinary Study of Venetian Sensuous Half-Length Images of the Early Sixteenth Century*, Berkeley 1988.

10 Ein Beispiel für ein weibliches Profilbild ist Piero del Pollaiuolos Porträt einer Frau, heute in der Gemäldegalerie Berlin (Inv.-.Nr. 1614). Zur Profildarstellung in Brautbildnissen der Florentiner Renaissance vgl. Patricia Simons: »Women in frames: The gaze, the eye, the profile in Renaissance portraiture«, in: Broude/Garrard (Hg.): *The Expanding Discourse*, a. a. O., S. 39-57. Reich an Beispielen zudem: Brown (Hg.): *Virtue and Beauty*, a. a. O.

11 1472 erschien in Florenz ein Luxusgesetz, welches das Tragen der Morgengabe auf einen Zeitraum von drei Jahren nach der Hochzeit beschränkte. Es war Usus, den Schmuck im Hochzeitsbild zu verewigen, auch dies spricht dagegen, dass Leonardo Ginevras Bildnis zu ihrer Hochzeit mit Luigi Niccolini angefertigt haben könnte. Vgl. Adrian W.B. Randolph: »Performing the bridal body in fifteenth-century Florence«, in: *Art History*, 2 (1998), S. 182-197, hier S. 189.

12 Vgl. Hessler: *Zum Paragone*, a. a. O., S. 594; Carlo Carnesecchi: »Il ritratto Leonardesco di Ginevra Benci«, in: *Rivista d'Arte*, 6 (1909), S. 291-296; John Walker: »Ginevra de' Benci by Leonardo da Vinci«, in: *Report and Studies in the History of Art*, National Gallery of Art, Washington 1967, S. 1-38; Brown: *Leonardo da Vinci*, a. a. O., S. 104. Der Name des Musikers ist nicht überliefert.

13 Vgl. Hessler: *Zum Paragone*, a. a. O., S. 604 ff. u. S. 670.

14 Pietro Bembo schreibt am 20. Januar 1530 in einem Brief an Vittoria Colonna, sie sei hervorragender, als man meinen möchte, dass es von Natur aus dem weiblichen Geschlecht zustehe. Paolo Giovio bestätigt der Dichterin *virile ingegno* und *virile decus*, männliches Genie und männliche Würde. Vgl. Sylvia Ferino-Pagden (Hg.): *Vittoria Colonna. Dichterin und Muse Michelangelos*, Katalog KHM Wien, Wien 1997, S. 173. Michelangelo virilisiert die Dichterin Vittoria Colonna: »Ein Mann in einer Frau, geradezu ein Gott, der durch ihren Mund spricht.« – »Un uomo in una donna, anzi uno dio / per la sua bocca parla.« Vgl. Vahland: *Lorbeeren für Laura*, a. a. O., S. 157.

15 Dagegen war es üblich, dass Frauen fromme Erbauungstexte verfassten, vgl. Brown (Hg.): *Virtue and Beauty*, a. a. O., S. 37. Zu Sappho vgl. Hessler: *Zum Paragone*, a. a. O., S. 605 ff.

16 Das Frauenbildnis von Petrus Christus hängt heute in der Berliner Gemäldegalerie. Wahrscheinlich porträtierte er in den Sechzigerjahren des 15. Jahrhunderts ein Mitglied der englischen Familie Talbot. Vgl. Brown: *Leonardo da Vinci*, a. a. O., S. 110 f.; ders. (Hg.): *Virtue and Beauty*, a. a. O., S. 70.

17 Zit. nach Leonardo da Vinci: *Sämtliche Gemälde und die Schriften zur Male-*

rei, a.a.O., S.138. Über das Auge: »O eccellentissimo sopra tutte le altre cose create da Dio! […] Questo è finestra dell'umano corpo, per la quale la sua via specula, e fruisce la bellezza del mondo; per questo l'anima si contenta dell'umana carcere, e senza questo essa umana carcere è suo tormento« (da Vinci: *Trattato della Pittura*, a.a.O., Nr.24, S.18 [Codex Urbinas Latinus 1270 15 v-16 r]).

18 Sandro Botticellis Bildnis befindet sich im Victoria and Albert Museum in London (Inv.-Nr. CAI.100). Vgl. Brown (Hg.): *Virtue and Beauty*, a.a.O., S.70f., Kat.-Nr.25.

19 Die Büste befindet sich im Bargello Museum in Florenz (Inv.-Nr. Bargello n. 1159). Vgl. Brown (Hg.): *Virtue and Beauty*, a.a.O., Kat.-Nr.22; Jeanette Kohl: »Splendid isolation. Verrocchios Mädchenbüsten – eine Betrachtung«, in: Barbara Mikuda-Hüttel/Richard Hüttel/Jeannette Kohl (Hg.): *Re-Visionen. Zur Aktualität der Kunstgeschichte*, Berlin 2002, S.49-76.

20 »Quella figura non sarà laudabile s'essa, il più che sarà possibile, non esprimerà coll' atto la passione dell' animo suo.« (Da Vinci: *Trattato della Pittura*, Nr.364, a.a.O., S.124 [Codex Urbinas Latinus 1270]) Siehe auch Kap. VII.

21 Über den Arbeitsprozess geben technologische Untersuchungen Auskunft, vor allem Röntgen- und Infrarotbilder, die Unterzeichnungen, Untermalungen und Pentimenti offenbaren. Vgl. Elizabeth Walmsley: »Leonardo's portrait of *Ginevra de' Benci*: A reading of the X-radiographs and infrared reflectographs«, in: Michel Menu (Hg.): *Leonardo da Vinci's Technical Practice. Paintings, Drawings and Influence*, Paris 2014, S.56-71; Brown: *Leonardo da Vinci*, a.a.O., S.113ff.

22 Zum Pentimento vgl. Brown: *Leonardo da Vinci*, a.a.O., S.113ff.

23 Vgl. Brown (Hg.): *Virtue and Beauty*, a.a.O., S.90.

24 Vgl. Garrard: »Leonardo da Vinci«, a.a.O., hier S.74.

25 Vgl. Leonardo da Vinci: *Sämtliche Gemälde und die Schriften zur Malerei*, a.a.O., S.147.

26 Vgl. Daniel Arasse: *Leonardo da Vinci*, Köln 2002, S.316-318; vgl. Walmsley: »Leonardo's portrait of *Ginevra de' Benci*«, a.a.O., hier S.68ff.

27 Die Studie der Hände einer Frau befindet sich in der Royal Collection, in Windsor in England (RCIN 912558). Vgl. Brown: *Leonardo da Vinci*, a.a.O., S.106ff.

28 Ich folge dem Ansatz von Elizabeth Cropper, die bei Leonardo da Vincis Frauenbildnissen und in deren Nachfolge ein petrarkistisches Bildverständnis ausmacht, also eine Bild-Betrachter-Beziehung, die nach dem Vorbild von Petrarcas ambivalenter Beziehung zu Laura einerseits auf Intimität,

andererseits auf Unerreichbarkeit der Dargestellten abzielt. Vgl. Cropper: »The beauty of women«, a.a.O., hier S.175-190.

29 Leonardo stellt sich hier in die Tradition des satirischen Antipetrarkismus. Die Zeilen finden sich im Codex Trivulziano (Mailand, Castello Sforzesco, Tr. F 1 r): »Sel petrarcha amò si forte il lauro / fu perché glie bon fralla salsicia e tor(do) / i non posso di lor giance far tesauro.« Vgl. Luca Beltrami: *Il codice di Leonardo da Vinci nella Biblioteca Trivulzio*, Mailand 1891, S.8.

30 Vgl. zuerst Jennifer Flechter: »Bernardo Bembo and Leonardo's portrait of Ginevra de' Benci«, in: *The Burlington Magazine*, 12 (1989), S.811-816.

31 Der Ausdruck »platonische Liebe« geht auf Marsilio Ficino zurück, also auf den Florentiner Kreis jener Jahre. Vgl. Erwin Panofsky: *Problems in Titian. Mostly Iconographic*, New York 1969, S.109.

32 Vermutlich übermittelt Hans Memlings Männerporträt (heute im Königlichen Kunstmuseum Antwerpen, Inv.-Nr.5) Bernardo Bembos Züge. Vgl. Caroline Elam: »Bernardo Bembo and Leonardo's *Ginevra de' Benci*. A further suggestion«, in: Guido Beltramini/Howard Burns/Davide Gasparotto (Hg.): *Pietro Bembo e le arti*, Vicenza 2013, S.407-420, hier S.411. Zur Biographie vgl. Nella Giannetto: *Bernardo Bembo. Umanista e Politico Veneziano*, Florenz 1985.

33 Vgl. ebd., S.127f.

34 Der Humanist und Ficino-Anhänger Giovanni Aurelio Augurelli fasst in seinem Antwortschreiben an Bernardo Bembo dessen Fragen an das Bild in diesem Sinne zusammen. Vgl. Ricciardi: ›*Col senno, col tesoro e colla lancia*‹, a.a.O., S.182.

35 Giovanni Aurelio Augurelli antwortet Bembo auf seine Fragen zu den Bannermotiven: »Multi multa ferunt, eadem sententia nulla est: Pulchrius est pictus istud imaginibus.« (Hessler: *Zum Paragone*, a.a.O., S.345, S.1088; vgl. auch Ricciardi: ›*Col senno, col tesoro e colla lancia*‹, a.a.O., S.182)

36 Vgl. Walter/Zapperi: *Das Bildnis der Geliebten*, a.a.O., S.42.

37 Zum Begriff der *sprezzatura* siehe auch Kap. XII.

38 Zit. nach Hessler: *Zum Paragone*, a.a.O., S.666.

39 Ebd., S.667.

40 Ebd., S.668.

41 Ebd., S.657f.

42 Vgl. Vahland: *Lorbeeren für Laura*, a.a.O., S.68ff.

43 Hessler: *Zum Paragone*, a.a.O., S.670.

44 Ebd., S.670.

45 Ebd., S.659.

46 Es handelt sich um die Carte Strozziane im Florentiner Staatsarchiv, pu-

bliziert von dem Italianisten Marco Faini. Vgl. ders.: »Per Bernardo Bembo poeta«, a.a.O.

47 »Che sanza te il piacer mi fia gran guerra.« Und: »Madonna se conforto / Da voi presto non viene / Mi troverrete morto / Et sarò fuor di pene.« (ebd., S. 160)

48 »Io so ben ch' egl'è vero che tu m'onori / Cho' tuoi be' versi c'ònne gran piacere. / Perché 'nostri son chasti e degni amori« (ebd., S. 161).

49 »Per forza e per ragion convien ch'i t'ami« (ebd.).

50 »Che bisogna, Signor, tanto lamento? / Io non n'ò già piacer del tuo gran male. / Se tu se' in dolor, e io in tomento: / Sanza faticha mai su non si sale. / Amor nel petto mio non fia mai spento / Ma' l piangere e'l doler(e) poco ci vale / Ch'a morte molte già ne son venute. / Pensiamo addunque alla comun salute.« (Ebd.)

51 Vgl. u.a. Patricia Simons: »Portraiture, portrayal, and idealization: Ambiguous individualism in representations of Renaissance women«, in: Alison Brown (Hg.): *Language and Images of Renaissance Italy*, Oxford 1995, S. 263-311, hier S. 310.

52 Francesco Petrarca: *Canzoniere* (ca. 1330-62), hg. von Ernst-Jürgen Dreyer, Basel/Frankfurt am Main 1990, Sonette 77 und 78, S. 236 u. S. 243.

53 Dies liegt ihm auch deshalb nahe, weil in der Werkstatt seines Meisters Andrea del Verrocchio Jahre zuvor auch Lorenzo de' Medici das – später verlorene – Liebesbildnis seiner verehrten Lucrezia Donati bestellt hatte. In der Forderungsliste, die Verrocchios Bruder nach dessen Tod erstellt, um vor Gericht die Schulden der Medici bei dem Künstler einzutreiben, ist auch ein Bild aus Holz mit einer Figur des Kopfes der Lucretia de' Donati gelistet. Dies korrespondiert mutmaßlich mit einem Sonett Lorenzo de' Medicis auf Lucrezia, das betitelt ist: »Sonett, geschrieben vor einer kleinen Tafel, auf der eine Frau dargestellt war« (vgl. Walter/Zapperi: *Das Bildnis der Geliebten*, a.a.O., S. 39f.).

54 Vgl. Garrard: »Who was Ginevra de' Benci?«, a.a.O., vor allem S. 28ff. u. S. 37f.

55 Vgl. Brown: *Leonardo da Vinci*, a.a.O., S. 117ff.

56 Vielleicht ließ Bembo sich von der griechischen Sappho anregen, deren Werke (oder die, die man ihr zu seiner Zeit zuschreibt) er las. Die Poetin spielt um 600 v.Chr. auf ihre eigene Tugend und Schaffenskraft an, wenn sie in einem Gedicht schreibt: »Habe ich (doch nie) / die Schönheit getadelt: / denn was hatte ich denn (selbst) größeres?« Der römische Schriftsteller Ovid zitiert die Kollegin in einem angeblich von ihr verfassten Brief, der Anfang des 15. Jahrhunderts auftaucht, mit den Worten: »Als Du meine

Werke lasest, schien ich dir *formosa*, schön.« Bernardo kennt diesen Brief, und hält ihn wohl fälschlicherweise für ein Original Sapphos. Auch Leonardo kann den Text Ovids kennen, denn sein Meister Andrea del Verrocchio besitzt ebenfalls eine Abschrift. Noch etwas meint Ovid zu wissen: Sappho habe auf Juwelen verzichtet und ein schlichtes Kleid getragen. Mehr Zierde war nicht nötig, ihre Literatur und ihr Charakter machten sie schön. So hält es auch Ginevra in ihrem Bildnis. Siehe (dort auch die Zitate) Hessler: *Zum Paragone*, a.a.O., S. 425, 427, 608ff. u. S. 613f.

57 Da Vinci: *Sämtliche Gemälde und die Schriften zur Malerei*, a.a.O., S. 144f.; »composto bugiardo« und »composto finto« (ders.: *Trattato della Pittura*, a.a.O., Nr. 28, S. 21 [Codex Urbinas Latinus 1270]).

58 Leonardo da Vinci: *Sämtliche Gemälde und die Schriften zur Malerei*, a.a.O., S. 142 ff; »e fa esso poeta e similtudine di un bel volto, il quale ti si mostra a membro a membro, che così facendo non rimarresti mai satisfatto della sua bellezza, la quale solo consiste nella divina proporzionalità delle predette membra insieme composte, le quali solo in un tempo compongono essa divina armonia di esso congiunto di membra, che spesso tolgono la libertà posseduta a chi le vede.« (Ders.: *Trattato della Pittura*, a.a.O., Nr. 28, S. 21 [Codex Urbinas Latinus 1270]) Siehe auch Claire J. Farago: *Leonardo da Vinci's Paragone. A Critical Interpretation with a New Edition of the Text in the Codex Urbinas*, Brill's Studies in Intellectual History 25, Leiden u.a. 1992, Nr. 32, S. 248.

59 »Dammi cosa ch'io la possa vedere e toccare, e non che solamente la possa udire [...].« (Da Vinci: *Trattato della Pittura*, a.a.O., Nr. 23, S. 17 [Codex Urbinas Latinus 1270])

60 Leonardo da Vinci: *Sämtliche Gemälde und die Schriften zur Malerei*, a.a.O., S. 144f.

61 »E se il poeta dice di fare accendere gli uomini ad amare, che è cosa principale della specie di tutti gli animali, il pittore ha potenza di fare il medesimo, tanto più ch'egli mette innanzi all'amante la propria effigie della cosa amata, il quale spesso fa con quella, baciandola, e parlando con quella, quello che non farebbe con le medesime bellezze postegli innanzi dallo scrittore. E tanto più supera gl'ingegni degli uomini ad amare ed innamorarsi di pittura che non rappresenta alcuna donna viva.« (Da Vinci: *Trattato della Pittura*, a.a.O., Nr. 21, S. 16 [Codex Urbinas Latinus 1270])

62 Vgl. Garrard: »Leonardo da Vinci«, a.a.O., S. 60; Kia Vahland: »Der Kunstmensch als Maß der Dinge. Zur Utopie des idealen Körpers bei Leonardo da Vinci«, in: Kristine Hasselmann/Sandra Schmidt/Cornelia Zumbusch (Hg.): *Utopische Körper. Visionen künftiger Körper in Geschichte, Kunst und Gesellschaft*, Paderborn 2004, S. 29-40.

63 Vgl. Hessler: *Zum Paragone*, a.a.O., S. 488.

64 Der Anonimo Gaddiano hält das Werk für so gut, dass »es nicht wie ein Porträt erschien, sondern wie Ginevra selbst«: »Ritrasse in Firenze dal naturale la Ginevra d'Amerigho Benci, laquale tanto bene fini, che non il ritratto, ma la propria Ginevra pareua.« (Anonimo Fiorentino: *Il Codice Magliabechiano*, a.a.O., hier S. 111) Auch Antonio Billi lobt die Naturtreue des Werks, und Giorgio Vasari nennt das Bildnis der Ginevra »wunderschön«. Vgl. Vasari: *Das Leben des Leonardo da Vinci*, a.a.O., S. 37, S. 104; ders.: »Vita di Lionardo da Vinci«, a.a.O., S. 30f.

65 Zit. nach Brown (Hg.): *Virtue and Beauty*, a.a.O., S. 26.

VI – Marias Freund

1 Vgl. Nathan/Zöllner (Hg.): *Leonardo da Vinci*, a.a.O., S. 218; Brown: *Leonardo da Vinci*, a.a.O., S. 160.

2 Vgl. Brown: *Leonardo da Vinci*, a.a.O., S. 154. Die Verkündigungs-Predella Lorenzo di Credis befindet sich im Pariser Louvre, Inv.-Nr. 1602 A (1265). Der bizarre Zuschreibungsstreit um die beiden Predelle Lorenzo di Credis im Louvre und im Worcester Art Museum in Massachusetts (für das Altarbild aus Pistoia) ist im Januar 2018 wieder aufgeflammt. Leonardo wird, aller stilistischen Evidenz zum Trotz, vor allem vom Worcester Art Museum in Mitverantwortung für die Arbeiten genommen. Vgl. Kia Vahland: »Heiliger da Vinci«, in: *Süddeutsche Zeitung*, 10. Januar 2018, S. 9.

3 Vgl. Brown: *Leonardo da Vinci*, a.a.O., S. 147, S. 151ff.

4 Vgl. Brown: *Leonardo da Vinci*, a.a.O., S. 50; Eike Schmidt (Hg.): *Il Cosmo Magico di Leonardo. L'Adorazione dei Magi restaurata*, Ausstellungskatalog Uffizien, Florenz 2017, S. 29.

5 Vgl. Vasari: *Das Leben des Leonardo da Vinci*, a.a.O., S. 33; »e che il voler cercare sempre eccelenza sopra eccelenza e perfezzione sopra perfezzione ne fusse cagione [...].« (Zit. nach ders.: »Vita di Lionardo da Vinci«, a. a. O., hier S. 27. »Lionardo perche tanto penato [?]«, siehe Nicholl: *Leonardo da Vinci*, a.a.O., S. 203)

6 Vgl. Brown: *Leonardo da Vinci*, a.a.O., S. 150; zu Leonardos Aufschieben von Arbeiten vgl. z. B. Vasari: *Das Leben des Leonardo da Vinci*, a.a.O., S. 29; ders.: »Vita di Lionardo da Vinci«, a. a. O., hier S. 25f.

7 Dies geht aus einem Bericht von Giovanbattista Giraldi und aus Leonardos Notizbüchern hervor. Vgl. Vasari: *Das Leben des Leonardo da Vinci*, a.a.O., S. 26, S. 75f.; ders.: »Vita di Lionardo da Vinci«, a.a.O., hier S. 24.

8 Vgl. Nicholl: *Leonardo da Vinci*, a.a.O., S.166, S.192ff. u.S.199 (Codex Atlanticus, Mailand, Biblioteca Ambrosiana, C.A.1094r / 394 r-b; 32 r / 9 r-b).

9 Vgl. da Vinci: *Die Aphorismen, Rätsel und Prophezeiungen*, a.a.O., S.24f., S.95f., S.101, S.104 u.S.122f.

10 Leonardo da Vincis Zeichnungen eines »Katapults« sowie einer »Kriegsmaschine mit sechzehn Armbrüsten finden sich in der Biblioteca Ambrosiana in Mailand (Codex Atlanticus, C.A.182 a-r/64 v-a; 182 b-r/64 v-b).

11 Leonardos »Machtphantasien« nennt Martin Warnke das. Vgl. ders.: *Hofkünstler. Zur Vorgeschichte des modernen Künstlers*, Köln 1996, S.75. Siehe auch Kap.X.

12 Im Original: »In mezo di questa stanza è una gran tavola tutta piena di piegnatte, pignattine e coriguioli, còla, greta, pesce greca, cinabro, denti d'impiccati, radici e und base di zolfo lavorato al tornio; et sopra a la base è uno vaso di ambra gialla tutto votio, et dentro uno serpe con quatro gambe, il quale si mostra per miracolo.« (Licia Brescia und Luca Tomio: »Tommasi di Giovanni Masini da Peretola detto Zoroastro. Documenti, fonti e ipotesi per la biografia del priscus magus allievo di Leonardo da Vinci«, in: *Raccolta Vinciana* 28 [1999], S.63-77, hier S.70) Vgl. auch Nicholl: *Leonardo da Vinci*, a.a.O., S.190.

13 Vasari zufolge heftete Leonardo einmal Eidechsen Flügel mit Quecksilber an. Vgl. Vasari: *Das Leben des Leonardo da Vinci*, a.a.O., S.44; ders.: »Vita di Lionardo da Vinci«, a. a. O., hier S.34. Siehe auch Kap.XII.

14 Vgl. da Vinci, *Tagebücher und Aufzeichnungen*, a.a.O., S.662 (Codex Atlanticus, Mailand, Biblioteca Ambrosiana, C.A.346 r.a./v.a.).

15 Zit. nach Leonardo da Vinci: *Sämtliche Gemälde und die Schriften zur Malerei*, a.a.O., S.165. Im Original: »Il pittore è padrone di tutte le cose che possono cadere in pensiero all'uomo, perciocchè s'egli ha desiderio di vedere bellezze che lo innamorino, egli è signore di generarle, e se vuol vedere cose mostruose che spaventino, o che sieno buffonesche e risibili, o veramente compassionevoli, ei n'è signore e creatore.« (Da Vinci: *Trattato della Pittura*, a.a.O., Nr.9, S.7 [Codex Urbinas Latinus 1270]).

16 Leonardo da Vincis »Anbetung der Könige« hängt in den Uffizien in Florenz (Inv.-Nr.1890 n.1594).

17 Vgl. Schmidt (Hg.): *Il Cosmo Magico di Leonardo*, a.a.O., S.27f.; Nathan/Zöllner (Hg.): *Leonardo da Vinci*, a.a.O., S.49ff.

18 Vgl. Schmidt (Hg.): *Il Cosmo Magico di Leonardo*, a.a.O., S.39. Ich danke Roberto Bellucci und Cecilia Frosinini vom Opificio delle Pietre Dure in Florenz für ausführliche Hintergrundgespräche im Anschluss an die 2017 abgeschlossene Restaurierung des Werks.

19 Vgl. Schmidt (Hg.): *Il Cosmo Magico di Leonardo*, a.a.O., S. 35 ff.

20 Vgl. ebd., S. 27.

21 Grundlegend: Warnke: *Hofkünstler*, a.a.O.

22 Leonardos mögliches Bewerbungsschreiben findet sich im Original bei Richter (Hg.): *The Notebooks of Leonardo da Vinci*, Bd. 2, a.a.O., Nr. 1340, S. 395 ff. (Codex Atlanticus, Mailand, Biblioteca Ambrosiana, C.A. 382 a; 1182 a)

23 Giorgio Vasari und der um 1540 tätige Anonimo Gaddiano genannte Biograph behaupten dies, Letzterer meint sogar, Lorenzo de' Medici habe Leonardo mit der Lyra zum Herzog von Mailand geschickt. Vgl. Vasari: *Das Leben des Leonardo da Vinci*, a.a.O., S. 27, S. 79; ders.: »Vita di Lionardo da Vinci«, a.a.O., hier S. 24; Anonimo Fiorentino: *Il Codice Magliabechiano*, a.a.O., hier S. 110.

24 Das Bildnis von Leonardo und/oder einem Gehilfen findet sich in der Pinacoteca Ambrosiana in Mailand (Inv.-Nr. 99). Vgl. Luke Syson (Hg.): *Leonardo da Vinci. Painter at the Court of Milan*, Ausstellungskatalog National Gallery, London 2011, S. 24, S. 97; zu den Vorbehalten gegen eine Zuschreibung allein an Leonardo vgl. Nathan/Zöllner (Hg.): *Leonardo da Vinci*, a.a.O., S. 225.

25 Vgl. Vasari: *Das Leben des Leonardo da Vinci*, a.a.O., S. 79; Syson (Hg.): *Leonardo da Vinci*, a.a.O., S. 97.

26 Vgl. Nathan/Zöllner (Hg.): *Leonardo da Vinci*, a.a.O., S. 64.

27 Vgl. Vasari: *Das Leben des Leonardo da Vinci*, a.a.O., S. 79.

28 Es handelt sich um die »Felsgrottenmadonna« im Pariser Louvre (Inv.-Nr. 777).

29 »[…] e se tu dirai questa non esser virtù del pittore, ma propria virtù della cosa imitata, si risponderà che in questo caso la mente degli uomini può satisfare standosi nel letto, e non andare, ne' luoghi faticosi e pericolosi, ne' pellegrinaggi, come al continuo far si vede. Ma se pure tali pellegrinaggi al continuo sono in essere, chi li muove senza necessità? Certo tu confesserai essere tale simulacro, il quale far non può tutte le scritture che figurar potessero in effigie e in virtù tale idea. Adunque pare ch'essa idea ami tal pittura, ed ami chi l'ama e riverisce, e si diletti di essere adorata più in quella che in altra figura di lei imitata […].« (Da Vinci: *Trattato della Pittura*, a.a.O., Nr. 4, S. 5, vgl. auch Syson [Hg.]: *Leonardo da Vinci*, a.a.O., S. 162 [Codex Urbinas Latinus 1270])

30 Vgl. Nathan/Zöllner (Hg.): *Leonardo da Vinci*, a.a.O., S. 77 f.

31 Vgl. ebd., S. 78 u. S. 223.

32 Zit. nach ebd., S. 104. Im Original: »e spesso piegandomi in qua e in là per

vedere detro vi discernessi alcuna cosa, e questo vietatomi per la grande oscurità, che là entro era, e stato alquanto, subito s'alse in me due cose, paura e desiderio, paura per la minacciosa oscura spilonca, desiderò per vedere se là entro fusse alcuna miracolosa cosa.« (Richter [Hg.]: *The Notebooks of Leonardo da Vinci*, Bd. 2, a.a.O., Nr. 1339, S. 395 [Codex Arundel, London, British Library, Br. M. 155 a])

33 Grundlegend zu Leonardos Naturverständnis vgl. Alexander Perrig: »Leonardo: Die Anatomie der Erde«, in: *Jahrbuch der Hamburger Kunstsammlungen*, Bd. 25 (1980), S. 51-80.

34 Vgl. ebd., S. 58; Nathan/Zöllner (Hg.): *Leonardo da Vinci*, a.a.O., S. 76f.

35 Zit. nach Nathan/Zöllner (Hg.): *Leonardo da Vinci*, a.a.O., S. 76. »L'omo è detto da li antiqui mondo minore, e cierto la ditione d'esso nome è bene collocata, impero chè, siccome l'omo è composto di terra, acqua, aria e foco, questo corpo della terra è il simiglante. Se l'omo à in sé ossi, sostenitori e armadura della carne, il mondo à i sassi, sostenitori della terra; se l'omo à in sé il lago del sangue, dove crescie e discrescie il polmone nello alitare, il corpo della terra à il suo oceano mare, il quale ancora lui crescie e discrescie ogni sei ore per lo alitare del mondo. Se dal detto lago di sangue dirivano vene, che si vanno ramificando per lo corpo umano, similmente il mare oceano enpie il corpo della terra d'infinite vene d'acqua.« (Richter [Hg.]: *The Notebooks of Leonardo da Vinci*, Bd. 2, a.a.O., Nr. 929, S. 179 [Manuskript A, Paris, Bibliothèque de l'Institut de France, A. 55 b])

36 Zit. nach Leonardo da Vinci: *Das Buch von der Malerei nach dem Codex Vaticanus (Urbinas) 1270*, Bd. 1, a.a.O., Nr. 79, S. 68. Im Original: »[...] come disse il nostro Botticella, che tale studio era vano, perchè col solo gettare di una spugna piena di diversi colori in un muro, essa lascia in esso muro una macchia, dove si vede un bel paese.« (Da Vinci: *Trattato della Pittura*, a.a.O., Nr. 57, S. 38 [Codex Urbinas Latinus 1270])

37 Vgl. Nathan/Zöllner (Hg.): *Leonardo da Vinci*, a.a.O., S. 223.

38 Dieser Sachverhalt geht aus einem im Mailänder Staatsarchiv verwahrten Schreiben der beiden Künstler an Ludovico Moro hervor, übersetzt abgedruckt in: Marianne Schneider (Hg.): *Leonardo da Vinci. Eine Biographie in Zeugnissen, Selbstzeugnissen, Dokumenten und Bildern*, München 2002, S. 102f.

39 Umstritten ist, wie groß der Anteil Leonardos an der Tafel ist und ob Ambrogio de Predis und/oder ein anderer Mitarbeiter beteiligt war. Dass die Bruderschaft später mit der letztgültigen Fertigstellung auf die Rückkehr Leonardos nach Mailand wartet, spricht dafür, dass er Teile verantwortet, jedoch scheint es, angesichts des stilistischen Gefälles zur ersten Fassung,

dass er nicht der einzige Maler war und etliche Passagen delegiert hat. Vgl. Syson (Hg.): *Leonardo da Vinci*, a.a.O., S.171f.; Nathan/Zöllner (Hg.): *Leonardo da Vinci*, a.a.O., S.229. Vgl. Kap. X.

40 Vgl. ebd., S.229.

41 Leonardo da Vinci: *Tagebücher und Aufzeichnungen*, hg. von Theodor Lücke, Leipzig 1952, S.84f.

42 Vgl. Nathan/Zöllner (Hg.): *Leonardo da Vinci*, a.a.O., S.400ff.

43 Leonardos Proportionszeichnung nach Vitruv findet sich in der Galleria d'Accademia in Venedig (Inv.-Nr. 228).

44 Vgl. Nicholl: *Leonardo da Vinci*, a.a.O., S.262ff.

45 Ein Botschafter namens Alamanni formuliert Ludovico Sforzas Bedenken gegenüber Leonardos Fähigkeit zum Bronzeguss in einem Brief an Lorenzo de' Medici mit den Worten, Il Moro sei sich nicht sicher, ob Leonardo die Arbeit zu einem erfolgreichen Ende bringen könne. Vgl. Nicholl: *Leonardo da Vinci*, a.a.O., S.321.

VII – Das zweite Schlüsselwerk: Die Schöne mit dem Biest

1 Vgl. Krystyna Moczulska: »The most graceful Gallerani and the most exquisite galée in the portrait of Leonardo da Vinci«, in: *Folia Historiae Artium*, 1 (1995), S.55-86, hier S.83. Grundlegend zur Wieselmode und -symbolik in Italien vgl. Jacqueline Marie Musacchio: »Weasels and pregnancy in Renaissance Italy«, in: *Renaissance Studies*, 15 (2001), S.172-187.

2 Vgl. Syson (Hg.): *Leonardo da Vinci*, a.a.O., S.122; Moczulska: »The most graceful Gallerani and the most exquisite galée in the portrait of Leonardo da Vinci«, a.a.O., hier S.83.

3 Leonardos Studie eines Hermelins als Symbol der Reinheit findet sich im Fitzwilliam Museum, Cambridge (PD. 120-1961).

4 Vgl. Garrard: »Leonardo da Vinci«, a.a.O., S.65.

5 Zur Forschungsgeschichte der Tafel im Czartoryski-Museum Krakau vgl. Syson (Hg.): *Leonardo da Vinci*, a.a.O., S.111ff. Das *Leonardo Research Project* unter Leitung von Martin Kemp hat das Werk technologisch untersucht. Leonardos Fingerabdrücke finden sich auf dem Kopf des Hermelins und dem Cecilias. Der Hintergrund war ursprünglich heller, das Hermelin kleiner. Vgl. {www.universalleonardo.org} (Stand: September 2018).

6 Vgl. Vahland: *Lorbeeren für Laura*, a.a.O., S.118-122.

7 Vgl. Ingeborg Walter/Roberto Zapperi: *Das Bildnis der Geliebten*, München 2007, S.69ff.

8 Vgl. Timothy McCall: »Traffic in mistresses. Sexualised bodies and systems of exchange in the early modern court«, in: Allison Levy (Hg.): *Sex Acts in Early Modern Italy. Practice, Performance, Perversion, Punishment*, Farnham 2010, S. 125-136, vor allem S. 130 ff.

9 Vgl. Schneider (Hg.): *Leonardo da Vinci. Eine Biographie in Zeugnissen, Selbstzeugnissen, Dokumenten und Bildern*, a.a.O., S. 89.

10 Vgl. Walter/Zapperi: *Das Bildnis der Geliebten*, a.a.O., S. 59 f.

11 »Malo mori quam foedari.« Der Hofdichter Bernardo Bellincioni nennt seinen Herrn nun »Schwarzer Mohr, weißes Hermelin«, eine Anspielung auf den Spitznamen Il Moro und auf dessen dunkle wie helle Seiten. Vgl. Syson (Hg.): *Leonardo da Vinci*, a.a.O., S. 111.

12 Vgl. Syson (Hg.): *Leonardo da Vinci*, a.a.O., S. 111.

13 Zum Beispiel ein Geburtstablett von Masaccio (um 1427, Gemäldegalerie der Staatlichen Museen zu Berlin, Preußischer Kulturbesitz, Ident.-Nr. 58C), vgl. Musacchio: »Weasels and pregnancy in Renaissance Italy«, a.a.O., S. 179 ff. Unter anderen die Renaissance-Autoren Marsilio Ficino und Benedetto Varchi gehen davon aus, dass die visuellen Eindrücke einer werdenden Mutter Einfluss auf ihr Baby haben. Vgl. Jacqueline Marie Musacchio: »Imaginative Conceptions in Renaissance Italy«, in: Geraldine A. Johnson/ Sara F. Matthews Grieco (Hg.): *Picturing Women in Renaissance and Baroque Italy*, Cambridge 1997, S. 42-60, hier S. 48; Jacqueline Marie Musacchio: *The Art and Ritual of Childbirth in Renaissance Italy*, New Haven/London 1999, S. 129.

14 »[…] quae quia mendaci parientem iuverat ore, ore parit nostrasque domos, ut et ante, frequentat.« Ovid: *Metamorphosen*, hg. Michael von Albrecht, Stuttgart 1994, S. 474 f. u. S. 322 f.

15 Aristoteles widerspricht in *De generatione animalium* Naturphilosophen, die eine Mundgeburt des Wiesels behauptet hatten. Vgl. Aristoteles: *De generatione animalium*, hg. Wilhelm von Moerbeke, Turnhout 2011, 6/756b; Maurizio Bettini: *Nascere. Storie di donne, donnole, madri ed eroi*, Turin 1998, S. 153 f., zudem S. 172 ff.; Moczulska: »The most graceful Gallerani and the most exquisite galée in the portrait of Leonardo da Vinci«, a.a.O., S. 82.

16 Zu Leonardos Gebrauch von Aristoteles vgl. Garrard: »Leonardo da Vinci«, a.a.O., S. 68 f.

17 Auch Leonardos Idee einer kreativen, weiblich konnotierten Natur hat philosophische Vorläufer von Platon bis Cicero. Vgl. Garrard: »Leonardo da Vinci«, a.a.O., S. 68 f.

18 Vgl. Garrard: »Leonardo da Vinci«, a.a.O., S. 69 ff., S. 83.

19 So war es auch bei der »Felsgrottenmadonna« (Tafel 15), die das vermeint-

liche System der unterirdischen Wasseradern und Bergseen, den Blutkreislauf der Erde, visualisiert, bevor ihr Schöpfer dafür Worte findet. Vgl. Nathan/Zöllner (Hg.): *Leonardo da Vinci*, a.a.O., S.77.

20 Vgl. Elizabeth Cropper: »The beauty of women«, a.a.O., S.175-190, vor allem S.189 u.S.358. Der Topos der gefährlichen, da unerreichbaren Frau geht hauptsächlich auf Petrarca zurück.

21 »Quella figura non sarà laudabile s' essa, il più che sarà possibile, non esprimerà coll' atto la passione dell' animo suo.« (Da Vinci: *Trattato della Pittura*, a.a.O., Nr.364, S.124 [Codex Urbinas Latinus 1270].) Siehe auch Kap. V.

22 Siehe das Blatt im Besitz der britischen Königin (RCIN 912513, Windsor Castle, Royal Library), vgl. Syson (Hg.): *Leonardo da Vinci*, a.a.O., S.114ff. (Kat. 13).

23 Leonardo da Vincis Studie einer jungen Frau findet sich in der Biblioteca Reale in Turin (Inv.-Nr. 15572 r.).

24 Leonardo da Vincis Studie zur heiligen Magdalena findet sich in der Courtauld Gallery in London (D.1978.PG80), vgl. Syson (Hg.): *Leonardo da Vinci*, a.a.O., S.108f. (Kat. 9).

25 Vgl. Schneider (Hg.): *Leonardo da Vinci. Eine Biographie in Zeugnissen, Selbstzeugnissen, Dokumenten und Bildern*, a.a.O., S.88 f.; Garrard: »Leonardo da Vinci«, a.a.O., S.64.

26 Vgl. Janice Shell/Grazioso Sironi: »Cecilia Gallerani: Leonardo's lady with an ermine«, in: *Artibus et historiae*, 25 (1992), S.47-66, hier S.49f.

27 Vgl. Nicholl: *Leonardo da Vinci*, a.a.O., S.294.

28 Vgl. Walter/Zapperi: *Das Bildnis der Geliebten*, a.a.O., S.67ff.; Syson (Hg.): *Leonardo da Vinci*, a.a.O., S.111 u.S.124.

29 Vgl. Syson (Hg.): *Leonardo da Vinci*, a.a.O., S.111.

30 »[…] più voluntiera lo mandaria quanto asimigliasse a me, e non creda già la S.V. che proceda per difecto del maestro che in vero credo non se truova allui un paro, ma solo è per esser fatto esso ritratto in una éta si imperfecta che io ho poi cambiata tutta quella effigie, talmente che vedere epso et me tutto insieme non è alchuno che lo giudica esser fatto per me.« (Shell/Sironi: »Cecilia Gallerani«, a.a.O., S.49f.)

31 Vgl. Vahland: *Lorbeeren für Laura*, a.a.O., S.121.

32 Leonardo da Vinci: *Sämtliche Gemälde und die Schriften zur Malerei*, a.a.O., S.146. »Quante pitture hanno conservato il simulacro di una divina bellezza di cui il tempo o morte in breve ha distrutto il naturale esempio, ed è restata più degna l'opera del pittore che della natura sua maestra!« (Da Vinci: *Trattato della Pittura*, a.a.O., Nr.26, S.19 [Codex Urbinas Latinus 1270])

33 Vgl. Pietro Ghinzoni: »Lettera inedita di Bernardo Bellincioni«, in: *Archivio storico Lombardo*, XVI (1889), S. 417f.

34 »Chi lei vedrà così, benchè sia tardo / Vederla viva, dirà: basti a noi / comprender or quel che è natura et arte.« (Shell/Sironi: »Cecilia Gallerani«, a. a. O., S. 49)

35 »...con sua pittura / La fa che par che ascolti, e non favella.« (Ebd.)

36 »Se risponder savesse a' detti miei!«, für Petrarcas Gemäldesonette Nr. 77 und 78 im *Canzoniere* vgl. Petrarca: *Canzoniere*, a. a. O., S. 236 u. S. 243.

VIII – Streit- und Sinneslust

1 Vgl. Schneider (Hg.): *Leonardo da Vinci. Eine Biographie in Zeugnissen, Selbstzeugnissen, Dokumenten und Bildern*, a. a. O., S. 93f. u. S. 98.

2 Vgl. Schneider (Hg.): *Leonardo da Vinci. Eine Biographie in Zeugnissen, Selbstzeugnissen, Dokumenten und Bildern*, a. a. O. u. S. 93f.

3 Vgl. Nathan/Zöllner (Hg.): *Leonardo da Vinci*, a. a. O., S. 135; »[...] e similmente ogni parte di bono e di tristo che aì in te, si dimostrerà in parte in nelle tue figure« (Richter [Hg.]: *The Notebooks of Leonardo da Vinci*, Bd. 1, a. a. O., Nr. 586, S. 293 [Fragment, Codex Ashburnham, Paris, Bibliothèque de l'Institut de France, Ash. I. 8 b])

4 Vgl. Leonardo da Vinci: *Sämtliche Gemälde und die Schriften zur Malerei*, a. a. O., S. 130 u. S. 160 (Manuskript L, Paris, Bibliothèque de l'Institut de France, L 94 r.; Codex Arundel, London, British Library, Ar. 229 v.).

5 Vgl. Vasari: *Das Leben des Leonardo da Vinci*, a. a. O., S. 36; Lomazzo: »Il libro dei sogni«, a. a. O., S. 104f. Siehe oben, Kap. IV.

6 Vgl. Vasari: *Das Leben des Leonardo da Vinci*, a. a. O., S. 100; Nicholl: *Leonardo da Vinci*, a. a. O., S. 352.

7 Leonardo da Vincis »Heiliger Hieronymus« findet sich in den Vatikanischen Museen (Inv.-Nr. 40 337). Oftmals wird das Gemälde auf die erste Florentiner Periode datiert. Ich schließe mich dagegen der Argumentation der Leonardo-Ausstellung in der National Gallery von 2011 an, die das Werk auf die Zeit zwischen 1488 und 1490 in Mailand datiert, mit der Begründung, dass die Männerfigur Leonardos wachsendes anatomisches Interesse in dieser Zeit widerspiegele; zudem ist das Gemälde auf dem für Mailand typischen Walnussholz gemalt. Vgl. Syson (Hg.): *Leonardo da Vinci*, a. a. O., S. 136-141.

8 Vgl. Kenneth Clark: »The drawings of Leonardo da Vinci in the collection of Her Majesty the Queen at Windsor Castle«, London 1968, Nr. 12 692 r., S. 174. Nicholl: *Leonardo da Vinci*, a. a. O., S. 213f.

9 Zu Savonarola vgl. Lauro Martines: *Scourge and Fire: Savonarola in Renaissance Italy*, London 2007.

10 Ich schließe mich hier der Argumentation von Ulrich Rehm an, der auf die dokumentierten Differenzen zwischen Sandro Botticelli und seinem Bruder Simone hinweist und so Vasaris Darstellung, Botticelli sei ein Parteigänger Savonarolas gewesen, widerspricht. Vgl. Ulrich Rehm: *Botticelli. Der Maler und die Medici*, Stuttgart 2009, S. 207 ff, S. 215 ff.; Schumacher (Hg.): *Botticelli*, a.a.O., S. 132 ff.

11 Vgl. Schumacher (Hg): *Botticelli*, a.a.O., S. 124 f.

12 Vgl. Reinhardt: *Geschichte von Florenz*, a.a.O., S. 88 ff.

13 Schon Giannozzo Manetti weist 1452 auf die Ebenbildlichkeit hin, die den Menschen privilegiere, vgl. ders.: *Über die Würde und Erhabenheit des Menschen*, a.a.O., S. 32.

14 Leonardo da Vincis »Das letzte Abendmahl« findet sich noch heute in Santa Maria delle Grazie in Mailand.

15 Leonardo selbst beschreibt in seinen Notizen eine Reihe von Bewegungen und Gesprächssituationen, die er sich in Vorbereitung des »Abendmahls« merkt. Und Giambattista Giraldi Centhio notiert die Beobachtungen seines Vaters Cristoforo Giraldi, eines Historikers, der mit Leonardo gut bekannt war. Vgl. Schneider (Hg.): *Leonardo da Vinci. Eine Biographie in Zeugnissen, Selbstzeugnissen, Dokumenten und Bildern*, a.a.O., S. 117 f.

16 Matthäus 26:21.

17 Vom Arbeitseifer Leonardos auf dem Gerüst berichtet Matteo Bandello, der als Neffe des Priors und angehender Mönch in dem Dominikanerkloster lebte. Die Beschwerde der Klosterbrüder überliefert Giambattista Giraldi Centhio. Vgl. Schneider (Hg.): *Leonardo da Vinci. Eine Biographie in Zeugnissen, Selbstzeugnissen, Dokumenten und Bildern*, a.a.O., S. 118-123.

18 Es handelt sich um den Historiker Cristoforo Giraldi, dessen Erinnerungen an seine Zeit mit Leonardo sein Sohn Giambattista Giraldi Centhio überliefert. Die wörtlichen Zitate im Folgenden stammen aus diesem Bericht. Zit. nach Schneider (Hg.): *Leonardo da Vinci. Eine Biographie in Zeugnissen, Selbstzeugnissen, Dokumenten und Bildern*, a.a.O., S. 118-121. Im Original bei Carlo Pedretti: *Documenti e memorie riguardanti Leonardo da Vinci a Bologna e in Emilia*, Bologna 1953, Nr. 1554, S. 213 ff. Vasari greift die Quelle in seiner Leonardo-Vita auf, um zu betonen, wie Leonardo mit einem Herzog, Ludovico Sforza, auf Augenhöhe spricht. Vgl. Vasari: *Das Leben des Leonardo da Vinci*, a.a.O., S. 29 f. u. S. 85 f.; ders.: »Vita di Lionardo da Vinci«, a.a.O., hier S. 26.

19 Zur Aussage Cristoforo Giraldis vgl. Schneider (Hg.): *Leonardo da Vin-*

ci. Eine Biographie in Zeugnissen, Selbstzeugnissen, Dokumenten und Bildern, a.a.O., S.121. Zu Vasari vgl. ders.: *Das Leben des Leonardo da Vinci*, a.a.O., S.30; ders.: »Vita di Lionardo da Vinci«, a. a. O., hier S.26.

20 Vgl. Claudia Bertling Biaggini: *Sebastiano del Piombo – Felix Pictor*, Hildesheim 2016, S.107ff.

21 Siehe Kap. V.

22 Vgl. Syson (Hg.): *Leonardo da Vinci*, a.a.O., S.124.

23 Vgl. Garrard: »Leonardo da Vinci«, a.a.O., S.65ff.

24 Leonardo da Vincis Porträt einer Frau, »Belle Ferronnière« genannt, findet sich im Louvre (Nr.778). Es ist offenbar aus Holz von demselben Stamm gefertigt wie das Bild der Cecilia Gallerani. Vgl. Nathan/Zöllner (Hg.): *Leonardo da Vinci*, a.a.O., S.228.

25 Petrarca: »[...] quando i' fui preso, et non me ne guardai, / che i be' vostr' occhi, Donna, mi legaro.« Und: »Io avrò sempre in odio la fenestra / onde Amor m'aventò già mille strali«, Petrarca: *Canzoniere*, a.a.O., S.10f., S.254. Vgl. auch Kemp/Pallanti: *Mona Lisa*, a.a.O., S.153ff.

26 Vgl. Vahland: *Lorbeeren für Laura*, a.a.O., S.67ff.

27 Vgl. Schneider (Hg.): *Leonardo da Vinci. Eine Biographie in Zeugnissen, Selbstzeugnissen, Dokumenten und Bildern*, a.a.O., S.133f.u.S.137f.

28 Vgl. Vasari: *Das Leben des Leonardo da Vinci*, a.a.O., S.31ff.; ders.: »Vita di Lionardo da Vinci«, a.a.O., hier S.27f.

29 Im *Libro dei Morti* wird am 26.Juli 1494 »Caterina de Florentia« verzeichnet. Damit korrespondiert Leonardos Liste der Kosten von Caterinas Begräbnis. Vgl. Martin Kemp/Giuseppe Pallanti: *Mona Lisa*, a.a.O., S.98f.

30 Vgl. Schneider (Hg.): *Leonardo da Vinci. Eine Biographie in Zeugnissen, Selbstzeugnissen, Dokumenten und Bildern*, a.a.O., S.137f.; Nicholl: *Leonardo da Vinci*, a.a.O., S.13, S.398ff. u.S.409f.

31 Vgl. Garrard: »Leonardo da Vinci«, a.a.O., S.65.

IX – Pose oder Poesie

1 Vgl. Schneider (Hg.): *Leonardo da Vinci. Eine Biographie in Zeugnissen, Selbstzeugnissen, Dokumenten und Bildern*, a.a.O., S.142ff.; Simonetta Rasponi (Hg.): *Leonardo & Venice*, Ausstellungskatalog Palazzo Grassi Venedig, Mailand 1992, S.25ff.

2 Vgl. Francis Ames-Lewis: *Isabella and Leonardo. The Artistic Relationship between Isabella d'Este and Leonardo da Vinci. 1500-1506*, New Haven/London 2012, S.2ff., S.7f., S.9f., S.11f., S.16 u.S.101ff.

3 Am 27. März 1501 lobt Isabella Leonardo in einem Brief für seinen zugewandten, süßen Stil, der seiner Natur entspreche. Vgl. Ames-Lewis: *Isabella and Leonardo*, a.a.O., S. 117.

4 Vgl. ebd., S. 141.

5 Vgl. ebd., S. 23, S. 28 ff., S. 236 ff.

6 Vgl. ebd., S. 108.

7 Zu Profilbildnissen vgl. Simons: »Women in frames«, a.a.O., S. 39-57; Berthold Hinz: »Studien zur Geschichte des Ehepaarbildnisses«, in: *Marburger Jahrbuch für Kunstwissenschaft*, 19 (1974), S. 139-218; John Shearman: *Only Connect… Art and the Spectator in the Italian Renaissance*, Washington 1988.

8 Vgl. Ames-Lewis: *Isabella and Leonardo*, a.a.O., S. 5 u. S. 106 ff. Siehe auch Kap. V.

9 Vgl. Ames-Lewis: *Isabella and Leonardo*, a.a.O., S. 101 u. S. 116. Vermutlich handelt es sich bei der ersten Porträtzeichnung um die Fassung im Pariser Louvre (M.I.753), die – trotz der anatomischen Unstimmigkeit am rechten Arm – die mit Abstand ausgereifteste Version der mehrmals kopierten Komposition ist. Vgl. Nathan/Zöllner (Hg.): *Leonardo da Vinci*, a.a.O., S. 236.

10 Die Fassung von Isabella d'Estes Porträt mit Brüstung und Buch befindet sich im Ashmolean Museum, Oxford.

11 Aus den Schriftquellen geht hervor, dass Isabella d'Este eine – vermutlich die erste – Zeichnung behält, die ihr Gatte später weggibt. Eine andere Fassung sieht ein Briefpartner von ihr bei Leonardo in Venedig, wie ein Brief vom 13. März 1500 bezeugt. Ob es sich dabei um das Exemplar aus Oxford handelt, ist ungewiss. Vgl. Ames-Lewis: *Isabella and Leonardo*, a.a.O., S. 101 u. S. 116 ff.

12 Zum Blondieren vgl. Emil Schaeffer: *Die Frau in der venezianischen Malerei*, München 1899, S. 58; zu den Perückenteilen vgl. Junkerman: *Bellissima Donna*, a.a.O., S. 197; zu den Kurtisanen vgl. Patricia Fortini Brown: *Art and Life in Renaissance Venice*, New York 1997, S. 157 ff.; Patricia Simons: »Portraiture, portrayal, and idealization«, a.a.O., hier S. 296. Noch 1543 erscheint in Venedig ein Dekret, in dem beklagt wird, dass Kurtisanen sich so elegant wie *gentildonne* kleideten und so auf den Straßen und in den Kirchen nicht von jenen zu unterscheiden seien (vgl. ebd.). Kurtisanendarstellungen in aufwändiger Kleidung finden sich in den späteren Stichen von Cesare Vecellio, vgl. Rosita Levi Pisetzky: *Storia del Costume in Italia*, Bd. 3., Mailand 1966, S. 64. Ein Beispiel für das Inventar inklusive Kunstbestand einer venezianischen Kurtisane findet sich bei Patricia Fortini Brown: *Private Lives in Renaissance Venice*, New Haven/London 2004, S. 175.

13 Vgl. Sylvia Ferino-Pagden/David Alan Brown (Hg.): *Bellini, Giorgione, Tizian und die Renaissance der venezianischen Malerei*, Ausstellungskatalog National Gallery Washington/Kunsthistorisches Museum Wien, Mailand 2006, S. 6f.

14 Vgl. Norbert Huse/Wolfgang Wolters: *Venedig. Die Kunst der Renaissance. Architektur, Skulptur, Malerei 1460-1590*, München 1996, S. 226ff.; Fortini Brown: *Private Lives in Renaissance Venice*, a.a.O., S. 23ff.; vgl. Ferino-Pagden/Brown (Hg.): *Bellini, Giorgione, Tizian und die Renaissance der venezianischen Malerei*, a.a.O., S. 10.

15 Vgl. Carol Kidwell: *Pietro Bembo. Lover, Linguist, Cardinal*, Montreal/London/Ithaca 2004, S. 6ff., S. 13ff. u. S. 24.

16 Pietro Bembo: *Gli Asolani* (1505), hg. von Giorgio Dilemmi, Florenz 1991; dt. Ausgabe: Pietro Bembo: *Asolaner Gespräche. Dialog über die Liebe*, hg. Michael Rumpf, Heidelberg 1992.

17 Die Bücherliste aus den 1490er Jahren findet sich in: Schneider (Hg.): *Leonardo da Vinci. Eine Biographie in Zeugnissen, Selbstzeugnissen, Dokumenten und Bildern*, a.a.O., S. 110ff. Zum Spott Leonardos über Petrarcas *Canzoniere* vgl. Richter (Hg.): *The Notebooks of Leonardo da Vinci*, Bd. 2, a.a.O., Nr. 1332, S. 377; Beltrami: *Il codice di Leonardo da Vinci nella Biblioteca Trivulzio*, a.a.O., S. 8. Siehe Kap. V.

18 Vgl. Ferino-Pagden/Brown (Hg.): *Bellini, Giorgione, Tizian und die Renaissance der venezianischen Malerei*, a.a.O., S. 302f.

19 Vgl. Oskar Bätschmann: *Giovanni Bellini*, München 2008, S. 56ff. u. S. 76ff.; Bohde: *Haut, Fleisch und Farbe*, a.a.O., S. 39ff.

20 Vgl. Jaynie Anderson: *Giorgione. The Painter of »Poetic Brevity«*, Paris/New York 1997, S. 135 u. S. 193f.

21 Vgl. Vahland: *Lorbeeren für Laura*, a.a.O., S. 32ff.

22 Giorgiones »Laura«, heute im Kunsthistorischen Museum Wien (Inv.-Nr. Gemäldegalerie 31), ist original auf der Rückseite datiert und signiert mit den Worten: »1506 adj. primo zugno fo fatto questo de ma de maistro zorzi da chastel fr […] cholega de maistro vizenzo chaena ad instanzia de misser giacomo.« (Anderson: *Giorgione*, a.a.O., S. 299)

23 Vgl. Vahland: *Lorbeeren für Laura*, a.a.O., S. 74ff. Siehe oben, Kap. V.

24 Vgl. Junkerman: *Bellissima Donna*, a.a.O., S. 252ff.; Marianne Koos: *Bildnisse des Begehrens. Das lyrische Männerporträt in der venezianischen Malerei des frühen 16. Jahrhunderts – Giorgione, Tizian und ihr Umkreis*, Emsdetten/Berlin 2006, S. 358; Vahland: *Lorbeeren für Laura*, a.a.O., S. 43ff.

25 Welche Bedeutung Dichtung für Maler in Venedig zu Beginn des 16. Jahrhunderts hatte, erklärt der Künstler Jacopo de' Barbari im Jahr 1501 in einem

Brief. Darin heißt es, ein Maler müsse für seine Erfindungen nicht nur etwas von Philosophie und Musik verstehen, sondern auch von der Poesie – es brauche »la poesia per la inventione de la hopera«. Er unterscheidet hier erstmals die Gemäldetypen *poesia* und *historia*. Zit. nach Francis Ames-Lewis: *The Intellectual Life of the Early Renaissance Artist*, New Haven/London 2002, S. 173 u. S. 289.

26 Grundlegend zu den sinnlichen Jünglingsbildern des Giorgionekreises: Koos: *Bildnisse des Begehrens*, a. a. O. Zu Leonardos eigenen Männerbildern siehe Kap. XII.

27 Vgl. ebd., S. 346 ff.

28 Für den Entwurf des Schreibens siehe: Schneider (Hg.): *Leonardo da Vinci. Eine Biographie in Zeugnissen, Selbstzeugnissen, Dokumenten und Bildern*, a. a. O., S. 142 ff.; auf Italienisch: Rasponi (Hg.): *Leonardo & Venice*, a. a. O., S. 28 ff. Es ist unklar, ob der Brief sich an die venezianische oder die französische Regierung richtet; da sich aber kein Widerhall in venezianischen Archiven findet und Leonardo zu dem Zeitpunkt bereits Kontakte zu den mit Venedig verbündeten Franzosen pflegt, ist von einem französischen Adressaten auszugehen.

29 Schneider (Hg.): *Leonardo da Vinci. Eine Biographie in Zeugnissen, Selbstzeugnissen, Dokumenten und Bildern*, a. a. O., S. 137. »Il duca perso lo stato e la roba e liertà, e nessuna sua opera si finì per lui.« (Manuskript L, Paris, Bibliothèque de l'Institut de France, L o') Da von Ludovico Sforzas Gefangennahme die Rede ist, kann die Notiz nicht von Ende 1499, sondern erst vom April 1500 stammen.

30 Vgl. Rasponi (Hg.): *Leonardo & Venice*, a. a. O., S. 23 u. S. 34. Für den Kontoauszug vgl. Schneider (Hg.): *Leonardo da Vinci. Eine Biographie in Zeugnissen, Selbstzeugnissen, Dokumenten und Bildern*, a. a. O., S. 145.

31 Zit. nach Norbert Huse/Wolfgang Wolters: *Venedig*, a. a. O., S. 211.

32 Vgl. u. a. Ames-Lewis: *Isabella and Leonardo*, a. a. O., S. 32.

33 Das Bildnis einer jungen Frau, heute in der Gemäldegalerie Berlin (Ident. Nr. 259B), zeigt noch Spuren der Untermalung, wonach Sebastiano del Piombo in der ersten Fassung im Sinne von Giorgione die Frau vor einen Lorbeerstrauch gesetzt hat. Vgl. Vahland: *Lorbeeren für Laura*, a. a. O., S. 59 ff. u. S. 83 ff. Siehe auch Kap. XII.

34 Als »weibisch« diskriminieren Giorgio Vasari und auch Michelangelo systematisch die venezianischen Maler, allen voran Tizian, da ihnen der weiblich konnotierte *colorito* wichtiger als der männlich verstandene *disegno* sei. Vgl. Vahland: *Lorbeeren für Laura*, a. a. O., S. 127 ff.

35 Tizians Bildnis der »Isabella in Schwarz« findet sich im Kunsthistorischen

Museum Wien (Inv.-Nr. 83), zu dem Bild vgl. Sylvia Ferino-Pagden et al. (Hg.): *»La prima donna del mondo«. Isabella d'Este, Fürstin und Mäzenatin der Renaissance*, Ausstellungskatalog Kunsthistorisches Museum, Wien 1994, S. 111ff. Zu Isabellas Luchspelz auf Tizians Porträt präsentierte das Museum 2007 ein Röntgenbild, das einen Fächer unter dem Pelzstück offenbart. Vgl. Sylvia Ferino-Pagden/Tiziano Vecellio (Hg.): *Der späte Tizian und die Sinnlichkeit der Malerei*, Ausstellungskatalog Kunsthistorisches Museum Wien/Gallerie dell'Accademia Venedig, Wien 2007, S. 133f.

36 Das Werk entstand ohne Porträtsitzung nach der Vorlage eines anderen Porträts der Markgräfin. Isabella d'Este lobt 1536 das fertige Werk Tizians, nicht einmal in ihrer Jugend sei sie so schön gewesen. Vgl. Ferino-Pagden et al. (Hg.): *»La prima donna del mondo«*, a.a.O., S. 114.

X – Gebären und Töten

1 Vgl. Vasari: *Das Leben des Leonardo da Vinci*, a.a.O., S. 25 u. S. 36, ders.: »Vita di Lionardo da Vinci«, a. a. O., S. 23 und S. 29. Diese Information allerdings ist in den Details umstritten. So kann Leonardo nicht, wie Vasari glaubt, eine heilige Anna für den Hauptaltar von Santissima Annunziata geschaffen haben, sondern höchstens für die Annen-Kapelle der Kirche. Vgl. Nathan/Zöllner (Hg.): *Leonardo da Vinci*, a.a.O., S. 143.

2 Vgl. Schneider (Hg.): *Leonardo da Vinci. Eine Biographie in Zeugnissen, Selbstzeugnissen, Dokumenten und Bildern*, a.a.O., S. 145f.

3 Zit. nach ebd., S. 146f. Im Original: »Illustrissima et excellentissima domina [...] per quanto mi occurre, la vita di Leonardo è varia et indeterminata forte, sì che pare vivere a giornata. [...] Dà opera forte ad la geometria, impacientissimo al pennello.« Luca Beltrami (Hg.): *Documenti e memorie riguardanti la vita e le opere di Leonardo da Vinci in ordine cronologico*, Mailand 1919, Nr. 107, S. 65f.

4 Die Geschichte von Leonardos Entwürfen zu diesem Motiv ist komplex, die Quellenlage ist nicht eindeutig. Überliefert ist der Karton einer frühen Fassung mit Johannesknaben statt mit Lamm, der »Burlington-House-Karton«. Leonardo muss aber laut dieser Aussage von Pietro da Novellara noch mindestens einen weiteren Karton angefertigt haben, der motivisch seinem Gemälde »Anna selbdritt« (Tafel 23) im Louvre entspricht.

5 Zit. nach Schneider (Hg.): *Leonardo da Vinci. Eine Biographie in Zeugnissen, Selbstzeugnissen, Dokumenten und Bildern*, a.a.O., S. 146f. Im Original:

»À facto solo, dopoi chè è ad Firenci, uno schizo in uno cartone: finge uno Christo bambino de età cerca uno anno che uscendo quasi de bracci ad la mamma, piglia uno agnello et pare che lo stringa. La mamma quasi levandose de grembo ad Santa Anna, piglia el bambino per spiccarlo da lo agnellino (animale immolatile) che significa la Passione. Santa Anna alquanto levandose da sedere, pare che voglia ritenere la figliola che non spicca el bambino da lo agnellino, che forsi vole figurare la Chiesa che non vorrebbe fussi impedita la passione di Christo.« (Beltrami [Hg.]: *Documenti e memorie riguardanti la vita e le opere di Leonardo da Vinci in ordine cronologico*, a.a.O., Nr. 107, S. 65f.)

6 Sigmund Freud diskutiert Leonardos Mutterverlust und versteht die Annen-Komposition als direkte Anspielung auf Leonardos leibliche Mutter und seine erste Stiefmutter. Das greift in dieser Engführung zu kurz, auch deshalb, weil Freud die historischen Quellen zu Leonardos Kindheit und seiner Mutter Caterina noch nicht kannte und zudem sein unterkomplexes Verständnis von der Homosexualität, die er aus Leonardos früher Kindheit ableitet, den historischen Wandel der Werte und Affekte nicht berücksichtigt. Vgl. Sigmund Freud: *Eine Kindheitserinnerung des Leonardo da Vinci*, Frankfurt am Main 1995, S. 82ff.

7 Vasari, der keinen Karton selbst gesehen hat, vermischt in seiner Beschreibung die Varianten mit und ohne Lamm, sodass nicht klar ist, welcher Karton ausgestellt war: der heute verschollene Karton mit Lamm, den Fra Pietro da Novellara sah, der heute in London befindliche »Burlington-House-Karton« mit dem Johannesknaben (Tafel 22) oder ein ganz anderer. Vgl. Giorgio Vasari: *Das Leben des Leonardo da Vinci*, a.a.O., S. 36f. u. S. 101ff.; ders.: »Vita di Lionardo da Vinci«, a.a.O., S. 30f. Offenkundig schreibt er an dieser Stelle nach dem Hörensagen aus unsicherer Quelle.

8 Es handelt sich um den Burlington-House-Karton in der National Gallery London (Inv.-Nr. NG 6337). Zöllner argumentiert, der Karton mit der noch nicht in sich geschlossenen Figurengruppe sei schon um 1499 in Mailand entstanden, möglicherweise für Ludwig XII. von Frankreich, dessen Frau Anne hieß. Vgl. Nathan/Zöllner (Hg.): *Leonardo da Vinci*, a.a.O., S. 234f. Auch die Londoner Leonardo-Ausstellung der National Gallery datiert auf die Mailänder Zeit. Vgl. Syson (Hg.): *Leonardo da Vinci*, a.a.O., S. 290.

9 Leonardo da Vincis Gemälde »Anna selbdritt« hängt im Pariser Louvre, Inv.-Nr. 776 (319).

10 Grundlegend für Leonardos Verständnis der Erdgeschichte und dessen Reflexion in seiner Malerei, insbesondere in der »Anna selbdritt« vgl. Alexander Perrig: »Leonardo«, a.a.O.; Frank Fehrenbach: *Licht und Wasser. Zur*

Dynamik naturphilosophischer Leitbilder im Werk Leonardo da Vincis, Tübinger Studien zur Archäologie und Kunstgeschichte, hg. von Klaus Schwager, Tübingen 1997; Françoise Barbe/Vincent Delieuvin (Hg.): *La »Sainte Anne«, ultime chef-d'œuvre de Léonard De Vinci*, Ausstellungskatalog Louvre, Paris 2012.

11 Für eine deutsche Übersetzung siehe Leonardo da Vinci: *Das Wasserbuch. Schriften und Zeichnungen*, hg. von Marianne Schneider, München 2011, S. 57ff. u. S. 65f. Im Original siehe Richter (Hg.): *The Notebooks of Leonardo da Vinci*, Bd. 3, a.a.O., Nr. 948, S. 190; Nr. 956, S. 192 u. Nr. 986, S. 208 (Codex Leicester 17 v., 21 v., Codex Atlanticus 155 r.); Anna Maria Brizio (Hg.): *Scritti scelti di Leonardo*, Turin 1952, S. 542 (Pariser Manuskript G, 38 r.); Giuseppina Fumagalli: *Leonardo »omo sanza lettere«*, Florenz 1938, S. 100 u. S. 105 (Codex Arundel 168 v., Codex Leicester 10 v.) Siehe auch oben, Kap. VI.

12 Vgl. da Vinci: *Das Wasserbuch*, a.a.O., S. 57ff. Im Original siehe Richter (Hg.): *The Notebooks of Leonardo da Vinci*, a.a.O., Bd. 2, Nr. 986ff., S. 208ff. (Codex Atlanticus 155 r., Codex Leicester 8 v., 9 r., 9 v.).

13 Vgl. Perrig: »Leonardo«, a.a.O., vor allem S. 58.

14 Vgl. ebd., vor allem S. 60; da Vinci: *Das Wasserbuch*, a.a.O., S. 61; Fumagalli: *Leonardo »omo sanza lettere«*, a.a.O., S. 99.

15 Zit. nach da Vinci: *Das Wasserbuch*, a.a.O., S. 66; im Original: Fumagalli: *Leonardo »omo sanza lettere«*, a.a.O., S. 107 (Arundel Codex fol. 155 v.); vgl. auch Perrig: »Leonardo«, a.a.O., vor allem S. 60.

16 Leonardo da Vincis Kreidezeichnung der »Explosion eines Felsmassivs durch eine platzende Wasserader« findet sich in der Royal Library in Windsor Castle, Royal Library (RCIN 912387r), ebenso wie seine Zeichnung der »Explosion eines Felsmassivs durch eine platzende Wasserader und Wellenbildung in einem See durch herabstürzende Felsbrocken« (RCIN 912380r).

17 Vgl. Perrig: »Leonardo«, a.a.O., vor allem S. 68f.; Fehrenbach: *Licht und Wasser*, a.a.O., S. 287f.

18 Vgl. Armin Schlechter (Hg.): *»Die edel kunst der truckerey«. Ausgewählte Inkunabeln der Universitätsbibliothek Heidelberg*, Ausstellungskatalog, Schriften der Universitätsbibliothek Heidelberg, Bd. 6, Heidelberg 2005, S. 28f.; Veit Probst: *Zur Entstehungsgeschichte der Mona Lisa: Leonardo da Vinci trifft Niccolò Machiavelli und Agostino Vespucci*, Heidelberg 2008, S. 13. Siehe auch Kap. XI.

19 Vgl. Nathan/Zöllner (Hg.): *Leonardo da Vinci*, a.a.O., S. 183.

20 Vgl. Schneider (Hg.): *Leonardo da Vinci. Eine Biographie in Zeugnissen, Selbstzeugnissen, Dokumenten und Bildern*, a.a.O., S. 148; im Original: Beltrami (Hg.): *Documenti e memorie riguardanti la vita e le opere di Leonardo da Vinci in ordine cronologico*, a.a.O., Nr. 107, S. 65f.

21 Die Salaì zugeschriebene »Madonna mit der Spindel« findet sich in einer New Yorker Privatsammlung.

22 Manfredo de Manfredis berichtet Isabella d'Este Ende Juli 1501 von Leonardos Vertröstungen. Vgl. Schneider (Hg.): *Leonardo da Vinci. Eine Biographie in Zeugnissen, Selbstzeugnissen, Dokumenten und Bildern*, a.a.O., S. 149; im Original: Beltrami (Hg.): *Documenti e memorie riguardanti la vita e le opere di Leonardo da Vinci in ordine cronologico*, a.a.O., Nr. 110, S. 67f. Am 3. Mai 1502 bittet die Markgräfin Francesco Malatesta, ihren »Freund« Leonardo die Antiken schätzen zu lassen. In seiner Antwort am 12. Mai 1502 berichtet Malatesta von Leonardos Einschätzung. Vgl. Schneider (Hg.): *Leonardo da Vinci. Eine Biographie in Zeugnissen, Selbstzeugnissen, Dokumenten und Bildern*, a.a.O., S. 151 f.; im Original: Beltrami (Hg.): *Documenti e memorie riguardanti la vita e le opere di Leonardo da Vinci in ordine cronologico*, a.a.O., Nr. 115 u. Nr. 116, S. 70f. Am 4. März 1503 muss Leonardo, der knapp bei Kasse ist, 50 Golddukaten von seinem Konto abheben. Vgl. Schneider (Hg.): *Leonardo da Vinci. Eine Biographie in Zeugnissen, Selbstzeugnissen, Dokumenten und Bildern*, a.a.O., S. 159; im Original: Beltrami (Hg.): *Documenti e memorie riguardanti la vita e le opere di Leonardo da Vinci in ordine cronologico*, a.a.O., Nr. 123, S. 78. Um das Gemälde eines jungen Christus bittet Isabella Leonardo am 14. Mai 1504, sie biete ihm dafür alles, was er haben wolle. Isabellas Vertrauter Angelo del Tovaglia erklärt ihr am 27. Mai 1504, Leonardo habe ihm den Christus für sie versprochen, der Maler würde aber selbst im Wettkampf mit dem ebenfalls zögerlichen Perugino jeden Wettkampf gewinnen, wer der Langsamste sei. Vgl. Schneider (Hg.): *Leonardo da Vinci. Eine Biographie in Zeugnissen, Selbstzeugnissen, Dokumenten und Bildern*, a.a.O., S. 183 f.; Beltrami (Hg.): *Documenti e memorie riguardanti la vita e le opere di Leonardo da Vinci in ordine cronologico*, a.a.O., Nr. 142 u. Nr. 143, S. 90f.

23 Zit. nach Schneider (Hg.): *Leonardo da Vinci. Eine Biographie in Zeugnissen, Selbstzeugnissen, Dokumenten und Bildern*, a.a.O., S. 153 f.; im Original: Beltrami (Hg.): *Documenti e memorie riguardanti la vita e le opere di Leonardo da Vinci in ordine cronologico*, a.a.O., Nr. 117, S. 72.

24 Vgl. Schneider (Hg.): *Leonardo da Vinci. Eine Biographie in Zeugnissen, Selbstzeugnissen, Dokumenten und Bildern*, a.a.O., S. 154ff.

25 Vgl. ebd., S. 160.

26 Der ins Türkische übersetzte Brief Leonardos an Sultan Bayezid im Istanbuler Staatsarchiv ist auf den 3. Juli datiert, ob 1502 oder wie hier angenommen 1503, ist nicht endgültig zu klären. Mit dem Schreiben korrespondieren Leonardos beschriftete Skizzen für das Projekt. Vgl. Schneider (Hg.): *Leonardo*

da Vinci. Eine Biographie in Zeugnissen, Selbstzeugnissen, Dokumenten und Bildern, a.a.O., S.162; Nathan/Zöllner (Hg.): *Leonardo da Vinci*, a.a.O., S.152.

27 Vgl. Schneider (Hg.): *Leonardo da Vinci. Eine Biographie in Zeugnissen, Selbstzeugnissen, Dokumenten und Bildern*, a.a.O., S.170 ff.; Beltrami (Hg.): *Documenti e memorie riguardanti la vita e le opere di Leonardo da Vinci in ordine cronologico*, a.a.O., Nr.126 u. Nr.127, S.79f.

28 Vgl. Giorgio Vasari: *Das Leben des Michelangelo*, a.a.O., S.213; ders: »Vita di Michelagnolo Buonarrouti Fiorentino«, a.a.O., hier S.130.

29 Vgl. Kia Vahland: *Michelangelo und Raffael. Rivalen im Rom der Renaissance*, München 2012, S.50f.

30 Giovanni Pico della Mirandola: *De dignitate hominis. Rede über die Würde des Menschen*, hg. von Gerd von der Gönna, Stuttgart 2009, S.8, S.17f., S.25 u.S.31.

31 Zit. nach Schneider (Hg.): *Leonardo da Vinci. Eine Biographie in Zeugnissen, Selbstzeugnissen, Dokumenten und Bildern*, a.a.O., S.177 f.; im Original: Beltrami (Hg.): *Documenti e memorie riguardanti la vita e le opere di Leonardo da Vinci in ordine cronologico*, a.a.O., Nr.135, S.83f.

32 So berichtet es der Anonimo Gaddiano, offenbar nach einem Augenzeugenbericht, vgl. Schneider (Hg.): *Leonardo da Vinci. Eine Biographie in Zeugnissen, Selbstzeugnissen, Dokumenten und Bildern*, a.a.O., S.176f.; im Original: »Et passando ditto Lionardo insieme con Giouannj da Gauine da Santa Trinita dalla pancaccia dellj Spinj, doue era una ragunata d'houminj da bene, et doue si disputaua un passo di Dante, chiamero detto Lionardo, dicendogli, che dichiarassi loro quel passo. Et a caso spunto passo di qui Michele Agnolo, et chiamato da un di loro, rispose Lionardo: ›Michele Agnolo ue lo dichiarera egli‹. Di que parendo a Michelagnolo, l'hauessj detto per sbeffarlo, con ira gli rispose: ›Dichiarlo pur tu, che facestj un disegno di uno cauallo per gittarlo di bronzo et non lo potestj gittare et per vergogna lo lascisti stare‹. Et detto questo, uolto loro le rene et ando uia; goue rimase Lionardo, che per le dette parole diuento rosso.« (Anonimo Fiorentino: *Il Codice Magliabechiano*, cl.XVII 17, hg. von Carl Frey, Berlin 1892, S.115)

33 Zit. nach Baldassare Castiglione: *Das Buch vom Hofmann*, hg. von Fritz Baumgart, München 1986, S.163; im Original: »Un altro de' primi pittori del mondo sprezza quell'arte dove è rarissimo ed èssi posto ad imparar filosofia, nella quale ha cosi strani concetti e nove chimere, che esso con tutta la sua pittura non sapria depingerle.« (Zit. nach Baldassare Castiglione: *Il libro del Cortegiano* [Venedig 1528], hg. von Walter Barberis, Turin 1998, S.176)

34 Vgl. Schneider (Hg.): *Leonardo da Vinci. Eine Biographie in Zeugnissen, Selbstzeugnissen, Dokumenten und Bildern*, a.a.O., S.173ff.

35 Vgl. Beltrami (Hg.): *Documenti e memorie riguardanti la vita e le opere di Leonardo da Vinci in ordine cronologico*, a.a.O., Nr. 130, S. 81.

36 Vgl. Schneider (Hg.): *Leonardo da Vinci. Eine Biographie in Zeugnissen, Selbstzeugnissen, Dokumenten und Bildern*, a.a.O., S. 173f. (Codex Atlanticus 202ra); Schlechter (Hg.): *»Die edel kunst der truckerey«*, a.a.O., S. 28f.; Probst: *Zur Entstehungsgeschichte der Mona Lisa*, a.a.O., S. 13. Siehe auch Kap. XI.

37 Vgl. Leonardo da Vinci: *Trattato della Pittura*, a.a.O., Nr. 173, S. 72 (Codex Urbinas Latinus 1270).

38 Die möglicherweise von Peter Paul Rubens gezeichnete Kopie nach Leonardos Entwurf der »Anghiarischlacht« findet sich im Louvre, Paris (Inv.-Nr. 20 271).

39 Aristotile da Sangallos Kopie der Cascinaschlacht nach Michelangelos Karton findet sich in Holkham Hall (Earl of Leicester).

40 Zur schlechten Haftung vgl. Giorgio Vasari: *Das Leben des Leonardo da Vinci*, a.a.O., S. 43; ders.: »Vita di Lionardo da Vinci«, a.a.O., hier S. 33. Zum Leinöl äußert sich zehn bis zwanzig Jahre nach Leonardos Fiasko Antonio Billi, vgl. Schneider (Hg.): *Leonardo da Vinci. Eine Biographie in Zeugnissen, Selbstzeugnissen, Dokumenten und Bildern*, a.a.O., S. 199; im Original: Antonio Billi: *Il libro di Antonio Billi* [aufgeschrieben um 1516-1525], hg. von Fabio Benedettucci, Anzio 1991, S. 102f. Es ist zweifelhaft, ob sich überhaupt Spuren von Leonardo da Vincis Gemälde an der Wand im Ratssaal erhalten haben, er könnte dort seinerzeit auch nur seinen Karton aufgehängt haben. Nichtsdestotrotz gibt es immer wieder Initiativen, das darüberliegende spätere Fresko Giorgio Vasaris auf der Suche nach Leonardos Bild der Anghiarischlacht anzubohren. Aus kunsttechnologischer Sicht wäre das unverantwortlich, vgl. Cecilia Frosinini: »Del cartone e della pittura nella vexata quaestio della battaglia di Anghiari«, in: Cristina Acidini/Marco Ciatti (Hg.): *La Tavola Doria tra storia e mito*, Florenz 2015, S. 23-34.

41 Vgl. Schneider (Hg.): *Leonardo da Vinci. Eine Biographie in Zeugnissen, Selbstzeugnissen, Dokumenten und Bildern*, a.a.O., S. 185.

42 Zit. nach Schneider (Hg.): *Leonardo da Vinci. Eine Biographie in Zeugnissen, Selbstzeugnissen, Dokumenten und Bildern*, a.a.O., S. 191.

43 Vgl. Nathan/Zöllner (Hg.): *Leonardo da Vinci*, a.a.O., S. 178 u. 215ff.; Kemp/Pallanti: *Mona Lisa*, a.a.O., S. 84; Schneider (Hg.): *Leonardo da Vinci. Eine Biographie in Zeugnissen, Selbstzeugnissen, Dokumenten und Bildern*, a.a.O., S. 215ff.; Beltrami (Hg.): *Documenti e memorie riguardanti la vita e le opere di Leonardo da Vinci in ordine cronologico*, a.a.O., Nr. 189, Nr. 191 u. Nr. 193, S. 119ff. Siehe Kap. X.

44 Das Gemälde eines Nachfolgers Leonardos mit dem Motiv der Leda mit dem Schwan findet sich in den Uffizien Florenz, Inv.-Nr. 1890 (9953). Leonardo hat selbst auch eine Leda gemalt, die noch seinen Tod überlebt hat, inzwischen aber verschollen ist. Darauf deuten der Nachlass von Salaì aus dem Jahr 1525 und eine Notiz von Giovanni Paolo Lomazzo aus dem späten 16. Jahrhundert hin. Vgl. Kemp/Pallanti: *Mona Lisa*, a.a.O., S. 111 u. S. 118.

45 Leonardo da Vincis Studie zu einer knienden Leda findet sich in Chatsworth in der Devonshire Collection, Inv.-Nr. 717.

46 Vgl. Schneider (Hg.): *Leonardo da Vinci. Eine Biographie in Zeugnissen, Selbstzeugnissen, Dokumenten und Bildern*, a.a.O., S. 202f.; Beltrami (Hg.): *Documenti e memorie riguardanti la vita e le opere di Leonardo da Vinci in ordine cronologico*, a.a.O., Nr. 176, S. 110.

47 Zit. nach Schneider (Hg.): *Leonardo da Vinci. Eine Biographie in Zeugnissen, Selbstzeugnissen, Dokumenten und Bildern*, a.a.O., S. 209-215, vor allem S. 213; für die Originaldokumente vgl. Beltrami (Hg.): *Documenti e memorie riguardanti la vita e le opere di Leonardo da Vinci in ordine cronologico*, a.a.O., Nr. 177, Nr. 178, Nr. 179, Nr. 181 u. Nr. 183, S. 110ff.

48 Vgl. Schneider (Hg.): *Leonardo da Vinci. Eine Biographie in Zeugnissen, Selbstzeugnissen, Dokumenten und Bildern*, a.a.O., S. 221; Leonardo da Vinci: *Codex Atlanticus*, hg. von Augusto Marinoni, Florenz 2000 (C.A. 1027v [372va]).

49 Leonardo da Vincis Studie zum Kopf der Leda wird aufbewahrt in der Royal Library von Windsor Castle, Royal Library (RCIN 912516r).

50 Giampietrinos »Leda mit ihren Kindern« findet sich in der Gemäldegalerie Alter Meister Kassel (Inv.-Nr. 966). Vgl. Nathan/Zöllner (Hg.): *Leonardo da Vinci*, a.a.O., S. 188.

XI – Das dritte Schlüsselwerk: Die Weltenfrau

1 Darauf deutet Leonardos Polemik gegen die »Lügengebilde« (»composto bugiardo«) der Literaten hin, denen er die »göttliche Harmonie« der Malerei gegenüberstellt, die sich auf einen Blick sinnlich erfassen lasse. Vgl. Leonardo da Vinci: *Sämtliche Gemälde und die Schriften zur Malerei*, a.a.O., S. 142ff.; Leonardo da Vinci: *Trattato della Pittura*, a.a.O., Nr. 28, S. 21 (Codex Urbinas Latinus 1270), siehe auch oben, Kap. V.

2 Vgl. Jean-Pierre Mohan/Michel Menu/Bruno Mottin (Hg.): *Im Herzen der Mona Lisa. Dekodierung eines Meisterwerks. Eine wissenschaftliche Expedition in die Werkstatt des Leonardo da Vinci*, München 2006, S. 64 u. S. 119.

3 Leonardo da Vincis »Mona Lisa« oder »Gioconda« hängt im Louvre in

Paris, Inv.-Nr. 779. Zur Rezeptionsgeschichte siehe unter anderem George Boas: »The Mona Lisa in the history of taste«, in: *Journal of the History of Ideas*, 1 (1940), S. 207-224; André Chastel: *L'illustre incomprise. Mona Lisa*, Paris 1988. Zum Gemälde der »Mona Lisa« grundlegend: vgl. Kemp/Pallanti: *Mona Lisa*, a.a.O.; Roberto Zapperi: *Abschied von Mona Lisa. Das berühmteste Gemälde der Welt wird enträtselt*, München 2010; Mohan/Menu/Mottin (Hg.): *Im Herzen der Mona Lisa*, a.a.O.; Frank Zöllner: *Leonardos Mona Lisa. Vom Porträt zur Ikone der freien Welt*, Berlin 2006; Fehrenbach: *Licht und Wasser*, a.a.O.; Perrig: »Leonardo«, a.a.O.

4 »[…] esimilmente ogni parte di bono e di tristo che ài in te, si dimostrerà in parte in nelle tue figure« (Richter [Hg.]: *The Notebooks of Leonardo da Vinci*, Bd. 1, a.a.O., Nr. 586, S. 293 [Fragment, Codex Ashburnham, Paris, Bibliothèque de l'Institut de France, Ash. I. 8 b]); siehe auch oben, Kap. VIII.

5 Vgl. Kemp/Pallanti: *Mona Lisa*, a.a.O., S. 52 u. S. 69 ff.

6 Vgl. ebd., S. 17, S. 29 u. S. 42.

7 Vgl. ebd., S. 14 u. S. 23 ff.

8 Vgl. ebd., S. 35 f.

9 Vasari allerdings meint zu wissen, Leonardo habe den Auftrag, Lisa zu malen, von Francesco del Giocondo erhalten, und der Anonimo Gaddiano spricht sogar von einem Bildnis des »Piero Francesco del Giocondo«, nicht aber von dem der Mona Lisa. Dies könnte außer dem Mann auch den Sohn des Paares namens Piero meinen, der allerdings zur fraglichen Zeit noch ein Kind ist. Für beide Varianten mangelt es an weiteren Belegen. Vgl. Vasari: *Das Leben des Leonardo da Vinci*, a.a.O., S. 37; ders.: »*Vita di Lionardo da Vinci*«, a.a.O., hier S 30. Anonimo Fiorentino: *Il Codice Magliabechiano*, cl. XVII 17, hg. von Carl Frey, Berlin 1892, S. 110-115, hier S. 111.

10 Siehe oben, Kap. X.

11 Die Cicero-Stelle lautet im Original: »Nunc, ut Apelles Veneris caput et summa pectoris politissima arte perfecit, reliquam partem corporis incohatam reliquit, sic quidam homines in capite meo solum elaborarunt, reliquum corpus imperfectum ac rude reliquerunt.« (Marcus Tullius Cicero, *Epistulae ad familiares*, Bologna 1477, Blatt 11a) In der Randglosse Agostino Vespuccis heißt es im Original: »Apelles pictor. Ita Leonardus Vincius facit in omnibus suis picturis, ut enim caput Lise del Giocondo et Anne matris virginis.« Zit. nach Probst: *Zur Entstehungsgeschichte der Mona Lisa*, a.a.O., S. 12 f.; vgl. zudem Schlechter (Hg.): »*Die edel kunst der truckerey*«, a.a.O., S. 28 f.

12 Vgl. Kemp/Pallanti: *Mona Lisa*, a.a.O., S. 54 ff.; Barolsky: *Warum lächelt Mona Lisa?*, a.a.O., S. 83 ff.

13 Vgl. Vasari: *Das Leben des Leonardo da Vinci*, a.a.O., S. 40; »Usovvi ancora

questa arte, che essendo mona Lisa bellissima, teneva mentre che la ritraeva chi sonasse o cantasse, e di continuo buffoni che la facessino stare allegra per levar via quel malinconico che suol dar spesso la pittura a' ritratti che si fanno […]«, zit. nach ders.: »Vita di Lionardo da Vinci«, a. a. O., hier S. 31.

14 Über die Malweise Leonardos und seine verwendeten Materialien gibt die jüngste gemäldetechnologische Untersuchung Auskunft. Vgl. Mohan/Menu/Mottin (Hg.): *Im Herzen der Mona Lisa*, a. a. O., S. 70 u. S. 73 f.

15 Unterzeichnungen sind heute auf der Tafel kaum noch nachweisbar. Vgl. ebd., S. 119.

16 Vgl. Zapperi: *Abschied von Mona Lisa*, a. a. O., S. 113.

17 Vgl. Kemp/Pallanti: *Mona Lisa*, a. a. O., S. 64, S. 70 ff. u. S. 93.

18 Vgl. Vasari: *Das Leben des Leonardo da Vinci*, a. a. O., S. 37 f.; »[…] avvegnaché gli occhi avevano que' lustri e quelle acquitrine che di continuo si veggono nel vivo, et intorno a essi erano tutti que' rossigni lividi e i peli, que non senza grandissima sottigliezza si possono fare; le ciglia, per avervi fatto il modo del nascere i peli nella carne, dove più folti e dove più radi, e girare secondo i pori della carne, non potevano essere più naturali; il naso, con tutte quelle aperture rossette e tenere, si vedeva essere vivo; la bocca con quella sua sfenditura, con le sue fini unite dal rosso della bocca con l'incarnazione del viso, che non colori ma carne pareva veramente; nella fontanella della gola, chi intentissimamente la guardava, vedeva battere i polsi: […]« (Zit. nach Vasari: »Vita di Lionardo da Vinci«, a. a. O., hier S. 30 f.)

19 Der gemäldetechnologischen Untersuchung zufolge gab es die Wimpern und Augenbrauen tatsächlich einmal; Ansätze sind in den unteren Bildschichten (und von den Brauen auch einige Punkte in der oberen Schicht) noch zu erkennen, ebenso auf einer Kopie. Wann genau die heute nicht mehr sichtbaren Brauen und Lider verschwanden, ist unklar, vermutlich geschah dies im Rahmen einer früheren Reinigung. Vgl. Kemp/Pallanti: *Mona Lisa*, a. a. O., S. 203 u. S. 210.

20 Vgl. Kemp/Pallanti: *Mona Lisa*, a. a. O., S. 49 f.

21 Raffaels »Maddalena Doni« ist in der Galleria Palatina in Florenz zu sehen (Inv.-Nr. 1912.59).

22 Vgl. Fehrenbach: *Licht und Wasser*, a. a. O., S. 281.

23 Es handelt sich um die Pariser Handschrift F, heute im Institut de France in Paris. Auch der ebenfalls naturwissenschaftlich ausgerichtete Codex Leicester mit Texten u. a. zur Geophysik und zum Wasser (heute Bill Gates Collection) entsteht im ersten Jahrzehnt des 16. Jahrhunderts.

24 Diese Kopie der »Mona Lisa« aus Leonardos Werkstatt findet sich im Pra-

do in Madrid, Inv.-Nr. P000504. Die Gemäldetechnologen konnten über die zeitliche Abfolge der Bildelemente der »Mona Lisa« im Louvre nur wenige eindeutige Aussagen treffen. Der gleichmäßige Alterungsprozess der Tafel spricht nicht dafür, dass viel Zeit zwischen den Maletappen vergangen ist. Der Kopfschleier liegt über der Landschaft, wurde also später gemalt. Vgl. Mohan/Menu/Mottin (Hg.): *Im Herzen der Mona Lisa*, a.a.O., S. 70.

25 Zur Landschaft der »Mona Lisa« vgl. Perrig: »Leonardo«, a.a.O., vor allem S. 62ff.; Fehrenbach: *Licht und Wasser*, a.a.O., S. 276-283.

26 Von ihrem Sohn Andrea war Lisa del Giocondo bereits am 12. Dezember 1502 entbunden worden, der Sohn Giocondo del Giocondo kommt erst am 20. Dezember 1507 zur Welt. Vgl. Kemp/Pallanti: *Mona Lisa*, a.a.O., S. 30.

27 Vgl. Mohan/Menu/Mottin (Hg.): *Im Herzen der Mona Lisa*, a.a.O., S. 74.

28 Vgl. Nicholl: *Leonardo da Vinci*, a.a.O., S. 517, S. 546 u. S. 562.

29 Vgl. Zapperi: *Abschied von Mona Lisa*, a.a.O., S. 56 ff.; Nicholl: *Leonardo da Vinci*, a.a.O., S. 594.

30 Vgl. Zapperi: *Abschied von Mona Lisa*, a.a.O., S. 58.

31 Vgl. ebd., S. 29f.

32 »[P]iu tosto da fratello che da compagno« habe Giuliano Leonardo behandelt, sagt der Florentiner Geschichtsschreiber Benedetto Varchi. Vgl. Carlo Pedretti: »'Li medici mi crearonno e destrussono«, in: Achademia Leonardo Vinci (Hg.): *Yearbook of the Armand Hammer Center for Leonardo Studies at UCLA*, 6 (1993), S. 173-184, hier S. 182.

33 Vgl. Zapperi: *Abschied von Mona Lisa*, a.a.O., S. 44, S. 50 u. S. 98. Zur Geburt Ippolito de' Medicis und den Einträgen im Register des Findelhauses von Urbino vgl. Lothar Sickel: »Ippolito de' Medici und das Problem seiner Geburt«, in: *Quellen und Forschungen aus italienischen Archiven und Bibliotheken*, 88 (2008), S. 310-334.

34 Vgl. Zapperi: *Abschied von Mona Lisa*, a.a.O., S. 99. Für die Briefe über Ippolito von Bernardo Dovizi da Bibbiena an Giuliano vgl. Giuseppe Lorenzo Moncallero (Hg.): *Epistolario di Bernardo Dovizi da Bibbiena*, Bd. 2 (1513-1529), Florenz 1965, S. 43 u. S. 47.

35 Vgl. Zapperi: *Abschied von Mona Lisa*, a.a.O., S. 82, S. 98 u. S. 105.

36 Dies ist die These von Roberto Zapperi, ders.: *Abschied von Mona Lisa*, a.a.O.

37 Zapperi glaubt, dass die »Mona Lisa« als mütterliches Idealbild Ippolito de' Medici gewidmet ist, vgl. Zapperi: *Abschied von Mona Lisa*, a.a.O., S. 97ff., S. 85ff. u. S. 105ff. Er stützt sich auf die Forschungen zur »Mona Lisa« von Alexander Perrig und Carlo Pedretti, vgl. Perrig: »Leonardo«, a.a.O.; vgl. Carlo Pedretti (Hg.): *Studi Vinciani. Documenti, Analisi e inediti leonarde-*

schi, Genf 1957, S. 132-141. Dem widerspricht u.a. Frank Zöllner, vgl. Nathan/Zöllner (Hg.): *Leonardo da Vinci*, a.a.O., S. 240 f.

38 Es ist sehr wahrscheinlich, dass sich eine Aussage Leonardos im Oktober 1517 gegenüber Antonio de Beatis auf die »Mona Lisa« bezieht, die sich heute im Louvre befindet.

39 Vgl. Zapperi: *Abschied von Mona Lisa*, a.a.O., S. 96.

40 Die erste Nachricht des Künstlers aus Frankreich ist eine Notiz Leonardos von Christi Himmelfahrt im Mai 1517. Vgl. Schneider (Hg.): *Leonardo da Vinci. Eine Biographie in Zeugnissen, Selbstzeugnissen, Dokumenten und Bildern*, a.a.O., S. 262.

41 Zu dem Bericht von de Beatis siehe Antonio de Beatis: *The Travel Journal*, hg. von John Hale, London 1979, S. 132 f.; Beltrami (Hg.): *Documenti e memorie riguardanti la vita e le opere di Leonardo da Vinci in ordine cronologico*, a.a.O., Nr. 238-239, S. 149 f.; vgl. Zapperi: *Abschied von Mona Lisa*, a.a.O., S. 12 ff.

42 De Beatis spricht von der rechten gelähmten Hand, die Leonardo einschränke. Als Linkshänder kann er weiter zeichnen, aber keine größeren Malarbeiten ausführen, für die er beide Hände benutzen würde.

43 Vgl. Schneider (Hg.): *Leonardo da Vinci. Eine Biographie in Zeugnissen, Selbstzeugnissen, Dokumenten und Bildern*, a.a.O., S. 263; »uno di certa donna firentina, facto di naturale ad instantia del quondam Magnifico Iuliano de Medici […]« (Zit. nach Beltrami [Hg.]: *Documenti e memorie riguardanti la vita e le opere di Leonardo da Vinci in ordine cronologico*, a.a.O., Nr. 238, S. 149 f.)

44 De Beatis verwendet in anderen Fällen die Formulierung, ein Bildnis sei nach der Natur oder nach dem Leben gemalt worden, ohne zu unterscheiden, ob das Werk eine lebende oder längst gestorbene Person meint. So ist die Aussage, Leonardo habe das Bild »nach der Natur« gemalt, kaum aussagekräftig. Vgl. Zapperi: *Abschied von Mona Lisa*, a.a.O., S. 13 ff.

45 Vgl. Vasari: *Das Leben des Leonardo da Vinci*, a.a.O., S. 45; ders.: »Vita di Lionardo da Vinci«, a.a.O., hier S. 36.

46 Vgl. Kemp/Pallanti: *Mona Lisa*, a.a.O., S. 110; Zapperi: *Abschied von Mona Lisa*, a.a.O., S. 112.

47 Vgl. Bertrand Jestaz: »François 1er, Salaì et les tableaux de Léonard«, in: *Revue de l'Art*, 126 (1999), S. 68-72; Zapperi: *Abschied von Mona Lisa*, a.a.O., S. 110 ff.; Kemp/Pallanti: *Mona Lisa*, a.a.O., S. 114.

48 Vgl. Mohan/Menu/Mottin (Hg.): *Im Herzen der Mona Lisa*, a.a.O., S. 66.

49 Vgl. Vasari: *Das Leben des Leonardo da Vinci*, a.a.O., S. 45; ders.: »Vita di Lionardo da Vinci«, a.a.O., hier S. 36; Kemp/Pallanti: *Mona Lisa*, a.a.O., S. 110.

50 Vgl. ebd., S. 111.

51 Vgl. ebd., S. 113.

52 Zapperi weist darauf hin, dass eine verheiratete del Giocondo im Sprachgebrauch der Zeit nicht »Gioconda« gerufen wurde, weil die weibliche Endung an den Mädchennamen gehängt wird, nicht an den des Ehemannes. Vgl. Zapperi: *Abschied von Mona Lisa*, a.a.O., S. 113f. u. S. 129f. Barolsky betont jedoch, dass Vasari, der (wie Leonardo) Wortspiele mit Namen liebte, die klangliche Verbindung aus del Giocondo / la Gioconda entgegengekommen sein muss. Vgl. Barolsky: *Warum lächelt Mona Lisa?*, a.a.O., S. 83ff.

53 Vgl. Vasari: *Das Leben des Leonardo da Vinci*, a.a.O., S. 37; ders.: »Vita di Lionardo da Vinci«, a.a.O., hier S. 30. In den königlichen Appartements des Bains in Fontainebleau wird das Werk schon 1542 gesehen (vgl. Vasari: *Das Leben des Leonardo da Vinci*, a.a.O., S. 106).

54 Vgl. Kemp/Pallanti: *Mona Lisa*, a.a.O., S. 122.

XII – Ewige Malgründe

1 Vgl. Vahland: *Michelangelo und Raffael. Rivalen im Rom der Renaissance*, a.a.O., S 55ff.

2 Zu den verschiedenen Bildfassungen der »Monna Vanna«, darunter auch Frauenfiguren vor floralem Hintergrund, vgl. David Alan Brown/Konrad Oberhuber: »Monna Vanna and Fornarina: Leonardo and Raphael in Rome«, in: Sergio Bertelli/Gloria Ramakus/Craig Hugh Smyth (Hg.): *Essays presented to Myron P. Gilmore*, Florenz 1978, S. 25-86. Zu dem Motiv siehe auch: Kemp/Pallanti: *Mona Lisa*, a.a.O., S. 171ff.; Arasse: *Leonardo da Vinci*, a.a.O., S. 465ff.

3 Noch in Salaìs Nachlass im Jahr 1525 findet sich ein weiblicher Halbakt; vielleicht war Leonardo an dieser Tafel beteiligt. Vgl. Kemp/Pallanti: *Mona Lisa*, a.a.O., S. 111. Dafür, dass schon in Rom »Monna Vanna«-Versionen entstehen und nicht erst in Frankreich, spricht die Resonanz auf das Motiv im päpstlichen Rom, siehe unten.

4 Der Karton der »Monna Vanna« aus dem Umfeld Leonardo da Vincis gehört dem Condé-Museum, Chantilly. An der Brust der Frau, ihrer Wange, ihrem Arm und einem Teil des Hintergrundes finden sich Martin Kemp zufolge Striche, die ein Linkshänder ausgeführt hat. Ein Beweis für Leonardos Beteiligung an dem Karton ist das aber noch nicht. Vgl. Kemp/Pallanti: *Mona Lisa*, a.a.O., S. 172f.

5 »Monna Vanna« aus dem Umfeld Leonardo da Vincis gehört der Eremitage in St. Petersburg (Inv.-Nr. 110).

6 Siehe Kap. IX.

7 Vgl. Vasari: *Das Leben des Raffael*, a.a.O., S. 72; im Original: Giorgio Vasari: »Vita di Raffaelo da Urbino«, a.a.O., hier S. 200.

8 Erst Lomazzo wird im Jahr 1563 in einem fiktiven Dialog seine Figur des Leonardo posthum ein wortreiches Bekenntnis zum *l'amore masculino* ablegen lassen. Vgl. Gian Paolo Lomazzo: »Il libro dei sogni«, in: ders.: *Scritti d'arte*, Bd. 1, hg. Roberto Paolo Ciardi, Florenz 1973, S. 104. Siehe Kap. IV.

9 Vgl. Brown/Oberhuber: »Monna Vanna and Fornarina«, a.a.O., hier S. 36 f. u. S. 49. Auch Agostino Vespucci hat in seiner Randnotiz zu Cicero Leonardo mit Apelles verglichen, siehe Kap. X und Kap. XI.

10 Das Raffael und einem Nachfolger zugeschriebene, »Fornarina« genannte Bildnis ist in der Galleria Nazionale d'Arte Antica in Rom zu sehen (Inv.-Nr. 2333). Es war beim Tod Raffaels am 6. April 1520 offenbar noch nicht vollendet, was das später unbeholfen gemalte Gesicht erklären könnte. Möglicherweise sitzt Raffael die Freundin Modell, die Vasari als seine letzte nennt und damit suggeriert, sie sei an seinem frühen Tod schuld. Vgl. Vasari: *Das Leben des Raffael*, a.a.O., S. 83; Vasari: »Vita di Raffaelo da Urbino«, a.a.O., hier S. 210. Zum Gemälde vgl. Brown/Oberhuber: »Monna Vanna and Fornarina«, a.a.O., hier S. 37 ff.; Rosanna Barbiellini Amidei/Alia Englen/Lorenza Mochi Onori (Hg.): *Raphael Urbinas. Il mito della Fornarina*, Ausstellungskatalog, Mailand 1983.

11 Sebastiano del Piombos Bildnis einer jungen Frau hängt in der Gemäldegalerie Berlin. Zu dem Gemälde vgl. Vahland: *Lorbeeren für Laura*, a.a.O., S. 59-82. Siehe auch oben, Kap. IX.

12 Vgl. Vahland: *Lorbeeren für Laura*, a.a.O., S. 103-144.

13 Siehe Kap. XI.

14 Vgl. Castiglione: *Das Buch vom Hofmann*, a.a.O., S. 81, S. 86 ff. u. S. 97 ff. Im Original bei Castiglione: *Il libro del Cortegiano*, a.a.O., S. 252, S. 256 ff. u. S. 270 ff.

15 Vgl. Castiglione: *Das Buch vom Hofmann*, a.a.O., S. 81. Im Original bei Castiglione: *Il libro del Cortegiano*, a.a.O., S. 252.

16 Vgl. Kidwell: *Pietro Bembo*, a.a.O., S. 24 ff.; Vahland: *Lorbeeren für Laura*, a.a.O., S. 57.

17 Vgl. Castiglione: *Das Buch vom Hofmann*, a.a.O., S. 124 ff. Im Original bei Castiglione: *Il libro del Cortegiano*, a.a.O., S. 427 ff.

18 Vgl. Castiglione: *Das Buch vom Hofmann*, a.a.O., S. 127. Im Original: »per quella [la bocca, KV] si dà esito alle parole che sono interpreti dell'anima […]« (Castiglione: *Il libro del Cortegiano*, a.a.O., S. 430)

19 Vgl. Castiglione: *Das Buch vom Hofmann*, a.a.O., S. 32. Im Original: »Questi, poiché [la natura, KV] non gli ha fatti femine, dovrebbono non come bone femine esser estimati, ma, come publiche meretrici, non solamente delle corti de' gran signori, mal del consorzio degli omini nobili esser cacciati.« (Castiglione: *Il libro del Cortegiano*, a.a.O., S. 49)

20 Leonardo da Vinci zugeschrieben: »Angelo incarnato«, Privatsamlung. Vgl. Pedretti: *Leonardo da Vinci*, a.a.O.

21 Leonardo da Vinci, »Johannes der Täufer«, Louvre in Paris (Inv.-Nr. 775, MR 318). Die Datierung auf Leonardos römische Periode von 1513 bis 1516 ist stilistisch plausibel, aber nicht durch Dokumente belegt. Vgl. Nathan/Zöllner (Hg.): *Leonardo da Vinci*, a.a.O., S. 248.

22 Grundlegend zu den venezianischen Bildern sinnlicher Männlichkeit: Koos: *Bildnisse des Begehrens*, a.a.O., siehe auch Kap. IX.

23 »Johannes der Täufer mit Attributen des Bacchus« aus Leonardos Werkstatt findet sich im Louvre in Paris (Inv.-Nr. 780).

24 Vgl. Nathan/Zöllner (Hg.): *Leonardo da Vinci*, a.a.O., S. 202. Der Kritiker im Jahr 1625 ist Cassiano dal Pozzi, vgl. Giovanni Poggi: *Leonardo da Vinci. La Vita die Giorgio Vasari nuovamente commentata*, Florenz 1919, S. 26.

25 Vgl. Giorgio Vasari: *Das Leben des Leonardo da Vinci*, a.a.O., S. 45; »Oimè, costui non è per far nulla, dache comincia a pensare alla fine innanzi il principio dell'opera [...]« (Ders.: »Vita di Lionardo da Vinci«, a.a.O., S. 35)

26 Vgl. Giorgio Vasari: *Das Leben des Leonardo da Vinci*, a.a.O., S. 44; ders.: »Vita di Lionardo da Vinci«, a.a.O., S. 34.

27 In der Biblioteca Reale von Turin findet sich die Zeichnung eines alten, verbittert schauenden Männerkopfes mit sehr langem Bart und langen Haaren. Seit dem 19. Jahrhundert wird darin ein Selbstporträt Leonardos gesehen, was das von Vasari in die Welt gesetzte kauzige Image des Künstlers noch befördert hat. Für die Eigenhändigkeit, sogar für die Zeitgenossenschaft der Zeichnung fehlen jedoch Belege. Trotzdem wird es immer wieder herangezogen, um Leonardo als alten Mann zu beschreiben, so auch von Nicholl: *Leonardo da Vinci*, a.a. O, S. 619f.

28 Vgl. Luca Beltrami (Hg.): *Documenti e memorie riguardanti la vita e le opere di Leonardo da Vinci in ordine cronologico*, Mailand 1919, S. 145.

29 Vgl. Richter (Hg.): *The Notebooks of Leonardo da Vinci*, Bd. 2, a.a.O., Nr. 1351, Nr. 1353, S. 409f.

30 Neben der »Mona Lisa« (Tafel 28) und der »Anna selbdritt« (Tafel 23) zeigt Leonardo dem Kardinal von Aragon und dessen Sekretär Antonio de Beatis im Oktober 1517 seinen eigenhändigen »Johannes der Täufer«. Zudem taucht ein »Täufer« auch in Salaìs Nachlassregister auf. Das Werk aus Leo-

nardos Atelier in Frankreich ist offenbar jenes, das sich heute im Louvre befindet (Tafel 29). Vgl. Kemp/Pallanti: *Mona Lisa*, a.a.O., S. 106 ff. Siehe oben, Kap. XI.

31 Vgl. Kemp/Pallanti: *Mona Lisa*, a.a.O., S. 110; Nicholl: *Leonardo da Vinci*, a.a.O., S. 627.

32 Vgl. Giorgio Vasari: *Das Leben des Leonardo da Vinci*, a.a.O., S. 45; »Finalmente venuto vecchio, stette molti mesi ammalato; e vedendosi vicino alla morte, si volse diligentemente informare de le cose catoliche e della via buona e santa religione cristiana, e poi con molti pianti, confesso e contrito, se bene e' non poteva reggersi in piedi, sostenendosi nelle braccia di suoi amici e servi, volse divotamente pigliare il santissimo Sacramento fuor del letto. Sopragiunseli il re che spesso et amorevolmente lo soleva visitare; per il che egli per riverenza rizzatosi a sedere sul letto, contando il mal suo e gli accidenti di quello mostrava tuttavia quanto avea offeso Dio e gli uomini del mondo, non avendo operato nell'arte come si conveniva […]« (Ders.: »Vita di Lionardo da Vinci«, a.a.O., S. 36)

33 Vgl. Giorgio Vasari: *Das Leben des Leonardo da Vinci*, a.a.O., S. 22, S. 64; »E tanti furono i suoi capricci, che filosofando de le cose naturali, attese a intendere la proprietà delle erbe, continuando et osservando il moto del cielo, il corso de la luna e gli andamenti del sole. Per il che fece ne l'animo un concetto sì eretico, che e' non si accostava a qualsivoglia religione, stimando per avventura assai più lo esser filosofo che cristiano […]« (Ders.: »Vita di Lionardo da Vinci«, a.a.O., S. 19)

34 Leonardo da Vincis »In der Landschaft stehende Frau« befindet sich in der Royal Collection, Windsor (Inv.-Nr. RL 12573r). Die Zeichnung könnte sich auf Dantes Figur der Matelda beziehen, die in dessen »Göttlicher Komödie« (Purgatorio XXVIII) dem Erzähler in einer blühenden Landschaft entgegentritt. Vgl. Kemp/Pallanti: *Mona Lisa*, a.a.O., S. 46 f.

Nachwort: Leonardo heute

1 Vgl. Kemp/Pallanti: *Mona Lisa*, a.a.O., S. 128 f.; Zöllner: *Leonardos Mona Lisa. Vom Porträt zur Ikone der freien Welt*, a.a.O., S. 7 f.

2 Vgl. Palazzo dell'Arte Milano (Hg.): *Mostra di Leonardo da Vinci e delle invenzioni italiane*, Ausstellungskatalog, Mailand 1939; Kemp: *Living with Leonardo*, a.a.O., S. 244, siehe auch Vorwort.

3 Vgl. Leonardo da Vinci: *Sämtliche Gemälde und die Schriften zur Malerei*, a.a.O., S. 146. »Quante pitture hanno conservato il simulacro di una divina

bellezza di cui il tempo o morte in breve ha distrutto il naturale esempio, ed è restata più degna l'opera del pittore che della natura sua maestra!« (Da Vinci: *Trattato della Pittura*, a.a.O., Nr. 26, S. 19 [Codex Urbinas Latinus 1270]) Siehe oben Kap. VII.

4 Zuerst hatte ein Händlerkonsortium die Tafel reinigen und restaurieren lassen, dann kaufte sie im Jahr 2014 ein Agent für mutmaßlich 75 bis 80 Millionen Dollar im Rahmen eines Privatverkaufs bei Sotheby's. Er gab den »Salvator« für 127,5 Millionen Dollar an einen russischen Oligarchen weiter. Ein Käufer aus dem arabischen Raum ersteigerte die Tafel im November 2017 bei Christie's auf einer Auktion für zeitgenössische Kunst. Ausschlaggebend für die Karriere des »Salvator Mundi« war das Votum der Londoner National Gallery, die das Werk im Jahr 2011 in ihre große Ausstellung zu Leonardos Mailänder Zeit eingeladen hatte. Vgl. Luke Syson, (Hg.): *Leonardo da Vinci. Painter at the Court of Milan*, Ausstellungskatalog National Gallery, London 2011, S. 300 ff.; Kia Vahland: »Meister, die vom Himmel fielen«, in: *Süddeutsche Zeitung*, 2. Oktober 2015, S. 13-15; dies.: »Trophäe für Oligarchen« und »Geldsegen«, in: *Süddeutsche Zeitung*, 17. November 2017, S. 4, S. 11; Sybille Ebert-Schifferer: »Ruine für Millionen«, in: *Süddeutsche Zeitung*, 17. November 2018, S. 4

5 Siehe Kap. IX und Kap. XII. Das Gemälde ist offenbar als originales Leonardowerk in Russland angeboten worden. Vgl. Kia Vahland: »Die Mona Lisa von Berlin und ihre Nachfolgerin«, in: *Süddeutsche Zeitung*, 13. September 2018, S. 13.

6 N.N., »Il Leonardo mai visto in una collezione privata. Scoperto il ritratto fatto a Isabella d'Este«, in: *Corriere della Sera*, 11. Oktober 2013, S. 14. Zugeschrieben hat Carlo Pedretti.

7 Siehe Kap. IX.

8 Martin Kemp hat das Bildnis Leonardo zuerkannt. Vgl. Peter Silverman: *La Principessa Perduta di Leonardo*, Mailand 2012; Kemp: *Living with Leonardo*, a.a.O., S. 136 ff. Die Kunsthistorikerin Cecilia Frosinini vom Opificio delle Pietre Dure in Florenz sagt, ihr Institut habe es abgelehnt, das Werk gemäldetechnologisch zu untersuchen, weil keine neuen Erkenntnisse zu Leonardo zu erwarten gewesen seien. Ihrer Einschätzung nach könne es sich um ein Stück aus dem 19. Jahrhundert handeln. Vgl. Vahland: »Meister, die vom Himmel fielen«, a.a.O., S. 14; Martin Bailey: »Would the ›royal‹ *Salvator Mundi* please stand up?«, in: *The Art Newspaper*, 307/28. November 2018.

LITERATUR

Handschriften Leonardo da Vincis

Codex Arundel, London, British Library
Codex Ashburnham I und II, Paris, Bibliothèque de l'Institut de France
Codex Atlanticus, Mailand, Biblioteca Ambrosiana
Codex Forster I bis III, London, Victoria and Albert Museum
Codex Leicester, Seattle, Sammlung Bill Gates
Codices Madrid I und II, Madrid, Biblioteca Nacional
Codex Trivulziano, Mailand, Castello Sforzesco
Codex über den Vogelflug, Turin, Biblioteca Reale
Codex Urbinas Latinus 1270, Vatikan, Biblioteca Vaticana
Manuskripte A bis I, Paris, Bibliothèque de l'Institut de France

Literaturverzeichnis

Achademia Leonardo Vinci (Hg.): *Yearbook of the Armand Hammer Center for Leonardo Studies at University of California Los Angeles*, 6 (1993), S. 173-184.

Acidini, Cristina/Marco Ciatti (Hg.): *La Tavola Doria tra storia e mito*, Florenz 2015.

Alpers, Svetlana: »Ekphrasis and aesthetic attitudes in Vasari's lives«, in: *Journal of the Warburg and Courtauld Institutes*, 23 (1960), S. 190-215.

Ames-Lewis, Francis: *Isabella and Leonardo. The Artistic Relationship between Isabella d'Este and Leonardo da Vinci. 1500-1506*, New Haven/London 2012.

Ders.: *The Intellectual Life of the Early Renaissance Artist*, New Haven/London 2002.

Anderson, Jaynie: *Giorgione. The Painter of »Poetic Brevity«*, Paris/New York 1997.

Anonimo Fiorentino: *Il Codice Magliabechiano*, cl. XVII 17, hg. Carl Frey, Berlin 1892.
Appuhn-Radtke, Sibylle (Hg.): *Freundschaft. Motive und Bedeutungen*, München 2006.
Arasse, Daniel: *Leonardo da Vinci*, Köln 2002.
Aristoteles: *De generatione animalium*, hg. von Wilhelm von Moerbeke, Turnhout 2011.

Bambach, Carmen (Hg.): *Leonardo da Vinci. Master Draftsman*, New York 2003.
Barbe, Françoise/Vincent Delieuvin (Hg.): *La »Sainte Anne«, ultime chef-d'œuvre de Léonard De Vinci*, Ausstellungskatalog Louvre, Paris 2012.
Barbiellini Amidei, Rosanna/Alia Englen/Lorenza Mochi Onori (Hg.): *Raphael Urbinas. Il mito della Fornarina*, Ausstellungskatalog, Mailand 1983.
Barocchi, Paola (Hg.): *Scritti d'arte del Cinquecento*, Mailand/Neapel 1971.
Barolsky, Paul B.: *Warum lächelt Mona Lisa? Vasaris Erfindungen*, Berlin 1996.
Ders.: »Vasari and the historical imagination«, in: *Word & Image*, 3 (1999), S. 286-291.
Bätschmann, Oskar: *Giovanni Bellini*, München 2008.
Baxandall, Michael: *Painting and Experience in Fifteenth Century Italy*, Oxford 1972.
de Beatis, Antonio: *The Travel Journal*, hg. John Hale, London 1979.
Beltrami, Luca: *Il codice di Leonardo da Vinci nella Biblioteca Trivulzio*, Mailand 1891.
Ders. (Hg.): *Documenti e memorie riguardanti la vita e le opere di Leonardo da Vinci in ordine cronologico*, Mailand 1919.
Bembo, Pietro: *Gli Asolani* (1505), hg. Giorgio Dilemmi, Florenz 1991.
Ders.: *Asolaner Gespräche. Dialog über die Liebe*, hg. Michael Rumpf, Heidelberg 1992.
Bertling Biaggini, Claudia: *Sebastiano del Piombo – Felix Pictor*, Hildesheim 2016.
Bettini, Maurizio: *Nascere. Storie di donne, donnole, madri ed eroi*, Turin 1998.
Billi, Antonio: *Il libro di Antonio Billi* [aufgeschrieben um 1516-1525], hg. von Fabio Benedettucci, Anzio 1991.
Boas, George: »The Mona Lisa in the history of taste«, in: *Journal of the History of Ideas*, 1 (1940), S. 207-224.
Bohde, Daniela: *Haut, Fleisch und Farbe – Körperlichkeit und Materialität in den Gemälden Tizians*, Emsdetten/Berlin 2002.
von Brauchitsch, Boris: *Leonardo da Vinci*, Berlin 2019.

Bredekamp, Horst: »Götterdämmerung des Neuplatonismus«, in: *Kritische Berichte*, Bd. 14 (1986), Nr. 4, S. 39-48.

Ders.: *Nature as Mother and Stepmother. The Personification of Natura in Art History, in: Changing Concepts of Nature at the Turn of the Millennium*, In: Pontificae Academiae Scientiarum Scripta Varia, Rom 2000, S. 226-229.

Brescia, Licia/Luca Tomio: »Tommaso di Giovanni Masini da Peretola detto Zoroastro. Documenti, fonti e ipotesi per la biografia del priscus magus allievo di Leonardo da Vinci«, in: *Raccolta Vinciana*, 28 (1999), S. 63-77.

Brizio, Anna Maria (Hg.): *Scritti scelti di Leonardo*, Turin 1952.

Broude, Norma/Mary D. Garrard (Hg.): *The Expanding Discourse. Feminism and Art History*, New York 1992.

Brown, David Alan: *Leonardo da Vinci. Origins of a Genius*, New Haven/London 1998.

Ders. (Hg.): *Virtue and Beauty. Leonardo's Ginevra de' Benci and Renaissance Portraits of Women*, Ausstellungskatalog der National Gallery of Art Washington, Washington 2001.

Ders./Konrad Oberhuber: »Monna Vanna and Fornarina: Leonardo and Raphael in Rome«, in: Sergio Bertelli/Gloria Ramakus/Craig Hugh Smyth (Hg.): *Essays Presented to Myron P. Gilmore*, Florenz 1978, S. 25-86.

Burke, Peter: *Die Geschicke des »Hofmann«*, Berlin 1996.

Büttner, Frank: *Giotto und die Ursprünge der neuzeitlichen Bildauffassung*, Darmstadt 2013.

Caglioti, Francesco: *Donatello e i Medici, storia del David e della Giuditta*, Bd. 2, Florenz 2000.

Ders.: »Donatello, i Medici e Gentile de' Becchi: un po' d'ordine intorno alla *Giuditta* (e al *David*) di Via Larga«, in: *Prospettiva*, 80 (1995), S. 15-58.

Carnesecchi, Carlo: »Il ritratto Leonardesco di Ginevra Benci«, in: *Rivista d'Arte*, 6 (1909), S. 291-296.

Castiglione, Baldassare: *Il libro del Cortegiano* [Venedig 1528], hg. Walter Barberis, Turin 1998.

Ders.: *Das Buch vom Hofmann*, hg. von Fritz Baumgart, München 1986.

Cecchi, Alessandro: »New light on Leonardo's Florentine patrons«, in: Carmen Bambach (Hg.): *Leonardo da Vinci. Master Draftsman*, New York 2003, S. 121-139.

Chastel, André: *L'illustre incomprise. Mona Lisa*, Paris 1988.

Clark, Kenneth: *Leonardo*, Harmondsworth 1988.

Ders.: »The drawings of Leonardo da Vinci in the collection of Her Majesty the Queen at Windsor Castle«, London 1968, Nr. 12 692 r., S. 174.

Cluse, Christoph: »Sklaverei im Mittelalter – der Mittelmeerraum. Eine kurze Einführung, basierend auf Jacques Heers, Esclaves et domestiques au moyen âge dans le monde méditerranéen, Paris 1981«, in: *Medieval Mediterranean Slavery. Comparative Studies on the Slave Trade in Muslim, Christian, and Jewish Societies (8th-15th Century)* 2004, S. 12, online verfügbar unter: {http://med-slavery.uni-trier.de/minev/MedSlavery/publications/Einfuhrung.pdf} (Stand: August 2018).

Cropper, Elizabeth: »The beauty of women: Problems in the rhetoric of renaissance portraiture«, in: Margaret W. Ferguson/Maureen Quilligan/Nancy J. Vickers (Hg.): *Rewriting the Renaissance. The Discourses of Sexual Difference in Early Modern Europe*, Chicago 1986, S. 175-190.

Dies.: »On beautiful women, Parmigianino, Petrarchismo, and the vernacular style«, in: *The Art Bulletin*, 3 (1976), S. 374-394.

Crum, Robert J./John T. Paoletti (Hg.): *Renaissance Florence. A Social History*, Cambridge/New York 2006.

da Vinci, Leonardo: *Das Wasserbuch. Schriften und Zeichnungen*, hg. von Marianne Schneider, München 2011.

Ders.: *Codex Atlanticus*, hg. von Augusto Marinoni, Florenz 2000.

Ders.: *Sämtliche Gemälde und die Schriften zur Malerei*, hg. von André Chastel, München 1990.

Ders.: *The Literary Works of Leonardo da Vinci*, compiled and edited from the original manuscripts by Jean Paul Richter. Commentary by Carlo Pedretti, 2 Bände, Berkeley/Los Angeles 1977.

Ders.: *The Notebooks of Leonardo da Vinci*, 2 Bände, hg. von Jean Paul Richter, New York 1970.

Ders.: *Tagebücher und Aufzeichnungen*, hg. von Theodor Lücke, Leipzig 1952.

Ders.: *Trattato della Pittura*, hg. von Marco Tabarrini u. Gaetano Milanesi, Rom 1890/1989.

Ders.: *Das Buch von der Malerei nach dem Codex Vaticanus (Urbinas) 1270*, Bd. 1, hg. von Heinrich Ludwig, Wien 1882.

Ebert-Schifferer, Sybille: »Ruine für Millionen«, in: *Süddeutsche Zeitung*, 17. November 2018, S. 4.

Eckstein, Nicholas A.: *The District of the Green Dragon*, Florenz 1995.

Elam, Caroline: »Bernardo Bembo and Leonardo's *Ginevra de' Benci*. A further suggestion«, in: Guido Beltramini/Howard Burns/Davide Gasparotto (Hg.): *Pietro Bembo e le arti*, Vicenza 2013, S. 407-420.

Esch, Arnold: »Über den Zusammenhang von Kunst und Wirtschaft in der italienischen Renaissance – ein Forschungsbericht«, in: *Zeitschrift für historische Forschung*, 8.2 (1981), S.179-222.

Faini, Marco: »Per Bernardo Bembo poeta. Un possibile scambio poetico con Ginevra de' Benci«, in: Zeitschrift *Albertiana* XIX (N.S.I.), 1 (2016), S.147-161.

Farago, Claire J.: »How Leonardo da Vinci's editors organized his *Treatise on Painting* and how Leonardo would have done it differently«, in: dies. (Hg.): *Leonardo da Vinci: Selected Scholarship*, Bd.IV, New York/London 1999, S.417-460.

Dies.: *Leonardo da Vinci's Paragone. A Critical Interpretation with a New Edition of the Text in the Codex Urbinas*, Brill's Studies in Intellectual History 25, Leiden u.a. 1992.

Fehrenbach, Frank: *Licht und Wasser. Zur Dynamik naturphilosophischer Leitbilder im Werk Leonardo da Vincis*, Tübinger Studien zur Archäologie und Kunstgeschichte, hg. von Klaus Schwager, Tübingen 1997.

Fend, Mechthild/Marianne Koos (Hg.): *Männlichkeit im Blick. Visuelle Inszenierungen in der Kunst seit der Frühen Neuzeit*, Köln u.a. 2004.

Ferino-Pagden, Sylvia (Hg.): *Der späte Tizian und die Sinnlichkeit der Malerei*, Ausstellungskatalog Kunsthistorisches Museum Wien/Gallerie dell'Accademia Venedig, Wien 2007.

Dies. (Hg.): *Vittoria Colonna. Dichterin und Muse Michelangelos*, Katalog Kunsthistorisches Museum Wien, Wien 1997.

Dies./David Alan Brown (Hg.): *Bellini, Giorgione, Tizian und die Renaissance der venezianischen Malerei*, Ausstellungskatalog National Gallery Washington/Kunsthistorisches Museum Wien, Mailand 2006.

Dies. et al. (Hg.): *»La prima donna del mondo«. Isabella d'Este, Fürstin und Mäzenatin der Renaissance*, Ausstellungskatalog Kunsthistorisches Museum Wien, Wien 1994.

Firenzuola, Agnolo: *On the Beauty of Women* [1562], hg. von Konrad Eisenbichler u. Jacqueline Murray, Philadelphia 1992.

Flechter, Jennifer: »Bernardo Bembo and Leonardo's portrait of Ginevra de' Benci«, in: *The Burlington Magazine*, 12 (1989), S.811-816.

Fortini Brown, Patricia: *Private Lives in Renaissance Venice*, New Haven/London 2004.

Dies.: *Art and Life in Renaissance Venice*, New York 1997.

Freud, Sigmund: *Eine Kindheitserinnerung des Leonardo da Vinci*, Frankfurt am Main 1995.

Frosinini, Cecilia: »Del cartone e della pittura nella vexata quaestio della battaglia di Anghiari«, in: Cristina Acidini/Marco Ciatti (Hg.): *La Tavola Doria tra storia e mito*, Florenz 2015, S. 23-34.

Fumagalli, Giuseppina: *Leonardo »omo sanza lettere«*, Florenz 1938.

Garrard, Mary D.: »Who was Ginevra de' Benci? Leonardo's portrait and its sitter recontextualized«, in: *Artibus et Historiae*, 53 (2006), S. 23-56.

Dies.: »Leonardo da Vinci. Female portraits, female nature«, in: dies./Norma Broude (Hg.): *The Expanding Discourse. Feminism and Art History*, New York 1992, S. 59-86.

Ghinzoni, Pietro: »Lettera inedita di Bernardo Bellincioni«, in: *Archivio storico Lombardo*, XVI (1889), S. 417f.

Goffen, Rona: »Mary's motherhood according to Leonardo and Michelangelo«, in: *Artibus et historiae*, 20 (1999).

Dies.: *Renaissance Rivals. Michelangelo, Leonardo, Raphael, Titian*, New Haven/London, 2002.

Goldthwaite, Richard A.: *The Economy of Renaissance Florence*, Baltimore 2009.

Graf, Arturo: *Attraverso il Cinquecento. Petrarchismo ed Antipetrarchismo*, Turin 1926.

Haas, Louis: *The Renaissance Man and His Children. Childbirth and Early Childhood in Florence 1300-1600*, New York 1998.

Hempfer, Klaus W.: »Intertextualität, Systemreferenz und Strukturwandel: die Pluralisierung des erotischen Diskurses in der italienischen und französischen Renaissance-Lyrik (Ariosto, Bembo, Du Bellay, Ronsard)«, in: Michael Titzmann (Hg.): *Modelle des literarischen Strukturwandels*, Tübingen 1991.

Hessler, Christiane: *Zum Paragone: Malerei, Skulptur und Dichtung in der Rangstreitkultur des Quattrocento*, Berlin 2014.

Hinz, Berthold: »Studien zur Geschichte des Ehepaarbildnisses«, in: *Marburger Jahrbuch für Kunstwissenschaft*, 19 (1974), S. 139-218.

Holmes, Megan: »Giovanni Benci's patronage of the nunnery Le Murate«, in: Giovanni Ciappelli/Patricia Lee Rubin (Hg.): *Art, Memory, and Family in Renaissance Florence*, Cambridge 2000, S. 114-134.

Huse, Norbert/Wolfgang Wolters: *Venedig. Die Kunst der Renaissance. Architektur, Skulptur, Malerei 1460-1590*, München 1996.

Istituto della Enciclopedia Italiana (Hg.): *Dizionario Biografico degli Italiani*, Bd. 8, Rom 1966.

Janitschek, Hubert (Hg.): *Kleinere kunsttheoretische Schriften*, Wien 1877.
Jestaz, Bertrand: »François Ier, Salaì et les tableaux de Léonard«, in: *Revue de l'Art*, 126 (1999), S. 68-72.
Junkerman, Anne Christine: *Bellissima Donna: An Interdisciplinary Study of Venetian Sensuous Half-Length Images of the Early Sixteenth Century*, Berkeley 1988.

Kemp, Martin J.: *Living with Leonardo. Fifty Years of Sanity and Insanity in the Art World and Beyond*, London 2018.
Ders.: *The Marvellous Works of Nature and Man*, Oxford 2006.
Ders.: *Lezioni dell'Occhio*, Mailand 2004.
Ders./Giuseppe Pallanti: *Mona Lisa. The People and the Painting*, Oxford 2017.
Kemp, Wolfgang: *Die Räume der Maler. Zur Bilderzählung seit Giotto*, München 1996.
Kidwell, Carol: *Pietro Bembo. Lover, Linguist, Cardinal*, Montreal/London/Ithaca 2004.
Klapisch-Zuber, Christiane: *Das Haus, der Name, der Brautschatz. Strategien und Rituale im gesellschaftlichen Leben der Renaissance*, Frankfurt am Main 1995.
Kohl, Jeanette: »Splendid isolation. Verrocchios Mädchenbüsten – eine Betrachtung«, in: Barbara Mikuda-Hüttel/Richard Hüttel/Jeannette Kohl (Hg.): *Re-Visionen. Zur Aktualität der Kunstgeschichte*, Berlin 2002, S. 49-76.
Koos, Marianne: *Bildnisse des Begehrens. Das lyrische Männerporträt in der venezianischen Malerei des frühen 16. Jahrhunderts – Giorgione, Tizian und ihr Umkreis*, Emsdetten/Berlin 2006.
Kuehn, Thomas: *Illegitimacy in Renaissance Florence*, Michigan 2002.

Lacqueur, Thomas: *Auf den Leib geschrieben*, München 1996.
Levi Pisetzky, Rosita: *Storia del Costume in Italia*, Bd. 3, Mailand 1966.
Levy, Allison (Hg.): *Sex Acts in Early Modern Italy. Practice, Performance, Perversion, Punishment*, Farnham 2010.
Lomazzo, Gian Paolo: »Il libro dei sogni«, in: ders.: *Scritti d'arte*, Bd. 1, hg. von Roberto Paolo Ciardi, Florenz 1973.

Manetti, Giannozzo: *Über die Würde und Erhabenheit des Menschen*, hg. von August Buck, Hamburg 1990.
Mann, Nicholas: *Petrarch*, Oxford/New York 1984.
Martines, Lauro: *Scourge and Fire: Savonarola in Renaissance Italy*, London 2007.

McCall, Timothy: »Traffic in mistresses. Sexualised bodies and systems of exchange in the early modern court«, in: Allison Levy (Hg.): *Sex Acts in Early Modern Italy. Practice, Performance, Perversion, Punishment,* Farnham 2010, S. 125-136.

Moczulska, Krystyna: »The most graceful Gallerani and the most exquisite galée in the portrait of Leonardo da Vinci«, in: *Folia Historiae Artium*, 1 (1995), S. 55-86.

Mohan, Jean-Pierre/Michel Menu/Bruno Mottin (Hg.): *Im Herzen der Mona Lisa. Dekodierung eines Meisterwerks. Eine wissenschaftliche Expedition in die Werkstatt des Leonardo da Vinci*, München 2006.

Moncallero, Giuseppe Lorenzo (Hg.): *Epistolario di Bernardo Dovizi da Bibbiena*, Bd. 2 (1513-1529), Florenz 1965.

Musacchio, Jacqueline Marie: »Weasels and pregnancy in Renaissance Italy«, in: *Renaissance Studies*, 15 (2001), S. 172-187.

Dies.: *The Art and Ritual of Childbirth in Renaissance Italy*, New Haven/London 1999.

Dies.: »Imaginative conceptions in Renaissance Italy«, in: Geraldine A. Johnson/Sara F. Matthews Grieco (Hg.): *Picturing Women in Renaissance and Baroque Italy*, Cambridge 1997, S. 42-60.

Nathan, Johannes/Frank Zöllner (Hg.): *Leonardo da Vinci. Sämtliche Gemälde und Zeichnungen*, Köln 2003.

Niccolini, Giustina: *The Chronicle of Le Murate*, hg. von Saundra Lynn Weddle, Toronto 2011.

Nicholl, Charles: *Leonardo da Vinci. Die Biographie*, Frankfurt am Main 2006.

Nova, Alessandro: »Addj 5 daghossto 1473: l'oggetto e le sue interpretazioni«, in: Fabio Frosini/Alessandro Nova (Hg.): *Leonardo da Vinci on Nature. Knowledge and Representation*, Venedig 2015.

Ders.: »The kite, envy and a memory of Leonardo da Vinci's childhood«, in: Lars R. Jones/Louisa C. Matthew (Hg.): *Coming About*, Cambridge/MA 2001.

Ovid: *Metamorphosen*, hg. von Michael von Albrecht, Stuttgart 1994.

Panofsky, Erwin: *Perspective as Symbolic Form*, New York 1991.

Ders.: *Problems in Titian. Mostly Iconographic*, New York 1969.

Ders.: »Artist, scientist, genius: Notes on the ›Renaissance-Dämmerung‹«, in: ders. et al. (Hg.): *The Renaissance. Six Essays*, New York 1962, S. 123-182.

Paolozzi Strozzi, Beatrice/Maria Grazia Vaccari (Hg.): *Il Bronzo e l'oro. Il David del Verrocchio restaurato*, Florenz u.a. 2003.

Pater, Walter: *The Renaissance*, London 1873.

Pedretti, Carlo: *Leonardo da Vinci. The »Angel in the Flesh« and Salaì*, Florenz 2009.

Ders.: *Leonardo. A Study in Chronology and Style*, London 1973.

Ders.: *Documenti e memorie riguardanti Leonardo da Vinci a Bologna e in Emilia*, Bologna 1953.

Ders. (Hg.): *The Literary Works of Leonardo da Vinci*, compiled and edited from the original manuscripts by Jean Paul Richter. Commentary by Carlo Pedretti, 2 Bände, Berkeley/Los Angeles 1977.

Ders. (Hg.): *Studi Vinciani. Documenti, analisi e inediti leonardeschi*, Genf 1957.

Palazzo dell'Arte Milano (Hg.): *Mostra di Leonardo da Vinci e delle invenzioni italiane*, Ausstellungskatalog, Mailand 1939.

Perrig, Alexander: »Leonardo: Die Anatomie der Erde«, in: *Jahrbuch der Hamburger Kunstsammlungen*, 25 (1980), S. 51-80.

Petrarca, Francesco: *Canzoniere* (ca. 1330-62), hg. von Ernst-Jürgen Dreyer, Basel/Frankfurt am Main 1990.

Pfisterer, Ulrich: »Freundschaftsbilder – Liebesbilder: zum visuellen Code männlicher Passionen in der Renaissance«, in: Sibylle Appuhn-Radtke (Hg.): *Freundschaft. Motive und Bedeutungen*, München 2006, S. 239-259.

Ders.: *Donatello und die Entdeckung der Stile 1430-1445*, München 2002.

Pico della Mirandola, Giovanni: *De dignitate hominis. Rede über die Würde des Menschen*, hg. von Gerd von der Gönna, Stuttgart 2009.

Poggi, Giovanni: *Leonardo da Vinci. La Vita die Giorgio Vasari nuovamente commentata*, Florenz 1919.

Ders: »La Giostra Medicea del 1475 e la ›Pallade‹ del Botticelli«, in: *L'Arte*, 5 (1902), S. 71-77.

Probst, Veit: *Zur Entstehungsgeschichte der Mona Lisa: Leonardo da Vinci trifft Niccolò Machiavelli und Agostino Vespucci*, Heidelberg 2008.

Pulci, Luigi: *Opere minori*, hg. von Paolo Orvieto, Mailand 1986.

Randolph, Adrian W.B.: »Donatellos David. Politik und der homosoziale Blick«, in: Mechthild Fend/Marianne Koos (Hg.): *Männlichkeit im Blick. Visuelle Inszenierungen in der Kunst seit der Frühen Neuzeit*, Köln u.a. 2004, S. 35-52.

Ders.: *Engaging Symbols. Gender, Politics, and Public Art in Fifteenth-Century Florence*, New Haven u.a. 2002.

Ders.: »Performing the bridal body in fifteenth-century Florence«, in: *Art History*, 2 (1998), S. 182-197.

Rasponi, Simonetta (Hg.): *Leonardo & Venice*, Ausstellungskatalog Palazzo Grassi Venedig, Mailand 1992.

Rehm, Ulrich: *Botticelli. Der Maler und die Medici*, Stuttgart 2009.

Reinhardt, Volker: *Geschichte von Florenz*, München 2014.

Ricciardi, Lucia: *›Col senno, col tesoro e colla lancia‹. Riti e giochi cavallereschi nella Firenze del Magnifico Lorenzo*, Florenz 1992.

Richter, Jean Paul (Hg.): *The Notebooks of Leonardo da Vinci*, unabridged ed. of the work 1. publ. in London in 1883, with the title »The literary works of Leonardo da Vinci«, 2 Bände, New York 1970.

Ders./Carlo Pedretti (Hg.): *The Literary Works of Leonardo da Vinci*, compiled and edited from the original manuscripts by Jean Paul Richter. Commentary by Carlo Pedretti, 2 Bände, Berkeley/Los Angeles 1977.

Rocke, Michael: *Homosexuality and Male Culture in Renaissance Florence*, New York u.a. 1996.

Schaeffer, Emil: *Die Frau in der venezianischen Malerei*, München 1899.

Schlechter, Armin (Hg.): *»Die edel kunst der truckerey«. Ausgewählte Inkunabeln der Universitätsbibliothek Heidelberg*, Ausstellungskatalog, Schriften der Universitätsbibliothek Heidelberg, Bd. 6, Heidelberg 2005.

Schmidt, Eike (Hg.): *Il Cosmo Magico di Leonardo. L'Adorazione dei Magi restaurata*, Ausstellungskatalog Uffizien, Florenz 2017.

Schneider, Marianne (Hg.): *Leonardo da Vinci. Die Aphorismen, Rätsel und Prophezeiungen*, München 2003.

Dies. (Hg.): *Leonardo da Vinci. Eine Biographie in Zeugnissen, Selbstzeugnissen, Dokumenten und Bildern*, München 2002.

Schumacher, Andreas (Hg.): *Botticelli. Bildnis, Mythos, Andacht*, Ausstellungskatalog Städelmuseum Frankfurt, Frankfurt am Main, ebd. 2009.

Ders./Annette Kranz/Annette Hoyer (Hg.): *Florentiner Malerei. Alte Pinakothek*, Berlin/München 2017.

Seichter, Sabine: *Erziehung an der Mutterbrust*, Weinheim 2014.

Shearman, John: *Only Connect... Art and the Spectator in the Italian Renaissance*, Washington 1988.

Shell, Janice/Grazioso Sironi: »Cecilia Gallerani: Leonardo's lady with an ermine«, in: *Artibus et historiae*, 25 (1992), S. 47-66.

Sickel, Lothar: »Ippolito de' Medici und das Problem seiner Geburt«, in: *Quellen und Forschungen aus italienischen Archiven und Bibliotheken*, 88 (2008), S. 310-334.

Silverman, Peter: *La Principessa Perduta di Leonardo*, Mailand 2012.

Simons, Patricia: »Portraiture, portrayal, and idealization: Ambiguous individualism in representations of Renaissance women«, in: Alison Brown (Hg.): *Language and Images of Renaissance Italy*, Oxford 1995, S. 263-311.

Dies.: »Women in frames: The gaze, the eye, the profile in Renaissance portraiture«, in: Norma Broude/Mary D. Garrard (Hg.): *The Expanding Discourse. Feminism and Art History*, New York 1992, S. 39-57.

Smiraglia Scognamiglio, Nino: *Ricerche e Documenti sulla Giovinezza di Leonardo da Vinci*, Neapel 1900.

Stierle, Karlheinz: *Francesco Petrarca. Ein Intellektueller im Europa des 14. Jahrhunderts*, München/Wien 2003.

Syre, Cornelia/Jan Schmidt/Heike Stege (Hg.): *Leonardo da Vinci. Die Madonna mit der Nelke*, München 2006.

Syson, Luke (Hg.): *Leonardo da Vinci. Painter at the Court of Milan*, Ausstellungskatalog National Gallery, London 2011.

Thomas, Anabel: »The workshop as the space of collaborative artistic production«, in: Robert J. Crum/John T. Paoletti (Hg.): *Renaissance Florence. A Social History*, Cambridge/New York 2006, S. 415-430.

Tomas, Natalie: »Did women have a space?«, in: Robert J. Crum/John T. Paoletti (Hg.): *Renaissance Florence. A Social History*, Cambridge/New York 2006, S. 311-330.

Tönnesmann, Andreas: *Die Kunst der Renaissance*, München 2007.

Tornabuoni, Lucrezia: *Lettere*, hg. von Patrizia Salvadoro, Florenz 1993.

Trexler, Richard C.: *Public Life in Renaissance Florence*, New York 1980.

Vahland, Kia: »Meister, die vom Himmel fielen«, in: *Süddeutsche Zeitung*, 2. Oktober 2015, S. 13-15.

Dies.: *Michelangelo und Raffael. Rivalen im Rom der Renaissance*, München 2012.

Dies.: *Lorbeeren für Laura. Sebastiano del Piombos lyrische Bildnisse schöner Frauen*, Studi Reihe des Deutschen Studienzentrums Venedig, Berlin 2011.

Dies.: »Die dritte Dimension«, in: Geo Epoche Edition, 3/2011, S. 26-37.

Dies.: »Der Kunstmensch als Maß der Dinge. Zur Utopie des idealen Körpers bei Leonardo da Vinci«, in: Kristine Hasselmann/Sandra Schmidt/Cornelia Zumbusch (Hg.): *Utopische Körper. Visionen künftiger Körper in Geschichte, Kunst und Gesellschaft*, Paderborn 2004, S. 29-40.

Vasari, Giorgio: *Das Leben des Brunelleschi und des Alberti*, hg. von Alessandro Nova et al., Berlin 2012.

Ders.: *Das Leben des Verrocchio und der Gebrüder Pollaiuolo*, hg. von Alessandro Nova, bearbeitet von Katja Burzer, Berlin 2011.

Ders.: *Das Leben des Michelangelo*, hg. von Alessandro Nova, bearbeitet von Caroline Gabbert, Berlin 2009.

Ders.: *Das Leben des Leonardo da Vinci*, hg. von Alessandro Nova, bearbeitet von Sabine Feser, Berlin 2006.

Ders.: *Das Leben des Raffael*, hg. von Alessandro Nova, bearbeitet von Hana Gründler, Berlin 2004.

Ders.: »Vita di Michelagnolo Buonarrouti Fiorentino. Pittore, scultore et architetto«, in: ders.: *Le vite de' più eccellenti pittori, scultori e architettori nelle redazioni del 1550 e 1568*. Testo a cura di Rosanna Bettarini. Commento secolare a cura di Paola Barocchi. Testo Bd. 6, Florenz 1987, S. 2-141.

Ders.: »Vita di Lionardo da Vinci. Pittore e scultore Fiorentino«, in: ders.: *Le vite de' più eccellenti pittori, scultori e architettori nelle redazioni del 1550 e 1568*. Testo a cura di Rosanna Bettarini. Commento secolare a cura di Paola Barocchi. Testo Bd. 4, Florenz 1976, S. 14-38.

Ders.: »Vita di Raffaelo da Urbino. Pittore et architetto«, in: ders.: *Le vite de' più eccellenti pittori, scultori e architettori nelle redazioni del 1550 e 1568*, Bd. 4, a.a.O., S. 154-214.

Ders.: »Vita di Andrea Verrocchio. Pittore, scultore et architetto Fiorentino«, in: ders.: *Le vite de' più eccellenti pittori, scultori e architettori nelle redazioni del 1550 e 1568*. Testo a cura di Rosanna Bettarini. Commento secolare a cura di Paola Barocchi. Testo Bd. 3, Florenz 1971, S. 532-545.

Ders.: »Vita di Filippo Brunelleschi. Scultore et architetto«, in: ders.: *Le vite de' più eccellenti pittori, scultori e architettori nelle redazioni del 1550 e 1568*, Bd. 3, a.a.O., S. 136-198.

Vecce, Carlo: *Leonardo*, Rom 1998.

Ventrone, Paola (Hg.): *Le temps revient, 'l tempo si rinuova. Feste e spettacoli nella Firenze di Lorenzo il Magnifico*, Mailand 1992.

Walker, John: »Ginevra de' Benci by Leonardo da Vinci«, in: *Report and Studies in the History of Art*, National Gallery of Art, Washington 1967, S. 1-38.

Walter, Ingeborg: *Der Prächtige. Lorenzo de' Medici*, München 2003.

Dies./Roberto Zapperi: *Das Bildnis der Geliebten*, München 2007.

Walmsley, Elizabeth: »Leonardo's portrait of *Ginevra de' Benci*: A reading of the X-radiographs and infrared reflectographs«, in: Michel Menu (Hg.): *Leonardo da Vinci's Technical Practice. Paintings, Drawings and Influence*, Paris 2014, S. 56-71.

Warburg, Aby: »Delle ›Imprese Amorose‹ nelle più antiche incisioni fiorentine« (1905), in: ders.: *Die Erneuerung der Heidnischen Antike. Kulturwissenschaftliche Beiträge zur Geschichte der europäischen Renaissance*, Bd. 1 (= *Gesammelte Schriften*, Bd. 1.1), hg. von Horst Bredekamp/Michael Diers/Ulrich Pfisterer, Berlin 1998, S. 77-87.

Warnke, Martin: *Hofkünstler. Zur Vorgeschichte des modernen Künstlers*, Köln 1996.

Weddle, Saundra Lynn: »'Tis better to give than to receive: Client-patronage exchange and its architectural implications at Florentine convents«, in: Peter Howard (Hg.): *Studies on Florence and the Italian Renaissance*, in honour of F.W. Kent, Turnhout 2016, S. 295-313.

Wittkower, Margot und Rudolf: *Künstler – Außenseiter der Gesellschaft*, Stuttgart 1989.

Zapperi, Roberto: *Abschied von Mona Lisa. Das berühmteste Gemälde der Welt wird enträtselt*, München 2010.

Ders./Ingeborg Walter: *Das Bildnis der Geliebten*, München 2007.

Zöllner, Frank: *Leonardos Mona Lisa. Vom Porträt zur Ikone der freien Welt*, Berlin 2006.

Ders.: »Leonardo da Vinci's portraits: Ginevra de' Benci, Cecilia Gallerani, La Belle Ferronière and Mona Lisa«, in: Sebastiana Dudzika/Tadeusza J. Żuchowskie (Hg.): *Rafel i jego spadkobiercy. Portret klasyczny w sztuce nowozytnej Europy. Materialy sesji naukowej*, Torun 2003, S. 157-183.

Ders./Johannes Nathan (Hg.): *Leonardo da Vinci. Sämtliche Gemälde und Zeichnungen*, Köln 2003.

LEONARDO DA VINCI: GEMÄLDE UND GEMÄLDEKARTONS

Tobias und Raffael, Andrea del Verrocchio und Leonardo (?), Pappelholz, 84,4 × 66,2 cm, National Gallery, London

Madonna mit der Nelke, Pappelholz, 62 × 47,5 cm, Bayerische Staatsgemäldesammlung/Alte Pinakothek, München

Taufe Christi, Andrea del Verrocchio und Leonardo, Pappelholz, 180 × 151,3 cm, Uffizien, Florenz

Verkündigung, Pappelholz, 100 × 221,5 cm, Uffizien, Florenz

Madonna Benois, Leinwand (übertragen von Holz), 49,5 × 31 cm, Eremitage, St. Petersburg

Ginevra de' Benci, Pappelholz, 38,8 × 36,7 cm, National Gallery of Art, Washington

Anbetung der Könige, Holz, 243 × 246 cm, Uffizien, Florenz

Felsgrottenmadonna, Leinwand (übertragen von Holz), 197,3 × 120 cm, Louvre, Paris

Porträt eines Musikers, Leonardo oder/und Unbekannt, Holz, 44,7 × 32 cm, Pinacoteca Ambrosiana, Mailand

Der heilige Hieronymus, Nussbaumholz, 102,8 × 73,5 cm, Pinacoteca Vaticana, Vatikan

Cecilia Gallerani, Nussbaumholz, 55 × 40,5 cm, Muzeum Czartoryskich, Krakau

Bildnis einer unbekannten Dame (La Belle Ferronnière), Nussbaumholz, 63 × 45 cm, Louvre, Paris

Felsgrottenmadonna, Leonardo und Werkstatt de Predis, Pappelholz, 189,5 × 120 cm, National Gallery, London

Abendmahl, Tempera auf Putz, 460 × 880 cm, Santa Maria delle Grazie, Mailand

Profilbildnis einer Frau (Isabella d'Este?), Papier, 63 × 46 cm, Louvre, Paris

Burlington House Cartoon (Heilige Anna), Papier auf Leinwand aufgezogen, 141,5 × 106,5 cm, National Gallery, London
Anna selbdritt, Pappelholz, 168,5 × 130 cm, Louvre, Paris
Mona Lisa/La Gioconda, Pappelholz, 77 × 53 cm, Louvre, Paris
Johannes der Täufer, Holz, 69 × 57 cm, Louvre, Paris

VITA

15. April 1452	Leonardo wird in Vinci nahe Florenz als unehelicher Sohn der Bauerntochter Caterina Lippi und des Notars Piero da Vinci geboren. Er wächst bei den Großeltern väterlicherseits auf.
um 1469	Er beginnt seine Lehre in der Künstlerwerkstatt von Andrea del Verrocchio in Florenz.
1472	Die Florentiner Malergilde Compagnia di San Luca nimmt Leonardo als Mitglied auf.
1476	Leonardo wird wegen »Sodomie« angeklagt, aber nicht verurteilt. Er gründet etwa in dieser Zeit seine eigene Werkstatt in Florenz.
ca. 1476 bis 1480	Der Künstler malt das Bildnis der Ginevra de' Benci.
1481	Der Augustinerkonvent San Donato a Scopeto bei Florenz beauftragt Leonardo mit einem Gemälde der »Anbetung der Könige«. Es bleibt unvollendet.
1482	Leonardo lässt sich in Mailand nieder. Später tritt er in die Dienste des Machthabers über die Stadt, Ludovico Sforza.
1483	Gemeinsam mit den Brüdern de Predis erhält Leonardo von der franziskanischen »Bruderschaft der Unbefleckten Empfängnis« in Mailand den Auftrag für seine erste »Felsgrottenmadonna«.
1484 bis 1494	Leonardo arbeitet an einem Reiterstandbild für Ludovico Sforza. Er malt die Porträts der Cecilia Gallerani und der Lucrezia Crivelli, vermutlich ist dieses das »Belle Ferronnière« genannte Bildnis.
1490	Giacomo Caprotti, genannt Salaì, tritt als Lehrjunge in Leonardos Mailänder Werkstatt ein.

1493	Leonardo ist nun Hofkünstler bei Ludovico Sforza.
1494	Die Medici werden aus Florenz verbannt, der Große Rat wird Entscheidungszentrum der Republik. Der Bußprediger Savonarola beeinflusst bis zu seiner Hinrichtung im Jahr 1498 die Stadtgesellschaft. 1502 wird Piero Soderini auf Lebenszeit zum Stadtoberhaupt gewählt.
1495 bis 1497	Leonardo arbeitet am »Abendmahl« im Refektorium des Klosters Santa Maria delle Grazie in Mailand.
1499	Nach der Absetzung von Ludovico Sforza verlässt Leonardo Mailand und hält sich Anfang des kommenden Jahres in Mantua und Venedig auf.
1500	Leonardo zieht wieder nach Florenz. Er arbeitet an einem Karton der »Heiligen Anna«, der nach seiner Fertigstellung in Florenz ausgestellt wird.
1502	Als Ingenieur begleitet Leonardo den Herrscher über die Romagna, Cesare Borgia, auf dessen Kriegszügen.
1503	Zurück in Florenz, malt Leonardo an einem Porträt der Seidenhändlergattin Lisa del Giocondo und an einem Gemälde der »Anna selbdritt«. Er erhält den Auftrag für eine Darstellung der Anghiarischlacht im Ratssaal von Florenz.
1506	Leonardo zieht wieder nach Mailand, das nun unter französischer Herrschaft steht.
1507	Der junge Mailänder Adelige Francesco Melzi tritt in den Haushalt Leonardos ein. Er beginnt, Leonardos Schriften zu ordnen.
1508	Gemeinsam mit der Werkstatt de Predis arbeitet Leonardo an einer zweiten Version der »Felsgrottenmadonna«.
1509	Er seziert an der Universität Pavia Leichen. Es entstehen zahlreiche anatomische Studien.
1512	Die Medici kehren nach Florenz zurück; die Franzosen werden von Schweizer Truppen aus Mailand vertrieben.
1513	Nach der Wahl Giovanni de' Medicis zum Papst siedelt Leonardo zu dessen Bruder Giuliano de' Medici nach Rom über.
1517	Der französische König Franz I. beruft Leonardo zum Hofmaler. Der Künstler zieht in ein Herrenhaus in die Nähe von Amboise. Er leidet an einer Lähmung der rechten Hand und kann nicht mehr malen.
2. Mai 1519	Leonardo stirbt auf Schloss Clos Lucé (Amboise) an der Loire.

PERSONENREGISTER

Kursiv gesetzte Seitenzahlen verweisen auf Abbildungen im Text.

BILDNACHWEIS

akg-images Berlin: *André Held*: Abb. 5, Tafel 31; *Heritage Images*: Abb. 25 (The Print Collector), Kapitel IV, Abb. 37, 40, 42, Tafel 27, 32, 33 (Fine Art Images); *Erich Lessing*: Kapitel IX, Abb. 4, 7, 19, Tafel 3, 11, 20, 21, 30; *Mondadori Portfolio*: Abb. 20 (Metis e Mida Informatica/Veneranda Biblioteca Ambrosiana), Abb. 24 (Sergio Anelli); *The National Gallery*: Tafel 4, 16, 22; *Rabatti & Domingie*: Tafel 5, 7; *Eric Vandeville*: Abb. 38

Alinari Archiv, Florenz: Abb. 6

bpk, Berlin: *Bayerische Staatsgemäldesammlungen*: Kapitel I, Tafel 1; *Gemäldegalerie, SMB*: Abb. 39 (Jörg P. Anders); *Museumslandschaft Hessen Kassel*: Tafel 26; *RMN – Grand Palais*: Kapitel VI, Tafel 15 (Angèle Dequier), Kapitel VIII, Tafel 18 (Christian Jean), Kapitel XII, Tafel 29 (Hervé Lewandowski), Kapitel X, Tafel 23 (René-Gabriel Ojéda), Kapitel XI, Nachwort, Abb. 32, Tafel 28 (Michel Urtado); *Scala*: Kapitel II, III, Tafel 6, 8, 19, 25 (Courtesy of the Ministero Beni e Att. Culturali), Kapitel VII, Tafel 13, 14, 17

Devonshire Collection, Chatsworth: Abb. 34

Eremitage Museum, St. Petersburg: Tafel 2

mauritius images, Mittenwald: Abb. 22, 41

National Gallery of Art, Washington: Vorwort, Tafel 9, 10

Royal Collection Trust, London, © Her Majesty Queen Elizabeth II 2019: Kapitel V, »Dank«, Abb. 3, 8, 10, 16, 23, 28, 29, 31, 35, Tafel 34

Weitere Nachweise über das Bildarchiv des Insel Verlags.